U0541099

中国自由贸易区战略实施的农产品贸易效应研究

Study on the Trade Effects of Agricultural Products in the Implementation of China's Free Trade Zone Strategy

曾华盛　著

中国社会科学出版社

图书在版编目(CIP)数据

中国自由贸易区战略实施的农产品贸易效应研究 / 曾华盛著. -- 北京：中国社会科学出版社，2024.11.
ISBN 978-7-5227-4332-5

Ⅰ.F752.652

中国国家版本馆 CIP 数据核字第 2024P7Z725 号

出 版 人	赵剑英
责任编辑	郭曼曼
责任校对	韩天炜
责任印制	李寡寡

出　　版	中国社会科学出版社
社　　址	北京鼓楼西大街甲 158 号
邮　　编	100720
网　　址	http：//www.csspw.cn
发 行 部	010-84083685
门 市 部	010-84029450
经　　销	新华书店及其他书店

印　　刷	北京君升印刷有限公司
装　　订	廊坊市广阳区广增装订厂
版　　次	2024 年 11 月第 1 版
印　　次	2024 年 11 月第 1 次印刷

开　　本	710×1000　1/16
印　　张	23.75
字　　数	335 千字
定　　价	118.00 元

凡购买中国社会科学出版社图书，如有质量问题请与本社营销中心联系调换
电话：010-84083683
版权所有　侵权必究

出 版 说 明

为进一步加大对哲学社会科学领域青年人才扶持力度，促进优秀青年学者更快更好成长，国家社科基金 2019 年起设立博士论文出版项目，重点资助学术基础扎实、具有创新意识和发展潜力的青年学者。每年评选一次。2022 年经组织申报、专家评审、社会公示，评选出第四批博士论文项目。按照"统一标识、统一封面、统一版式、统一标准"的总体要求，现予出版，以飨读者。

全国哲学社会科学工作办公室

2023 年

序

改革开放以来,中国的农业生产取得了令世人瞩目的巨大成绩,农业产值从 1978 年的 1018.5 亿元增长到 2023 年的 8.87 万亿元,占世界农业产值的比重从 1978 年的 8.7% 增长到 2021 年的 32.3%,可以说,中国人创造了全球近 1/3 的农业产值。中国的粮食产量也由 1978 年的 3.05 亿吨增长到 2023 年的 6.95 亿吨,其中谷物产量占到了全球的 22.7%,可见,中国的粮食生产不仅保障了中国人的食物安全,也对世界食物安全保障做出了卓越贡献。

加入世界贸易组织以后,中国以更开放、更包容、更负责任的姿态积极参与全球的食物安全治理和农业分工,不断扩大农产品贸易。尤其是在 2002 年,中国与东盟达成了第一个自由贸易协定,并且首先在农业领域实施了"早期收获计划",将大多数农产品以零关税与东盟国家开展贸易往来。也就是从 2004 年以后,中国的农产品贸易出现了逆差,而且贸易逆差不断扩大。2023 年,中国农产品贸易逆差已达 1351.8 亿美元,几乎是 2004 年农产品贸易逆差的 29 倍。中国目前是世界上最大的农产品进口国,第五大农产品出口国,在全球农产品贸易合作中扮演者举足轻重的角色。不断扩大的农产品贸易规模,不仅促进了中国农业生产技术和生产能力的提升,也有效满足了中国人民对高质优价农产品的需求。一方面是中国有效利用两个市场、两种资源实施自由贸易区战略的显著成果;另一方面也是中国高水平对外开放、积极参与全球化自由竞争的有力证明。正如习近平总书记所指出的,开放是人类文明进步的重要动力，是世界繁荣发展的必由之路。当前，世界百年未有之大变局加速演进，世界经济复苏动力不足。我们要以开放纾发展之困、以开放汇合作之力、以开放聚创新之势、以开放谋共享之福，推动经济全球化不断向前，增强各国发展动能，让发展成果更多更公平惠及各国人民。

当前，世界已进入新的动荡变革期，经济全球化进程面临更大的挑战。但是，中国开放的大门，会越来越大，中国自由贸易区战略的实施也将步入一个新的提升时期。在此背景下，对过去近20年的自由贸易区战略的实施进行总结，对中国自由贸易区战略实施的农产品贸易效应进行评估，从而为未来中国农产品贸易高质量发展提供政策借鉴，就是一项十分具有理论和现实意义的工作。曾华盛博士的著作《中国自由贸易区战略实施的农产品贸易效应研究》出版，可谓恰逢其时。

该书是曾华盛在他的博士学位论文基础上进一步修改、深化研究而成的。该书通过系统的理论分析和实证研究，探讨了自由贸易区战略对农产品贸易的多维度影响，揭示了自由贸易区战略对农产品贸易的影响机制，提出了富有建设性的政策建议。该书的特色和创新之处主要体现在以下几个方面：一是引入贸易自由化和全球价值链分工理论原理分析自由贸易区战略的实施对农产品贸易的影响机理；二是在研究逻辑结构上，既考察了自由贸易区建立的短期效应，也考察了自由贸易区建立的长期效应，也就是自由贸易区对农业分工格局和出口农产品质量变化的影响。该书所提出的"推动中国农产品贸易从'贸易导向'转变为'价值链导向'""加大对农业跨国企业的培育"等政策建议也具有较强的针对性和可操作性，对自由贸易区战略实施背景下进一步促进中国农产品贸易发展具有参考意义。

作为曾华盛博士的导师，我见证了他从一名如饥似渴般求学的本科生成长为一名以研究"大国三农"为己任的青年学者，我感到由衷的欣慰和自豪。这本书的出版，标志着他在学术道路上迈出了重要的一步，当然这只是他追求真知，迈向更高学术水平的第一步。希望他能够继续保持这种奋进、耐劳、吃苦的精神，在学术道路上不断开拓进取，为国家的农业高水平对外开放和经济发展贡献更多智慧。

谭砚文

华南农业大学经济管理学院二级教授

2024 年 10 月于广州

摘　　要

自多哈回合在农业领域谈判失败以来，各国为进一步实现农产品贸易自由化，纷纷与不同国家建立自由贸易区，中国更是在党的十七大之后将自由贸易区建设上升到国家战略高度。在农业对外开放新格局下，中国农产品贸易形势和格局在不断发生变化，农产品贸易分工格局也发生了深刻演变。在WTO多边体制与区域性体制"一冷一热"的发展态势下，自由贸易区建设作为农产品贸易自由化的重要手段，其对农产品贸易发展的直接影响和间接影响越来越大。因此，探讨自由贸易区农产品贸易效应形成机制，并综合评估自由贸易区对农产品贸易的影响，有助于我们把握自由贸易区建立与农产品贸易发展的关联，对丰富现有的自由贸易区贸易效应理论、促进中国自由贸易区战略的实施、有效应对中美贸易关系不确定常态化带来的影响、增强中国利用国际农业资源和市场的能力都具有较大的理论意义和实践价值。

然而，现有研究主要关注的是自由贸易区对制造业或服务业的影响，对农业的关注较为不足，而且往往局限于对贸易静态效应的考察，忽略对农业国际分工格局和农产品质量的影响，也未对农产品贸易效应生成机理和异质性影响机制进行充分的探讨。因此，本书按照"贸易成本—国际分工—贸易效应"的理论逻辑框架进行数理模型的构建，探讨了自由贸易区农产品贸易静态效应、农产品贸易效应异质性、出口农产品质量效应以及农产品贸易分工效应的生成机理。在理论分析的基础上，本书采用PSM—渐进DID、DDD以及合成控制等方法从实证角度研究了中国自由贸易区战略实施对农产品贸易的影响。在上述研究的基础上，本书对中国自由贸易区战略实施路径的调整提出了具有针对性和可操作性的建议。本书的主要内容和研究结论如下。

（1）本书在详细梳理中国自由贸易区战略实施历程，并对现有自由贸易区协定主要条款、开放水平以及中国与自由贸易区伙伴国农产品贸易现状进行分析的基础上，探讨自由贸易区战略实施对农产品贸易影响不同渠道的作用机制。理论推导结果表明：农产品贸易静态效应方面，自由贸易区建立之后，随着成员国间农产品贸易成本的下降，产生了显著的农产品贸易促进效应，而且由于农产品贸易创造效应要大于农产品贸易转移效应，因此自由贸易区的建立会增加成员国的社会福利；农产品贸易效应异质性方面，本书结合贸易自由化、比较优势、辐条与轮轴自由贸易区等理论，发现农产品贸易效应会在协定条款、时间窗口、产品类别和网络位置上存在异质性；出口农产品质量效应方面，降低农业企业进入出口市场的生产效率门槛和扩大对中低收入国家的低质量农产品出口是中国出口农产品质量下降的重要机制，浅层条款会使中国出口农产品质量有所下降，而深层条款有利于中国出口农产品质量升级；农产品贸易分工效应方面，随着贸易成本和跨国协调成本的降低，自由贸易区的建立促使更多企业参与农业全球价值链分工，而且跨国协调成本较低的生产与加工环节会不断迁移到生产成本更低的国家，从而有效实现母国农业全球价值链分工地位的提升。

（2）研究了中国自由贸易区战略实施的农产品贸易静态效应。本书使用1995—2020年中国与各国农产品贸易数据，运用PSM—DID和DDD等方法对中国自由贸易区战略实施的农产品贸易促进效应进行了估计，然后通过分解农产品贸易促进效应进一步分析自由贸易区农产品贸易效应来源和福利变化。实证结果表明：中国自由贸易区战略实施之后，有效促进了中国与自由贸易区伙伴国农产品贸易的增长。由于中国农业比较优势在不断下降，相对于出口，中国从伙伴国农产品进口增长更快。另外，从农产品贸易效应来源来看，农产品贸易创造效应发挥了主要作用，因而改善了中国和自由贸易区伙伴国的社会福利。

（3）研究了中国—东盟自由贸易区的农产品贸易静态效应。本书利用合成控制法研究了中国—东盟自由贸易区的农产品贸易静态效应，比较分析了中国与东盟不同国家、不同阶段的农产品进出口贸易效应。研究表明，中国—东盟自由贸易区的实施给中国与东盟带来显著的农产品贸易创造效应，而非贸易转移效应。随着中国与东盟双边关税的逐步削减，中国与东盟农产品贸易的进口效应和出口效应都呈现逐步扩张的态势。这期间，中国—东盟自由贸易区对东盟不同国家与中国的农产品贸易效应产生了异质性的影响，互补性越强，开放程度越大，则双边农产品贸易创造效应越大。

（4）研究了中国自由贸易区战略实施的农产品贸易效应异质性。本书使用多国、多产品和跨期数据，利用渐进 DID 和合成控制等方法分析了中国自由贸易区战略实施的农产品贸易效应异质性。研究发现：由于中国采取的是"逐步开放""一国一策"和"构建网络"的自由贸易区实施策略，农产品贸易效应存在多维度的异质性。协定条款上，中国谈判的自由贸易区协议内容覆盖面越广，深度越高，自由贸易区农产品贸易效应越大；时间窗口上，中国自由贸易区战略实施的农产品贸易效应会随着时间的推移而逐步扩大；产品类别上，中国主要是扩大了对伙伴国初级农产品和半加工农产品的进口，增加了对伙伴国园艺农产品和加工农产品的出口；网络位置上，中国作为轮轴国，其农产品贸易效应要大于伙伴国农产品贸易效应。

（5）研究了中国自由贸易区战略实施的出口农产品质量效应。本书以中国自由贸易区战略实施作为准自然实验，使用 PSM—渐进 DID、中介效应检验等方法，并基于协定条款异质性视角分析自由贸易区建立对中国出口农产品质量的影响及其内在机制。研究表明：自由贸易区的建立总体上降低了中国向自由贸易区伙伴国出口农产品的质量；自由贸易区战略的深入推进有利于中国出口农产品质量的提升；降低农业企业进入出口市场的生产效率门槛和扩大对中低收入国家低质量农产品出口，是中国出口农产品质量下降的重要机制。从协定条款的间接效应来看，以农产品关税削减和非关税壁垒取消为重点的浅层条款导致了中国出口农产品质量下降，而以投资便利化、技术合作和农业合作等为重点的深层条款有利于中国出口农产品质量升级。

（6）研究了中国自由贸易区战略实施的农产品贸易分工效应。本书在使用世界各国投入产出数据测度各国农业全球价值链分工地位和参与程度的基础上，运用合成控制方法研究中国自由贸易区战略实施的农产品贸易分工效应。研究发现，中国农业全球价值链分工参与程度尽管逐年增长但参与程度较低，还存在较大增长空间，而且中国农业全球价值链分工位置逐步向"上游"移动。中国自由贸易区战略实施之后有效提升了其农业全球价值链分工位置和参与程度。从影响渠道来看，贸易自由化和投资便利化是中国自由贸易区战略实施农产品贸易分工效应产生的渠道，并且投资便利化的作用大于贸易自由化。

（7）本书在考虑中国自由贸易区战略实施情况及其带来的影响的基础上，结合新时期加快构建开放型经济新体制的要求提出一系列配套的政策建议。为更好地促进中国农业对外开放以及利用两种资源和两个市场来保障国内粮食安全，中国应该加快构筑自身主导的自由贸易区网络；合理选择伙伴国、开放协议以及开放方式；推动农产品贸易从"贸易导向"转变为"价值链导向"；加大对农业跨国企业的培育；加快推进自由贸易区提升战略。

（8）本书的创新点主要有：构建数理模型对自由贸易区的贸易静态效应和贸易效应异质性的生成机制进行了研究，拓展了自由贸易区贸易效应理论；将分工深化引入自由贸易区贸易效应分析框架中，在企业异质性模型基础上进行扩展，引入全球价值链分工模块，对自由贸易区贸易效应深化方面进行了创新性探索；将因果推断方法运用到自由贸易区贸易效应评估领域，构建了层次递进的实证研究方法体系，提供了更为可信的经验证据；厘清了自由贸易区的建立影响出口农产品质量的机理，分析了浅层条款和深层条款在自由贸易区建立对出口农产品质量影响中的作用及其差异，进一步丰富了自由贸易区贸易效应研究。

关键词：自由贸易区；贸易效应；全球价值链分工；农产品贸易

Abstract

   Since the collapse of negotiations in agriculture during the Doha Round, countries have been increasingly establishing free trade zones with different nations to further achieve the liberalization of agricultural product trade. Following the 17th National Congress of the Communist Party of China, China has elevated the construction of free trade zones to a national strategic level. In the context of a new pattern of agricultural openness, the situation and structure of China's agricultural product trade are continuously changing, and the division of labor in agricultural product trade has undergone profound shifts. Amid the divergent development trends of the WTO multilateral system and regional systems, the construction of free trade zones has become an important means of liberalizing agricultural product trade, and its direct and indirect impacts on the development of agricultural product trade are becoming increasingly significant. Therefore, exploring the formation mechanism of the trade effects of free trade zones on agricultural products and comprehensively assessing their impacts is helpful for understanding the relationship between the establishment of free trade zones and the development of agricultural product trade. This has substantial theoretical implications and practical value for enriching the existing theories on the trade effects of free trade zones, promoting the implementation of China's free trade zone strategy, effectively responding to the uncertainties arising from the normalization of U. S. -China trade relations, and enhancing China's ability to utilize international agricultural resources and markets.

However, existing research has mainly focused on the impacts of free trade zones on manufacturing or service industries, with insufficient attention to agriculture. Furthermore, studies often limit themselves to examining static trade effects, neglecting the effects on the structure of international division of labor in agriculture and the quality of agricultural products, and have not sufficiently explored the mechanisms of generating trade effects and the heterogeneous impact mechanisms. Therefore, this book constructs a mathematical model based on the theoretical logical framework of "trade costs—international division of labor—trade effects," exploring the static trade effects of free trade zones on agricultural products, the heterogeneous effects of agricultural product trade, the effects of export agricultural product quality, and the mechanisms behind the division of labor in agricultural trade. Based on theoretical analysis, this book employs empirical methods such as PSM-Progressive DID, DDD, and synthetic control to study the impact of the implementation of China's free trade zone strategy on agricultural product trade. Building on the aforementioned research, this book proposes targeted and operable suggestions for adjusting the implementation path of China's free trade zone strategy. The main content and research conclusions of this book are as follows.

(1) This book provides a detailed overview of the implementation process of China's free trade zone strategy, analyzing the main provisions and levels of openness of existing free trade agreements, as well as the current state of agricultural product trade between China and its free trade partner countries. It explores the mechanisms through which the implementation of the free trade zone strategy affects agricultural trade through different channels. The theoretical deductions indicate that, in terms of the static effects of agricultural trade, the establishment of free trade zones leads

to a significant promotion of agricultural trade due to the reduction of trade costs among member countries. Moreover, since the trade creation effect of agricultural products is greater than the trade diversion effect, the establishment of free trade zones will enhance the social welfare of member countries. Regarding the heterogeneity of agricultural trade effects, this book combines theories of trade liberalization, comparative advantage, and spoke-and-hub free trade zones to find that agricultural trade effects vary based on agreement provisions, time windows, product categories, and network positions. In terms of the quality effect of exported agricultural products, lowering the entry barriers for agricultural enterprises into export markets and expanding the export of low-quality agricultural products to low-and middle-income countries are significant mechanisms for the decline in the quality of China's exported agricultural products. Shallow provisions may lead to a decrease in the quality of China's exported agricultural products, while deep provisions are conducive to the upgrading of the quality of these exports. Regarding the division of labor effects in agricultural trade, with the reduction of trade costs and multinational coordination costs, the establishment of free trade zones encourages more enterprises to participate in the global value chain of agriculture. Additionally, production and processing segments with lower multinational coordination costs will continue to migrate to countries with lower production costs, effectively enhancing the home country's position in the global agricultural value chain.

(2) This book examines the static effects of agricultural trade resulting from the implementation of China's Free Trade Zone (FTZ) strategy. Using agricultural trade data between China and various countries from 1995 to 2020, the book estimates the trade promotion effects of China's FTZ strategy through methods such as PSM-DID and DDD. It further analyzes the sources of trade promotion effects and welfare changes by decom-

posing the effects of agricultural trade. Empirical results indicate that following the implementation of China's FTZ strategy, there has been a significant increase in agricultural trade between China and its FTZ partner countries. As China's comparative advantage in agriculture continues to decline, the growth rate of agricultural imports from partner countries has outpaced that of exports. Additionally, regarding the sources of agricultural trade effects, the trade creation effect has played a major role, thereby improving the social welfare of both China and its FTZ partner countries.

(3) This book investigates the static effects of agricultural trade under the China-ASEAN Free Trade Zone. Using synthetic control methods, the book analyzes the static effects of agricultural trade within the China-ASEAN Free Trade Zone, comparing the import and export trade effects of agricultural products between China and different ASEAN countries at various stages. The research shows that the establishment of the China-ASEAN Free Trade Zone has led to a significant trade creation effect in agricultural products between China and ASEAN, rather than a trade diversion effect. With the gradual reduction of bilateral tariffs, both the import and export effects of agricultural trade between China and ASEAN have shown a trend of gradual expansion. During this period, the China-ASEAN Free Trade Zone has had heterogeneous impacts on agricultural trade effects between different ASEAN countries and China; the greater the complementarity and level of openness, the larger the trade creation effect in bilateral agricultural trade.

(4) This book examines the heterogeneous effects of agricultural trade resulting from the implementation of China's Free Trade Zone (FTZ) strategy. The book utilizes multi-country, multi-product, and inter-temporal data, employing methods such as progressive Difference-in-Differences (DID) and synthetic control to analyze the heterogeneous effects of agricultural trade under China's FTZ strategy. The findings indicate that due

to China's strategies of "gradual opening," "one country, one policy," and "network construction," the agricultural trade effects exhibit multidimensional heterogeneity. In terms of agreement provisions, the broader and deeper the content of the FTZ agreements negotiated by China, the greater the agricultural trade effects within the FTZ; over time, the agricultural trade effects of China's FTZ strategy gradually expand; regarding product categories, China primarily increased imports of primary and semi-processed agricultural products from partner countries while boosting exports of horticultural and processed agricultural products; and in terms of network positioning, as a hub country, China's agricultural trade effects are greater than those of partner countries.

(5) This book investigates the quality effects of exported agricultural products resulting from the implementation of China's FTZ strategy. Using the implementation of the FTZ strategy in China as a quasi-natural experiment, the book employs methods such as Propensity Score Matching (PSM) -progressive DID and mediation effect testing, analyzing the impact of FTZ establishment on the quality of China's exported agricultural products and its underlying mechanisms from the perspective of heterogeneity in agreement provisions. The research reveals that the establishment of FTZs generally reduces the quality of agricultural products exported by China to partner countries; the deepening of the FTZ strategy is conducive to improving the quality of China's exported agricultural products; lowering the production efficiency threshold for agricultural enterprises to enter export markets and expanding exports of low-quality agricultural products to middle-and low-income countries are important mechanisms behind the decline in the quality of China's exported agricultural products. From the perspective of indirect effects of agreement provisions, shallow provisions focused on tariff reductions and the elimination of non-tariff barriers have led to a decline in the quality of China's exported agricultural products,

while deep provisions emphasizing investment facilitation, technological cooperation, and agricultural collaboration are beneficial for upgrading the quality of China's exported agricultural products.

(6) This book explores the division of agricultural trade resulting from the implementation of China's FTZ strategy. Based on measuring the global value chain division status and participation level of agriculture in various countries using input-output data, the book employs synthetic control methods to study the division of agricultural trade effects resulting from the implementation of China's FTZ strategy. The findings indicate that although China's participation in the global agricultural value chain has increased year by year, it remains relatively low with significant room for growth, and the position of China's agricultural global value chain is gradually shifting "upstream." The implementation of China's FTZ strategy has effectively enhanced its position and participation level in the agricultural global value chain. In terms of influencing channels, trade liberalization and investment facilitation are the channels through which the agricultural trade division effects of China's FTZ strategy occur, with the role of investment facilitation being greater than that of trade liberalization.

(7) This book proposes a series of supporting policy recommendations based on an assessment of the implementation status of China's free trade zone strategy and its impacts, in line with the requirements to accelerate the establishment of a new open economic system in the new era. To better promote the opening-up of Chinese agriculture and utilize two types of resources and two markets to ensure domestic food security, China should accelerate the construction of its own leader-driven free trade zone network; rationally select partner countries, open agreements, and methods of openness; shift agricultural product trade from a "trade-oriented" approach to a "value chain-oriented" approach; increase the cultivation of multinational agricultural enterprises; and expedite the advancement of the

free trade zone upgrading strategy.

(8) The main innovations of this book include: constructing mathematical models to study the generating mechanisms of the static trade effects and heterogeneous trade effects of free trade zones, thereby expanding the theory of trade effects of free trade zones; incorporating deepened division of labor into the analytical framework for trade effects of free trade zones, extending it based on a model of enterprise heterogeneity, and introducing a global value chain division module, thus innovatively exploring the deepening aspects of trade effects in free trade zones; applying causal inference methods to the field of free trade zone trade effect assessment, building a hierarchical and progressive empirical research methodology system that provides more reliable empirical evidence; clarifying the mechanisms by which the establishment of free trade zones affects the quality of exported agricultural products, and analyzing the roles and differences of shallow and deep provisions in the impact of free trade zone establishment on the quality of exported agricultural products, further enriching the research on trade effects of free trade zones.

Key words: Free Trade Zone; Trade Effects; Global Value Chain Division of Labor; Agricultural Products Trade

目　　录

第一章　导论 ………………………………………………… (1)
　第一节　研究背景及研究问题的提出 ………………………… (1)
　第二节　研究目的及研究意义 ………………………………… (6)
　第三节　研究方法 ……………………………………………… (9)
　第四节　研究内容与技术路线 ………………………………… (12)
　第五节　研究特色与创新之处 ………………………………… (17)
　第六节　研究范围与概念的界定 ……………………………… (19)

第二章　文献综述 …………………………………………… (25)
　第一节　自由贸易区贸易效应研究的总体情况 ……………… (25)
　第二节　自由贸易区贸易效应理论起源与演变 ……………… (29)
　第三节　自由贸易区贸易效应实证研究进展 ………………… (38)
　第四节　本章小结与文献评述 ………………………………… (51)

第三章　自由贸易区农产品贸易效应的理论分析 ………… (55)
　第一节　理论分析框架 ………………………………………… (55)
　第二节　自由贸易区农产品贸易静态效应机理分析 ………… (57)
　第三节　自由贸易区农产品贸易效应异质性机理分析 ……… (62)
　第四节　自由贸易区出口农产品质量效应机理分析 ………… (72)
　第五节　自由贸易区农产品贸易分工效应机理分析 ………… (75)

第六节　本章小结……………………………………（90）

第四章　中国自由贸易区战略的实施及其与伙伴国农产品贸易发展……………………………………（92）
　　第一节　中国自由贸易区战略的实施………………………（92）
　　第二节　中国与伙伴国农产品贸易变化及趋势 …………（106）
　　第三节　典型案例：中国—东盟自由贸易区 ……………（121）
　　第四节　本章小结 …………………………………………（143）

第五章　中国自由贸易区战略实施的农产品贸易静态效应实证 ………………………………………（145）
　　第一节　研究方法的选择与计量模型的设定 ……………（146）
　　第二节　变量说明与描述性统计 …………………………（151）
　　第三节　实证结果与分析 …………………………………（155）
　　第四节　影响机制检验 ……………………………………（166）
　　第五节　本章小结 …………………………………………（170）

第六章　中国—东盟自由贸易区的农产品贸易静态效应实证 ………………………………………（172）
　　第一节　中国—东盟自由贸易区的建设历程及阶段划分 …（173）
　　第二节　研究设计 …………………………………………（176）
　　第三节　中国—东盟自由贸易区农产品贸易静态效应的估计 ………………………………………（181）
　　第四节　机制检验：贸易创造还是贸易转移？ …………（189）
　　第五节　中国—东盟各国农产品静态贸易效应考察 ……（192）
　　第六节　本章小结 …………………………………………（199）

第七章　中国自由贸易区战略实施的农产品贸易效应异质性实证 (202)

- 第一节　计量模型构建 (203)
- 第二节　指标构建与变量选取 (205)
- 第三节　实证结果与分析 (209)
- 第四节　本章小结 (228)

第八章　中国自由贸易区战略实施的出口农产品质量效应实证 (230)

- 第一节　研究设计 (231)
- 第二节　基准回归 (238)
- 第三节　平衡性检验和共同支撑条件检验 (240)
- 第四节　稳健性检验 (242)
- 第五节　机制检验 (245)
- 第六节　协定条款的间接效应检验 (250)
- 第七节　本章小结 (254)

第九章　中国自由贸易区战略实施的农产品贸易分工效应实证 (255)

- 第一节　各国农业参与全球价值链分工的测度与分析 (256)
- 第二节　计量模型与数据说明 (272)
- 第三节　实证结果与分析 (275)
- 第四节　稳健性检验 (283)
- 第五节　影响机制检验 (287)
- 第六节　本章小结 (291)

第十章　研究结论与政策建议 (293)

- 第一节　研究结论 (293)

第二节　政策建议 …………………………………………（298）

参考文献 ……………………………………………………（303）

索　引 ………………………………………………………（331）

后　记 ………………………………………………………（336）

Contents

Chapter 1 Introduction ··· (1)
    Section 1   Research Background and Research Questions ······ (1)
    Section 2   Research Objectives and Significance ··············· (6)
    Section 3   Research Methods ······································ (9)
    Section 4   Research Content and Technical Route ············ (12)
    Section 5   Research Features and Innovations ················· (17)
    Section 6   Scope of Research and Definition of Concepts ··· (19)

Chapter 2 Literature Review ··· (25)
    Section 1   Overview of Research on Trade Effects of Free Trade Zones ··· (25)
    Section 2   Theoretical Origins and Evolution of Trade Effects in Free Trade Zones ························· (29)
    Section 3   Progress in Empirical Research on Trade Effects in Free Trade Zones ························· (38)
    Section 4   Summary and Literature Review of This Chapter ··· (51)

Chapter 3 Theoretical Analysis of Trade Effects of Agricultural Products in Free Trade Zones ······················ (55)
    Section 1   Theoretical Analysis Framework ····················· (55)

Section 2 Static Effect Mechanism Analysis of Agricultural
          Trade in Free Trade Zones ………………… (57)
Section 3 Heterogeneity Mechanism Analysis of Agricultural
          Trade Effects in Free Trade Zones …………… (62)
Section 4 Quality Effect Mechanism Analysis of Exported
          Agricultural Products in Free Trade Zones ……… (72)
Section 5 Division of Labor Effect Mechanism Analysis of
          Agricultural Trade in Free Trade Zones ………… (75)
Section 6 Summary of This Chapter ……………………… (90)

Chapter 4 Implementation of China's Free Trade Zone Strategy and Its Development in Agricultural Trade with Partner Countries …………………… (92)

Section 1 Implementation of China's Free Trade
          Zone Strategy ………………………………… (92)
Section 2 Changes and Trends in Agricultural Trade
          between China and Partner Countries ………… (106)
Section 3 Case Study: China-ASEAN Free Trade Area … (121)
Section 4 Summary of This Chapter ……………………… (143)

Chapter 5 Empirical Analysis of Static Effects of Agricultural Trade from the Implementation of China's Free Trade Zone Strategy ……………………… (145)

Section 1 Selection of Research Methods and Setting of
          Econometric Models ………………………… (146)
Section 2 Variable Explanation and Descriptive
          Statistics ……………………………………… (151)
Section 3 Empirical Results and Analysis ……………… (155)
Section 4 Examination of Influence Mechanisms ………… (166)

Section 5　Summary of This Chapter ……………………（170）

Chapter 6　Empirical Analysis of Static Effects of Agricultural Trade in the China-ASEAN Free Trade Zone …（172）
Section 1　Construction History and Stage Division of the China-ASEAN Free Trade Zone ………………（173）
Section 2　Research Design …………………………………（176）
Section 3　Estimation of Static Effects of Agricultural Trade in the China-ASEAN Free Trade Zone …………（181）
Section 4　Mechanism Examination: Trade Creation or Trade Diversion? ………………………………（189）
Section 5　Examination of Static Trade Effects of Agricultural Products among China-ASEAN Countries ………（192）
Section 6　Summary of This Chapter …………………………（199）

Chapter 7　Empirical Analysis of Heterogeneity of Agricultural Trade Effects from the Implementation of China's Free Trade Zone Strategy ……………………………（202）
Section 1　Econometric Model Construction …………………（203）
Section 2　Indicator Construction and Variable Selection …（205）
Section 3　Empirical Results and Analysis …………………（209）
Section 4　Summary of This Chapter …………………………（228）

Chapter 8　Empirical Analysis of Quality Effects of Exported Agricultural Products from the Implementation of China's Free Trade Zone Strategy ……………（230）
Section 1　Research Design ……………………………………（231）
Section 2　Baseline Regression ………………………………（238）

Section 3	Balance Test and Common Support Condition Test	(240)
Section 4	Robustness Test	(242)
Section 5	Mechanism Test	(245)
Section 6	Indirect Effect Test of Agreement Terms	(250)
Section 7	Summary of This Chapter	(254)

Chapter 9 Empirical Analysis of Division of Labor Effects of Agricultural Trade from the Implementation of China's Free Trade Zone Strategy (255)

Section 1	Measurement and Analysis of Each Country's Agricultural Participation in Global Value Chain Division	(256)
Section 2	Econometric Model and Data Explanation	(272)
Section 3	Empirical Results and Analysis	(275)
Section 4	Robustness Test	(283)
Section 5	Examination of Influence Mechanisms	(287)
Section 6	Summary of This Chapter	(291)

Chapter 10 Research Conclusions and Policy Recommendations (293)

| Section 1 | Research Conclusions | (293) |
| Section 2 | Policy Recommendations | (298) |

References (303)

Index (331)

Postscript (336)

图 目 录

图 1-1　自由贸易区战略实施的农产品贸易效应理论部分逻辑 ……………………………………………（13）

图 1-2　中国自由贸易区战略实施对其农产品贸易影响的实证部分逻辑 …………………………………（15）

图 1-3　技术路线 ………………………………………（16）

图 1-4　轮轴—辐条结构 ………………………………（23）

图 2-1　近些年国外文献中自由贸易区贸易效应研究学科分布情况 ………………………………………（28）

图 2-2　近些年国内文献中自由贸易区贸易效应研究学科分布情况 ………………………………………（28）

图 2-3　自由贸易区网络形成与福利变化 ……………（33）

图 3-1　自由贸易区农产品贸易效应理论分析框架 …（56）

图 3-2　基本的辐条与轮轴自由贸易区网络结构 ……（64）

图 3-3　自由贸易区贸易效应异质性分析框架 ………（71）

图 3-4　自由贸易区建立、协定条款异质性与出口农产品质量之间关系的分析框架 …………………（74）

图 3-5　农产品的不同生产阶段以及不同阶段的增加值分布 ……………………………………………（77）

图 3-6　自由贸易区战略实施下农业全球价值链分工变化趋势 ………………………………………（89）

图 3-7　自由贸易区农产品贸易分工效应的分析框架 …（90）

图 4-1　1995—2020 年中国农产品进出口额及贸易逆差
　　　　变化趋势 ………………………………………………（107）
图 4-2　1995—2020 年中国与东盟农产品贸易结构变化
　　　　趋势 ………………………………………………（115）
图 4-3　2003 年和 2020 年中国与东盟农产品贸易结构
　　　　比重 ………………………………………………（116）
图 4-4　1995—2020 年中国与新西兰农产品贸易结构变化
　　　　趋势 ………………………………………………（117）
图 4-5　2007 年和 2020 年中国与新西兰农产品贸易结构
　　　　比重 ………………………………………………（117）
图 4-6　1995—2020 年中国与韩国农产品贸易结构变化
　　　　趋势 ………………………………………………（119）
图 4-7　2014 年和 2020 年中国与韩国农产品贸易结构
　　　　比重 ………………………………………………（119）
图 4-8　1995—2020 年中国与澳大利亚农产品贸易结构
　　　　变化趋势 ………………………………………………（120）
图 4-9　2014 年和 2020 年中国与澳大利亚农产品贸易
　　　　结构比重 ………………………………………………（121）
图 4-10　2016—2022 年中国与东盟农产品贸易额 …………（127）
图 4-11　2002—2015 年中国向东盟各国农产品
　　　　出口额变化 ………………………………………（129）
图 4-12　2016—2022 年中国向东盟各国农产品
　　　　出口额变化 ………………………………………（130）
图 4-13　2002—2022 年中国对东盟各国农产品出口
　　　　份额变化 ………………………………………（130）
图 4-14　2002—2015 年中国向东盟各国农产品
　　　　进口额变化 ………………………………………（131）
图 4-15　2016—2022 年中国向东盟各国农产品
　　　　进口额变化 ………………………………………（131）

图 4-16 2002—2022 年中国对东盟各国农产品
进口份额变化 …………………………… (132)
图 4-17 2002—2015 年中国对东盟农产品出口额变化 …… (137)
图 4-18 2016—2022 年中国对东盟农产品出口额变化 …… (137)
图 4-19 2002—2015 年中国对东盟农产品进口额变化 …… (139)
图 4-20 2016—2022 年中国对东盟农产品进口额变化 …… (139)
图 5-1 匹配前后处理组和对照组倾向得分的核密度
分布 ……………………………………… (157)
图 5-2 安慰剂检验结果：农产品贸易额 ……………… (162)
图 5.3 安慰剂检验结果：农产品出口额 ………………… (163)
图 5.4 安慰剂检验结果：农产品进口额 ………………… (163)
图 6.1 中国与东盟及合成东盟农产品进口额和出口额
变化 ……………………………………… (184)
图 6.2 安慰剂检验结果 ………………………………… (187)
图 6.3 迭代去除控制组国家的合成东盟分布 ………… (188)
图 6.4 中国与中国—东盟自由贸易区非成员国及对应
合成各国农产品进口和出口变化趋势 ……………… (190)
图 6.5 中国与东盟各国及合成东盟各国农产品进口
变化趋势 ………………………………… (194)
图 6.6 中国与东盟各国及合成东盟各国农产品出口
变化趋势 ………………………………… (195)
图 6.7 中国与东盟各国及合成东盟各国农产品贸易
变化趋势 ………………………………… (195)
图 7.1 2005—2020 年中国自由贸易区协定条款异质性
指数的变化趋势 ………………………………… (208)
图 7.2 中国与自由贸易区伙伴国（或地区）及其对应
合成国家（或地区）农产品贸易规模变动路径 …… (225)
图 8.1 匹配前样本倾向得分的核密度分布 ……………… (241)
图 8.2 匹配后样本倾向得分的核密度分布 ……………… (242)

图9.1　生产长度指标体系 ……………………………（257）
图9.2　一个国家农业部门总增加值的分解 …………（260）
图9.3　一个国家农业部门最终产品生产的增加值分解 ……（260）
图9.4　2000—2014年中国农业全球价值链分工参与
　　　程度及分工位置情况 ………………………（263）
图9.5　2000—2014年中国农业各部门全球价值链分工
　　　参与程度与位置情况 ………………………（264）
图9.6　2014年各国（或地区）农业全球价值链分工
　　　参与度 ………………………………………（269）
图9.7　2014年各国（或地区）农牧业全球价值链分工
　　　参与度 ………………………………………（269）
图9.8　2014年各国（或地区）林业全球价值链分工
　　　参与度 ………………………………………（270）
图9.9　2014年各国（或地区）渔业全球价值链分工
　　　参与度 ………………………………………（270）
图9.10　2014年各国（或地区）农业全球价值链分工
　　　　参与度和分工位置指数 ……………………（271）
图9.11　2014年各国（或地区）农业全球价值链复杂
　　　　简单价值链分工参与程度情况 ……………（272）
图9.12　2000—2014年中国与合成中国的农业全球价值链
　　　　分工位置变化情况 …………………………（277）
图9.13　中国自由贸易区战略实施对其农业全球价值链
　　　　分工位置的影响 ……………………………（278）
图9.14　2000—2014年中国与合成中国的农业全球价值链
　　　　分工参与程度变化情况 ……………………（279）
图9.15　中国自由贸易区战略对其农业全球价值链分工
　　　　参与程度的影响 ……………………………（280）
图9.16　中国与合成中国农业的前向联系参与度和后向
　　　　联系参与度变化情况 ………………………（281）

图 9.17 中国自由贸易区战略对其农业前向联系参与度和
后向联系参与度的影响 ……………………………（282）

图 9.18 安慰剂检验中挪威和合成挪威农业全球价值链
分工位置指标的变化路径 …………………………（283）

图 9.19 中国自由贸易区战略对其农业全球价值链分工
位置影响的显著性检验 ……………………………（285）

表 目 录

表1-1 农产品涵盖范围及分类 ……………………………… (20)
表2-1 2000—2021年自由贸易区贸易效应研究的发文量和
被引数 ………………………………………………… (26)
表2-2 针对自由贸易区贸易效应CGE模型的改进及研究
概况 …………………………………………………… (40)
表2-3 基于GTAP模型自由贸易区的静态贸易效应的
考察 …………………………………………………… (47)
表3-1 不同市场中轮辐与轮轴配置对生产者和消费者的
影响 …………………………………………………… (71)
表4-1 中国自由贸易区相关政策和措施 ………………… (93)
表4-2 中国自由贸易区战略实施情况 …………………… (95)
表4-3 中国自由贸易区战略实施历程 …………………… (98)
表4-4 中国与自由贸易区伙伴国农产品对外关税水平 …… (100)
表4-5 2023年中国与自由贸易区伙伴国各类农产品进口
关税水平 ……………………………………………… (103)
表4-6 中国与自由贸易区伙伴国农产品比较优势 ……… (105)
表4-7 1995—2020年中国农产品贸易结构变化 ………… (107)
表4-8 1995—2020年中国与自由贸易区伙伴国农产品
贸易情况 ……………………………………………… (110)
表4-9 2003—2020年中国与自由贸易区伙伴国农产品
贸易额增长率 ………………………………………… (111)

表4-10　2020年中国与各自由贸易区伙伴国农产品贸易
占中国农产品贸易的比重 ……………………………（112）
表4-11　1995—2020年中国自由贸易区内外农产品贸易
结构的对比 ……………………………………………（114）
表4-12　商务部系统涵盖的农产品 …………………………（133）
表4-13　主要年份中国对东盟农产品出口额的变化
（按HS编码）…………………………………………（135）
表4-14　中国对东盟农产品进口额的变化
（按HS编码）…………………………………………（138）
表5-1　变量含义及数据来源 …………………………………（153）
表5-2　自由贸易区成员国和非成员国国家层面控制
变量以及结果变量的描述性统计 ……………………（154）
表5-3　成员国和非成员国主要变量之间差异的显著性
程度 ……………………………………………………（155）
表5-4　平衡性检验 ……………………………………………（156）
表5-5　农产品贸易额回归结果 ………………………………（158）
表5-6　分产品贸易额回归结果 ………………………………（160）
表5-7　更换匹配方法后模型的估计结果——卡尺内最近
邻匹配 …………………………………………………（161）
表5-8　更换匹配方法后模型的估计结果——核匹配 ………（161）
表5-9　安慰剂效应的统计分布情况 …………………………（164）
表5-10　三重差分的估计结果 ………………………………（165）
表5-11　自由贸易区对农产品贸易的影响渠道和福利变化
识别方法 ………………………………………………（167）
表5-12　中国农产品贸易增长来源分解及福利的变化 ……（168）
表5-13　伙伴国农产品贸易增长来源分解及福利的影响
变化 ……………………………………………………（169）
表6-1　中国—东盟自由贸易区建设历程和时间 ……………（174）
表6-2　1999—2020中国与东盟农产品贸易情况 ……………（175）

表6-3	中国与东盟各成员国降低关税时间安排 ……………	(179)
表6-4	主要变量描述性统计 ………………………………	(180)
表6-5	控制组国家占合成东盟的权重 ……………………	(182)
表6-6	预测控制变量的实际值与拟合值的对比 …………	(182)
表6-7	中国与东盟农产品贸易效应、进口效应和出口效应 ………………………………………………………	(186)
表6-8	中国—东盟自由贸易区的实施对中国与区域内外的农产品贸易效应 …………………………………	(191)
表6-9	合成对象中参考国家及其对应比重 ………………	(193)
表6-10	中国—东盟自由贸易区框架下的中国与东盟各国农产品贸易效应、进口效应和出口效应 …………	(196)
表6-11	2000—2019年中国与东盟各国农产品互补性变化情况 ……………………………………………	(199)
表7-1	自由贸易区协议中贸易政策议题的分类 …………	(206)
表7-2	变量说明和描述性统计分析 ………………………	(209)
表7-3	FTZ协定条款异质性对中国与伙伴国农产品贸易影响的回归结果 ……………………………………	(211)
表7-4	FTZ协定条款异质性对中国向伙伴国农产品出口影响的回归结果 ……………………………………	(212)
表7-5	FTZ协定条款异质性对中国从伙伴国农产品进口影响的回归结果 ……………………………………	(213)
表7-6	中国自由贸易区战略实施农产品贸易动态效应的回归结果 …………………………………………	(214)
表7-7	中国自由贸易区战略实施对其与伙伴国初级农产品贸易影响的回归结果 …………………………	(217)
表7-8	中国自由贸易区战略实施对其与伙伴国半加工农产品贸易影响的回归结果 …………………………	(218)

表7-9 中国自由贸易区战略实施对其与伙伴国园艺农产品贸易影响的回归结果 ……………………………………(219)

表7-10 中国自由贸易区战略实施对其与伙伴国加工农产品贸易影响的回归结果 ………………………………(220)

表7-11 合成对象中参考国家（或地区）及其权重 ………(222)

表7-12 中国自由贸易区战略实施之后中国农产品贸易促进效应 ……………………………………………(225)

表7-13 中国自由贸易区战略实施之后伙伴国（或地区）农产品贸易促进效应 ……………………………………(227)

表8-1 主要变量的描述性统计 ……………………………(237)

表8-2 自由贸易区建立对中国出口农产品质量影响的回归结果 …………………………………………………(239)

表8-3 平衡性检验结果 ……………………………………(241)

表8-4 稳健性分析：样本缩尾和截尾处理 ………………(243)

表8-5 稳健性分析：因变量替换 …………………………(244)

表8-6 安慰剂效应的统计分布情况 ………………………(245)

表8-7 自由贸易区建立对中国不同生产效率农业企业农产品出口规模的影响 ……………………………………(246)

表8-8 自由贸易区建立对中国不同质量农产品出口规模的影响 ………………………………………………………(247)

表8-9 扩大对中低收入国家低质量农产品出口的机制检验 ……………………………………………………(249)

表8-10 浅层条款和深层条款的间接效应检验结果 ………(251)

表8-11 间接效应的稳健性检验结果 ………………………(253)

表9-1 2000—2014年中国与主要国家的农业全球价值链分工前向联系参与度 ……………………………………(265)

表9-2 2000—2014年中国与主要国家的农业全球价值链分工后向联系参与度 ……………………………………(266)

表9-3	2000—2014年中国与主要国家的农业全球价值链分工位置情况 …………………………… (268)
表9-4	预测变量和结果变量的说明和描述性统计 ………… (275)
表9-5	预测变量的真实值与拟合值对比 …………………… (276)
表9-6	2004—2014年中国自由贸易区政策效应的显著性 …………………………………………… (285)
表9-7	中国自由贸易区战略实施的农产品贸易分工效应的双重差分法估计结果 ……………………………… (287)
表9-8	中国自由贸易区战略实施对其农业全球价值链分工地位和参与程度影响机制的回归结果 ………… (290)

第一章

导 论

世界贸易组织（WTO）多哈谈判在农业开放问题陷入僵局的情况下，国内外自由贸易区①建设如雨后春笋般迎来一波新的热潮。与此同时，世界农产品贸易格局也发生了显著变化，农产品贸易"区块化"现象越发突出，农产品贸易分工方式也不断演变。在"单边主义"日益盛行，以美国为首的某些西方发达国家企图遏制中国快速发展的国际大背景下，研究中国自由贸易区战略实施对农产品贸易的影响，对于更好地利用自由贸易区手段保障农产品有效供给，有效应对中美贸易关系的不确定性以及推进农产品贸易高质量发展具有较大的现实意义和实践价值。

第一节 研究背景及研究问题的提出

一 研究背景

1. 自由贸易区建立成为许多国家的国家战略

自2001年启动多哈回合谈判以来，以WTO为代表的全球多边

---

① 本书的自由贸易区是指国与国之间签署自由贸易协定而建立的自由贸易区，不涉及中国境内建立的自由贸易试验区。

贸易体制一直未能消除各国在农业市场准入关键领域中存在的严重分歧，贸易自由化的提升举步维艰（Richard et al.，1995）。时至今日，多哈回合谈判前景仍不乐观。在农业问题停滞不前的背景下，各国为实现农业进一步自由化纷纷与不同的国家建立自由贸易区。为了在国际竞争中不被边缘化，追求比 WTO 更加优惠的待遇，自由贸易区成为许多国家的国家战略（Bonciu et al.，2014）。从 WTO 通报的数据来看，截至 2022 年 6 月，已经生效的区域贸易协定达到 577 个，其中正在实施的有 353 个。另外，从中国的情况来看，中国作为新兴经济体和发展中国家的代表，一直把自由贸易区的建立作为中国农业进一步对外开放的重要手段①。在 2006 年提出自由贸易区的总体战略构想之后②，中国把自由贸易区的建立作为推进对外开放的重要内容，并在党的十七大报告之后上升到国家战略，中共十八届三中全会强调要形成面向全球的高标准自由贸易区网络，更是把自由贸易区建设上升到历史的新高度。

2. 中国农业对外开放已经进入一个新的发展阶段

随着 2004 年"早期收获计划"的实施，中国与东盟各国率先在农业领域上实现了贸易自由化。据商务部统计，截至 2023 年 6 月，中国已经和 28 个国家或地区签署了 21 个自由贸易协定（包括新西兰、瑞士、冰岛、澳大利亚、秘鲁、韩国、哥斯达黎加、新加坡、智利、巴基斯坦、马尔代夫、格鲁吉亚、东盟等），已经形成了立足周边、辐射"一带一路"、面向全球的自由贸易区网络。自由贸易区战略的逐步实施意味着中国农业对外贸易政策由 WTO 关税配额制逐渐转变为自由贸易区内零关税制。例如，中国—东盟自由贸易区建立后，除个别敏感产品外其他产品都已经实施了零关税；中国对澳大利亚 99.4% 的农产品在建立的自由贸易区实行零关税；中国对格

---

① http：//sannong.cctv.com/2018/11/12/ARTIRz9fQ5znjtbakRqD11m91811 12. shtml.
② http：//www.china.com.cn/txt/2006-12/07/content_ 7473773. htm.

鲁吉亚93.9%的农产品实施零关税。

3. 现阶段中国农产品贸易形势和格局也在不断发生变化

在农业对外开放新格局下,中国农产品贸易发生了显著的变化。中国农产品贸易占世界农产品贸易的比重由2001年的3.2%提升至2020年的8.5%,在全球农产品贸易的排名由第十一位提升至第二位,成为全球农产品贸易增长的主要动力。2011年以来,中国超过美国成为全球第一大农产品进口国;2015年以来稳居全球农产品出口国第五,在美国、荷兰、德国和巴西之后。2004—2022年,中国农产品贸易规模从2004年的514.40亿美元增长到2022年的3343.2亿美元,增长了5.50倍,年均增长10.96个百分点[①]。另外,中国农产品国际贸易中"大出大进"的贸易格局已经形成,中国农业已经不可逆转地走上了对外依存度上升的通道。2004—2022年,中国农产品进口额和出口额分别从2004年的280.50亿美元和233.90亿美元增长到2022年的2360.60亿美元和982.60亿美元,年均增长率分别为12.56%和8.30%。从贸易对象国来看,中国农产品贸易多元化格局逐步形成,对日本、韩国等周边传统贸易伙伴的出口比重下降,对新兴贸易伙伴的出口比重有所提高。农产品进口来源地也日益广泛,除传统欧美市场外,来自亚洲、大洋洲、南美洲和非洲地区的进口不断增加。

但不容忽视的是中国农产品贸易失衡现象也越发突出,中国农产品贸易状况与总体贸易状况长期处于背离的趋势。在中国农产品贸易总额持续提升的状况下,农产品进口增长速度始终快于出口增长的速度。改革开放初期,在出口创汇背景下形成的农产品对外贸易顺差格局,自2004年以后被持续不断增加的农产品贸易逆差取代,截至2022年,中国已持续了19年之久的贸易逆差。农产品贸易逆差增长到了1378亿美元,同比扩大19.8%。目前,中国成为全球第二大农产品贸易逆差国家,持续不断增加的贸易

[①] 2004—2022年的《中国农产品贸易发展报告》。

逆差已引起政界和学界的高度关注。

4. 中国出口农产品质量仍然较低

中国是世界主要的农产品生产国与出口国，农产品出口额连续多年位居世界前列。然而，与中国农产品出口大国地位不匹配的是，中国出口农产品质量仍然较低。董银果和黄俊闻（2016）的研究显示，中国出口农产品质量水平相较于法国、荷兰和西班牙等欧洲国家仍存在明显差距。由于美国、日本和欧盟等国家和地区对农产品进口有着较为严格的质量标准，因此，中国出口的农产品频繁遭受这些国家和地区以质量不达标为由的扣留和退运（王纪元和肖海峰，2018）。中国农产品每年因标准和合格评定程序受阻的出口量约占到总出口量的1/3，中国出口农产品因质量问题每年损失40亿—90亿美元（刘雪梅和董银果，2019）。2006年，中国出口的农产品被召回的数量达到1466批次，2018年增加到1832批次，呈现上升的趋势。不容忽视的是，在中国农产品生产成本不断上涨的背景下，历来以价格优势为主导的农产品国际竞争力近年来逐步下降，农产品出口面临可持续发展动力不足的问题。例如，2019年和2020年，中国农产品出口额分别同比下降了1.70%和3.20%。

5. 中国农业国际分工方式的转变日益明显

在科技进步和市场竞争推动下，农业国际分工形式发生了重大改变，已经从基于比较优势的产业间分工演变为当前的全球价值链分工，各国大多根据自身的要素禀赋优势，承担农产品的某一生产环节，然后不同的生产工序通过中间品形式在世界各国范围内流通、传递和连接（Gereffi，2001；Lopez-Gonzalez，2012；Pol et al.，2004）。随着中国农业对外依存度逐步上升，中国农业被纳入农业全球价值链分工已经成为一个不可阻挡且无法回避的趋势[①]。在这种趋势下中国农产品贸易发生一些变化，中国进口大多是初级农产品，出口的是加工农产品，加工农产品占农产品出口的四成，而且中国

[①] OECD-FAO, *Agricultural Outlook 2017–2026* (Chinese version).

农产品出口已经开始向高附加值环节集聚（高越等，2016；刘林青等，2011）。

现阶段中国农产品贸易出现新趋势和格局变化，自由贸易区建设作为农业对外开放提升的重要手段，在其中发挥着什么样的作用，中国自由贸易区战略实施之后如何影响农产品贸易的发展，中国如何更好地利用自由贸易区制度安排以获得更大的贸易收益和福利的改进成为现阶段迫切需要解决的重要问题。2018年、2019年、2020年、2021年、2023年中央一号文件连续指出，下一步中国要推动形成农业对外开放的新格局，保障重要农产品有效供给，发挥农产品国际贸易作用，拓展多元化进口渠道，扩大优势农产品出口，支持企业融入全球农产品供应链，因此，研究中国自由贸易区战略实施带来的农产品贸易效应具有重大的现实意义和实践价值。

二 研究问题的提出

在WTO多边体制与区域性体制"一冷一热"的发展态势下，美国、欧盟等发达经济体正在构建新一代全球经贸发展规则，为了应对以美国为首的发达国家的"围堵"，中国已经把自由贸易区建设上升为国家战略，现阶段也成为中国推进农业对外开放的重要内容。自由贸易区战略实施之后，中国农产品贸易发生了较为明显的变化，贸易规模增长迅速而且逆差不断扩大，农产品贸易分工格局也发生深刻演变。基于以上研究背景，本书提出以下问题。

第一，自由贸易区建立对农产品贸易的影响机理是什么？自由贸易区的建立主要是为了获取更大的贸易收益和福利的改进，那么，自由贸易区战略的实施是通过什么样的渠道影响农产品贸易，农产品贸易静态效应、出口农产品质量效应和农产品贸易分工效应产生的条件是什么，农产品贸易效应异质性生成机理是什么，什么情形下成员国可以通过自由贸易区的建立获得福利的改进。这些都是从理论上需要进一步研究的问题。

第二，中国自由贸易区战略实施对农产品贸易短期和长期产生了什么样的影响？从 2004 年至 2023 年 6 月，中国目前已经与 28 个国家（或地区）签署了 21 个自由贸易协定①，已经形成以中国为轮轴的自由贸易区网络，中国自由贸易区战略的实施也意味着在区域内贸易政策从关税配额制向零关税的转变。那么，中国是否能从这种农业对外贸易政策变革中获得"政策红利"；中国自由贸易区战略的实施对中国农产品贸易短期和长期会产生什么样的影响，影响程度有多大。这些都是实证上需要进一步回答的问题。

第三，中国该如何进一步利用自由贸易区战略来扩大农产品贸易收益以及福利改进？自由贸易区战略以及加快构建全方位、多层次、宽领域的农业对外开放新格局是中国适应经济全球化和区域经济一体化新趋势，是应对发达国家加快经贸规则重构的必然选择，也是中国当前发展阶段以开放促改革、促进农业结构升级的内在要求。那么，如何利用自由贸易区建立对农产品贸易影响的内在机理促进农产品贸易发展；在既定的政策目标框架下，政策制定者究竟应该达成何种形式的自由贸易协定，接受什么样的条款。这些是现阶段政策层面迫切需要解决的问题。

第二节　研究目的及研究意义

本书将从理论与实证相结合的角度，在详细梳理中国与主要伙伴国签订开放条款和农产品贸易状况的基础上，利用数理模型构建自由贸易区建立对农产品贸易影响的理论模型，探讨不同情形下农产品贸易效应产生的内在机理；然后分别从贸易静态效应、出口产品质量效应和贸易分工效应综合评估中国自由贸易区战略

---

① 2024 年 2 月，中国与洪都拉斯签署了自贸协定早期收获安排。截至 2024 年 3 月 20 日，中国已经与 29 个国家和地区签署了 22 个自贸协定。

实施对其农产品贸易的影响；再次进一步考察农产品贸易效应异质性以及其产生的原因；最后在以上研究的基础上针对中国自由贸易区战略的实施情况提出战略实施优化路径。本书对于丰富现有的自由贸易区贸易效应理论、促进中国自由贸易区战略的实施、提升中国利用两个市场两种资源的能力，都具有较大的理论意义和实践价值。

一　研究目的

本书的目的是，通过严谨的理论分析和翔实的实证研究，分析中国自由贸易区战略实施的农产品贸易效应。在目前中国与伙伴国自由贸易区建立以及长期运行的背景下，既要用数理模型从理论上推导自由贸易区农产品贸易静态效应和出口农产品质量效应，又要将分工深化引入自由贸易区贸易效应分析框架中，考察自由贸易区贸易效应动态长期影响机制；既要从实证上验证自由贸易区建立农产品贸易静态效应和出口农产品质量效应的存在，还需要检验农产品贸易分工效应的作用。另外，还需要考虑中国建立的多个自由贸易区，农产品贸易效应是否存在异质性，异质性生成机理是什么，以及如何进一步深化中国自由贸易区战略的制度安排以更好地获得"政策红利"，从而进一步促进中国农业对外开放以及更好地利用两种资源和两个市场来保障国内粮食安全。具体研究目的包括以下几点。

第一，详细阐述自由贸易区建立对农产品贸易影响的内在机制。探讨自由贸易区建立对农产品贸易影响不同渠道的作用机理、内在逻辑与效应机制，丰富和创新自由贸易区贸易效应的相关理论。

第二，综合评估中国自由贸易区战略实施的农产品贸易效应。不仅要分析中国自由贸易区战略实施对其农产品贸易规模的影响，还要关注中国自由贸易区战略实施在农业分工深化方面的作用；不仅要研究中国自由贸易区战略实施对其农产品贸易的平均效应，还要考察中国自由贸易区战略实施农产品贸易效应的异质性。

第三，研究有效提升贸易收益和福利改进的自由贸易区战略实施路径。本书将在上述研究的基础上，针对贸易静态效应、贸易效应异质性、出口产品质量效应和贸易分工效应产生的内在规律，进一步从农产品贸易角度探讨中国自由贸易区战略实施路径的调整路径。

二　研究意义

1. 现实意义

自多哈回合谈判失败以来，各国为实现农业领域进一步自由化，纷纷建立了以自己为核心的自由贸易区网络，在这样的大背景下，为有效应对发达国家重构经贸规则的影响，中国也加快了自由贸易区的建设步伐，但现有文献大多研究自由贸易区建立对制造业或者服务业的影响，对农业的关注十分不足。本书对中国已建立的自由贸易区农产品贸易效应进行测量，探究农产品贸易效应产生的内在机理和异质性影响机制，将有助于更全面地把握中国自由贸易区战略实施对其农产品贸易的影响，从而为中国农业谈判、调整自由贸易区政策及相关贸易政策提供现实依据。

在全球新一代高质量、高标准的自由贸易区谈判快速发展的背景下，中国需要不断优化和调整自由贸易区的布局、规划和建设，而本书探究自由贸易区建立的农产品贸易效应对于提升中国农产品竞争力与话语权，有效应对中美贸易关系不确定常态化，增强中国利用国际农业资源和市场的能力具有重要现实意义。

2. 理论意义

从理论上来看，学术界关于自由贸易区贸易效应的研究仅仅局限于对贸易创造效应和贸易转移效应等静态概念的考察，缺乏对自由贸易区长期运行之后对分工方式改变进行的理论探讨和实证检验，本书将贸易分工效应和出口产品质量效应纳入贸易效应的研究范畴，为相关研究提供了一个新的视角。现有研究往往是考察两国间建立自由贸易区带来的整体产品贸易效应，就目前中国自由贸易区战略实施对其农产品贸易的影响缺乏研究,对农产品贸易效应异质性产生的原因也缺乏探讨。因此,本书对于丰富现有自由贸易区贸易效应理论具有一定的理论意义。另外,本书将因果推断的方法引入贸易静态效应、贸易效应异质性、出口产品质量效应和贸易分工效应考察当中,为理解中国自由贸易区战略实施带来农产品贸易效应提供新的经验证据。

第三节 研究方法

本书将采用理论分析和实证研究相结合的研究方法。首先在文献评述、制度背景分析以及农产品贸易现状分析的基础上建立理论模型,从理论分析结果中引申出研究假说;然后对中国自由贸易区战略实施的农产品贸易效应进行计量分析和检验;最后得出研究结论并提出政策建议。

一 理论分析方法

在理论研究方面,本书在前人研究的基础上构建中国自由贸易区战略实施对其农产品贸易影响的数理模型。以 Viner(1950)模型为理论基础,根据中国自由贸易区实施情况,主要从分工深化进行理论扩展。本书先是参考 Saggi 等(2010)的做法使用三国模型来考察自由贸易区建立农产品贸易静态效应,主要是推导农产品贸易促进效应、贸易创造效应、贸易转移效应以及福利变化的生成机理。其次是结合贸易自由化、比较优势、辐条与轮轴自由贸易区等理论,主要从协定条款、时间窗口、产品类别和网络位置等方面来解释异质性生成机理。其中,在网络位置异质性生成机理当中,本书将分析贸易静态效应的三国模型扩展到四国模型,在辐条与轮轴型自由贸易区情形下研究自由贸易区网络形成带来的农产品贸易促进效应、贸易创造效应、贸易转移效应以及福利变化，并与单一自由贸易区情形进行比较。再次从理论上构建自由贸易区建立、协定条款异质性与出口农产品质量之间关系的分析框架。最后将分工深化引入自由贸易区贸易效应分析当中，在 Melitz（2003）和 Chaney（2008）企业异质性模型的基础上按照"贸易成本—国际分工—贸易效应"的理论逻辑框架进行数理模型的构建，研究分工深化情形下自由贸易区建立带来的农产品贸易变化和农业分工格局变迁。

二 实证分析方法

1. PSM、DID 以及 DDD

自由贸易区贸易效应的内生性问题，得到越来越多的学者的重视。倾向评分匹配、双重差分以及三重差分都是解决模型内生性问题的重要方法。在政策研究中，难以实现随机分组实验，从而导致实验组和对照组初始条件不完全相同，造成选择性偏差，这会影响政策评估的准确性。倾向评分匹配是解决该类问题的主要方法，主要的思想就是运用统计学原理，通过可观测特征为每个实验组个体都匹配合适的处理组，使实验组和对照组随机分布相同。

另外，双重差分与三重差分方法被广泛应用到政策评估领域。自 Ashenfelter（1978）将该方法引入经济学之后被广泛使用。双重差分原理较为简单，主要是计算实验组政策实施前后的差值减去对照组政策实施前后的差值。然而，该方法实施的有效性往往要求控制组和对照组有共同的趋势。这一假设在一些研究中很难实现，倾向评分匹配和双重差分结合起来恰恰可以解决这一问题。

2. 合成控制法

自由贸易区建立与农产品贸易之间存在内生性问题，可以使用因果推断的方法进行解决。因果推断常使用的是 Rubin（2005）的"反事实"框架，也就是假设政策没有实施该地区将会发生什么样的变化，并将政策实施后的结果对比，就可以得出政策实施的处理效应。研究的关键就在于"反事实"的构建，现有研究常用的方法是双重差分模型。但该方法存在两大缺陷，一是样本选择偏误，对照组的选择具有主观性和随意性；二是无法有效解决政策实施的内生性。由于政策实施地区往往都具有一些共同的特征，直接使用双重差分方法会对"反事实"的构建造成较大的误差。针对这些不足，Abadie 等（2010）提出的合成控制法可以解决这些短板。主要思想是通过预测变量数据来构造"反事实"，对照组内每个个体的权重为构成"反事实"中所做的贡献，并通过预测变量和原始数据来衡量政策实施之前对照组和处理组的相似性。

3. 全球价值链分工指标的测算方法

出于实证的需要，本书需要运用全球价值链分工分析方法对农业全球价值链分工地位以及参与程度等指标进行测算。

其一，全球价值链分工位置指数。Wang 等（2017）在 Fally（2012）和 Antràs 等（2012）的基础上重新定义了生产链长度（Length of Production Chain）。前向平均全球价值链分工生产长度和后向平均全球价值链分工生产长度的测算方式为：

$$PLv\_GVC = PLv\_GVC\_S + PLv\_GVC\_C = \frac{Xv\_GVC\_S}{V\_GVC\_S} + \frac{Xv\_GVC\_C}{V\_GVC\_C} \quad (1-1)$$

$$PLy\_GVC = PLy\_GVC\_S + PLy\_GVC\_C = \frac{Xy\_GVC\_S}{Y\_GVC\_S} + \frac{Xy\_GVC\_C}{Y\_GVC\_C} \quad (1-2)$$

其中，PLv_GVC_S 和 PLy_GVC_S 分别表示的是前向和后向联系简单全球价值链分工的生产长度，PLv_GVC_C 和 PLy_GVC_C 分别代表的是前向和后向联系复杂全球价值链分工的生产长度，V_GVC_S 和 Y_GVC_S 分别表示的是简单全球价值链分工产生的增加值，V_GVC_C 和 Y_GVC_C 表示的是复杂全球价值链分工过程中产生的增加值。全球价值链分工位置指数是个相对的概念，一个国家在全球生产网络中是处于相对"上游"还是相对"下游"需要通过比较前向联系的生产长度和后向联系的生产长度来确定。因此，可以对比该国某部门全球价值链分工上下游指数的相对位置，得出该国家某部门全球价值链分工位置指数，公式如下：

$$GVCPs = \frac{PLv\_GVC}{PLy\_GVC} \quad (1-3)$$

其二，全球价值链分工参与程度指数。本书使用的是 Wang 等（2017）的测算方法，主要分为前向和后向全球价值链分工参与程度指数。计算公式分别为：

$$GVC\_Pt\_f = \frac{V\_GVC}{Va'} = \frac{V\_GVC\_S}{Va'} + \frac{V\_GVC\_C}{Va'} \quad (1-4)$$

$$GVC\_Pt\_b = \frac{Y\_GVC}{Y'} = \frac{Y\_GVC\_S}{Y'} + \frac{Y\_GVC\_C}{Y'} \quad (1-5)$$

将上述两个指数进行加总可以计算出一个国家某部门整体的全球价值链分工参与程度，公式为：

$$GVC\_Pt = GVC\_Pt\_f + GVC\_Pt\_b \quad (1-6)$$

从（1-6）式可以看出，全球价值链分工参与程度指数越大，说明该国家某部门参与全球价值链分工程度越深。

第四节　研究内容与技术路线

一　研究思路

本书基于"理论扩展—实证分析—路径探讨"的思路进行研究。研究内容分为四个部分：第一部分是从理论上分析自由贸易区建立农产品贸易效应产生的内在机制；第二部分是对中国自由贸易区战略实施历程和农产品贸易现状进行概括和梳理；第三部分从实证角度研究中国自由贸易区战略实施对其农产品贸易的影响；第四部分主要是研究如何调整现行自由贸易区战略以更好地促进中国农产品贸易发展。

二 研究内容

1. 自由贸易区建立的农产品贸易效应理论分析

自由贸易区战略的逐步实施意味着中国农业对外贸易政策由WTO关税配额制逐渐转变为自由贸易区内零关税制，那么在新的农业对外贸易政策安排下，自由贸易区建立的政策效应生成机理是什么？现有理论主要探讨的是两国之间建立自由贸易区带来的贸易静态效应，本书除使用数理模型推导自由贸易区贸易静态效应之外，还会考察自由贸易区出口农产品质量效应和农产品贸易效应异质性的内在机理。另外，本书还将分工深化纳入自由贸易区贸易效应分析框架，考察自由贸易区农产品贸易分工效应。

具体而言，本书将结合异质性企业、价值链分工以及自由贸易区等理论，按照"贸易成本—国际分工—贸易效应"的理论逻辑框架进行数理模型的构建，以分工和贸易成本为主线，根据中国自由贸易区实施情况以及农产品特性，研究自由贸易区建立对农产品贸易的作用机理（见图1-1）。

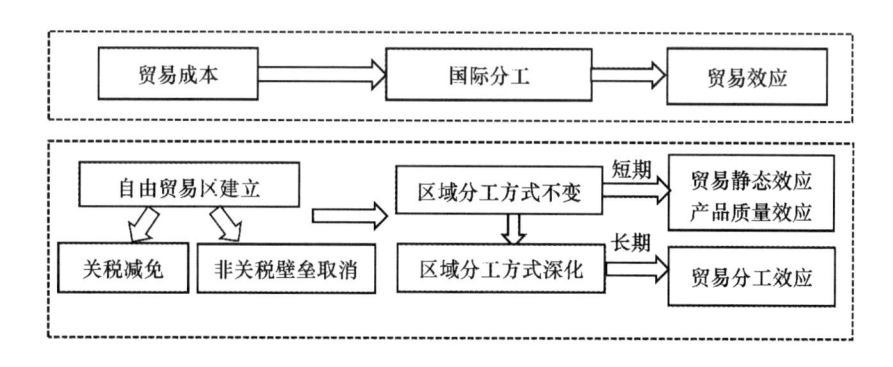

图1-1 自由贸易区战略实施的农产品贸易效应理论部分逻辑

2. 中国自由贸易区战略实施历程及其与伙伴国农产品贸易现状

研究中国自由贸易区战略实施的农产品贸易效应之前，首先需要对中国的自由贸易区战略实施历程及其与伙伴国农产品贸易现状进行概括和总结。自由贸易区战略实施方面主要是对中国自由贸易区战略实施历程、现有自由贸易协定主要条款梳理，并在此基础上对主要农产品伙伴国的开放水平和开放方式进行归纳总结；中国与伙伴国农产品贸易现状和趋势分析方面，主要是中国对主要自由贸易区伙伴国农产品贸易规模以及贸易结构进行分析，并在此基础上总结农产品贸易变动的趋势。另外，本书还将以中国—东盟自由贸易区为典型案例，考察中国—东盟自由贸易区框架下中国与东盟农产品贸易的变化。

3. 中国自由贸易区战略的农产品贸易效应实证研究

中国自由贸易区战略实施对其农产品贸易产生什么样的影响。对于这个问题，现有文献主要集中在贸易规模变动的考察，而且主要关注的是中国—东盟自由贸易区建立，少量文献考察了中国—秘鲁自由贸易区和中国—新西兰自由贸易区，但尚未达成一致的研究结论（谭丹，2018；徐芬，2018；杨重玉等，2018；原瑞玲等，2014）。尽管较多学者以贸易创造效应为题，但其实际研究的是贸易促进效应，而非传统理论中的贸易创造效应。另外，引力模型是该领域事后研究的主力工具，但其存在内生性问题和缺乏理论联系等不足（Haveman et al.，1998；Magee，2003；陈媛媛等，2010）。因此，本书将在前人的基础上，进一步从中国的角度，评估自由贸易区建立对农产品贸易不同渠道的影响。

其一，自由贸易区战略实施的农产品贸易静态效应。按照 Viner（1950）自由贸易区贸易静态效应分析框架，自由贸易区贸易促进效应来源于贸易创造效应和贸易转移效应，贸易创造效应会使成员国福利提高，而贸易转移效应会使成员国福利下降。在实证中，由于本书研究对象为中国建立的所有自由贸易区，因此采用 1（中国）× N 的非对称单国模式，分别从出口和进口两个维度进行分析，其中中国对伙伴国进口的增长和中国对伙伴国出口的增长可以分别视为中国和伙伴国从政策中获得的福利改进。为解决以往研究普遍存在的内生性问题，本书将利用 PSM—渐进 DID 方法进行处理。另外，本书还进一步对自由贸易区在协定条款、时间窗口、产品类别和网络位置上的异质性进行实证分析和规律的总结。

其二，自由贸易区战略实施的出口农产品质量效应。本书在使用需求残差法测量出口农产品质量的基础上，利用 PSM—渐进 DID 等方法分析自由贸易区建立对中国出口农产品质量的影响及其内在机制；然后，本书通过中介效应模型分别检验浅层条款和深层条款在自由贸易区建立对中国出口农产品质量影响中发挥的间接效应。

其三，自由贸易区战略实施的农产品贸易分工效应。自由贸易区建立之后，随着关税逐步削减和非关税壁垒的废除，降低了成员国之间的农产品贸易成本，从长期来看，必然会带动自由贸易区内部的农业专业化分工（李笃华等，2014）。随着自由贸易区成员国市场的逐步融合，推动了区域农业分工的进一步深入，区域农业分工逐步从产品间分工向以产品内分工为特征的全球价值链分工转变（Krugman，1994）。为衡量农产品贸易分工效应，本书主要步骤为：

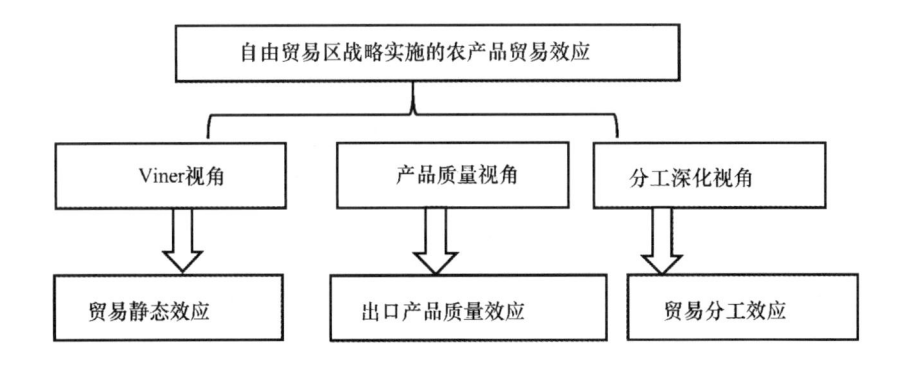

图 1-2　中国自由贸易区战略实施对其农产品贸易影响的实证部分逻辑

先根据 WIOD 提供的投入产出数据，基于 Wang 等（2017）构建的指标核算选取国家的农业全球价值链分工地位和分工参与程度；其次利用合成控制方法进行实证分析；最后，按照理论分析的逻辑线索进行影响机制的检验。

4. 基于农产品贸易视角探讨中国自由贸易区战略实施路径的调整

本书将在以上分析的基础上，对农产品贸易静态效应、农产品贸易效应异质性、出口农产品质量效应和贸易分工效应产生的条件进行总结，结合中国自由贸易区战略和农产品贸易发展趋势，对中国自由贸易区战略实施路径的调整提出具有针对性和可操作性的措施和建议。

本书将按照如下技术路线进行研究，如图 1-3 所示。

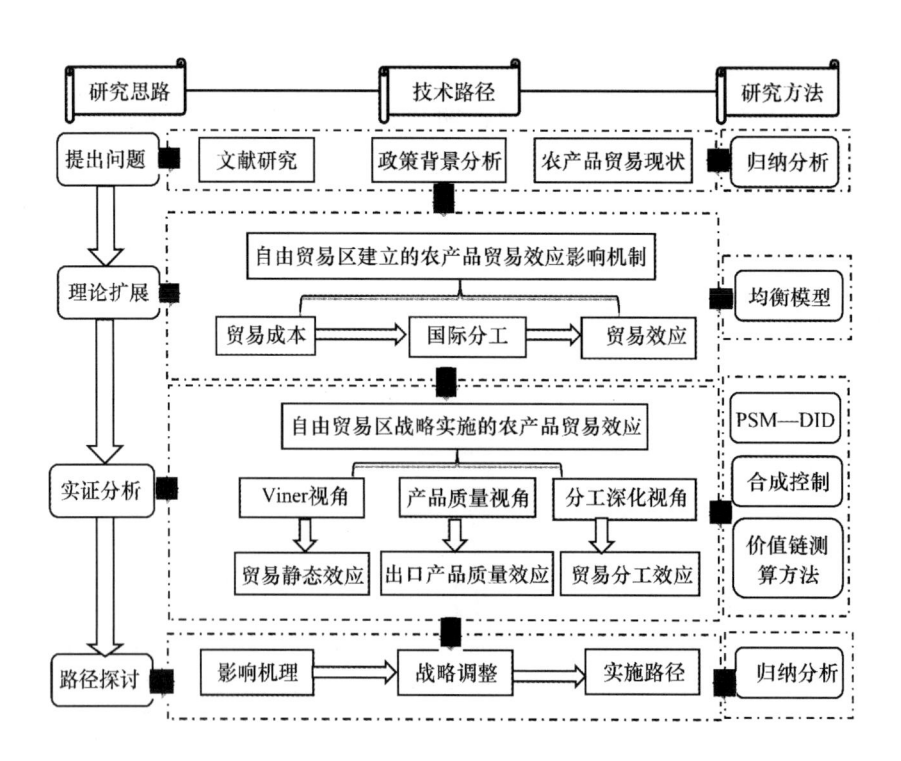

图 1-3 技术路线

第五节 研究特色与创新之处

本书可能的贡献和创新之处在于引入贸易自由化和全球价值链分工理论原理分析自由贸易区战略的实施对农产品贸易的影响机理；在研究逻辑结构上，不仅考察自由贸易区建立带来的短期效应，还将考察自由贸易区长期运行之后带来的农业分工格局的变化；逻辑框架上按照"理论扩展—实证分析—路径探讨"的线索，寻求具有学术价值、实践价值和政策含义的研究结论。

第一，分析自由贸易区贸易静态效应的生成机制具有一定的创新性。在诸多文献研究中，考察的是自由贸易区贸易静态效应中的贸易促进效应，而且并未深入探讨贸易促进效应的来源机制。本书在 Viner（1950）分析框架下，深入挖掘了自由贸易区贸易静态效应的深层次逻辑，构建数理模型推导了贸易促进效应、贸易创造效应、贸易转移效应和福利效应之间的内在联系，区别于以往几何模型演绎自由贸易区贸易静态效应，具有一定的创新性。另外，在实证分析中，本书将中国签署的多个自由贸易协定放在一个框架下进行研究，避免了对单个自由贸易区进行研究时其他自由贸易区的外溢效应，在现有文献中也较为少见。

第二，考虑自由贸易区贸易效应异质性对现有研究具有一定的贡献。现有研究大多是考察的平均贸易效应，对异质性关注不足，对异质性生成机理并未进行深入的探讨。本书从理论上推导在单一自由贸易区和辐条与轮轴自由贸易区不同情形下农产品贸易效应的差异，同时还分析了协定条款、时间窗口和产品类别上的异质性，进一步丰富了自由贸易区贸易效应研究。

第三，厘清自由贸易区建立影响出口农产品质量的机理具有一定的特色。现有研究考察了贸易自由化对出口产品质量的影响，但并未形成一致的研究结论，也未能厘清自由贸易区建立影响出口农产品质量的机理。现有文献通常将自由贸易区视为同质化政策，较少关注自由贸易协定条款的异质性，也少有文献分析浅层条款和深层条款在自由贸易区建立对出口农产品质量影响中的作用及其差异。鉴于此，本书基于协定条款异质性视角探究自由贸易区建立对中国出口农产品质量的影响及其内在机制。

第四，将分工深化引入自由贸易区贸易效应分析框架当中是本书的特色之处。在现有文献中，关于自由贸易区贸易效应的研究仅仅局限于 Viner（1950）提出的贸易静态效应的考察，较少文献涉及自由贸易区与全球价值链分工之间的关系。由于全球价值链分工的主体是跨国企业，因此本书在 Melitz（2003）和 Chaney（2008）的企业异质性模型基础上进行扩展，主要是引入全球价值链分工模块，同时增加贸易成本和跨国协调成本等变量，推导自由贸易区建立之后不同生产率水平的企业如何选择不同的分工方式以及分工地位，以及贸易自由化和投资便利化在自由贸易区贸易分工效应当中的中介作用，从而丰富和发展了自由贸易区贸易效应理论。另外，本书还采用合成控制方法对理论分析进行验证，结合中介效应模型对影响渠道进行检验，得出的结论具有较高的可信度。

第五，将因果推断方法运用到自由贸易区贸易效应评估领域也是本书比较新颖的地方。现有文献往往使用虚拟变量来表示自由贸易区的建立，但自由贸易区与农产品贸易之间具有较强的内生性（Magee，2003；陈媛媛等，2010）。为此，本书构建了层次递进的实证研究方法体系，在考虑到中国与不同国家协定生效的时点不同，先是使用 PSM 方法解决选择性偏差问题，然后采用渐进 DID 方法予以因果推断，最后利用匹配方法的改变、安慰剂检验和 DDD 估计进行稳健性分析，这在相关研究中也是非常少见的。另外，在农产品贸易分工效应和农产品贸易效应网络位置异质性考察中，由于数据量受限，难以严格寻找合适的控制组，因此本书使用基于"反事实"框架下的合成控制法，在方法的运用上区别于以往研究，提供了更为可信的经验证据。

第六节 研究范围与概念的界定

本部分对全书研究范围和主要的概念进行界定，并根据需要对一些概念进行较为详细的解释。

一 研究范围的界定

1. 自由贸易区

自由贸易区是区域经济一体化的一种形式，指的是两个或两个以上的国家（或地区）形成的经济一体化组织，旨在实现成员国间的贸易自由化、成员国之间相互取消关税壁垒和非关税壁垒、提升成员国间的投资便利化，从而使成员国间商品、服务、资本、技术、人员等生产要素规范且自由流动。特别需要关注的是本书研究的是中国对外建立的自由贸易区，并不包括中国境内建立的自由贸易试验区，例如上海、广东、天津、福建、辽宁、浙江自由贸易试验区等。自由贸易试验区指的是一国（地区）在境内设立的实施优惠税收等政策的特定地区，并不是本书研究的范围。

2. 农产品涵盖范围及分类

农产品的界定目前并没有一个统一的口径。根据研究的需要，本书参考 Regmi 等（2005）的农产品统计体系，并且将水产品也纳入农产品考察范围。另外，本书根据附加值和加工程度将所有 HS 代码的农产品分为四大类，分别为初级产品、半加工产品、园艺产品和加工产品，具体分类标准见表 1-1。其中，初级产品包括咖啡原料、茶叶、小麦、黑麦、大麦等，对应的 HS 四位（或五位）编码：09011、0902-0903、1001-1008、1201-1202、1204-1207 等；半加工产品包括活体动物、猪油、水产品、毛发、动物产品、干豆壳等，对应的 HS 四位（或五位）编码：0101-0106、0209、0301-0304、0306-0307、0501-0511、0713 等；园艺产品包括栽植材料、插花、蔬菜、块茎、椰子等，对应的 HS 四位（或五位）编码：0601 - 0604、0701 - 0709、0714、08011 - 08013、08021 - 08025 等；加工产品包括冷冻肉、加工肉、水产品制品、禽蛋和奶制品等，对应的 HS 四位（或五位）编码：0201 - 0208、0210、0305、0401 - 0410、0710 - 0712 等。

表 1 - 1　　　　　　　　农产品涵盖范围及分类

类别	产品名称	HS 代码
初级产品	咖啡原料、茶叶、小麦、黑麦、大麦、燕麦、玉米、水稻、高粱、其他谷物、大豆、花生、油籽、棉短绒、可可豆、烟叶、棉、麻	09011、0902 - 0903、1001 - 1008、1201 - 1202、1204 - 1207、14042、1801、24011 - 24013、5201 - 5203、5302
半加工产品	活体动物、猪油、水产品、毛发、动物产品、干豆壳、咖啡壳、谷物面粉、淀粉、菊粉、小麦麸质、干椰子肉、黄豆粉、种子、根块、稻草、植物提取物、装饰原料、动物脂肪、植物油、可分解脂肪、粗甘油、蜡、羊毛脂、糖、可可制品、粮食制品、油籽饼、植物废料、宠物食品原料、甘油、特种植物油、蛋白质、淀粉、醇类、兽皮、毛皮、丝、羊毛、亚麻	0101 - 0106、0209、0301 - 0304、0306 - 0307、0501 - 0511、0713、09019、1101 - 1103、11081 - 11082、1109、1203、1208 - 1209、1211、1213 - 1214、1301 - 1302、1401 - 1404、1501 - 1503、1505、1506、1516、1518、1520 - 1522、17011、1802、1806、2301 - 2306、2308 - 2309、2905、33011 - 33013、33019、3501 - 3505、3823 - 3824、4101 - 1403、4301、5001 - 5003、5101 - 5103、5300
园艺产品	栽植材料、插花、蔬菜、块茎、椰子、巴西栗、腰果、其他坚果、水果、冷冻水果、干果、胡椒、香草、桂皮、丁香、豆蔻、其他种子、其他香料、香料混合物、啤酒花、核果、甜菜、甘蔗	0601 - 0604、0701 - 0709、0714、08011 - 08013、08021 - 08025、08029、0803 - 0810、08119、08131 - 08135、09041 - 09042、0905、09061 - 09062、0907、09081 - 09083、09091 - 09095、09101 - 09105、091091、091099、12101 - 12102、12123、121291 - 121292
加工产品	冷冻肉、加工肉、水产品制品、禽蛋和奶制品、蜂蜜、其他动物产品、加工蔬菜、加工水果、咖啡、加工粮食、其他蔬菜、鱼和动物油、熟肉、甜味剂、巧克力、面食、木薯淀粉、处理过的蔬菜、处理过的水果、提取物、饮料、醋、烟草制品	0201 - 0208、0210、0305、0401 - 0410、0710 - 0712、0811 - 0812、0814、09012、09014、1104 - 1107、1212、1504、1517、1601 - 1603、1701 - 1704、1806、1901 - 1905、2001 - 2009、2101 - 2106、2201 - 2209、3502

注：本书实证过程中使用的是 HS1992 的 6 位代码数据。

根据 Regmi 等（2005）的定义，由于新鲜蔬菜和水果等易腐农产品在运输过程中容易损耗，而且需要比较复杂的包装和保鲜手段，因此并不属于初级产品的范畴。若只将农产品分为加工产品和初级产品两类，半加工产品、园艺产品都可以被归纳到加工农产品的范围（耿献辉等，2014）。

需要说明的是，由于农产品分类口径的不同，本书涵盖的农产品不仅包括初级农产品和园艺农产品，而且包括半加工农产品和加工农产品，因此，本书当中统计的农产品进出口贸易额数据与农业农村部网站公布的数据略有差异。

二 主要概念的界定

1. 贸易静态效应

贸易静态效应指的是按照 Viner（1950）提出的理论分析框架来分析自由贸易区贸易效应，主要包括贸易促进效应、贸易创造效应、贸易转移效应和静态福利效应等概念。具体而言，贸易促进效应指自由贸易区建立之后，由于自由贸易区成员国间降低贸易壁垒，使成员国间贸易规模扩大。按照 Viner（1950）提出的贸易静态效应理论，自由贸易区贸易促进效应主要来源于贸易创造效应和贸易转移效应两个渠道。

贸易创造效应指自由贸易区成员国间贸易壁垒削减之后，一个低成本的自由贸易区伙伴国的生产取代了高成本的国内生产，而且每个国家只生产它们具有比较优势的商品（Ghosh et al., 2004）。正是由于成员国生产替代了本国低效率的生产，贸易创造效应会增加成员国的福利（Sawyer et al., 2015）。贸易转移效应指的是自由贸易区成员国间贸易壁垒削减之后，成员国将减少从生产效率较高的非成员国进口，转而向生产效率较低的成员国进口（Calvo-Pardo et al., 2009）。由于成员国用效率较低的成员国进口替代效率较高的非成员国进口，因此自由贸易区也可能会对成员国的福利产生负面影响。

静态福利效应主要指的是自由贸易区建立之后，成员国间贸易规模变化导致的福利效应,由贸易创造效应和贸易转移效应的相对大小所决定。若贸易创造效应大于贸易转移效应,则自由贸易区建立后成员国间贸易流量的增加会带来成员国福利的改进;反之,则带来成员国福利的损失。

2. 贸易效应异质性

贸易效应异质性指的是各国建立的不同自由贸易区对贸易的影响存在差异。在现实中,由于各国与其伙伴国建立自由贸易区时,成员国、签订的协议内容、实施的开放方式和开放领域等方面都会存在一定的差异,从而导致自由贸易区贸易效应存在异质性。然而现有文献往往假设自由贸易区是同质性的,仅设置一个虚拟变量,测算自由贸易区的平均贸易效应,这些研究的研究结论是有争议且混杂的,主要体现在有些研究得出的是正的影响,有些是不显著的影响,还有些甚至是负的影响。因此本书在考察平均贸易效应的基础上,在第七章还重点关注了自由贸易区贸易效应的异质性。

3. 出口农产品质量效应

产品质量强调的是产品内(within-product)的垂直差异,产品质量表现为能够提高消费者购买意愿的一系列特征,例如安全性、品牌、口感、营养价值、产品设计的美观度等。出口农产品质量效应指自由贸易区建立之后,中国出口农产品质量发生了什么样的变化。

4. 贸易分工效应

贸易分工效应指自由贸易区建立之后,带来了成员国贸易自由化和投资便利化,将有效降低成员国间贸易成本和跨国协调成本,从而促进区域间分工的深化,区域分工方式逐步从产品间分工向以"产品内分工"为特征的全球价值链分工转变。

5. 辐条与轮轴自由贸易区

辐条与轮轴自由贸易区指一个国家同时与多个国家签署了自由贸易区协议,而且其自由贸易区伙伴国之间并未签署自由贸易区协议,主导国家扮演着"轮轴"的角色,将多个自由贸易区联系在一起，并以优惠贸易条件与每个伙伴国进行贸易，每个伙伴国就像"辐条"一样，从而形成了以伙伴国为辐条、主导国为轮轴的自由贸易区网络结构（见图1-4）。

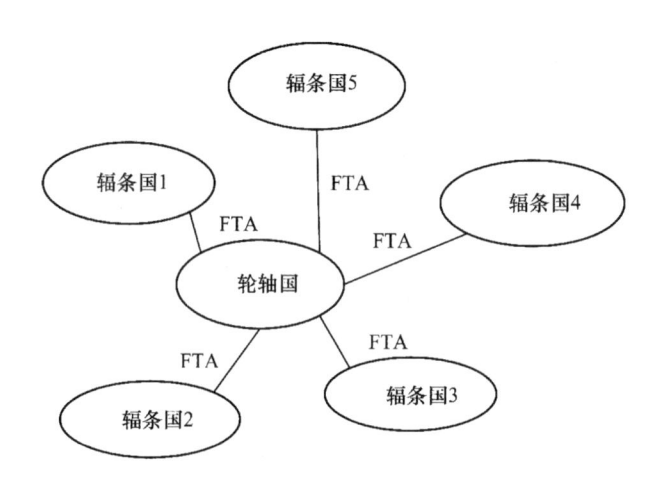

图1-4 轮轴—辐条结构

6. 农业全球价值链分工

农业全球价值链分工指农产品在农资、生产、加工和销售等不同生产环节上的分工，全球每个国家根据自身的比较优势仅负责自己具有比较优势的环节。农业全球价值链分工参与的主体是农业跨国企业，企业通过承担不同环节的功能，获取不同的利润[①]。农业全球价值链分工使农业生产过程变得越来越分散，生产的各个环节分散在不同的国家，导致产品内贸易、工序分工、中间品贸易、再进口和再出口（Re-import and Re-export）等现象越来越普遍。

7. 贸易成本

本书中的贸易成本指狭义贸易成本的概念，主要指的是所谓的政策壁垒（关税壁垒和非关税壁垒）。Anderson等（2004）对以往

---

① 本书参考联合国工业发展组织关于全球价值链分工的定义。

不同学者对贸易成本的不同定义进行了系统性总结，其概括为从广义上说，贸易成本是指除生产产品的边际成本之外，使产品到达最终消费者发生的所有成本，包括运输成本、批发和零售的配送成本、政策壁垒（关税壁垒和非关税壁垒）成本、合同实施成本、汇率成本、法律法规成本及信息成本等。

8. 投资便利化

投资便利化旨在使投资者更容易建立或扩大投资以及在东道国开展日常业务的一整套政策和行动。属于投资便利化的措施主要包括：建立单一窗口或特别查询点、提高行政程序的效率和为投资者提供善后服务等①。因此，投资便利化措施旨在为本地和外国投资者创造一个更加透明、便利、可预测和最终具有吸引力的环境。目前，自由贸易区关于投资规则的制定目前是分散的，其中包括双边投资条约和贸易协定中的投资章节。投资便利化体现了新一代自由贸易区协议从"边境议题"向"边境后议题"转移的发展趋势。

---

① 本书参考联合国贸易和发展会议（United Nations Conference on Trade and Development, UNCTAD）的定义。

第 二 章
文献综述

Viner（1950）提出的贸易静态效应理论是自由贸易区贸易效应理论基础，其提出贸易创造效应和贸易转移效应具备两面性，贸易创造效应有利于增加成员国的福利，而贸易转移效应将带来成员福利的损失。随着世界经济与贸易的发展，自由贸易区对全球贸易的影响将更加复杂化和多样化（Anderson et al.，2016；Schiff et al.，1998）。为了更加全面地把握目前自由贸易区贸易效应的研究现状，本书主要是从自由贸易区贸易效应理论起源及演变、实证研究进展等方面对现有文献进行较为全面的梳理，并总结出现有研究的不足和趋势。本章的内容可以帮助本书较为全面且深入地了解国内外研究进展情况，为本书提供理论基础的同时，也可以揭示现有研究的缺口，为本书提供研究思路。

第一节 自由贸易区贸易效应研究的总体情况

为了更加全面和直观地了解国内外自由贸易区贸易效应相关研究的总体情况，本书使用文献统计的方法对自 2000 年以来的国内外文献进行检索和分析。其中，检索中文文献使用的是中国知网数据库 CSSCI（Chinese Social Sciences Citation Index）引文索引，英文文献使用的是 Web of Science 数据库（核心集合）SSCI（Social Science Citation Index）引文索引。

在检索过程中，时间窗口设定在"2000—2021 年"，中文检索关键词设定为"自由贸易区""自由贸易协定"和"贸易效应"，英文检索关键词设定为"Free Trade Agreement"和"Trade Effect"，共检索到 669 篇文献。

按年度统计分布情况如表 2-1 所示。从表 2-1 中可以看出，近年来，国内外自由贸易区贸易效应研究文献快速增长，特别是自 2005 年起，国外研究呈现"井喷式"增长。2000—2021 年，CSSCI 收录和 SSCI 收录的相关文献分别为 59 篇和 610 篇，平均每年为 2.68 篇和 27.73 篇。从被引次数来看，该类文献在引用数量上增长更为迅速。2000—2021 年，CSSCI 收录和 SSCI 收录的相关文献累计分别被引用 1135 次和 5341 次，平均每年被引数分别为 51.59 次和 242.77 次，这表明，自由贸易区贸易效应的相关研究成果更易被同领域学者认可。

表 2-1　2000—2021 年自由贸易区贸易效应研究的发文量和被引数（单位：篇）

年份	发文量			被引数		
	CSSCI	SSCI	数量	CSSCI	SSCI	数量
2000	0	11	11	0	1	1
2001	0	8	8	0	6	6
2002	0	6	6	0	15	15
2003	0	7	7	0	14	14
2004	1	6	7	0	25	25
2005	2	16	18	4	37	41
2006	1	15	16	9	50	59
2007	1	20	21	21	73	94

续表

年份	发文量			被引数		
	CSSCI	SSCI	数量	CSSCI	SSCI	数量
2008	2	18	20	26	119	145
2009	3	31	34	21	178	199
2010	2	25	27	39	195	234
2011	2	25	27	36	266	302
2012	3	32	35	52	287	339
2013	4	25	29	75	314	389
2014	4	32	36	81	399	480
2015	3	38	41	97	476	573
2016	3	41	44	111	555	666
2017	3	34	37	116	505	621
2018	8	37	45	99	670	769
2019	5	72	77	123	618	741
2020	4	60	64	123	263	386
2021	8	51	59	102	275	377
合计	59	610	669	1135	5341	6476
平均	2.68	27.73	30.41	51.59	242.77	294.36

资料来源：笔者根据中国知网数据库和 Web of Science 数据库检索统计，下同。

图 2-1 和图 2-2 显示了国内外不同学科的统计分布情况。从图 2-1 中可以看出，国外文献主要集中在经济学领域，共有 438 篇，占了 52.6%；从图 2-2 中可以看出，国内研究集中在贸易经济领域，共有 40 篇，占到 67.8%。总体来看，自由贸易区贸易效应相关研究学科内交叉研究较为普遍，学科外交叉研究较少。另外，国外相关文献还在国际关系以及政治科学探讨较多，主要是以 Levy（1997）为代表的学者从政治经济学的角度探讨自由贸易区贸易效应。

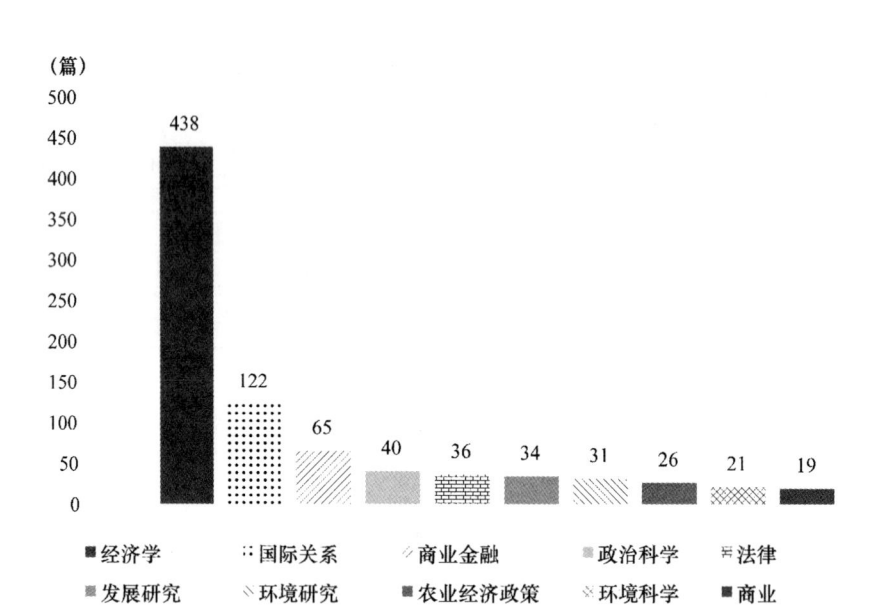

图 2-1　近些年国外文献中自由贸易区贸易效应研究学科分布情况

说明：由于存在交叉学科研究，同一篇文献可能被多次统计。

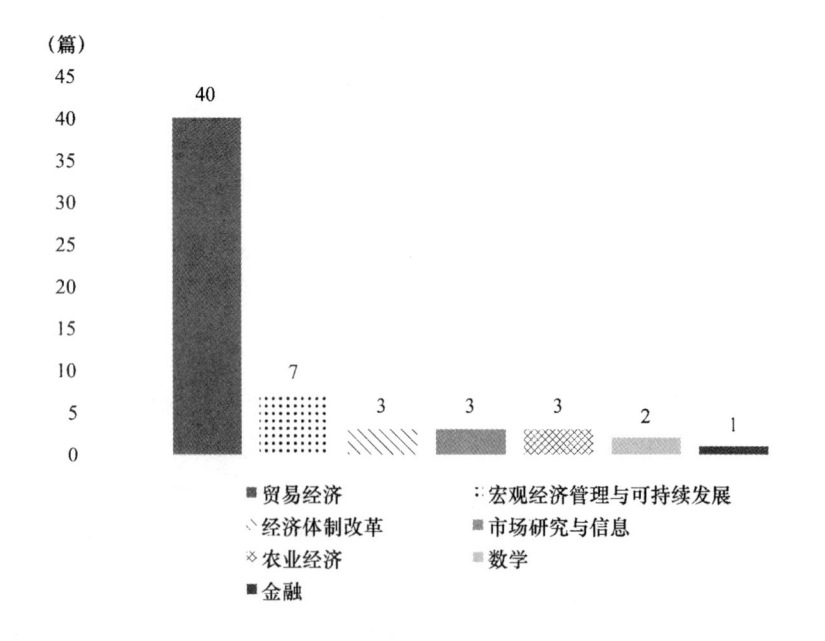

图 2-2　近些年国内文献中自由贸易区贸易效应研究学科分布情况

说明：由于存在交叉学科研究，同一篇文献可能被多次统计。

第二节 自由贸易区贸易效应理论起源与演变

传统的观点认为，由于自由贸易区的成立在一定程度上促进了贸易自由化，降低了成员国之间的贸易成本，从而往往会改善成员国的福利（Plummer et al., 2011；Ricardo, 1891）。1950 年，随着欧洲经济共同体的成立，越来越多的学者对传统观点进行了激烈反驳，其中最具代表性的著作就是 Viner（1950）的《关税同盟问题》。

一 理论起源

Viner（1950）的模型中的关键概念是贸易创造效应和贸易转移效应。简而言之，贸易创造效应是指取代效率较低本国的生产，转而增加从效率较高的伙伴国家的进口，而贸易转移效应则是取代效率较高非伙伴国家的进口，转而增加效率较低伙伴国家的进口，最终成员国福利的增加还是减少取决于贸易创造效应和贸易转移效应的相对大小。Viner（1950）研究结论更加符合 Lipsey 等（1956）提出的"次好通论"，其认为，在一个扭曲的经济体制下，只要其他经济扭曲保持不变，消除一组扭曲并不保证改善整体经济福利。

尽管 Viner（1950）模型存在各种各样的不足，但其提出的"贸易创造效应"和"贸易转移效应"的概念至今是学者们争论的主要内容，而且 Viner（1950）一些主要观点和思路在之后更加复杂的模型中仍然适用。Viner（1950）的方法由于部分假设条件过于苛刻，与现实存在较大差距，受到了较为广泛的批评。然而，Viner（1950）分析框架至关重要，为后来学者的相关研究扩展奠定了坚实的基础。

二 理论的演变与扩展

1. 假设条件的放宽

Viner（1950）结论的成立依赖于众多的假定条件：一是三国模

型假定，A 和 B 是签订自由贸易协定的国家，A 是进口商，B 是出口商，C 代表世界上的其他国家；二是产品同质性假定，A、B 和 C 在完全竞争条件下分别以 P_A、P_B 和 P_C 固定的价格供应完全相同的产品，A 是生产效率最低的国家，C 是生产效率最高的国家，从而 $P_A > P_B > P_C$；三是"小国"假定，即一国进出口贸易对国际市场价格不会造成明显影响；四是关税外生假定，若 $t < P_B - P_C$，则自由贸易区成立将对成员国无影响；若 $P_B - P_C < t < P_A - P_C$，则存在贸易转移效应；若 $t > P_A - P_C$，则存在贸易创造效应。随着自由贸易区如"雨后春笋"般涌现，给各国带来了空前的发展机遇和挑战，更为重要的是为自由贸易区贸易效应相关理论的扩展带来更为广阔的发展空间。

① 三国模型扩展到多国模型。早期研究局限于单个自由贸易区对其成员国贸易的影响，现如今，随着自由贸易区向自由贸易区网络的转变，从 20 世纪 80 年代开始，部分学者关注自由贸易区网络的形成对世界各国的影响（Baldwin，1993），理论模型也从传统简单的三国模型逐步扩展为多国模型。

一方面，以 Krugman（1993）为代表的学者关注自由贸易区成员国数量与福利关系。Krugman（1993）认为自由贸易区成员国数量与福利呈现 U 形变化趋势。随着贸易集团数量的减少，世界福利呈现下降趋势，而当在世界范围内推行自由贸易时，世界福利最大。Krugman（1993）的结论实际上为自由贸易区反对者提供了坚实的理论支撑，其认为当世界所有国家都实施零关税，世界福利水平才能达到最优水平。

以 Stern（2009）和 Buehler（2015）为代表对 Krugman（1993）模型进行了反驳，他们认为 Krugman（1993）模型假定每个国家生产的产品不同于所有其他国家生产的产品（完全产品差异的假设），会大大高估贸易转移效应对福利的负面作用。完全产品差异的假设以及每个国家产品对其他国家消费者夸大的重要性是产生对自由贸易区成立偏见的主要原因（Deardorff et al.，2009）。Stern（2009）

将利用李嘉图提出的比较优势方法替代完全产品差异的假设,其假设所有国家都可以提供相同的产品,但由于技术或要素禀赋的不同,它们提供这些产品的能力也不同。Stern(2009)认为只要各国选择在比较优势方面存在足够差异的国家作为自由贸易区伙伴国,自由贸易区的建立往往能给成员国带来比较大的贸易收益。为了进一步检验该结论,Stern(2009)从最开始的四国模型逐步扩展到六国模型再到多国模型,其中在多国模型中,Stern(2009)还证明了当世界所有国家都实施自由贸易时,自由贸易区成员国自给自足情况下的产品价格等于自由贸易情况下的价格,此时成员国并没有从自由贸易中获得任何的福利;但当成员国加入了某个由多数国家组成的自由贸易区,此时成员国自给自足情况下的产品价格与自由贸易区情况下的价格差异较大,加入自由贸易区将获得较大的福利改善,而且随着加入自由贸易区规模的扩大,该国福利改善的幅度随之扩大。Buehler(2015)还考虑不同国家之间技能水平上的差异,扩展了 Dornbusch-Fischer-Samuelson(DFS)的自由贸易扩张模型,并通过数值模拟的方式,进一步验证了自由贸易区成员的扩大可以带来大部分成员国福利的增长,而且 Buehler(2015)还发现技术水平越高的国家福利增长幅度越大;而技术水平低的国家最容易受到贸易转移效应的影响,其福利水平可能会下跌。另外,上述都是从自由贸易区成员国福利变化的角度进行探讨,从非成员国的角度而言,随着自由贸易区成员国的增加,它们的市场力量也随之增加,它们对非成员国征收的关税也随之加重,对于非成员国而言贸易条件将不断恶化,福利将下降较快(Bond et al.,1996;Krugman,1993)。从目前理论研究来看,由于技术上的限制,学者们都没有放宽规模报酬不变和完全竞争等假设条件。如果假定规模报酬递增或者初始状态是不完全竞争市场(加入自由贸易区之前),那么自由贸易区的建立对成员国带来的福利将会更大,而且随着自由贸易区的扩张,福利增长的速度会更快。

另一方面,部分学者关注自由贸易区网络结构与福利关系。随着以合作博弈理论为基础的网络博弈理论（Network Game Theory）的迅速发展，多个自由贸易区的混合网络问题引起了学界的广泛兴趣。Jackson 等（1996）是该领域的先驱，其提出的网络形成博弈理论也成为后续研究该问题的主要方法。学者们主要对轮轴—辐条结构（Hub and Spoke Structure）、环结构（Circle Structure）、边—点结构（Edge and Point Structure）等自由贸易区网络结构进行了研究（Furusawa et al.，2007；Goyal et al.，2006），其中探讨最多的是轮轴—辐条结构。如图 2-3 所示，如果 A 国与 B 国建立自由贸易区，然后 A 国与 C 国又签订了自由贸易协定，那么就会形成一个辐条与轮轴自由贸易区网络。W_N、W_O、W_I、W_H 和 W_S 分别代表的是无自由贸易区、单一自由贸易区非成员国、单一自由贸易区成员国、辐条与轮轴自由贸易区情况下的福利水平。与初始状态相比，由于成员国之间贸易自由化水平的提高，而非成员国之间依然存在贸易壁垒，A 国与 B 国建立自由贸易区之后，成员国福利得到有效的提升，都从 W_N 上涨到 W_I，而非成员国福利水平则从 W_N 下降到 W_O。在辐条与轮轴结构的自由贸易区当中，A 国为轮轴国，B 国和 C 国称为辐条国。虽然所有国家都可以向该中心自由出口，但只有该中心在轮辐市场享有免税待遇。此时，$W_H > W_I$ $W_H > W_I$，且 $W_H > W_F$ $W_H > W_F$。同样，可以看出 $W_N > W_S$ $W_N > W_S$，且 $W_S > W_O$ $W_S > W_O$。因此，在自由贸易区的实践中，越来越多国家积极与其他国家（地区）发展自由贸易区，争做轮轴国从而获得更大的贸易收益（邓慧慧等，2012；郑建成和胡江林，2021）。

②产品同质性假设扩展到异质性假设。在新古典主义的国际贸易模型中，无论产品在何处生产，常常假定产品是同质的（Homogenous Goods），但从现实来看，产品往往存在异质性[①]，Armington 假设的应用可以解决此类问题。可计算的一般均衡（Computable Gen-

---

① Armington（1969）最早发现这种现象，并基于此提出了产品异质性假设，即来自不同地区的产品（进口品和国内产品）是不完全替代的。

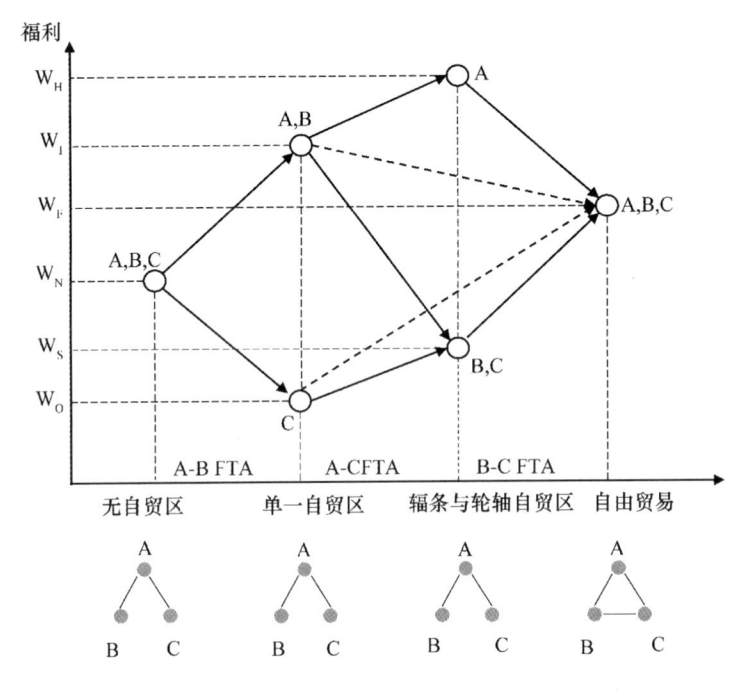

图 2-3　自由贸易区网络形成与福利变化

资料来源：参考 Lake（2019）文献。

eral Equilibrium，CGE）模型的快速发展使 Armington 假设成为自由贸易区贸易效应分析中的标准假设，而且 Armington 产品替代弹性的大小对研究结果影响很大。其中，在产品完全差异的假设下，往往会夸大一国产品对其他国家消费者的重要性，从而放大贸易转移效应带来的负面影响，通常会得出自由贸易区建立会导致世界福利快速下降的结论（Deardorff et al.，2009；Krugman，1993）。在产品不完全差异的假设下，例如使用最普遍的 EK（Eaton and Kortum）模型①，贸易创造效应一般情况下要大于贸易转移效应。另外，只要各国选择在比较优势方面存在足够差异的国家建立自由贸易区，往往

---

① Eaton 等（2002）方法基于 Ricardian 框架下比较优势理论，主要是将内生的可交易性引入上述 Armington 模型中。假设所有国家都可以提供相同的产品，但由于技术或要素禀赋的不同，它们提供这些产品的能力也不同。

能给成员国带来比较大的贸易收益（Deardorff et al.，2009）。

③"小国"假定扩展到"大国"假定。"小国"情形下，产品价格不会因为自由贸易区建立而改变（Viner，1950），这往往会低估自由贸易区建立对非成员国的负面影响。而在"大国"情况下，即当签署自由贸易协定的国家为"大国"时，世界相对价格会受到自由贸易区建立的影响[①]，从而使非成员国的贸易条件发生恶化，甚至影响非成员国的经济增长（Meade，1955）。另外，即使在自由贸易区建立前后成员国对外关税不变，自由贸易区的建立也能通过改善成员国的贸易条件而产生"以邻为壑效应"[②]（Beggar-Thy-Neighbor Effect），在垄断竞争模型中也同样如此（Goto et al.，1999）。由于以邻为壑效应的产生，自由贸易区建立会使非成员国福利损失更大。

④关税外生扩展到内生。在 Viner（1950）模型中，假设关税是外生的，这显然与现实不相符。以 Kemp 等（1976）为代表的研究主要是尝试放宽该假设，对模型进行扩展。在 Mundell（1964）的研究中，假设 A 和 B 都是大国，对国际市场具有较大的影响力。A 国与 B 国签订了自由贸易协定之后，A 国取消了对 B 国的关税，但 A 国和 B 国对 C 国的关税都可以做出相应的调整。按照 Viner（1950）的推理，贸易转移效应将减少 A 国和 B 国对 C 国的产品需求，而且随着自由贸易协定签订之后，进一步增强了 A 国和 B 国对国际市场的影响力。为了进一步降低进口成本，A 国和 B 国都偏向于提高对 C 国的进口关税，从而压低 C 国产品出口价格。在这样的情况下，A 国和 B 国建立自由贸易区之后，贸易转移效应使非自由贸易区成员国为此付出了更大的代价。从全球的角度来看，自由贸易协定的签订，非自由贸易区成员国社会福利会受到损失，这显然不符合帕累托最优（Pareto Optimality）的状态。

---

① Winters 等（2000）通过实证验证了自由贸易区建立与非成员国出口产品价格的下降显著相关。

② "以邻为壑效应"指的是一国实施的政策尽管对其有利，却会损害他国的利益。

基于此，学者们普遍担忧以自由贸易区建设为代表的区域主义的发展，长期来看可能会对贸易自由化和多边贸易体制产生不利影响（Freund et al.，2010）。为了进一步推动区域贸易自由化的发展，学者试图寻求帕累托最优实现的条件（Vanek，1965）。Kemp 等（1976）为此做出了重要贡献。其中，Kemp 等（1976）证明可以通过调整自由贸易区成员国对外部关税的方式，使得非成员国不受到福利的损失。即如果 A 国和 B 国签订自由贸易区协议之后，同时降低对 C 国的关税，则可以实现帕累托的最优状态。这一关键在于自由贸易区内部贸易壁垒消除的同时，弥补贸易转移效应给非成员国带来的福利损失。然而，他们虽提供较为可信的理论支撑，但没有给出具体的可行性方案，Grinols（1981）在后续研究中弥补了这方面的不足。Mrázová（2010）在此基础上进一步从市场竞争的角度对 Kemp-Wan 命题实现路径进行探讨，其从政治经济学的角度发现，若自由贸易区成员国和非成员国间的产品竞争程度越低，则越容易达到 Kemp-Wan 条件，成员国对外关税下降幅度就越少。然而，上述研究都没有考虑动态变化，也就是成员国调整对外关税之后，非成员国作为应对的关税调整行为以及带来的影响（Kreinin et al.，2012）。另外，即使成员国制定了满足 Kemp-Wan 条件的外部关税，在自由贸易区建立后，世界其他国家的关税调整可能会使成员国的情况更糟（Richardson，1995）。

⑤ 局部均衡分析扩展到一般均衡分析。由于 Viner（1950）的分析是建立在局部静态均衡分析框架上，忽略了与其他商品市场的任何互动以及贸易条件的变化，其分析很难扩展到复杂的经济体中。特别是在现实中，往往是部分产品受益而部分产品却受到损害的现象难以有效解释，局部静态均衡分析常常受限于此（Cheong et al.，2007）。Lipsey（1970）利用 Meade（1955）的三产品理论分析框架将 Viner（1950）模型由单一产品扩展到多产品，并且将理论分析过程从局部均衡分析扩展到了一般均衡分析，解决了传统模

型不能同时解释 Viner（1950）提出的贸易创造效应和贸易转移效应的弊端。在 Meade-Lipsey 一般均衡模型中主要假定三个国家，其中 A 国向 B 国和 C 国出口产品 a，而 B 国向 A 国和 C 国出口产品 b，C 国同时生产 a、b 和 c 三种产品。起初，A 国对产品 a（t_1）和产品 b（t_2）征收关税。歧视性关税 t_2 的削减会造成贸易创造效应和随后的福利增长。另外，t_2 的削减也影响到对产品 a 和 c 的需求。如果产品之间是可以替代的，则产品 c 的进口会相应减少（贸易转移效应），产品 a 的出口则会增加（贸易创造效应）。当 t_2 小幅度削减时，贸易创造效应将主导福利变化，此时成员国的福利会增加；然而，如果 t_2 削减至接近零，那么贸易转移效应可能大于贸易创造效应，此时会导致成员国的福利会受到损失。从 Meade-Lipsey 一般均衡模型可以看出，关税的少量削减可以增加成员国的福利，而完全自由化却会造成成员国福利的损失。从上述论证可以看出，Meade-Lipsey 的一般均衡模型只是一个特例，其限定条件过多，与实际情况还存在较大的差距。此后，学者们对该模型的完善进行了大量的工作（Baldwin，1993）。

2. 影响机制的延伸和扩展：从静态到动态

传统的自由贸易区贸易效应理论主要考虑贸易创造效应和贸易转移效应等贸易静态效应概念。随着新贸易理论、新新贸易理论以及全球价值链分工理论的快速发展，规模经济、竞争加剧、技术流动、专业化收益以及价值链分工等概念被逐步引入自由贸易区贸易效应理论分析框架。在新的理论框架中相对于贸易静态效应而言，动态效应可以通过技术进步、规模经济等路径使贸易可以在生产可能性边界斜上方移动（Balassa，2007）。若忽视动态变化，自由贸易区建立带来的贸易收益和福利变化往往会被低估（Schiff et al.，1998）。

① 考虑规模经济。Corden（1972）最早将规模经济的概念引入关税同盟理论，其认为随着关税同盟的建立，由于生产要素被充分利用，一国生产单位产出所需要的投入在逐步减少。这种规模经济

的现象往往在农业、自然资源密集型的制造业以及服务业中较为显著（Andreosso-O'Callaghan，2009）。考虑规模经济情况下主要有两个影响渠道，一方面是成本降低效应（Cost Reduction Effect），即随着生产规模的扩大，技术效率会进一步提高，行政成本也会得到有效的分摊，运营成本会进一步降低，从而使产品单位生产成本快速下降，公司得以以较低的平均成本进行生产；另一方面是产品多样化效应（Product Diversification Effect），即自由贸易区建立后，市场规模变大，考虑到规模经济的存在，使产品生产成本下降较大，原先生产成本过高的一些产品获得进一步的发展空间，对于每个成员国而言可以享受到更多种类的产品，从而提高成员国消费者的福利（Baldwin et al.，2009）。

② 考虑技术的跨国流动。技术扩散在国际贸易中非常普遍，一国可以利用贸易作为中间体学习自由贸易区成员国的先进技术，从而提升该国整个行业的技术水平（Coe et al.，1995；Navaretti et al.，2000）。发展中国家的技术进步往往依赖于较发达国家的技术传播，而且传播途径主要是对进口产品的模仿。自由贸易区的建立使成员国间产品贸易变得更加便捷，加快技术在成员国之间扩散的进程（Venables，1999）。另外，自由贸易区建立之后，技术主要是通过中间产品贸易扩散，技术扩散速度由成员国的吸收能力、治理因素、空间距离和制度相似性共同决定（Das，2006）。

③ 考虑跨国公司的投资行为。作为 Viner（1950）理论的延伸，Richard 等（1995）最早提出了投资创造效应（Investment Creation Effect）和投资转移效应（Investment Diversion Effect）的概念。投资创造效应是指自由贸易区成员国将其生产活动通过投资方式从本国的高成本地区转移到低成本的成员国；投资转移效应是指成员国将其生产活动通过投资方式从低成本的非成员国转移到成本更高的成员国。影响渠道主要是，自由贸易区的建立使成员国的跨国公司进一步扩大经营规模，加大在成员国间建立分公司的力度，由于自由贸易区内部贸易成本较低，跨国公司生产产品更倾向于在成员国间

的市场进行流动，从而又进一步扩大自由贸易区成员国间的贸易往来，产生较为显著的贸易促进效应（Bae et al.，2013；Dee et al.，2005）。

④ 考虑国际分工方式的深化。目前，国际分工已经从产品间分工初步发展成为产品内分工，进入全球价值链分工新时代（Beshkar et al.，2017），这逐步促使学者从分工深化视角考察自由贸易区贸易效应影响机制。最早是 Lawrence（1996）强调了国际生产网络和自由贸易区建立的系统性影响，其认为自由贸易区的建立使产品的跨国生产得以顺利发展，而在跨国生产过程中又产生了对更加深度的自由贸易协定签订的需求。Antràs 等（2012）通过推导纳什均衡模型，进一步深入研究离岸生产的存在如何影响自由贸易区建设以及自由贸易区建设如何影响离岸生产，其发现自由贸易区建立和离岸外包有着相互影响的关系，自由贸易区建设加快了成员国离岸生产进程，而离岸外包的增加又迫使成员国政府加大对自由贸易区内部贸易壁垒削减的谈判，特别是非关税壁垒，例如市场准入、互惠和不歧视条约等。自由贸易区的建立使国际贸易的交易费用不断降低，提高了成员国市场相互渗透的程度，进而引起跨国公司生产方式的变化（Antràs et al.，2004），跨国公司逐步把部分生产工序外包到发展中国家以利用其较低的劳动力成本，从而导致离岸生产活动越来越普遍（Antràs，2015；Antràs et al.，2007）。自由贸易区建立之后，区域间经济一体化程度不断加深，各成员国依据本国资源禀赋参与国际生产分工，通过促进竞争提高了成员国产品的国际竞争力，并通过分工方式的改变使成员国间贸易结构发生显著的变化（王刚，2017）。

第三节 自由贸易区贸易效应实证研究进展

自由贸易区理论分析常常基于特定的假设体系，自由贸易区如何影响贸易的发展，最后还是要通过经验研究加以佐证。随着 Viner（1950）提出贸易创造效应和贸易转移效应等贸易静态效应的概念，Endoh（1999）将贸易创造效应和贸易转移效应概念与福利效应分开，带动自由贸易区绩效评估的热潮，学者们围绕着自由贸易区为贸易和福利带来的变化展开了激烈的辩论。现有文献关于自由贸易区的研究可以归纳为两大类，一类是事前研究，另一类是事后研究。

一　实证方法的改进

1. 可计算一般均衡模型在事前研究中被广泛应用

事前研究主要集中在自由贸易区建成之前的阶段，主要的研究方法为可计算一般均衡模型（Computable General Equilibrium，CGE），主要是对自由贸易区建成之后可能带来的影响进行一些模拟和预测工作（Estrada et al., 2015）。由于具备理论基础、模型计算相对简便、政策调整灵活以及可以准确判断政策实施预期效果等优势，CGE 模型在评估自由贸易区方面被广泛应用（Plummer et al., 2011）。其中，全球贸易分析项目（Global Trade Analysis Project，GTAP）是在该领域应用最广泛的 CGE 模型，主要用于自由贸易区建立之后贸易创造效应和贸易转移效应以及贸易条件效应的效果模拟。而且近年来，学者们根据研究的需要对 CGE 方法进行不断地改进。扩展后的模型主要包括动态 GTAP 模型（Hertel et al., 2001；周曙东等，2010；周曙东等，2006），少数研究使用了考虑产业间联系的 LINKAGE 模型（Lee et al., 2014）、涉及不完全竞争和产品差异的 MIRAGE 模型（Depetris Chauvin et al., 2016）以及加入不完全竞争和规模收益递增的 MICHIGAN 模型（Decreux et al., 2010；Brown et al., 2006）等（见表2-2）。

表 2-2 针对自由贸易区贸易效应 CGE 模型的改进及研究概况

方法	作者	研究内容	主要观点	自由贸易区
LINKAGE 模型	Thu 和 Lee (2015)	对越南经济福利和部门调整的影响	到 2020 年越南的经济福利提升 8.4%；许多制造业部门将进一步扩张，而农业、矿产和燃料部门将收缩	越南自由贸易区战略
MIRAGE 模型	Depetris 等 (2016)	对成员国福利的影响	将导致非洲国家之间和各国内部各部门之间贸易格局的不对称变化；短期影响非常小，而长期影响正向影响显著	非洲
MICHIGAN 模型	Brown 等 (2010)	对美国和日本福利和就业影响	对美国和日本的福利和相关部门就业影响相对较小；对伙伴国影响大多是积极的，但影响也不大	美国和日本各自的自由贸易区网络
MICHIGAN 模型	Decreux 等 (2010)	对欧盟和韩国贸易绩效的影响，特别关注了非关税壁垒的作用	欧盟的化学品、机械、其他制成品行业以及服务业的贸易绩效有所提升，但提升幅度较小；韩国纺织品、汽车和其他运输设备行业的贸易绩效也获得了提升	欧盟—韩国
动态 GTAP 模型	Hertel 等 (2001)	对世界福利的影响	长期来看对全球福利增长起到促进作用	日本—新加坡
动态 GTAP 模型	周曙东等 (2006)	对区域农产品贸易的动态影响分析	各国的比较优势将发生变化，使区域内各国农业部门的投入要素在按照比较优势进行调整的同时，农业部门的生产资源存在逐渐向非农部门转移的倾向	中国—东盟

2. 引力模型是评估事后研究的主要工具

在过去几十年中，引力模型是评估自由贸易协定事后影响的主要工具（Baier et al.，2007），大部分研究用虚拟变量来表示自由贸易区建立，并使用收入和其他特征变量作为控制变量，回归估计的虚拟变量系数为贸易创造效应和贸易转移效应提供经验证据（Taguchi et al.，2019；Carrere，2006；Frankel et al.，1995）。然而，自由贸易区的建立实际上并不是外生的随机变量，具有较强的内生性（Jámbor et al.，2020；Magee，2003）。Wonnacott 等（1989）以及 Krugman（1991）提出了一个"自然贸易伙伴"假说，即如果国家间已经进行了较为频繁的贸易往来，就会倾向于建立自由贸易区，Magee（2003）使用联立方程模型验证了较高的贸易水平确实增加了两国缔结自由贸易协定的可能性。自由贸易区虚拟变量的系数不仅可以反映自由贸易区贸易效应，还可能反映成员国间历史或政治关系对其贸易的影响（Soloaga et al.，2001）。另外，Ghosh 等（2004）还使用极限分析方法检验自由贸易区变量系数的稳健性，然而，大部分研究的回归结果并不稳健。Magee（2003）加入了国家层面和年度层面的固定效应对引力模型进行了扩展，发现前人研究大部分高估了自由贸易区的贸易效应，他认为自由贸易区建立对贸易流动的影响大概只有3%。

随后，学者们主要从两个方面解决内生性问题①，一方面是使用面板数据并寻找合适的工具变量，例如 Magee（2003）、Baier 等（2010）以及 Uzair 等（2018）；另一方面是使用非参数（匹配）计量方法，例如 Baier 等（2009）和李荣林等（2014），而后者是近几年兴起并逐渐流行的方法。

二 经验证据的争论

1. 福利改进还是福利损失

在贸易静态效应理论中，福利改进还是福利损失最终由贸易创造效应和贸易转移效应的相对大小决定。现有研究对成员国贸易规模增长的来源争议较大，不同伙伴国、不同开放协定以及不同产品

---

① 引力模型中贸易量与自由贸易协定之间存在潜在的反向因果关系，建立自由贸易区的两个国家或地区往往在自由贸易区建立之前已存在显著贸易关系，这样的现象会导致自由贸易区建立不是一个严格外生的虚拟变量，从而导致回归结果存在较大误差，回归结果的可靠性不足。另外，各国可能会出于内部原因选择贸易协议，而这些原因不可观察但与贸易水平相关，同样也会使结果产生偏差。

带来的异质性较为显著（Urata et al.，2010）。部分学者还认为贸易互补性较强、地理位置相近的国家更可能产生贸易创造效应（Vicard，2011）。现有研究大多认为自由贸易区建立会进一步扩大成员国间的贸易（钱进，2017），而且贸易创造效应大于贸易转移效应（Khorana et al.，2017；Lee，2001；Park et al.，2012；Rutherford et al.，1997；匡增杰，2014；Clausing，2001；Samavong，2019；Luckstead，2022），从而使自由贸易区成员国的福利获得较大的提升。

事前研究中，Rutherford等（1997）对欧盟—摩洛哥自由贸易区建立的贸易效应进行了模拟，结果显示自由贸易区建立使摩洛哥的福利增加约1.5%。Nugraheni等（2018）对东盟—中国—韩国—日本—澳大利亚—新西兰自由贸易区网络的建立进行了考察，其认为自由贸易区网络的建立将使成员国福利增加，产品进出口量将显著增长。Walter（2018）对美国和日本潜在双边贸易协定的贸易和福利效应进行了模拟，发现日本建立的自由贸易区福利收益最高（0.085%），而美国TPP的福利收益最高为0.05%。Mhonyera G等（2023）对非洲大陆自由贸易区进行考察并模拟得出尼日利亚和南非的福利收益为正。

事后研究中，Frankel等（1997）考察了主要自由贸易区建立对成员国的影响，如欧盟、北美自由贸易协定、南方共同市场和非洲自由贸易区，他们发现在南方共同市场和非洲自由贸易区建立对成员国贸易有显著的积极影响。Baier等（2007）在尝试解决内生性问题之后，发现自由贸易区建立对贸易流动的影响翻了两番。Eicher等（2012）将模型不确定性纳入线性回归分析中，利用贝叶斯模型平均法（BMA）对自由贸易区贸易效应进行了重新估计，发现贸易创造效应依然显著存在。李荣林等（2014）运用倾向得分匹配（PSM）方法验证了自由贸易区建立对成员国之间的双边贸易总量、进口贸易和出口贸易均有显著的正向促进作用，陈雯（2009）、郑建等（2019）和钱进（2017）通过对中国—东盟自由贸易区、"一带一路"共建国家贸易协定以及中国与太平洋沿岸的美洲国家的双边自由贸易协定的考察也得出同样的结论。董洪梅等（2020）运用扩展的引力模型研究了自由贸易区建立对中国进出口贸易的影响，其发现自由贸易区促进了中国与伙伴国之间的贸易增长，而且随着时间的推移逐步减弱。潘玮柏（2021）分析出中国—东盟自由贸易区的建立对老挝与中国贸易的影响比较明显，两国的贸易形式也随之变化，并通过贸易引力模型计算出老挝与中国的贸易还可以进一步扩大。由于自由贸易区的成员国往往在自由贸易协定签订前就是贸易来往频繁的团体，自由贸易区建立之后贸易增长主要以贸易创造效应为主，而不是贸易转移效应（Frankel et al., 1995）。Clausing（2001）和Calvo-Pardo等（2009）认为，美国—加拿大自由贸易区和东盟自由贸易区贸易创造效应显著存在，而不存在贸易转移效应。同样，Krueger（1999）和程伟晶等（2014）分别使用引力模型考察了美国—墨西哥自由贸易区和中国—东盟自由贸易区也得出同样的研究结论。Freund等（2010）在对拉丁美洲和欧洲的六个自由贸易协定的分析中也没有发现贸易转移效应的证据。Urata等（2010）发现自由贸易区建立产生了显著的贸易创造效应，而贸易转移效应不显著。Uzair等（2018）从巴基斯坦的角度考察了巴基斯坦—中国自由贸易区的贸易效应，发现贸易创造效应显著存在，增加了巴基斯坦消费者的福利。Vicard（2011）还揭示了较为大型的贸易集团、地理位置相近的国家更有可能产生贸易创造效应。

然而，最近的一些研究却得到了与此相反的结论。Romalis（2007）、陈汉林等（2007）和史智宇（2004）通过对北美洲自由贸易区、中国—东盟自由贸易区的考察，认为由于贸易转移效应远大于贸易创造效应，因此自由贸易区的建立对中国福利产生了一定的负面影响。Sharma等（2000）认为东盟自由贸易区未产生贸易创造效应，成员国贸易增长主要与经济增长相关。Arora等（2015）对中国—印度自由贸易区建立进行了多方案模拟，认为贸易转移效应影响更大。黄新飞等（2014）发现中国—东盟自由贸易区对成员国产生了57.9%的贸易转移效应，而且以每年3.27%的速度递减。同样，Carrere（2006）在研究七项区域贸易协定的影响时发现了贸易转移效应，Lee等（2006）在分析东亚自由贸易协定时发现贸易转移效应主要取决于成员国的某些特点。Alhassan A等（2023）分析得出自由贸易协定对东盟贸易流动的贸易转移和创造效应在很大程度上取决于该地区经济和政治制度。

2. 贸易效应在不同行业间影响的差异

随着相关研究的细化，部分学者开始分部门考察贸易效应。在事前研究中，通过将自由贸易区建立后的福利效应在不同国家间和不同部门间进行分解，可以准确判断自由贸易区建立产生收益和损失的原因（Siriwardana et al.，2007）。Boyer等（2010）模拟了欧盟—南方共同市场自由贸易区建立之后对南方共同市场国家贸易的影响，他认为自由贸易区的建立将有利于促进南方共同市场国家轻工业产品的出口和重工业产品的进口。同样，Mold等（2016）对东非共同体—非洲共同市场—南部非洲发展共同体自由贸易区网络的形成进行了模拟，考察了对成员国的工业生产、贸易流动和消费的静态影响，其发现，由于取消关税，区域内出口显著增加，区域贸易增加了29%，受益最多的部门是制造业。在事后研究中，分部门考察贸易效应也较为常见。Juust等（2020）研究欧盟—韩国自由贸易协定，其结果表明在汽车贸易中的贸易创造效应要大于总体贸易，而且更有利于欧盟汽车工业的出口。Darmanto等（2021）通过研究东盟—中国自由贸易区对印度尼西亚不同农产品的影响，发现贸易创造效应存在于咖啡、橡胶和棕榈油商品中，而贸易转移效应存在于可可商品中。郭泳君（2022）模拟得出自RCEP生效后对中日经贸合作产生巨大促进作用，大部分行业产生的贸易创造效应都大于贸易转移效应，尤其对中国电气设备、运输设备、精密仪器和化工行业创造的收益最大。Taguchi（2015）运用引力模型研究东盟—中国自由贸易区（ACFTA）和东盟—日本自由贸易区（AJFTA）的贸易创造效应，重点关注生产阶段和机械工业。结果显示，ACFTA 中的贸易创造效应比 AJFTA 更大，但对于机械工业，没有发现贸易创造效应。

由于农业一直是各国自由贸易区谈判最为艰难的环节，在分行业考察研究中，自由贸易区建立对农产品贸易影响也是重点关注的领域（Manu，2021；Ghazalian，2017）。Cypriano 等（2003）和 McDonald 等（2003）分别模拟了南方共同市场—北美—欧盟自由贸易区和欧盟—南非自由贸易区建立农产品贸易自由化对福利的影响。结果显示，随着农业贸易自由化的提高，成员国福利增长显著，而且会带动相关农产品产量的进一步增长。Ciuriak 等（2015）将研究扩展到自由贸易区成员国的主要省域层面，发现自由贸易区建立在省域层面影响的差异也同样显著存在。Jayasinghe 等（2008）研究了北美自由贸易区（NAFTA）协定对六种重要农产品的贸易效应。他们发现该协议大大增加了北美自由贸易区内部的农产品贸易，但他们无法确定这是否来源于贸易转移效应。Yang 等（2014）利用面板数据模型对中国—东盟自由贸易区（CAFTA）的贸易创造效应进行了分析，结果显示自由贸易区建立产生了显著的贸易创造效应，并对农产品和制成品出口有显著的积极影响。Mujahid（2016）和 Herath（2014）发现东盟自由贸易区对粮食贸易具有显著的积极影响，而 Schaak（2015）认为东盟—中国自由贸易区对国际乳制品贸易产生了负面影响。陈珏颖等（2023）认为在中印俄自贸区中农产品贸易上，三国的农产品贸易互补性较强，具备较大的贸易潜力。Parra 等（2016）研究了南—北自由贸易协定和南—南自由贸易协定对中东和北非地区的影响，由于中东和北非地区国家在农产品方面具有明显的比较优势，前者对中东和北非国家的出口更为有利，自由贸易协定更加促进这些国家的农产品贸易。Mahmood 等（2018）研究了自由贸易区对巴基斯坦出口的影响，发现自由贸易区对农业的影响往往高于制造业。

3. 中国自由贸易区战略实施产生的贸易效应考察

随着中国自由贸易区战略的实施，部分学者也对中国自由贸易区战略实施的贸易效应进行了研究。在事前研究中，Park 等（2009）运用 CGE 模型对中国—东盟自由贸易区（CAFTA）建立对成员国内部贸易的影响进行模拟。结果显示 CAFTA 建成会进一步扩大中国与东盟的贸易，但国家之间存在较大差异，新加坡和马来西亚是最大受益国。周曙东等（2006）和周曙东等（2010）利用 GTAP 模型分析了中国—东盟自由贸易区建立对中国进出口贸易的影响。模拟结果发现，CAFTA 的建立会显著改变中国的进出口贸易格局，在农产品贸易方面会产生较大的贸易创造效应。Qiu 等（2007）运用同样的方法也得出类似的结论。仇焕广等（2007）将中国—东盟自由贸易区建立的贸易效应在产品间进行分解，发现自由贸易区的建立会导致中国的蔬菜、小麦、花卉等产品出口量增加，植物油和糖类等产品进口量增长。Arora 等（2015）考察了中国—印度自由贸易区建立对成员国福利的影响，其认为随着双边市场逐步开放，两国福利增长迅速。许培源等（2020）利用 GTAP 模型模拟了"一带一路"自由贸易区网络构建及其经济效应，其发现自由贸易区网络形成对成员国的 GDP、贸易和福利等均有显著正向影响，而且主导国获利更多。

在事后研究中，国内学者主要针对中国自由贸易区建立产生的农产品贸易效应进行研究，通过对中国—东盟自由贸易区、中国—秘鲁自由贸易区和中国—新西兰自由贸易区的考察，发现自由贸易区的建立显著促进了双边农产品贸易的增长，而且主要是贸易创造效应的作用，自由贸易区成员间贸易增长并未以贸易转移效应为代价（谭丹，2018；徐芬，2018；原瑞玲，2014）。而杨重玉等（2018）的研究显示 CAFTA 未能有效促进中国对 CAFTA 内部国家的农产品出口，甚至存在负向效应。

表2-3 基于 GTAP 模型自由贸易区的静态贸易效应的考察

相关研究	研究目的	主要观点	自由贸易区
Rutherford 等（1997）	对摩洛哥福利的影响	使摩洛哥的福利增加约1.5%，贸易创造效应远远大于贸易转移效应	欧盟—摩洛哥
Lee（2001）	对成员国福利的影响	关税削减之后对两国影响微乎其微，在考虑竞争加剧和生产效率提升情况下贸易转移效应影响较小，对两国福利提升较为明显。	日本—新加坡
Cypriano 等（2003）	对南方共同市场的影响	农业产量略有增加，而且成员国福利增长明显	南方共同市场—北美—欧盟
McDonald（2003）	农业贸易自由化对双边福利的影响	随着双边农业贸易自由化程度的提高，南非的福利增长迅速，而欧盟的福利提升相对缓慢	欧盟—南非
仇焕广（2007）	对中国总体农产品贸易和区域农业发展的影响	促进双边福利增长，导致中国的蔬菜、小麦、花卉等产品出口增加，而植物油和糖类产品进口数量会大幅增加	中国—东盟
Boyer（2010）	对南方共同市场国家贸易的影响	有利于促进南方共同市场国家轻工业产品的出口、重工业产品的进口	欧盟—南方共同市场
谢思娜（2014）	对中国农业的影响	对中国的主要出口农产品产生了较为显著的负面影响	跨太平洋伙伴关系协议
匡增杰（2014）	对成员国的贸易效应	贸易创造效应大于贸易转移效应	中国—日本—韩国
Arora（2015）	对两国货物贸易的影响	所有商品的关税削减比专门产品的关税削减对两国福利增加影响更大，而且贸易转移效应显著存在	印度—中国
Ciuriak（2015）	对加拿大和韩国各地区和各行业的影响差异	自由贸易区建立扩大了韩国汽车业和重工业生产规模，特别是在Ontario 地区；自由贸易区建立扩大了加拿大的农业产出，特别是牛肉和猪肉产量，并促进了服务贸易的发展，同时减缓了重工业的扩张	加拿大—韩国

续表

相关研究	研究目的	主要观点	自由贸易区
Mold（2016）	成员国各行业的贸易静态效应	区域内出口显著增加，区域内贸易增加了29%，其中受益最多的部门是制造业	东非共同体—非洲共同市场—南部非洲发展共同体
Khorana 等（2017）	对印度主要出口部门的影响	多种开放方案，贸易创造效应始终大于贸易转移效应	欧盟—印度
Nugraheni 等（2018）	对成员国的影响	各地区的福利增加，进出口量增加显著	东盟—中国—韩国—日本—澳大利亚—新西兰

4. 长期动态效应的关注

大部分学者认为自由贸易区建立的长期影响比短期影响更为积极，而且影响更加深远（Hertel et al., 2001；Magee, 2008）。从长期来看，自由贸易区建立可以提高制造业的生产效率，从而为成员国带来了较大的收益，在这种情形下还不以牺牲非成员国福利为代价（Anderson et al., 2016）。最近有 Hakobyan 等（2016）的研究显示随着北美自由贸易协定长期实施还会使之前墨西哥受保护的行业整体工资水平下降17%。自由贸易区建立之后，由于生产环节垂直专业化程度的不断加深，各成员国依据本国资源禀赋参与国际生产分工，并通过国际竞争和技术溢出导致贸易结构变化（Depetris Chauvin et al., 2016）。例如，周曙东等（2010）利用动态 GTAP 模型就中国—东盟自由贸易区建立对中国进出口贸易格局的影响进行了分析，发现其显著改变了中国的进出口贸易格局，中国贸易格局逐步从以初级产品、劳动密集型产品为主转向以资本和技术密集型产品为主。张彬等（2011）从产业间贸易的角度对中国—东盟自由贸易区的贸易结构效应进行了实证分析，认为自由贸易协定的签订促进了成员国产业间贸易的发展。项义军等（2022）通过构建贸易引力模型对中国—东盟贸易潜力的影响因素进行分析，认为中国与东盟国家的贸易结合度很高，联系非常紧密，贸易潜力仍有进一步挖掘和开拓的空间。Quansah 等（2017）使用贸易专业化指数、产业间贸易指数和贸易平衡贡献指数等贸易指数对韩国—澳大利亚自由贸易区的贸易结构效应进行考察，发现自由贸易区的实施有效促进了两国的专业化分工，通过促进竞争提高了澳大利亚和韩国的国际竞争力。Ji 等（2018）利用引力模型对韩国自由贸易区战略实施带来的农业进口结构变化进行研究，结果表明，自由贸易区实施的时间、伙伴国家进口产品类别以及进口规模都会影响韩国农产品的进口结构。预计随着关税的进一步降低，自由贸易区带来的贸易结构变化会更加明显。部分学者还研究了自由贸易区建立对中间产品和最终产品贸易影响的异质性，例如王刚（2017）发现随着中国—东盟自由贸易区建设的逐步推进，贸易成本的下降使两国之间的中间产品贸易规模越来越大，而且中间品贸易比最终产品贸易更易受到贸易成本的影响，而 Noguera（2012）通过构建引入中间产品贸易的引力模型，证明相对于增加值贸易，自由贸易区的建立对成员国间总贸易的促进作用更大。

5. 全球价值链视角下自由贸易区带来的影响

随着全球价值链分工研究的兴起，最近几年学者们开始从全球价值链视角研究自由贸易区带来的贸易影响，但此类文献并不多。在跨国公司的带动下，频繁的中间产品贸易使国家间的垂直专业化分工更加普遍，部分学者发现自由贸易区的建立在垂直专业化分工中发挥着不可或缺的作用（张洪玉，2016；Gonzalez，2012）。特别是 López González（2012）就自由贸易协定的增长与垂直专业化贸易的关系进行了实证分析，尽管未能证明有明显的正相关关系，但填补了该方面研究的空白。自由贸易区通过降低贸易成本极大地促进了世界范围的中间产品贸易，从而加深了各国参与全球价值链的嵌入程度（Arudchelvan et al.，2016；Bruhn，2014）。随着自由贸易协定的非关税壁垒逐步取消，关税的不断削减，有效促进提升全球价值链分工地位（韩剑等，2019；李艳秀，2018；王伟，2017），此效应对发展中国家更为显著（Kowalski et al.，2015）。Johnson 等（2012）利用列昂惕夫逆矩阵的方法研究了自由贸易协定的深度对出口增加值的影响，发现自由贸易协定的开放程度越深，对出口增加值以及出口总额的影响越大，并且自由贸易协定对出口总额的影响比出口增加值影响更大。洪静等（2017）通过对中国—东盟自由贸易区的考察，也得出相似的结论。李笃华等（2014）等认为跨国和跨区域的全球生产网络是各地区整合自由贸易协定的背后推力，并且利用 GTAP 模型分析了台湾与东盟建立自由贸易区的经济效应，得出与东盟建立自由贸易区可进一步强化供应链上下游产业的全球价值链分工。刘玉琰（2021）认为中国与东盟一直活跃参与全球价值链，但从制造业细分行业异质性来看，中国劳动、资本和知识密集型行业均处于全球价值链低端，但在参与国际分工中的盈利能力提高，表现出向价值链中高端不断爬升的趋势。陈淑梅等（2018）从价值链角度对中国自由贸易区战略的贸易效应进行重新核算，结果表明实际创造的贸易收益要小于贸易总额的增长。彭冬冬等（2021）从自由贸易协定深度的角度研究自由贸易区对区域价值链合作的影响，认为协定深度的提升促进了区域价值链合作，而且贸易成本的降低是最为重要的影响渠道。马淑琴等（2020）也得出类似的研究结论。

6. 贸易自由化对出口产品质量的影响

出口产品质量问题是近些年来研究的热点，现有研究围绕贸易自由化对出口产品质量的影响进行了有益探讨。部分研究认为，建立自由贸易区等贸易自由化手段对出口产品质量有显著的提升作用，关税削减可以通过竞争效应、创新效应、进口更多种类或更高质量的中间投入品等方式来提升出口产品质量（Fan et al.，2015；王明涛和谢建国，2019；卢盛峰等，2021；樊海潮等，2022）。也有研究发现，尽管贸易自由化水平不断提高，自由贸易区伙伴国之间甚至实施了"零关税"政策，但出口产品质量却没有显著提升，陷入了出口质量升级困境。李坤望等（2014）、张杰等（2014）、刘啟仁和铁瑛（2020）发现，中国在技术研发、品牌构建以及产品设计等方面与发达国家存在明显差距，中国自 2001 年加入 WTO 之后，高质量产品出口增长较慢，导致中国出口产品质量总体上呈现一定程度的下滑。王欢（2023）分析得出生产性服务贸易自由化提高企业出口产品质量，但存在制造业服务化的非线性，中国制造业应仍以发展实体经济为主，服务化转型为辅。苏理梅等（2016）、Hayakawa等（2017）、高静等（2019）发现，降低出口关税带来了出口产品质量的下降，特别是对于生产效率较低的企业出口产品质量升级具有消极影响。刘雪梅和董银果（2019）认为，处于经济结构转型和产业升级过程中的发展中国家会出现出口质量升级困境的现象，中国农产品的出口策略更偏向于扩张式出口，更易被出口质量升级困境锁定。

第四节 本章小结与文献评述

一 本章小结

自 Viner（1950）的开创性工作以来，自由贸易区建立对贸易的影响引起了学术界广泛关注，并取得了较为丰硕的成果。一是随着国际贸易理论演进以及自由贸易区制度安排的变迁带动自由贸易区贸易效应理论不断扩展以增强其对现实变化的解释力。例如，三国模型逐步演变成多国模型、产品同质性扩展到产品异质性、关税外生转向关税内生等。二是新贸易理论、新新贸易理论以及全球价值链分工理论逐步被引入自由贸易区贸易效应的分析当中，贸易效应生成机理不断被延伸和扩展。三是引力模型和可计算一般均衡模型是实证分析的主要工具，自由贸易区能带来成员国贸易增长已达成共识，但贸易增长来源争论较大，始终未达成一致的研究结论（Baier et al.，2009；Baier et al.，2007；Grossman et al.，1995；Kemp et al.，1976；Krishna et al.，1998；Magee，2008）。

二 文献评述

本章为本书研究提供了坚实而系统的理论基础。总体而言，国内外学者主要对自由贸易区建立带来的贸易静态效应进行了广泛的研究，取得了较为丰硕的成果。但是，仍需要从以下几个方面深入推进，这也是本书尝试进行突破的一些方向。

（1）缺乏深入考察自由贸易区贸易效应生成机理的研究。现有研究对两国之间建立自由贸易区带来的贸易静态效应进行了较为充分的探讨，但理论上主要是利用几何模型来演绎自由贸易区贸易静态效应，而且并未充分阐释贸易促进效应、贸易创造效应、贸易转移效应和静态福利效应之间的内在联系。相当一部分文献将贸易促进效应与贸易创造效应混同，普遍将贸易促进效应等同于贸易创造效应。另外，随着各国自由贸易区战略的逐步实施，贸易"区块化"现象将逐渐显现，由此带来的区域间贸易集中以及区域分工深化现象将更加普遍。推动贸易变化的影响机制是否发生改变以及产生什么样的动态变化，相关深层次机理的挖掘仍然不够。特别是，自由贸易区长期运行之后，对区域内分工深化的影响机制研究不足。为此，本书将分工深化引入自由贸易区贸易效应理论分析框架当中，先是在分工方式不变的情形下，按照 Viner（1950）的贸易静态效应分析框架，构建数理模型推导自由贸易区贸易静态效应的生成机理，然后使用 PSM—渐进 DID 等方法对自由贸易区贸易静态效应及其生成机制进行验证；其次是考虑分工的深化，在 Melitz（2003）异质性企业理论中引入全球价值链分工模块以及贸易成本和跨国协调成本等变量，推导自由贸易区贸易分工效应的生成机理，然后利用合成控制方法对理论推导结果进行验证。本书希望通过上述工作，弥补现有文献在自由贸易区贸易效应生成机理研究上的不足，并希望研究结论能够为更好地实施中国自由贸易区战略以及农产品贸易高质量发展提供具有建设性的理论依据。

（2）欠缺自由贸易区建立对成员国贸易影响的综合研究。现有大部分文献关注于贸易总额的研究，或是聚焦于进出口贸易其中一个方面，鲜有文章就自由贸易区对进出口贸易进行横向对比分析，而且简单进行数据加总得到贸易总额或是选择单向的贸易数据容易掩盖和忽略进出口贸易本身存在的差异性特征。另外，随着自由贸易区的合作方式多样化、条款复杂化，不同的开放协定、产品类别、伙伴国带来的贸易效应异质性机理将是该领域研究的重点。然而，现有实证文献往往使用虚拟变量来表示自由贸易区建立，考察的主要是自由贸易区的平均贸易效应，对分类产品以及成员间贸易效应的比较研究并不多见。因此，本书不仅将中国与相关国家生效的多个自由贸易协定放在一个框架下进行研究，同时考察自由贸易区的建立和发展对农产品进口和出口的异质性影响，还将在第七章重点研究中国自由贸易区战略实施的农产品贸易效应的异质性，主要是对中国自由贸易区战略实施的农产品贸易效应在协定条款、时间窗口、产品类别和网络位置上的异质性及其生成机理进行实证检验，对异质性一般性规律进行探讨，从而丰富了自由贸易区贸易效应研究。

（3）未能厘清自由贸易区建立影响出口农产品质量的机理。现有研究考察了贸易自由化对出口产品质量的影响，但并未形成一致的研究结论，也未能厘清自由贸易区建立影响出口农产品质量的机理。从中国自由贸易区战略实施情况来看，中国与自贸区伙伴国的协定条款不仅仅局限于农产品关税削减和非关税壁垒取消等浅层条款，还涉及投资便利化、农业合作与技术合作等深层条款。然而，现有文献通常将自由贸易区视为同质化政策，较少关注自由贸易协定条款的异质性，也少有文献分析浅层条款和深层条款在自由贸易区建立对出口农产品质量影响中的作用及其差异。因此，本书在第八章当中基于协定条款异质性视角探究自由贸易区建立对中国出口农产品质量的影响及其内在机制，并进行实证检验。

（4）尚未有效解决自由贸易区贸易效应的内生性问题。在自由贸易区贸易效应的实证研究当中，引力模型是评估事后研究的主要工具。现有文献往往使用虚拟变量来表示自由贸易区建立，并使用收入和其他特征变量作为控制变量，回归估计的虚拟变量系数为自由贸易区贸易效应提供经验证据（Taguchi et al., 2019；Carrere,

2006；Frankel et al.，1995）。然而，内生性问题始终是不可避免的话题，Wonnacott（1989）和其他学者提出的"自然贸易伙伴"假说也为自由贸易区建立与实际贸易之间存在内生性问题提供坚实的证据。随着以倾向匹配、双重差分、三重差分、合成控制和断点回归为代表的因果推断方法的推广，将会为原有理论提供新的经验证据，也将更好地指导中国后续自由贸易区的建设。因此，本书在中国自由贸易区战略实施的农产品贸易效应实证研究当中，构建较为严谨且能有效处理内生性问题的实证方法体系。具体而言，先是使用PSM方法解决选择性偏误问题，然后使用渐进DID方法予以因果推断，最后利用安慰剂检验和DDD估计进行稳健性分析。另外，在难以找到合适对照组的情况下，本书使用合成控制法来构建虚拟的"对照组"。按照上述实证思路，本书力求在方法运用上具有一定的创新。

（5）尚无从农产品贸易视角探讨中国自由贸易区战略调整路径的研究。现有研究重点多关注于中国的制造业或者服务业，对农业方面的关注少之又少。随着科技进步以及跨国企业的发展，国际分工发展出现重大改变，全球价值链分工方式开始迅速发展，农业也不例外。相对于最终农产品贸易，频繁的中间产品贸易更加需要降低关税与废除非关税壁垒，而且目前这种"你中有我和我中有你"的农产品竞合贸易模式更加要求贸易规则的兼容性和协调性。另外，在中美贸易摩擦频繁发生的背景下，如何通过自由贸易区的建设构建内需可控的农产品供应链也是未来亟须研究的问题。农产品全球价值链分工逐步推进，如何与中国自由贸易区战略相结合，也是现有文献关注不足的领域。因此，本书将通过理论与实证相结合的方式对中国自由贸易区战略实施的农产品贸易效应进行综合研究，并在总结贸易静态效应、贸易效应异质性、出口产品质量效应和贸易分工效应的一般性规律的基础上，就中国自由贸易区的实施现状提出具有针对性和可操作性的政策建议，以期为中国农业谈判、自由贸易区相关政策的调整提供理论和事实依据。

第三章

自由贸易区农产品贸易效应的理论分析

本章为理论研究，主要是从自由贸易区农产品贸易静态效应、贸易效应异质性、出口农产品质量效应和贸易分工效应四个维度对自由贸易区农产品贸易效应的生成机理进行理论推导，为后文的研究奠定理论基础。

第一节 理论分析框架

传统的自由贸易区理论主要考察的是自由贸易区贸易静态效应。Viner（1950）的模型是自由贸易区贸易效应理论分析的基础，也是该领域理论研究的起点。Viner（1950）在《关税同盟问题》中对贸易效应进行分解，提出了"贸易创造效应"和"贸易转移效应"的概念，并被广泛应用到自由贸易区贸易效应分析当中。由于中国采取的是"逐步开放""一国一策""构建网络"自由贸易区实施策略，因此本书还进一步从理论上研究了自由贸易区农产品贸易效应异质性的生成机理。除农产品贸易规模之外，自由贸易区建立之后，中国出口农产品质量也发生了变化，本书还从理论上构建了自由贸易区建立、协定条款异质性与出口农产品质量之间关系的分析框架。另外，随着国际分工方式不断变迁，目前已经演变成以"产品内分工"为特征的全球价值链分工。自由贸易区作为贸易自由化的重要手段，其在国际分工方式深化推进过程中发挥着重要作用。因此，本书还将分工深化引入自由贸易区农产品贸易效应分析框架当中，按照"贸易成本—国际分工—贸易效应"的理论逻辑框架进行数理模型的构建。

根据图3-1所示的理论分析框架，本章的结构安排如下：第二节分析的是在分工方式不变时，自由贸易区农产品贸易静态效应理论机理；第三节分析的是自由贸易区农产品贸易效应异质性的生成机理；第四节分析的是在分工方式不变时，自由贸易区出口农产品质量效应的理论机制；第五节分析的是考虑分工深化的情形下，自由贸易区农产品贸易分工效应理论机理。理论推导部分，都是在数

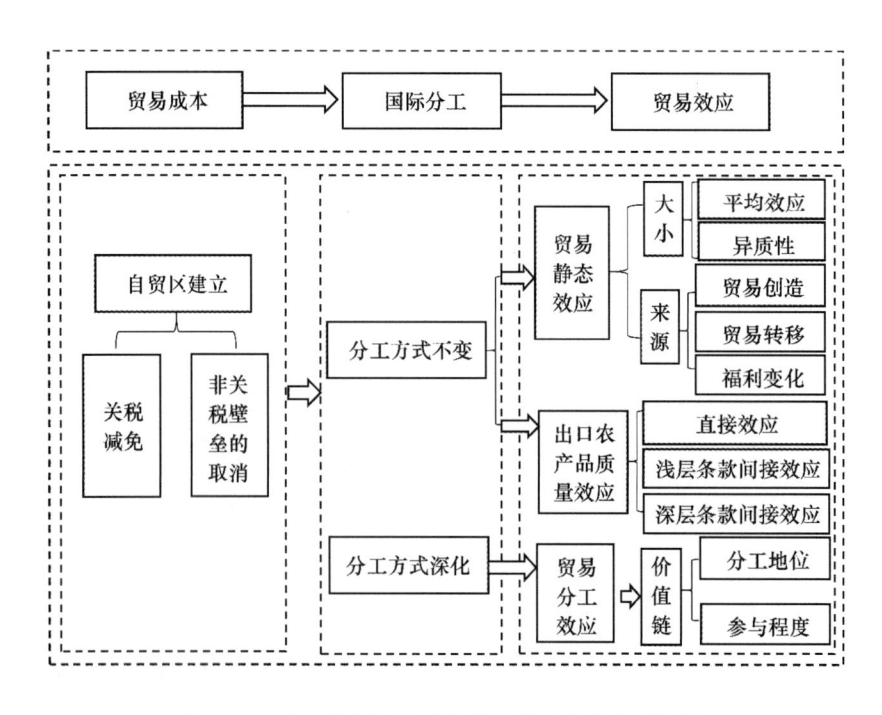

图3-1 自由贸易区农产品贸易效应理论分析框架

理模型构建的基础上提出相对应的研究假说,为后文第五章、第六章、第七章、第八章和第九章提供理论支撑。

第二节 自由贸易区农产品贸易静态效应机理分析

经济一体化理论认为,自由贸易区作为区域经济一体化的重要形式,通过关税削减和非关税壁垒的取消,将有效促进成员国间产品贸易。Viner(1950)最先考察自由贸易区贸易静态效应,认为自由贸易区建立会产生贸易促进效应,而且可以用贸易创造效应和贸易转移效应两个维度来解释自由贸易区贸易促进效应的生成机制,进而分析了成员国的福利效应。从理论上来说,贸易创造效应使一国的福利增加,而贸易转移效应会使一国的福利降低(Suranovic, 2010)。

一 研究假设

为了简化分析,本书构建了一个三国模型来考察自由贸易区农产品贸易静态效应,主要阐述的是自由贸易区建立带来的农产品贸易促进效应、贸易创造效应、贸易转移效应以及福利变化之间的内在联系[①]。为了模型的简化,本书参考 Saggi 等(2010)的做法,假设有三个国家,分别为 A、B、C,每个国家都使用固定的规模、报酬、技术生产同类农产品 q;假设每个国家都只有一家公司在生产同质农产品,因此可以把每个国家看作一家公司;再假定各国(或各公司)在细分市场上以古诺方式竞争;假定国家 j($j = A,B,C$)公司生产的边际成本 c_j 与产出水平无关,并忽略生产的固定成本和

---

① 按照 Viner(1950)分析框架自由贸易区贸易促进效应的来源是贸易创造效应和贸易转移效应,成员国的福利变化则取决于贸易创造效应和贸易转移效应的相对大小。

国家间的运输成本;假设国家间市场是完全分割的,国家 j 公司在不同市场中遵循古诺数量竞争模式进行产量的选择;假设需求函数是线性的。

二 理论推导

通过上述设定,消费者对农产品的需求可以用反需求函数的形式表示:

$$P_j = M - aQ_j \tag{3-1}$$

其中,P_j 是 j 国中的均衡市场价格,Q_j 为 j 国农产品的销售量,a 衡量的是价格对销售量变化的反应程度。由于假设需求函数是线性的,因此 M 和 a 是常数。定义 q_j^i 为国家 j 公司在国家 i 市场中的供给,$i,j = A,B,C$。在均衡状态下,可以得到 $Q_j = \sum_i q_j^i$。假定国家 j 从国家 i 进口农产品的关税为 t_j^i,当 $i = j$ 时,$t_j^i = 0$;而当 $i \neq j$ 时,$t_j^i = t$。定义 π_j^i 为国家 j 公司在国家 i 市场中的利润,π_j 为国家 j 公司在所有市场中的利润,可以得到 $\pi_j = \sum_i \pi_j^i$。π_j^i,进一步使用(3-2)式表示:

$$\pi_j^i = q_j^i [M - a Q_i - (c_j + t_j^i)] \tag{3-2}$$

(3-2)式中,c_j 为企业的平均生产成本。在考虑给定的固定关税税率和其他国家的产量的情况下,对(3-2)式求极值,得出国家 j 公司利润最大化($\max \pi_j^i$)时,国家 j 公司在国家 i 市场中分配的最优产量 q_j^i,即相当于国家 i 对国家 j 的进口量,其值为:

$$q_j^i = \frac{1}{4a}(M - 3c_j + \sum_{k \neq j} c_k + \sum_k t_k^i) - \frac{t_j^i}{a} \tag{3-3}$$

(3-3)式中,$k = A,B,C$。假定最初每个国家都对来自其他国家的进口产品征收相同的非歧视性最惠国关税(MFN),即当 $i \neq j$ 时,$t_j^i = t_A > 0$;随后,A 国和 B 国建立自由贸易区之后,将彼此的关税降为零,同时保持对 C 国的关税,即 $t_B^A = 0$,而 $t_C^A = t_A > 0$。

以 FTA_{AB} 表示 A 国与 B 国建立自由贸易区,定义 q_{AB}^1 和 q_{AB}^2 分别

为 FTA_{AB} 前后 A 国从 B 国的进口量。由（3-3）式，q_{AB}^1 可以表示为：

$$q_{AB}^1 = \frac{M_A - 3c_B + c_A + c_C - 2t_A}{4a} \tag{3-4}$$

由于自由贸易区建立之前 A 国与 B 国就产生了农产品贸易，因此 $q_{AB}^1 > 0$，即 $M - 3c_B + c_A + c_C - 2t_A > 0$。在 FTA_{AB} 实施之后，从（3-3）式我们可以得出 q_{AB}^2 为：

$$q_{AB}^2 = \frac{M - 3c_B + c_A + c_C + t_A}{4a} \tag{3-5}$$

同样，定义 q_{AC}^1 和 q_{AC}^2 分别为 FTA_{AB} 前后 A 国从 C 国进口量。由（3-3）式，q_{AC}^1 和 q_{AC}^2 分别表示为：

$$q_{AC}^1 = \frac{M - 3c_C + c_A + c_B - 2t_A}{4a} \tag{3-6}$$

$$q_{AC}^2 = \frac{M - 3c_C + c_A + c_B - 3t_A}{4a} \tag{3-7}$$

本书定义：①贸易促进效应（Trade Promotion Effect）为自由贸易区建立之后成员国（A 国与 B 国）间的贸易变化，本书使用自由贸易区建立前后成员国间贸易规模的百分比变化衡量；②贸易转移效应（Trade Diversion Effect）为自由贸易区建立后，一国减少从生产成本较低的非成员国进口，转而向生产成本较高的成员国进口，即来自非成员国的低成本产品被来自成员国的高成本产品所取代（Viner，1950）①。本书中使用自由贸易区建立之后成员国与非成员国贸易规模相对于自由贸易区建立之前成员国间农产品贸易规模的百分比变化衡量；③贸易创造效应（Trade Creation Effect）为自由贸易区建立之后，由于贸易壁垒削减而在原有成员

---

① 贸易转移效应生效的前提是成员国的生产成本要高于非成员国的生产成本与贸易成本之和。当成员国的生产成本低于非成员国的生产成本与贸易成本之和时，无论自由贸易区是否建立，自由贸易区成员国会自己生产该类农产品，而不会从非成员国进口。

国进口的基础上增加的部分进口。① 本书中使用贸易促进效应与贸易转移效应绝对值之差衡量。

从 (3-4) — (3-7) 式以及 $M - 3c_B + c_A + c_C - 2t_A > 0$ 的条件，可以得出 TP、TD 和 TC 为：

$$TP = \frac{q_{AB}^2 - q_{AB}^1}{q_{AB}^1} = \frac{3t_A}{M - 3c_B + c_A + c_C - 2t_A} > 0 \quad (3-8)$$

$$TD = \frac{q_{AC}^2 - q_{AC}^1}{q_{AB}^1} = = \frac{-t_A}{M - 3c_B + c_A + c_C - 2t_A} < 0 \quad (3-9)$$

$$TC = |TP| - |TD| = \frac{2t_A}{M - 3c_B + c_A + c_C - 2t_A} > 0 \quad (3-10)$$

本书定义 W 为自由贸易区建立后某国的福利效应。从 A 国的角度来说，W 可以表示为：

$$W = TC + TD = \frac{t_A}{M - 3c_B + c_A + c_C - 2t_A} > 0 \quad (3-11)$$

从 (3-8) — (3-10) 式来看，TP 和 TC 都大于 0，而 TD 小于 0。因此，自由贸易区建立之后，随着贸易自由化的不断提升，成员国间农产品贸易增长来源主要是两大方面，一方面是贸易创造效应，即 B 国价格下降之后国内需求的增加以及 B 国价格下降之后对国内生产的替代；另一方面是贸易转移效应，即成员国与非成员国之间农产品贸易减少，原先从非成员国进口转为从成员国进口。从 (3-11) 式来看，贸易创造效应会导致 A 国的福利上涨，而贸易转移效应导致 A 国的福利下降。从长期来看，自由贸易区建立后，最终成员国的福利会上升，否则自由贸易区就失去了存在的基础。

上述理论推导，是建立在三国模型的基础上。从公式 (3-8) — (3-11) 可以看出，自由贸易区建立的贸易促进效应（包括贸易转移效应和贸易创造效应）和福利效应取决于成员国间贸易壁

---

① 上述概念定义来源于 Viner (1950) 理论。

垄的水平以及各国农产品的生产成本，与国家数量无关，因此，在多国模型下，本书的推导结论仍然成立。若放宽规模报酬不变和产品同质的假设，按照新贸易理论，自由贸易区建立后，成员国的农产品种类数总和将超过贸易前任何单个国家的农产品种类数，消费者可以消费到更多差异化产品，因此，将进一步提升成员国的贸易和福利效应（Krugman，1980）。若放宽国家间市场是完全分割的假设，自由贸易区的建立能通过改善成员国的贸易条件而产生以邻为壑效应，从而获得更大的贸易效应和福利效应（Goto and Hamada，1999）。总的来说，随着假设条件的放宽，在规模经济等渠道作用下，自由贸易区成员国的贸易和福利效应将进一步增加，得出的结论与前文一致。

三　研究假说

从（3-8）式可以看出，中国与伙伴国建立自由贸易区之后，将带动中国与伙伴国农产品贸易的增加。而且近些年来由于中国劳动力、土地等成本的不断上涨，中国农业的比较优势在不断下降，当中国与伙伴国建立自由贸易区，并不断削减贸易壁垒之后，相对于出口而言，中国与伙伴国农产品进口将增长更快。从前文理论分析中的（3-5）式也可以看出，如果 A 国自身生产成本 c_A 上涨，那么 A 国从 B 国进口农产品的规模将会不断扩大。

基于此，结合中国自由贸易区战略的实施情况，本书提出如下假说：

假说1：中国自由贸易区战略的实施有效促进了中国与成员国之间农产品贸易的增长，而且更加有利于中国从伙伴国进口农产品；

假说2：中国与自由贸易区伙伴国之间农产品贸易的增长主要来源于贸易创造效应；

假说3：中国与自由贸易区伙伴国之间由于农产品贸易的扩张而产生福利改进。

第三节 自由贸易区农产品贸易效应异质性机理分析

由于中国采取的是"逐步开放""一国一策"和"构建网络"的自由贸易区实施策略，因此本书结合贸易自由化、比较优势、辐条与轮轴自由贸易区等理论，主要从协定条款、时间窗口、产品类别和网络位置等方面来解释异质性生成机理。

一 贸易效应异质性生成机理

1. 协定条款异质性

以 Viner（1950）为代表的自由贸易区理论认为，自由贸易区建立之后，关税的逐步削减，在贸易创造效应和贸易转移效应的作用下有效促进了成员国间的贸易。随着自由贸易区逐步发展，降低关税已不再是自由贸易协定的重点，投资政策、创新政策等 WTO 框架之外的条款越来越受到各国的青睐。与关税削减不同的是，竞争政策、环境保护等条款往往会带来贸易动态效应，在技术进步、投资行为、分工深化等动态路径作用下进一步促进成员国贸易的增加（Baldwin et al.，2009；Plummer et al.，2011）。因此，深层条款比浅层条款能带来更大而且丰富的贸易效应（Mattoo et al.，2017）。另外，协定条款是否具有法律约束力、是否存在争端解决机制是保障协定执行、成员国贸易行为的一致性和可信性的重要保障（Kohl et al.，2016）。长期来看，"强约束"往往比"软约束"对成员国间贸易的促进作用更大。

2. 时间窗口异质性

为了有效保护国内农业，给国内农业提供一定的缓冲期，中国与伙伴国建设自由贸易区主要采取的是逐步削减关税的做法。随着自由贸易区长期推进，中国与自由贸易区伙伴国的贸易自由化程度将不断提高，因此，中国自由贸易区战略对其与伙伴国农产品贸易的影响具有一定滞后性。另外，从新新贸易理论来看，贸易自由化提升之后，主要通过内涵边际（纯粹数量扩张）和外延边际（产品多样性）两个渠道推动贸易的增长（Baier et al.，2018）。由于企业固定生产成本的存在，无论是内涵边际还是外延边际，企业生产和贸易行为的调整都需要时间（Chen et al.，2018），而且外延边际带来的贸易增长需要的时间更长（Mayer et al.，2014）。中国自由贸易区战略实施之后，原来生产效率较低的企业在贸易成本下降的情况下也会源源不断地参与到与自由贸易区成员国的贸易当中（Arkolakis，2010）。因此，中国与伙伴国建立自由贸易区的时间越长，农产品贸易促进效应就越大。

3. *产品类别异质性*

比较优势原则是国际贸易的理论基础，在不考虑贸易壁垒的情况下，各国出口自身具有比较优势、进口自身具有比较劣势的农产品（Utkulu et al.，2004）。在自由贸易区建立之前，由于关税壁垒和非关税壁垒的存在，较高的贸易成本使生产效率较低的企业往往不会从事农产品贸易，而是转为参与国内市场的竞争；自由贸易区建立之后，随着贸易成本的降低，越来越多的企业参与到与成员国的农产品贸易当中，更加有利于成员国各自比较优势的发挥。从中国的情况来看，由于近些年来中国劳动力、土地等成本的不断上涨，粮食等初级农产品缺乏国际竞争力的现实问题越来越凸显（Fojtíková，2018）。相对于伙伴国而言，中国初级农产品不再具备比较优势，但在园艺农产品上仍具备较强的国际竞争力（杨军等，2019）。因此，中国自由贸易区战略实施之后，中国将扩大对伙伴国初级农产品的进口，并增加对伙伴国园艺农产品的出口。

4. *网络位置异质性*

自2004年以来，中国相继与东盟、新西兰、澳大利亚等国家（或地区）分别签署了自由贸易协定，各个自由贸易区相互重叠，逐步形成以中国为轮轴国、伙伴国为辐条国的自由贸易区网络（见图

3-2)。现有理论主要探讨的是两国之间建立自由贸易区带来的贸易静态效应，单一的自由贸易区分析不能阐释自由贸易区网络中不同位置国家贸易效应和福利变化的差异。辐条与轮轴自由贸易区作为区域贸易自由化进一步提升的结果，并非传统自由贸易区的简单叠加。由于不同网络位置国家之间贸易壁垒的不对称性，辐条与轮轴自由贸易区中辐条国和轮轴国在结构、功能和机制运作上存在较大差异（邓凯，2014）。因此，本部分需要进一步放宽假设条件，引入了一个在分析单一自由贸易协定时无法捕捉到的额外维度。

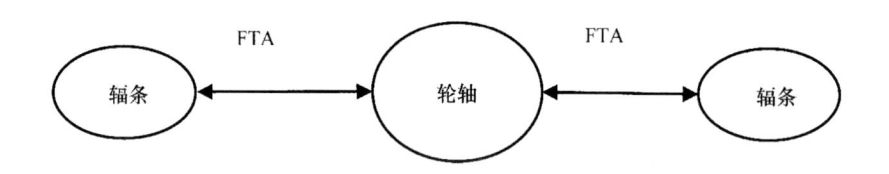

图 3-2 基本的辐条与轮轴自由贸易区网络结构

具体而言，本书假设中国自由贸易区网络是一个轮轴—辐条结构，其中轮轴国处于中心地位，辐条国则围绕在轮轴国周围，轮轴国与每个辐条国分别签订自由贸易协定，而辐条国相互之间并没有签订自由贸易协定（Jackson et al.，1996；Grossman et al.，2005）。在辐条与轮轴模式下，将上述贸易静态效应理论模型扩展到四国情形。假设世界上只有 A、B、C 和 D 四个国家，每个国家都使用固定的规模、报酬、技术生产同类农产品 q。c_A、c_B、c_C 和 c_D 分别表示的是 A、B、C 和 D 四个国家生产同类农产品 q 的生产成本，要使贸易创造效应和贸易转移效应同时存在，则需要假设 $c_A > c_B = c_C > c_D$。与前文一致，每个国家都只有一家公司在生产同质农产品，并以古诺方式竞争。根据纳什均衡，得出国家 j 公司利润最大化（$\max \pi_j^i$）时，国家 j 公司在国家 i 市场上分配的最优产量 q_j^i，即相当于国家 i 对国家 j（$i,j = A,B,C,D$）的进口量，其值为：

$$q_j^i = \frac{1}{5a}(M - 4c_j + \sum_{k \neq j} c_k + \sum_k t_k^i) - \frac{t_j^i}{a} \qquad (3-12)$$

其中，$k = A, B, C, D$。我们定义 FTA_{HAS} 为 A 国与 B 国和 C 国之间建立以 A 国为轮轴、B 国和 C 国为辐条的自由贸易区。首先，从成员国的角度来看，自由贸易区建立之后成员国之间贸易变化是 A 国与 B 国和 C 国进口量变化之和。本书定义 q_{AB}^{A1} 和 q_{AB}^{A2} 分别为 FTA_{HAS} 前后 A 国从 B 国进口量，q_{AC}^{A1} 和 q_{AC}^{A2} 分别为 FTA_{HAS} 前后 A 国从 C 国进口量，由（3-12）式，q_{AB}^{A1}、q_{AB}^{A2}、q_{AC}^{A1} 和 q_{AC}^{A2} 可以分别表示为：

$$q_{AB}^{A1} = \frac{M - 4c_B + c_A + c_C + c_D - 2t_A}{5a} \qquad (3-13)$$

$$q_{AB}^{A2} = \frac{M - 4c_B + c_A + c_C + c_D + t_A}{5a} \qquad (3-14)$$

$$q_{AC}^{A1} = \frac{M - 4c_C + c_A + c_B + c_D - 2t_A}{5a} \qquad (3-15)$$

$$q_{AC}^{A2} = \frac{M - 4c_C + c_A + c_B + c_D + t_A}{5a} \qquad (3-16)$$

其次，从非成员国的角度，我们也可以计算出 FTA_{HAS} 前后，A 国从 D 国进口量的变化。q_{AD}^{A1} 和 q_{AD}^{A2} 分别为 FTA_{HAS} 后 A 国从 D 国进口量。由（3-12）式，q_{AD}^{A1} 和 q_{AD}^{A2} 可以分别表示为：

$$q_{AD}^{A1} = \frac{M - 4c_D + c_A + c_B + c_C - 2t_A}{5a} \qquad (3-17)$$

$$q_{AD}^{A2} = \frac{M - 4c_D + c_A + c_B + c_C - 4t_A}{5a} \qquad (3-18)$$

由于自由贸易区建立之前 A 国与 B 国、C 国和 D 国就产生了农产品贸易，因此 q_{AB}^{A1}、q_{AC}^{A1} 和 q_{AD}^{A1} 都大于0，即 $M - 4c_B + c_A + c_C + c_D - 2t_A > 0$、$M - 4c_C + c_A + c_B + c_D - 2t_A > 0$ 和 $M - 4c_D + c_A + c_B + c_C - 2t_A > 0$。本书定义 TP_{HAS}^A、TD_{HAS}^A 和 TC_{HAS}^A 分别为 FTA_{HAS} 建立后轮轴国贸易促进效应、贸易转移效应和贸易创造效应。

从（3-13）—（3-18）式以及 $M - 4c_B + c_A + c_C + c_D - 2t_A >$

0、$M-4c_C+c_A+c_B+c_D-2t_A>0$ 和 $M-4c_D+c_A+c_B+c_C-2t_A>0$ 的条件，TP^A_{HAS}、TD^A_{HAS} 和 TC^A_{HAS} 可以分别表示为：

$$TP^A_{HAS} = \frac{q^{A2}_{AB}-q^{A1}_{AB}+q^{A2}_{AC}-q^{A1}_{AC}}{q^{A1}_{AB}+q^{A1}_{AC}}$$

$$= \frac{6t_A}{(M-4c_B+c_A+c_C+c_D-2t_A)+(M-4c_C+c_A+c_B+c_D-2t_A)} > 0 \quad (3-19)$$

$$TD^A_{HAS} = \frac{q^{A2}_{AD}-q^{A1}_{AD}}{q^{A1}_{AD}} = \frac{-2t_A}{M-4c_D+c_A+c_B+c_C-2t_A} < 0 \quad (3-20)$$

$$TC^A_{HAS} = TP^A_{HAS}-|TD^A_{HAS}| = \frac{6t_A}{(M-4c_B+c_A+c_C+c_D-2t_A)+(M-4c_C+c_A+c_B+c_D-2t_A)} - \frac{2t_A}{M-4c_D+c_A+c_B+c_C-2t_A} > 0 \quad (3-21)$$

本书定义 W^A_{HAS} 为自由贸易区建立后轮轴国福利变化，W^A_{HAS} 可以表示为：

$$W^A_{HAS} = TC^A_{HAS}+TD^A_{HAS} = \frac{6t_A}{(M-4c_B+c_A+c_C+c_D-2t_A)+(M-4c_C+c_A+c_B+c_D-2t_A)} - \frac{4t_A}{M-4c_D+c_A+c_B+c_C-2t_A} > 0 \quad (3-22)$$

上述理论分析都是从轮轴国的角度出发，按照同样的方法，我们也可以从辐条国推导出轮轴与辐条自由贸易区建立之后辐条国福利以及贸易的变化。以 B 国为例，从 B 国来看，只与 A 国建立了自由贸易区，而 C 国是非成员国。本书定义 q^{B1}_{BA} 和 q^{B2}_{BA} 分别为 FTA_{HAS} 前后 B 国从 A 国进口量，由 (3 – 12) 式，q^{B1}_{BA} 和 q^{B2}_{BA} 可以分别表示为：

$$q^{B1}_{BA} = \frac{M-4c_A+c_B+c_C+c_D-2t_A}{5a} \quad (3-23)$$

$$q^{B2}_{BA} = \frac{M-4c_A+c_B+c_C+c_D+2t_A}{5a} \quad (3-24)$$

同样，我们也可以计算出 FTA_{HAS} 前后，B 国从 C 国进口量以及 B 国从 D 国进口量的变化。q^{B1}_{BC} 和 q^{B2}_{BC} 分别为 FTA_{HAS} 前后 B 国从 C 国进

口量，q_{BD}^{B1} 和 q_{BD}^{B2} 分别为 FTA_{HAS} 前后 B 国从 D 国进口量。由（3-12）式，q_{BC}^{B1}、q_{BC}^{B2}、q_{BD}^{B1}、q_{BD}^{B2} 可以分别表示为：

$$q_{BC}^{B1} = \frac{M - 4c_C + c_A + c_B + c_D - 2t_A}{5a} \tag{3-25}$$

$$q_{BC}^{B2} = \frac{M - 4c_C + c_A + c_B + c_D - 3t_A}{5a} \tag{3-26}$$

$$q_{BD}^{B1} = \frac{M - 4c_D + c_A + c_B + c_C - 2t_A}{5a} \tag{3-27}$$

$$q_{BD}^{B2} = \frac{M - 4c_D + c_A + c_B + c_C - 3t_A}{5a} \tag{3-28}$$

本书定义 TP_{HAS}^{B}、TD_{HAS}^{B} 和 TC_{HAS}^{B} 分别为 FTA_{HAS} 建立后辐条国贸易促进效应、贸易转移效应和贸易创造效应。TP_{HAS}^{B}、TD_{HAS}^{B} 和 TC_{HAS}^{B} 可以分别表示为：

$$TP_{HAS}^{B} = \frac{q_{BA}^{B2} - q_{BA}^{B1} + q_{BC}^{B2} - q_{BC}^{B1}}{q_{BA}^{B1} + q_{BC}^{B1}}$$

$$= \frac{3t_A}{(M - 4c_A + c_B + c_C + c_D - 2t_A) + (M - 4c_C + c_A + c_B + c_D - 2t_A)} > 0 \tag{3-29}$$

$$TD_{HAS}^{B} = \frac{q_{BD}^{B2} - q_{BD}^{B1}}{q_{BD}^{B1}} = \frac{-t_A}{M - 4c_D + c_A + c_B + c_C - 2t_A} < 0 \tag{3-30}$$

$$TC_{HAS}^{B} = TP_{HAS}^{B} - |TD_{HAS}^{B}| = \frac{3t_A}{(M - 4c_A + c_B + c_C + c_D - 2t_A) + (M - 4c_C + c_A + c_B + c_D - 2t_A)} - \frac{t_A}{M - 4c_D + c_A + c_B + c_C - 2t_A} > 0 \tag{3-31}$$

本书定义 W_{HAS}^{B} 为自由贸易区建立后辐条国福利变化，W_{HAS}^{B} 可以表示为：

$$W_{HAS}^{B} = TC_{HAS}^{B} + TD_{HAS}^{B} = \frac{3t_A}{(M - 4c_A + c_B + c_C + c_D - 2t_A) + (M - 4c_C + c_A + c_B + c_D - 2t_A)} + \frac{-2t_A}{M - 4c_D + c_A + c_B + c_C - 2t_A} < 0 \tag{3-32}$$

按照上述的方式同样也可以计算出：

$$TP_{HAS}^C = \frac{q_{CA}^{C2} - q_{CA}^{C1} + q_{CB}^{C2} - q_{CB}^{C1}}{q_{CA}^{C1} + q_{CB}^{C1}}$$

$$= \frac{3 t_A}{(M - 4 c_A + c_B + c_C + c_D - 2 t_A) + (M - 4 c_B + c_A + c_C + c_D - 2 t_A)} > 0$$

$$(3-33)$$

$$TD_{HAS}^C = \frac{q_{BD}^{B2} - q_{BD}^{B1}}{q_{BD}^{B1}} = \frac{- t_A}{M - 4 c_D + c_A + c_B + c_C - 2 t_A} < 0 \quad (3-34)$$

$$TC_{HAS}^C = TP_{HAS}^C - |TD_{HAS}^C| = \frac{3 t_A}{(M - 4 c_A + c_B + c_C + c_D - 2 t_A) + (M - 4 c_B + c_A + c_C + c_D - 2 t_A)} - \frac{t_A}{M - 4 c_D + c_A + c_B + c_C - 2 t_A} > 0 \quad (3-35)$$

$$W_{HAS}^C = TC_{HAS}^C + TD_{HAS}^C = \frac{3 t_A}{(M - 4 c_A + c_B + c_C + c_D - 2 t_A) + (M - 4 c_B + c_A + c_C + c_D - 2 t_A)} - \frac{- 2 t_A}{M - 4 c_D + c_A + c_B + c_C - 2 t_A} < 0 \quad (3-36)$$

本书定义前文三国模型中，自由贸易区成员国的贸易促进效应、贸易创造效应、贸易转移效应以及福利变化分别为 TP_{Single}、TC_{Single}、TD_{Single} 和 W_{Single}。我们可以结合前文的结论，对比单一自由贸易区和辐条与轮轴自由贸易区的建立，从贸易促进效应、贸易创造效应、贸易转移效应以及福利变化来看，我们可以得出：

$$TP_{HAS}^A > TP_{Single} > TP_{HAS}^B = TP_{HAS}^C \quad (3-37)$$

$$TC_{HAS}^A > TC_{Single} > TC_{HAS}^B = TC_{HAS}^C \quad (3-38)$$

$$TD_{HAS}^A < TD_{Single} < TD_{HAS}^B = TD_{HAS}^C \quad (3-39)$$

$$W_{HAS}^A > W_{Single} > W_{HAS}^B = W_{HAS}^C \quad (3-40)$$

由此，可以看出，与单一的自由贸易区相比，轮轴国可以获得更大的贸易促进效应、贸易创造效应和福利的改进，以及更小的贸易转移效应。在辐条与轮轴自由贸易区中，轮轴国和辐条国由于位置不对称，轮轴国能获得更大的收益，贸易促进效应、贸易创造效应和福利改进都要大于辐条国。

单一自由贸易区和辐条与轮轴自由贸易区相比，轮轴国贸易创造效应的增强和贸易转移效应的减弱实际上是网络形成带来的贸易逆转效应（Trade Shielding Effect）的作用，辐条国福利的下降实际上是网络形成带来的贸易稀释效应（Trade Dilution Effect）的作用。贸易逆转效应是指原先未加入自由贸易区的国家产生了贸易转移效应，而在加入自由贸易区之后得到逆转。在本书的模型中，原先 A 国与 B 国签订自由贸易协定，而并未与 C 国签订自由贸易协定，C 国对 A 国的出口受到 B 国的竞争，A 国与 B 国签订自由贸易区对 C 国产生了贸易转移效应。当 C 国也与 A 国签订自由贸易协定时，由于享受与 B 国同样的优惠政策，其原先的贸易转移效应得到逆转，从而形成了贸易逆转效应。贸易稀释效应是指对原先的自由贸易区成员国而言，当新的自由贸易区出现的时候不会产生预期的贸易创造效应和贸易转移效应，相反由于新的自由贸易区成员国共同享有优惠政策，抵消了其原有的收益。当 C 国也与 A 国签订自由贸易协定时，B 国向 A 国的出口优势会被削弱，新的自由贸易区会对原先的自由贸易区形成贸易稀释效应。

下面运用上述理论进一步验证该假设。本书定义 TSD 为贸易逆转效应，即原先自由贸易区非成员国家加入自由贸易区网络后成员国从该非成员国进口变化和加入之前成员国从该非成员国进口变化的差值，可以表示为：

$$TSD = \frac{(q_{AC}^{A2} - q_{AC}^{A1})}{q_{AC}^{A1}} - \frac{(q_{AC}^{2} - q_{AC}^{1})}{q_{AC}^{1}} = \frac{3\,t_A}{M - 4c_C + c_A + c_B + c_D - 2t_A} - \frac{-t_A}{M - 3c_C + c_A + c_B - 2t_A} > 0 \tag{3-41}$$

由此可以看出 TSD 大于 0，贸易逆转效应进一步带来成员国间贸易量的增加以及福利的进一步增长。因此，在辐条与轮轴自由贸易区中，辐条国新成员的增加，将有效降低贸易转移效应带来的影响，从而实现福利的进一步增长。本书定义 TDL 为贸易稀释效应，即原先非成员国家加入自由贸易区网络后成员国间进口变化和加入前成员国间进口变化的差值，可以表示为：

$$TDL = \frac{q_{BA}^{B2} - q_{BA}^{B1} + q_{BC}^{B2} - q_{BC}^{B1}}{q_{BA}^{B1} + q_{BC}^{B1}} - \frac{q_{BA}^{2} - q_{BA}^{1}}{q_{BA}^{1}}$$

$$= \frac{3t_A}{(M - 4c_A + c_B + c_C + c_D - 2t_A) + (M - 4c_C + c_A + c_B + c_D - 2t_A)} - \frac{3t_A}{M - 3c_A + c_A + c_C - 2t_A} < 0 \qquad (3-42)$$

由此可以看出 TDL 小于 0，说明贸易稀释效应会带来原先成员国贸易量的下降以及福利的降低。因此，在辐条与轮轴自由贸易区中，随着辐条国数量的增加，会加大辐条国在轮轴国市场中的竞争，从而带来辐条国福利的降低，但轮轴国却能从中获得福利的进一步改善。

下面用表 3-1 来展示轮轴国和辐条国的不对称关系。与轮轴国相比，辐条国在进入成员国市场时均处于劣势地位。在进入轮轴国市场时，由于轮轴国与多个辐条国签订了自由贸易协定，辐条国的竞争优势将被削弱。在进入其他辐条国市场时，由于辐条国之间没有签订自由贸易协定，将面临关税壁垒和各种非关税壁垒。从表 3-1 可以看出，轮轴国无论是生产者还是消费者都比辐条国获益更大。由于轮轴国具有明显的竞争优势，因此在自由贸易区的实践中，许多国家（或地区）都积极与其他国家（或地区）发展自由贸易区，争作轮轴国以获取更多的贸易收益和福利改进。此外，自由贸易区非成员国为了本国的长远发展也存在加入该结构的动机，因此，形成了"辐条—轮轴"自由贸易区网络结构中的"多米诺"效应，轮轴国为了进一步扩大自己在结构中的地位，不断吸纳各国参与到以自身为轴心的"轮轴—辐条"自由贸易区网络结构当中，而对于辐条国而言，为了降低该网络结构带来的不对称影响，一方面是与其他伙伴国签订自由贸易协定，使自身成为新的轮轴国，另一方面是推动多边自由化的发展。

表 3-1　　不同市场中轮辐与轮轴配置对生产者和消费者的影响

影响对象	轮轴国	辐条国 1	辐条国 2
轮轴国的生产者	来自辐条国 1 和辐条国 2 竞争的加大	辐条国 1 的贸易优惠	辐条国 2 的贸易优惠
辐条国 1	贸易稀释效应	来自轮轴国的竞争的加大	辐条国 2 中存在贸易壁垒
辐条国 2	贸易稀释效应	辐条国 1 中存在贸易壁垒	来自轮轴国的竞争的加大
轮轴国的消费者	更好地供应来自辐条国 1 和辐条国 2 的货物	贸易逆转效应	贸易逆转效应

二　研究假说

根据以上分析，中国自由贸易区战略实施对其与伙伴国农产品贸易的影响存在异质性，其具体的影响机理如图 3-3 所示。

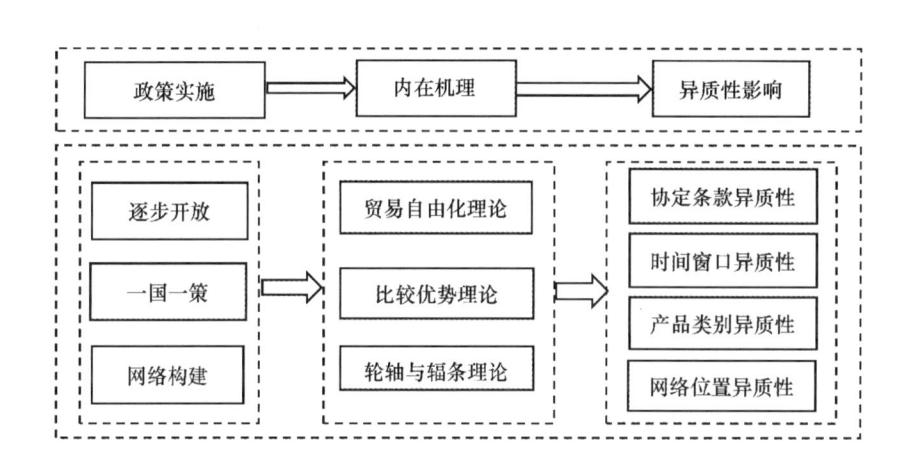

图 3-3　自由贸易区贸易效应异质性分析框架

按照前文理论分析的结果，本书提出如下研究假说，并在本书的第七章进行实证检验：

假说 4：中国自由贸易区战略实施对其与伙伴国农产品贸易影响

在协定条款、时间窗口、产品类别和网络位置上存在异质性。

第四节 自由贸易区出口农产品质量效应机理分析

一 分析框架

从中国自由贸易区战略实施情况来看，自由贸易区建立之后，随着新协议的不断签署，协定条款的内容逐步丰富，既带来协定条款覆盖范围的逐步扩大，又使协定条款在条款深度上存在较大差异（铁瑛等，2021）。这意味着，本书探讨自由贸易区建立对中国出口农产品质量的影响，不仅需要关注自由贸易区建立对出口农产品质量的直接效应，还需要分别考察浅层条款和深层条款的间接效应。

1. 自由贸易区建立对出口农产品质量的直接效应

首先，自由贸易区的建立降低了农业企业进入出口市场的生产效率门槛，导致中国出口农产品质量总体上有所下降。随着新新贸易理论的演进，Antoniades（2015）将企业生产效率差异与产品质量差异联系起来，认为出口企业生产效率越高，出口产品的质量就越高[①]。在自由贸易区建立之前，由于关税等壁垒的存在，农业企业只有出口高质量的农产品才能在贸易成本较高的情况下盈利（Irarrazabal et al.，2013），而能生产高质量农产品的农业企业往往生产效率较高，这也间接阻碍了低质量农产品的出口（Baldwin and Harrigan，2011）。自由贸易区建立之后，贸易壁垒的取消和贸易政策不确定性

---

① 生产较高质量的农产品可以使农业企业获得较高的市场份额和利润。但是，由于农业企业提升农产品质量需要支付一定的固定成本（主要用于研发新品种和支付高质量农资），因此，只有那些生产效率高的农业企业才有能力负担出口高质量农产品所产生的高成本（Verhoogen，2008）。

的下降，降低了自贸区伙伴国之间的农产品贸易成本，使生产效率较低的农业企业也能向自贸区伙伴国出口农产品。这些新进入市场且生产效率较低的农业企业所提供的农产品质量也较低，从而在总体上拉低了中国出口到自贸区伙伴国市场的农产品质量（高静等，2019）。

其次，自由贸易区的建立扩大了对中低收入国家低质量农产品的出口，导致中国出口农产品质量总体上有所下降。随着食品安全事件频繁发生，越来越多国家的消费者开始重视农产品质量安全，并关注营养和健康问题，而且高收入国家对高质量农产品的需求往往大于中低收入国家（夏显力等，2019）。相对于非伙伴国，自由贸易区的建立使中国向自贸区伙伴国出口农产品更具优势。根据 Viner（1950）提出的自由贸易区贸易效应理论，自由贸易区建立之后，在贸易创造效应和贸易转移效应的共同作用下，自贸区伙伴国之间的贸易规模会得到显著提升。从中国自由贸易区战略实施情况来看，中国的自贸区伙伴国大部分为中低收入国家，与中低收入国家建立自由贸易区会使中国低质量农产品出口规模的增长大于高质量农产品出口规模的增长，从而导致中国出口农产品质量总体上有所下降。

2. 浅层条款和深层条款在自由贸易区建立对出口农产品质量影响中的间接效应

Horn 等（2010）根据协定条款特征，将协定条款分为浅层条款和深层条款，浅层条款是指关税削减等 WTO 框架内条款的覆盖情况，深层条款是指投资便利化、技术合作和农业合作等 WTO 框架外条款的覆盖情况。首先，中国自由贸易区战略的实施有利于协定条款覆盖范围的不断扩大。中国自由贸易区战略实施之后，由协定条款带来的对非伙伴国的歧视产生了"第三方效应"，会促使自贸区伙伴国之间不断扩大协定条款的覆盖范围（铁瑛等，2021）。由于自由贸易区建立可以减少贸易壁垒带来的国家福利损失，因此，自贸区伙伴国之间存在扩大协定条款覆盖范围的需求和动力。另外，当中国自贸区伙伴国数量不断增加时，中国也相应获得了更强的"议价"

能力，更容易扩大协定条款的覆盖范围（铁瑛等，2021）。其次，浅层条款导致出口农产品质量下降。以农产品关税削减和非关税壁垒取消为重点的浅层条款会进一步带来中国与自贸区伙伴国农产品贸易成本的下降。农产品贸易成本的下降，不仅会进一步降低中国农业企业进入出口市场的生产效率门槛和扩大对中低收入国家的低质量农产品出口，还会使农业企业缺乏技术研发和创新的动力，进而选择低价竞争策略以扩大出口，从而导致中国出口农产品质量总体上有所下降。最后，深层条款有利于出口农产品质量提升。一方面，投资便利化水平的提升促使生产效率较高的农业跨国企业加大在中国建立子公司的力度（Bae and Jang，2013），从而提升中国农产品出口企业整体的生产效率，进而提升中国出口农产品的质量；另一方面，中国与自贸区伙伴国之间技术合作和农业合作的增强，可为中国农业企业带来更先进的农业技术，并加快农业技术在中国与自贸区伙伴国之间扩散的进程（刘乃郗等，2018），从而为国内农业企业提供模仿和学习先进农业技术的机会，为中国农业企业提升出口农产品质量提供技术条件。

综上所述，本书构建了自由贸易区建立、协定条款异质性与出口农产品质量之间关系的分析框架，如图3-4所示。

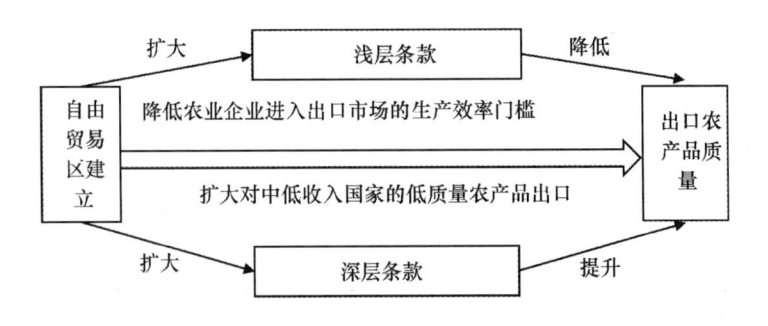

图3-4 自由贸易区建立、协定条款异质性与出口农产品质量之间关系的分析框架

二 研究假说

从图3-4来看，降低农业企业进入出口市场的生产效率门槛和扩大对中低收入国家的低质量农产品出口是中国出口农产品质量下降的重要机制，浅层条款会使中国出口农产品质量有所下降，而深层条款有利于中国出口农产品质量升级。同时，不同深度的协定条款的间接效应大小也可能存在差异。其中，深层条款意味着更深层次的开放，自由贸易区伙伴国达成一致意见的难度更大，而且投资便利化、技术合作等深层条款对中国出口农产品质量升级促进作用的发挥需要的时间也更长。因此，就目前中国自由贸易区战略实施情况来看，自由贸易区建立总体上可能会导致中国对自由贸易区伙伴国出口农产品质量有所下降。基于以上分析，本书提出以下三个待检验假说：

假说5：自由贸易区建立总体上会导致中国向自由贸易区伙伴国出口农产品质量有所下降；

假说6：自由贸易区建立会降低农业企业进入出口市场的生产效率门槛和扩大对中低收入国家的低质量农产品出口，由此导致出口农产品质量有所下降；

假说7：浅层条款和深层条款在自由贸易区建立对中国出口农产品质量的影响中存在间接效应，前者会导致中国出口农产品质量下降，后者会导致中国出口农产品质量提升。

第五节 自由贸易区农产品贸易分工效应机理分析

现有自由贸易区贸易效应理论大都是探讨自由贸易区贸易静态效应，极少有文献研究自由贸易区对全球价值链分工的影响。Baldwin（2014）认为21世纪的自由贸易区理论不再是主要关于贸易自由化由此产生的贸易静态效应，而更多将关注到全球价值链分工。本部分将结合异质性企业、全球价值链分工以及自由贸易区等理论，根据中国自由贸易区实施情况以及农产品特性进行数理模型的构建，研究自由贸易区建立对农业全球价值链分工参与程度和分工地位的作用机理。由于农业全球价值链分工参与主体是跨国企业，本书将全球价值链分工模块引入 Chaney（2008）和 Melitz（2003）的企业异质性模型当中，同时增加了贸易成本和跨国协调成本等变量，主要推导自由贸易区建立之后，不同生产率水平的企业如何选择不同的分工方式以及分工地位。

一 研究假设

任何模型都有一定的适用环境，在理论推导之前，需要对模型中一些重要假设条件进行交代，本书的理论模型建立在"微笑曲线"、生产环节成本差异和企业异质性等假设条件体系的基础上。

1. "微笑曲线"假设

为了简化模型，本书假设农产品的生产过程主要分为研发与农资、生产与加工、品牌与销售等三大环节，其中，研发与农资、品牌与销售等环节的增加值较高，而生产与加工环节的增加值较低（见图3－5）。该假设也符合现实中绝大部分情况，一般来说，研发与农资、品牌与销售等环节是产品最为核心的环节，基于难以模仿或复制的原材料和无形知识的资产，大部分国家往往难以进入（OECD，2013），其增加值占最终产品价值的大部分（Saito et al.，2013）。生产与加工环节这些全球价值链分工的低附加值部分是劳动力成本低的发展中国家容易进入的环节。然而，随着分工不断深入和经济的快速发展，发展中国家的国内工资最终会上涨，低劳动力成本优势被不断侵蚀（Agénor et al.，2015），因此，若长期处于全球价值链分工低端位置，发展中国家将面临着陷入中等收入陷阱的风险。

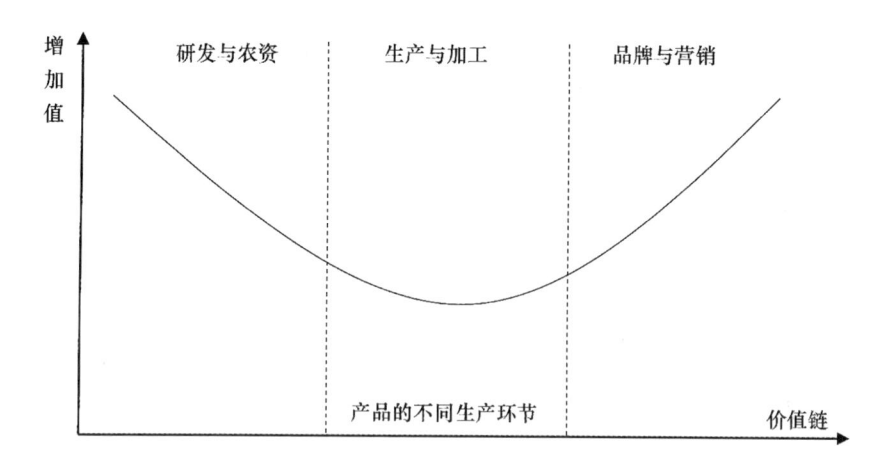

图 3-5 农产品的不同生产阶段以及不同阶段的增加值分布

2. 不同生产环节成本差异假设

在现实中，由于受到东道国相关投资的限制，母国国内的研发与农资环节转移到国外将面临极高的跨国协调成本 c^1，而生产与加工环节转移到国外面临的跨国协调成本 c^1 较低，其中 $c^1 = \frac{1}{f}$，f 为两国之间的投资便利化指数。定义国家 i 出口到国家 j 贸易成本为 c^{ij}，包括关税壁垒和非关税壁垒，令 $v^{ij} = 1 + c^{ij}$。本书还假设中国农产品生产与加工环节生产成本 w^Z 要高于国外生产成本 w^F，国外生产与加工环节单位边际利润要高于中国生产与加工环节单位边际利润，即 $w^F < w^Z$ 且 $\left(\frac{w^Z}{w^F}\right)^{\varepsilon-1} \left(\frac{v^Z}{v^F}\right)^{\varepsilon} > 1$。在这种情况下，若不考虑跨国协调成本 c^1，与中国相比，国外任何一家企业在生产与加工环节都具有边际成本优势。

3. 企业异质性假设

农业全球价值链分工的参与主体是农业跨国企业，而农业跨国企业是否参与全球价值链分工主要与其生产效率密切相关，即只有生产效率高的企业才能在存在较高跨国协调成本的情况下实现盈利。为实现全球价值链分工理论与异质性企业理论的结合，本书假设在每一个经济体中，企业都拥有生产单一品种的专业知识，企业生产力为 φ，其服从累积帕累托分布，则 $G(\varphi)$ 可以表示为：

$$G(\varphi) = 1 - \varphi^{-h} \qquad (3-43)$$

其中，$h > \varepsilon - 1$，h 是度量部门同质性的参数。如果 h 越大，那么企业越同质，则越多产出集中在最小和生产率最低的企业（Helpman et al.，2004）。

二 理论推导

按照上述假设，进口国 j 对出口国 i 生产的产品 a 的需求函数可以表示为：

$$m^{ij}(a) = A^j p^{ij}(a)^{-\varepsilon} \qquad (3-44)$$

其中，$\varepsilon = \dfrac{1}{1-\alpha} > 1$，指的是各类农产品之间的替代弹性。在国家 j 中，对于每个企业来说需求水平 A^j 是外生的[1]，证明过程见 Helpman 等（2004）。由于国家之间关税壁垒和非关税壁垒的存在，国家 i 出口农产品到国家 j 存在贸易成本。贸易成本意味着国家 i 出口到国家 j 产品的价格高于国家 i 国内定价，可以表示为：

$$p^{ij}(a) = p^i(a)(1 + c^{ij}) = p^i(a)v^{ij} \qquad (3-45)$$

其中，$p^i(a)$ 指的是国内价格。此外，国家 i 企业向国家 j 的消费者销售其产品将面临一个固定产品 c^2。

由于需要以产品间分工情形为基准，通过与农业全球价值链分工情况对比，研究自由贸易区建立对农业全球价值链分工的影响以及成员国间农产品贸易的影响，因此本书分别从产品间分工与全球

---

[1] 众所周知，效用函数可以表示为 $A^j = \beta E^i / [\int_0^{n^i} p^i(v)^{1-\varepsilon} dv]$，其中 β 指的是收入的一部分用于某部门的差异化产品的比重，E^i 为国家 i 的总支出水平，n^i 是国家 i 能够生产产品品种的数量，$p^i(v)$ 是指品种 v 产品的消费价格。从公式可以看出，对于国家 i 的某个企业来说，A^j 并不能随着某个企业行为而改变，对于单个企业来说 A^j 是外生给定的。

价值链分工两种情形进行理论模型的推导。

1. 产品间分工情形

假设东道国投资便利化水平 f 极低，企业跨国协调成本 c^1 接近无穷大，这使中国所有的农业企业都无法跨越国境进行生产与加工环节上的分工，只能在本国完成农产品的所有生产环节，然后再将农产品出口到其他国家，这种情况下农业分工只以产品间分工的方式进行。

企业（$l \in \{Z, F\}$，Z 为中国企业，F 为国外企业）农产品供给 m 可以从企业利润 $\pi^l = \left(p^l - \dfrac{w^l}{\varphi}\right)m^l - c^2$ 最大化求解。结合（3-44）式和（3-45）式可以求解出企业利润最大化时候的最优价格为 $p^l = \dfrac{w^l}{\alpha\varphi}$。企业利润最大化情况下的出口规模为：

$$t^l = m^l = \frac{B}{1-\alpha}\left(\frac{\varphi}{w^l}\right)^{\varepsilon-1} v^{l-\varepsilon} \quad (3-46)$$

以及利润最大化情况下企业利润为：

$$\pi^l = \left(\frac{\varphi}{w^l}\right)^{\varepsilon-1} v^{l-\varepsilon} B - c^2 \quad (3-47)$$

其中，$B = (1-\alpha)A\alpha^{\varepsilon-1}$。从（3-46）式和（3-47）式可以看出，企业的出口规模和利润随着中国生产成本 w^l 的增长而下降以及随着贸易成本 v^l 的下降而增长。另外，从（3-47）式可以看出，并不是所有的公司都能产生足够的利润来支付出口到目的地经济体的固定成本 c^2。

本书定义 φ^l 作为 $\pi^l = 0$ 临界生产率，在该临界点决定企业是否出口。利用（3-47）式，可以计算出企业 l 是否出口的临界生产率为：

$$\varphi^l = w^l \left(\frac{c^2}{B}\right)^{\frac{1}{\varepsilon-1}} v^{\frac{\varepsilon}{\varepsilon-1}} \quad (3-48)$$

由（3-47）式可知，生产率较低的企业，即 $\varphi < \varphi^l$，将不会

出口到目标国家，而 $\varphi > \varphi^l$ 的企业将出口农产品到目标国家。当 $\varphi > \varphi^l$ 时，利用（3-46）式可以计算出企业 l 对目标国家的出口总额，等于：

$$T^l = \int_{\varphi^l}^{\infty} t^l(\varphi) dG(\varphi) = \frac{B}{1-\alpha} v^{l-\varepsilon} \int_{\varphi^l}^{\infty} \left(\frac{\varphi}{w^l}\right)^{\varepsilon-1} dG(\varphi) \qquad (3-49)$$

对（3-49）式求导，我们可以得到出口总额 T^l 对贸易成本 v^l 变动的弹性。按照 Chaney（2008）的做法，贸易成本 v^l 对出口总额 T^l 的影响可以分解为密集边际和广泛边际：

$$-\frac{\dfrac{\mathrm{d}\, T^l}{\mathrm{d}\, v^l}}{\dfrac{T^l}{v^l}} = -\frac{v^l}{T^l}\left(\int_{\varphi^l}^{\infty}\left(\frac{\varphi}{w^l}\right)^{\varepsilon-1} dG(\varphi)\right) + \frac{v^l}{T^l}(t^l(\varphi^l) G'(\varphi^l) \frac{\partial\, \varphi^l}{\partial\, v^l})$$

$$(3-50)$$

密集边际指的是现有出口商改变其出口规模，广泛边际指的是总的出口因企业进入和退出发生变化。利用（3-46）式中单个企业均衡的定义，以及利用企业 l 足够小，v^l 的变化不会影响到 B 的假设，可以得到：$\dfrac{\mathrm{d}\, t^l(\varphi)}{\mathrm{d}\, v^l} = -\varepsilon \dfrac{t^l}{v^l}$。将其代入（3-50）式可以得到：

$$-\frac{\dfrac{\mathrm{d}\, T^l}{\mathrm{d}\, v^l}}{\dfrac{T^l}{v^l}} = \varepsilon + \frac{t^l(\varphi^l) G'(\varphi^l) \varphi^l}{T^l} \cdot \frac{v^l}{\varphi^l} \frac{\partial\, \varphi^l}{\partial\, v^l} \qquad (3-51)$$

然后，我们对（3-43）式取导数，可以得到 $G'(\varphi^l) = h\varphi^{-h-1}$。根据（3-46）式单个企业均衡的定义，重写总出口为：

$$T^l = \int_{\varphi^l}^{\infty} t^l(\varphi) dG(\varphi) = \int_{\varphi^l}^{\infty} \frac{B}{1-\alpha} \left(\frac{\varphi}{w^l}\right)^{\varepsilon-1} v^{l-\varepsilon} h\, \varphi^{-h-1} \mathrm{d}\varphi =$$

$$\frac{1}{h-(\varepsilon-1)} \cdot t^l(\varphi^l) G'(\varphi^l) \qquad (3-52)$$

将（3-52）式代入（3-51）式，我们可以得到：

$$-\frac{\frac{\mathrm{d}\,T^l}{\mathrm{d}\,v^l}}{\frac{T^l}{v^l}} = \varepsilon + (h - (\varepsilon - 1)) \cdot \frac{v^l}{\varphi^l}\frac{\partial\,\varphi^l}{\partial\,v^l} \qquad (3-53)$$

从 (3-48) 式我们可以求解出 $\frac{v^l}{\varphi^l}\frac{\partial\,\varphi^l}{\partial\,v^l} = \frac{\varepsilon}{\varepsilon - 1}$，将其代入 (3-53) 式，我们可以得到：

$$-\frac{\frac{\mathrm{d}\,T^l}{\mathrm{d}\,v^l}}{\frac{T^l}{v^l}} = \varepsilon + (h - (\varepsilon - 1))\frac{\varepsilon}{\varepsilon - 1} \qquad (3-54)$$

由于跨国协调成本 c^1 接近无穷大，农业全球价值链分工的现象将不存在，也不存在中间产品贸易，中国和国外企业将自己完成农产品生产的各个环节。此时，由于本书假设不同国家之间的生产率差异是相同的，因此，无论对中国还是国外来说，特定国家贸易成本变动对其总出口的影响是相同的，即：

$$-\frac{\frac{\mathrm{d}\,T^Z}{\mathrm{d}\,v^Z}}{\frac{T^Z}{v^Z}} = -\frac{\frac{\mathrm{d}\,T^F}{\mathrm{d}\,v^F}}{\frac{T^F}{v^F}} = \varepsilon + (h - (\varepsilon - 1))\frac{\varepsilon}{\varepsilon - 1} > 0 \qquad (3-55)$$

随着中国与其他国家自由贸易区的建立，关税壁垒和非关税壁垒逐步取消和降低，从 (3-55) 式可以看出，贸易成本的不断下降将使成员国间农产品贸易额不断增长。在后文中，将以 (3-55) 式为基准，研究自由贸易区建立对农业全球价值链分工的影响以及成员国间农产品的影响。

2. 全球价值链分工情形

假设企业跨国协调成本 $f\left[\left(\frac{v^Z}{v^F}\right)\left(\frac{c^Z}{c^F}\right)^{\varepsilon-1} - 1\right] < c^1 < +\infty$。从 (3-47) 式可以看出，不是所有企业都能产生足够的利润来支付出口到目的地经济体的固定成本 c^2 以及将部分生产环节设置在国外带来的跨国协调成本 c^1。本书定义 φ^{Z0} 为 $\pi^Z(\varphi^{Z0}) = \pi^{Z0}(\varphi^{Z0})$ 时的临界值，

此时企业将生产与加工环节设置在国内或者国外可以获得相同的利润，该临界点决定企业是否将其农产品生产与加工环节设置在国外。结合前文国外生产与加工环节单位边际利润要高于中国生产与加工环节单位边际利润的假设条件，对于生产效率较高（$\varphi > \varphi^{Z0}$）的中国企业来说，将产品生产与加工环节设置在国外可以获得更大的利润，因此其参与全球价值链分工才是最佳选择；而对于生产效率较低（$\varphi < \varphi^{Z0}$）的中国企业来说，生产环节设置在国外带来的利润不足以承担跨国协调成本，其全部生产环节设置在国内才是最优的选择。对于国外企业，由于国外在生产与加工环节具有边际成本优势，因此国外企业还是跟前文一样按照产品间分工的方式进行农产品贸易。

那么生产效率的临界值 φ^{Z0} 由哪些因素决定呢？对于生产效率为 φ^{Z0} 的企业来说，企业利润为 $\pi^{Z0} = \left(p - \dfrac{w^F}{\varphi}\right)m - c^2 - c^1$。同样，在企业利润最大化情况下可以求解最优价格为 $p^{Z0} = \dfrac{w^F}{\alpha\varphi}$，企业的最优出口规模为：

$$t^{Z0} = \dfrac{B}{1-\alpha}\left(\dfrac{\varphi}{w^F}\right)^{\varepsilon-1} v^{F-\varepsilon} \tag{3-56}$$

此时企业的利润等于：

$$\pi^{Z0} = \left(\dfrac{\varphi}{w^F}\right)^{\varepsilon-1} v^{F-\varepsilon} B - c^2 - c^1 \tag{3-57}$$

结合（3-46）式和（3-57）式，我们可以求解出当 $\pi^Z(\varphi^{Z0}) = \pi^{Z0}(\varphi^{Z0})$ 时的临界值为：

$$\varphi^{Z0} = \left(\dfrac{c^1}{B(w^{F1-\varepsilon} v^{F-\varepsilon} - w^{Z1-\varepsilon} v^{Z-\varepsilon})}\right)^{\frac{1}{\varepsilon-1}} \tag{3-58}$$

（3-57）式可以看出，φ^{Z0} 越小，则越多的企业将参与到全球价值链分工当中。对（3-58）式求偏导数，结合前文 $\varepsilon > 1$ 和 $\left(\dfrac{w^Z}{w^F}\right)^{\varepsilon-1}$

$\left(\dfrac{v^Z}{v^F}\right)^\varepsilon > 1$ 的假设，可以得到：

$$\frac{d\varphi^{Z0}/\varphi^{Z0}}{d v^F/v^F} = \frac{\varepsilon}{\varepsilon-1} \frac{\left(\dfrac{w^Z}{w^F}\right)^{\varepsilon-1} \left(\dfrac{v^Z}{v^F}\right)^\varepsilon}{\left(\dfrac{w^Z}{w^F}\right)^{\varepsilon-1} \left(\dfrac{v^Z}{v^F}\right)^\varepsilon - 1} > 0 \quad (3-59)$$

进一步对（3-58）式求偏导数：

$$\frac{d\varphi^{Z0}/\varphi^{Z0}}{d c^1/c^1} = \frac{1}{\varepsilon-1} \left(\frac{c^1}{B(w^{F1-\varepsilon} v^{F-\varepsilon} - w^{Z1-\varepsilon} v^{Z-\varepsilon})}\right)^{\frac{1}{\varepsilon-1}-1}$$

$$\frac{1}{B(w^{F1-\varepsilon} v^{F-\varepsilon} - w^{Z1-\varepsilon} v^{Z-\varepsilon})} > 0 \quad (3-60)$$

（3-59）式和（3-60）式说明贸易成本 c^F 和跨国协调成本 c^1 越低，临界值 φ^{Z0} 会越小，国内企业将其生产与加工环节转移到国外所需达到的生产率就越低，也就意味着越来越多原先受到贸易成本和跨国协调成本限制不愿参与全球价值链分工的企业，转而参与到全球价值链分工当中。自由贸易区建立之后，随着贸易自由化和投资便利化水平的提升，跨国协调成本较低的生产和加工环节，吸引大量国内企业将生产和加工环节迁移到国外，而研发环节由于较大跨国协调成本依旧留在国内。在这种情况下，母国企业可以不断地将其生产与加工环节迁移到劳动力成本更低的国家，从而有效实现全球价值链分工地位的提升，摆脱中等收入陷阱。

本书定义参与农业全球价值链分工的中国企业总出口为 T^{Z0}，等于所有生产率 $\varphi > \varphi^{Z0}$ 的中国企业出口的总和，从（3-56）式可以得到：

$$T^{Z0} = \int_{\varphi^{Z0}}^{\infty} t^{Z0}(\varphi) dG(\varphi) \quad (3-61)$$

对（3-61）式求导，可以得到：

$$-\frac{d T^{Z0}/d v^F}{T^{Z0}/v^F} = -\frac{v^F}{T^{Z0}} \left(\int_{\varphi^{Z0}}^{\infty} \frac{\partial\, t^{Z0}(\varphi)}{\partial\, v^F} dG(\varphi)\right) +$$

$$\frac{v^F}{T^{Z0}}\left(t^{Z0}(\varphi^{Z0})G'(\varphi^{Z0})\frac{\partial \varphi^{Z0}}{\partial v^F}\right) \qquad (3-62)$$

从（3-62）式可以看出，贸易成本对出口额的边际影响也可以分为密集边际效应和广泛边际效应。从（3-56）式以及 v^F 的变化对 B 没有影响的假设可以得到：$\frac{d\,t^{Z0}(\varphi)}{d\,v^F} = -\varepsilon\frac{t^{Z0}}{v^F}$。将其代入（3-62）式可以得到：

$$-\frac{d\,T^{Z0}/d\,v^F}{T^{Z0}/v^F} = \varepsilon + \frac{t^{Z0}(\varphi^{Z0})G'(\varphi^{Z0})\,\varphi^{Z0}}{T^{Z0}} \cdot \frac{d\,\varphi^{Z0}}{\varphi^{Z0}}\frac{v^F}{d\,v^F} \qquad (3-63)$$

我们可以进一步利用（3-56）式中企业级出口的定义和（3-43）式重写总出口：

$$T^{Z0} = \int_{\varphi^{Z0}}^{\infty} t^{Z0}(\varphi)dG(\varphi) = \frac{1}{h-(\varepsilon-1)} \cdot t^{Z0}(\varphi^{Z0})G'(\varphi^{Z0})\,\varphi^{Z0}$$

$$(3-64)$$

将（3-64）式代入（3-63）式，我们可以得到：

$$-\frac{d\,T^{Z0}/d\,v^F}{T^{Z0}/v^F} = \varepsilon + (h-(\varepsilon-1))\cdot\left(\frac{v^F}{\varphi^{Z0}}\frac{\partial\varphi^{Z0}}{\partial v^F}\right) \qquad (3-65)$$

使用（3-58）式可以推导出 φ^{N0} 对贸易成本弹性的边界条件，当 $\chi = \dfrac{\left(\frac{w^Z}{w^F}\right)^{\varepsilon-1}\left(\frac{v^Z}{v^F}\right)^{\varepsilon}}{\left(\frac{w^Z}{w^F}\right)^{\varepsilon-1}\left(\frac{v^Z}{v^F}\right)^{\varepsilon}-1} > 1$ 时，$\dfrac{d\,\varphi^{Z0}}{\varphi^{Z0}}\dfrac{v^F}{d\,v^F} = \dfrac{\varepsilon}{\varepsilon-1}\chi$。将其代入（3-65）式可以得到：

$$-\frac{d\,T^{Z0}/d\,v^F}{T^{Z0}/v^F} = \varepsilon + (h-(\varepsilon-1))\frac{\varepsilon}{\varepsilon-1}\chi \qquad (3-66)$$

由于本书的前提假设是 $\left(\frac{w^Z}{w^F}\right)^{\varepsilon-1}\left(\frac{v^Z}{v^F}\right)^{\varepsilon} > 1$，即 $\chi > 1$，与中国相比，国外农产品生产与加工环节具有边际成本优势。换言之，国外农产品的生产与加工环节的生产成本优势足以超过从中国出口最终农产品的潜在贸易成本优势。结合（3-55）式和（3-66）

式来看，在农业全球价值链分工情形下，中国企业出口对贸易成本影响更大。自由贸易区建立之后，随着关税壁垒和非关税壁垒的取消、贸易成本的快速下降，以及投资便利化的提升，参与全球价值链分工的企业贸易增长更快。进一步来说，这一结果主要是广泛边际效应带来的，也就是说贸易成本的降低和投资便利化的提升，使临界值 φ^{Z0} 变小，原先受到贸易成本和投资便利化的限制，不愿参与农业全球价值链的企业转而参与农业全球价值链分工。由此，可以看出，自由贸易区建立促进了成员国农业全球价值链分工参与和分工地位的提升，分工深化也带来了成员国贸易规模的进一步增长。

本书进一步定义 F^{Z0} 为中国企业在国外农产品出口中所占份额：

$$F^{Z0} = \frac{T^{Z0}}{T^{Z0} + T^{F}} \tag{3-67}$$

通过对（3-57）求导数，并利用（3-55）式和（3-56）式，可以得到：

$$\frac{\partial F^{Z0}}{\partial v^{F}} = -\frac{1}{v^{F}} F^{Z0}(1 - F^{Z0})(h - (\varepsilon - 1))\frac{\varepsilon}{\varepsilon - 1}(\chi - 1) < 0 \tag{3-68}$$

由此也可以看出，随着自由贸易区的建立，贸易成本的下降，将使更多的中国企业参与农业全球价值链，中国企业出口占国外总出口的比例也将越来越大。

生产效率较低的中国企业（$\varphi^{Z} < \varphi < \varphi^{Z0}$）由于利润不足以支付跨国生产带来的协调成本，它们会选择把农产品生产与加工环节还是设置在国内，该情况为产品间分工。在利润最大化条件下，企业的利润总额为 $\pi^{Z} = \left(\frac{\varphi}{w^{Z}}\right)^{\varepsilon-1} v^{Z-\varepsilon} B - c^{Z}$，这意味着生产效率低于 $\varphi^{Z} = w^{Z}\left(\frac{c^{Z}}{B}\right)^{\frac{1}{\varepsilon-1}} v^{Z\frac{\varepsilon}{\varepsilon-1}}$ 的中国企业将不会出口农产品到国外。利润最大化条件下，企业出口额为：$t^{Z} = \frac{B}{1-\alpha}\left(\frac{\varphi}{w^{Z}}\right)^{\varepsilon-1} v^{Z-\varepsilon}$。

T^Z 为未参与农业全球价值链分工的中国企业总出口，等于所有生产率 $\varphi^N < \varphi < \varphi^{N0}$ 的中国企业出口的总和，从（3-46）式可得：

$$T^Z = \int_{\varphi^Z}^{\varphi^{Z0}} t^Z(\varphi) dG(\varphi) \qquad (3-69)$$

对（3-69）式求导可以得到：

$$-\frac{\dfrac{dT^Z}{dv^Z}}{\dfrac{T^Z}{v^Z}} = -\frac{v^Z}{T^Z}\left(\int_{\varphi^Z}^{\varphi^{Z0}} \frac{\partial t^Z(\varphi)}{\partial v^Z} dG(\varphi)\right) + \frac{v^Z}{T^Z}\left[t^Z(\varphi^Z)G'(\varphi^Z)\frac{\partial \varphi^Z}{\partial v^Z} - t^Z(\varphi^{Z0})G'(\varphi^{Z0})\frac{\partial \varphi^{Z0}}{\partial v^Z}\right]$$

$$(3-70)$$

从（3-46）式中关于均衡时企业出口定义和经济体 l 足够小从而 v^Z 不会影响到 B 的假设，我们可以得到：$\dfrac{dt^Z(\varphi)}{dv^Z} = -\varepsilon \dfrac{t^Z}{v^Z}$。将其代入（3-70）式可以得到：

$$-\frac{\dfrac{dT^Z}{dv^Z}}{\dfrac{T^Z}{v^Z}} = \varepsilon + \left(\frac{t^Z(\varphi^Z)G'(\varphi^Z)\varphi^Z}{T^Z} \cdot \frac{\partial \varphi^Z}{\partial v^Z}\frac{v^Z}{\varphi^Z} - \frac{t^Z(\varphi^{Z0})G'(\varphi^{Z0})\varphi^{Z0}}{T^Z} \cdot \frac{\partial \varphi^{Z0}}{\partial v^Z}\frac{v^Z}{\varphi^{Z0}}\right) \quad (3-71)$$

本书已经证明了 $\dfrac{\partial \varphi^Z}{\partial v^Z}\dfrac{v^Z}{\varphi^Z} = \dfrac{\varepsilon}{\varepsilon - 1}$。此外，从（3-58）式可以直接计算出，当 $\chi = \dfrac{\left(\dfrac{w^Z}{w^F}\right)^{\varepsilon-1}\left(\dfrac{v^Z}{v^F}\right)^{\varepsilon}}{\left(\dfrac{w^Z}{w^F}\right)^{\varepsilon-1}\left(\dfrac{v^Z}{v^F}\right)^{\varepsilon} - 1} > 1$ 时，$\dfrac{d\varphi^{Z0}}{\varphi^{Z0}}\dfrac{v^Z}{dv^Z} = -\dfrac{\varepsilon}{\varepsilon - 1}(\chi - 1) < 0$。将其代入（3-61）式并重新排列可得：

$$-\frac{\dfrac{dT^Z}{dv^Z}}{\dfrac{T^Z}{v^Z}} = \varepsilon + \frac{\varepsilon}{\varepsilon - 1}\left(\frac{t^Z(\varphi^Z)G'(\varphi^Z)\varphi^Z - t^Z(\varphi^{Z0})G'(\varphi^{Z0})\varphi^{Z0}}{T^Z}\right)$$

$$\left(\frac{t^Z(\varphi^Z)G'(\varphi^Z)\varphi^Z - t^Z(\varphi^{Z0})G'(\varphi^{Z0})\varphi^{Z0}}{T^Z} + \chi\frac{t^Z(\varphi^{Z0})G'(\varphi^{Z0})\varphi^{Z0}}{T^Z}\right)$$
$$(3-72)$$

利用（3-46）式中企业级出口的定义以及（3-43）式中企业生产率分布的定义，我们可以重写总出口为：

$$T^Z = \int_{\varphi^Z}^{\varphi^{Z0}} t^Z(\varphi)dG(\varphi) = \frac{1}{h-(\varepsilon-1)} \cdot [t^Z(\varphi^Z)G'(\varphi^Z)\varphi^Z - t^Z(\varphi^{Z0})G'(\varphi^{Z0})\varphi^{Z0}]$$
$$(3-73)$$

将（3-73）式代入（3-72）式可以得到：

$$-\frac{\dfrac{dT^Z}{dv^Z}}{\dfrac{T^Z}{v^Z}} = \varepsilon + (h-(\varepsilon-1))\frac{\varepsilon}{\varepsilon-1}$$

$$\left(1 + \chi * \frac{t^Z(\varphi^{Z0})}{t^{Z0}(\varphi^{Z0})} \cdot \frac{t^{Z0}(\varphi^{Z0})G'(\varphi^{Z0})\varphi^{Z0}}{t^Z(\varphi^Z)G'(\varphi^Z)\varphi^Z - t^Z(\varphi^{Z0})G'(\varphi^{Z0})\varphi^{Z0}}\right)$$
$$(3-74)$$

将（3-46）式、（3-56）式、（3-64）式以及 χ 的定义代入（3-74）式可以得到：

$$-\frac{\dfrac{dT^Z}{dv^Z}}{\dfrac{T^Z}{v^Z}} = \varepsilon + (h-(\varepsilon-1))\frac{\varepsilon}{\varepsilon-1}\left(1 + \frac{T^{Z0}}{T^Z} \cdot \frac{1}{\left(\dfrac{w^Z}{w^F}\right)^{\varepsilon-1}\left(\dfrac{v^Z}{v^F}\right)^{\varepsilon} - 1}\right)$$
$$(3-75)$$

由于 $\dfrac{T^{Z0}}{T^Z} \cdot \dfrac{1}{\left(\dfrac{w^Z}{w^F}\right)^{\varepsilon-1}\left(\dfrac{v^Z}{v^F}\right)^{\varepsilon} - 1} > 1$，同样与（3-55）式没有农业全球价值链分工情况相比，未参与农业全球价值链分工的中国企业出口规模 T^Z 对贸易成本的变动也更加敏感。这与 Yi（2003）的结论类似，全球价值链分工越复杂、跨越国境的次数越多，贸易成本的增长幅度也就越大，存在较为显著的贸易成本"放大"

效应，这使农业全球价值链分工比传统农业分工对贸易成本的变化更为敏感。

3. 自由贸易区建立对农产品不同生产环节的影响差异

从前文分析可以看出，农业跨国企业是否参与农业全球价值链分工很大程度取决于跨国协调成本 c^1 的大小，投资便利化水平的提升可以有效降低跨国协调成本 c^1。现阶段，各国签署自由贸易协定，主要放开的是农业全球价值链低端环节，农产品的研发与农资等环节还是牢牢地掌握在母国的手中。另外，贸易成本降低之后，吸引大量国内企业将跨国协调成本较低的生产与加工环节迁移到国外，而研发与农资环节由于仍然受到较大跨国协调成本的限制转移到国外对企业吸引不大。因此，研发与农资环节受到自由贸易区建立的影响相对于生产与加工环节来说较小。在这种情况下，中国自由贸易区建立之后，中国农业跨国企业可以不断地将其生产与加工环节迁移到劳动力成本更低的国家（例如东盟），从而有效实现农业全球价值链分工地位的提升，摆脱中等收入陷阱。

上述推导过程，我们也可以使用图形来进行更加直观的理解，见图 3-6。在农业全球价值链分工理论中，将农产品生产分解为各个环节，图中每个圆圈代表的是农产品生产的不同环节。各国专业化生产的不再是具有比较优势的产品而是具有比较优势的生产环节（Degain，2011）。农业跨国企业的最优选择是贸易和投资成本的函数（Tyazhelnikov，2016）。最初，在自由贸易区战略实施之前，国外贸易和投资成本较高，农产品全部生产环节都在中国完成。自由贸易区战略实施之后，随着贸易成本和投资成本的显著降低，农业跨国企业会将一部分生产环节放在国外，特别是自身不具备比较优势的环节。此时，一国只在其具有比较优势的环节进行生产和专业化，在多个国家完成整个产品生产"链条"，在规模经济等作用下可以获得更大福利，因此农业全球价值链分工参与程度和分工地位不断提高。

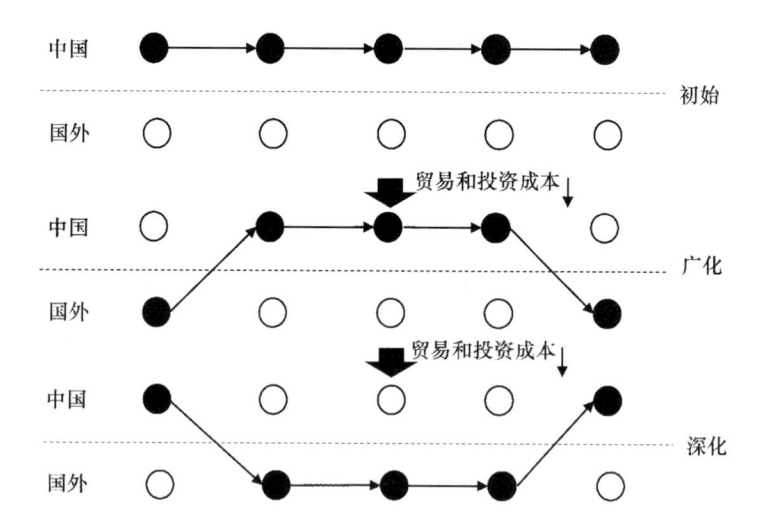

图3-6 自由贸易区战略实施下农业全球价值链分工变化趋势

说明：圆圈依次代表农产品的研发与技术、农资经销、生产与简单加工、精深加工、品牌与营销等环节。实心黑点代表的是企业在何国进行生产，箭头代表的是企业产品各个环节生产路径。虚线上方代表的是产品在中国生产的各个环节，虚线下方代表的是产品在国外生产的环节，每个环节中企业是在中国生产还是在国外生产取决于哪个贸易成本更低。

资料来源：笔者绘制。

三 研究假说

从上述理论分析可以看出，中国自由贸易区战略实施带来的贸易自由化和投资便利化水平的提升，将有效降低农业全球价值链分工中贸易成本和跨国协调成本，从而促进增加值较低的生产与加工环节转移，推动农业专业化分工的进一步深入，进而提升中国农业全球价值链分工参与程度和分工地位。基于此，本书构建了自由贸易区农产品贸易分工效应的分析框架，如图3-7。根据理论分析，本书提出以下研究假说，并在本书的第六章进行实证验证：

假说8：中国自由贸易区战略实施之后将有效促进其农业全球价值链分工参与程度和分工地位；

假说9：贸易自由化和投资便利化是自由贸易区推动农业全球价值链分工地位和参与程度的影响路径。

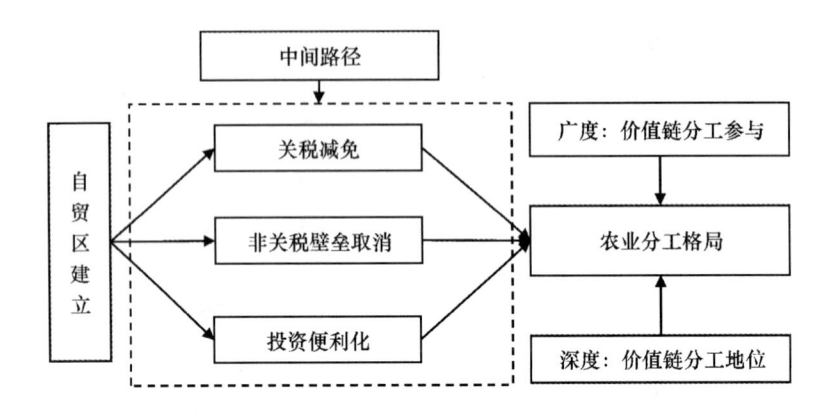

图 3-7 自由贸易区农产品贸易分工效应的分析框架

资料来源：笔者绘制。

第六节 本章小结

本章主要结合自由贸易区、全球价值链分工以及异质性企业等理论，将分工深化引入自由贸易区贸易效应分析框架，按照"贸易成本—国际分工—贸易效应"的理论线索进行数理模型的构建。主要从贸易静态效应、贸易效应异质性、出口产品质量效应和贸易分工效应等维度归类了中国自由贸易区战略实施对其农产品贸易的影响路径。

研究发现，农产品贸易静态效应方面，自由贸易区建立之后，随着贸易自由化的不断提升，成员国间农产品贸易将大幅度增加，增加主要来自贸易创造效应和贸易转移效应等渠道。由于贸易创造效应大于贸易转移效应，自由贸易区建立之后，成员国福利会上升。

农产品贸易效应异质性方面，由于中国采取的是"逐步开放""一国一策"和"构建网络"的自由贸易区实施策略，中国自由贸易区战略实施对其与伙伴国农产品贸易的影响，会在协议条款、时间窗口、产品类别和网络位置上产生异质性。其中，由于轮轴国和辐条国网络位置不对称，轮轴国能获得更大的收益。其中的内在机制主要是：受到贸易逆转效应影响，轮轴国贸易创造效应会增加以及贸易转移效应会减少；受到贸易稀释效应影响，由于新的自由贸易区成员国共同享有优惠政策，每个辐条国竞争程度将更加激烈，从而会造成原有辐条国贸易规模的下降以及社会福利的降低。

出口农产品质量效应方面，降低农业企业进入出口市场的生产效率门槛和扩大对中低收入国家的低质量农产品出口是中国出口农产品质量下降的重要机制，浅层条款会使中国出口农产品质量有所下降，而深层条款有利于中国出口农产品质量升级。同时，不同层次的协定条款的间接效应大小也存在差异。

农产品贸易分工效应方面，首先，自由贸易区建立之后，随着贸易自由化和投资便利化水平的提升，贸易成本和跨国协调成本的快速下降，使原先受到成本约束不愿参与农业全球价值链分工的企业转而参与农业全球价值链分工，从而带来成员国农业全球价值链分工参与程度的提升。其次，由于现阶段各国签署自由贸易协定，主要放开的是农业全球价值链分工低端环节，贸易自由化和投资便利化水平提升之后，生产和加工环节会不断向生产成本更低的国家转移，从而有效实现成员国农业全球价值链分工地位的提升。另外，与产品间分工相比，在全球价值链分工情形下成员国农产品贸易对贸易成本的变动更加敏感，因此分工深化也使成员国间贸易规模以更快的速度增长。

第四章

中国自由贸易区战略的实施及其与伙伴国农产品贸易发展

本章是对中国自由贸易区①战略实施历程及中国与伙伴国农产品贸易现状进行概括和总结。首先,自由贸易区战略实施方面主要是对中国自由贸易区战略实施历程、现有自由贸易协定主要条款进行梳理,并在此基础上对主要农产品伙伴国的开放水平以及国家特征进行归纳总结。其次,与伙伴国农产品贸易现状和趋势分析方面,主要是对中国主要自由贸易区成员国农产品贸易规模以及贸易结构进行分析,并在此基础上总结贸易变动的趋势。最后,以中国—东盟自由贸易区为典型案例,分析中国与东盟在自由贸易区建立之后农产品贸易的变化。

第一节 中国自由贸易区战略的实施

加快实施自由贸易区战略是中国新一轮对外开放的重要内容,

---

① 本书中的自由贸易区是指中国对外签订的自由贸易协定,并不包括中国境内自主建立的自由贸易试验区,例如中国(上海)自由贸易试验区、中国(广东)自由贸易试验区等。

目前，中国的自由贸易区建设已取得较大成就，初步形成了以周边国家（或地区）为基础的自由贸易区网络。

一 中国自由贸易区战略及其实施情况

1. 中国自由贸易区战略的提出与发展

2004 年，中国修订了《中华人民共和国对外贸易法》，为中国自由贸易区的建设提供了法律基础（张国军，2016）；2007 年，党的十七大首次指出要"实施自由贸易区战略"；2012 年，党的十八大再次强调要"加快实施自由贸易区战略"；中共十八届三中、五中全会进一步要求以周边为基础加快自由贸易区战略实施，逐步形成面向全球的自由贸易区网络，更是把自由贸易区建设上升到历史的新高度（见表 4-1）。在全球性的多边贸易谈判于农业问题上停滞不前的背景下，中国进入了自由贸易区建设的快速发展时期。截至 2023 年 6 月，中国已与 28 个国家（或地区）签订了 21 个自由贸易协定，自由贸易区伙伴国遍及亚洲、大洋洲、南美洲和欧洲。

表 4-1　　　　　　　　中国自由贸易区相关政策和措施

时间	会议或文件	内容
2004 年 4 月	修订《中华人民共和国对外贸易法》	明确规定中国要依据"平等互利的基本原则，参与并缔结自由贸易协定、参与区域经济组织"
2007 年 10 月	党的十七大	实施自由贸易区战略
2012 年 11 月	党的十八大	加快实施自由贸易区战略
2013 年 11 月	中共十八届三中全会	以周边为基础加快实施自由贸易区战略，形成面向全球的高标准自由贸易区网络
2014 年 12 月	中共中央政治局第十九次集体学习会议	推进更高水平的对外开放，加快实施自由贸易区战略，加快构建开放型经济新体制
2015 年 12 月	国务院关于加快实施自由贸易区战略的若干意见	进一步优化自由贸易区建设布局，加快建设高水平自由贸易区，健全保障体系，完善支持机制，加强组织实施

续表

时间	会议或文件	内容
2016年3月	十二届全国人大四次会议	积极推进RCEP签署，加快中—日—韩自由贸易区谈判，推进中国与欧洲和美国的投资协定的谈判
2017年10月	党的十九大报告	赋予自由贸易试验区更大的发展自主权
2018年3月	十三届全国人大一次会议	早日结束RCEP的谈判，加快亚太自由贸易区和东亚经济共同体的建设
2019年3月	十三届全国人大二次会议	主动构建开放型经济新体制
2020年6月	《海南自由贸易港建设总体方案》	高质量高标准建设自由贸易港
2022年10月	党的二十大报告	实施自由贸易试验区提升战略，扩大面向全球的高标准自由贸易区网络
2023年6月	《关于在有条件的自由贸易试验区和自由贸易港试点对接国际高标准推进制度型开放的若干措施》	构建与高水平制度型开放相衔接的制度体系和监管模式

资料来源：中国自由贸易区服务网，http：//fta.mofcom.gov.cn/。

2. 中国自由贸易区战略实施情况

2001年，中国加入WTO之后并没有停止贸易自由化的步伐。此后，中国一直积极寻求与各国达成区域或双边贸易协议的机会，并取得了较为显著的成果（Li et al., 2014）。截至2023年6月，中国共签署了21个自由贸易协定，涉及28个国家（或地区），分别是中国与中国港澳、东盟、巴基斯坦、智利、新西兰、秘鲁、新加坡、哥斯达黎加、瑞士、冰岛、韩国、澳大利亚、格鲁吉亚、马尔代夫、毛里求斯、柬埔寨、尼加拉瓜和厄瓜多尔等（见表4-2）。另外，还有10个自由贸易协定正在谈判中，包括：中国与海湾阿拉伯国家合作委员会、日本、韩国、斯里兰卡、以色列、挪威、摩尔多瓦、巴拿马、巴基斯坦等国家（组织）的自由贸易区。此外，中国与哥伦比亚、斐济、尼泊尔、巴布亚新几内亚、加拿大、孟加拉国、蒙古国等国的自由贸易协定还在研究过程中。

表4-2　　　　　　　　中国自由贸易区战略实施情况

已经实施		正在谈判	正在研究
中国—厄瓜多尔	中国—尼加拉瓜	中国—海湾阿拉伯国家合作委员会	中国—哥伦比亚
《区域全面经济伙伴关系协定》（RCEP）	中国—柬埔寨	中国—日本—韩国	中国—斐济
中国—毛里求斯	中国—马尔代夫	中国—斯里兰卡	中国—尼泊尔
中国—格鲁吉亚	中国—澳大利亚	中国—以色列	中国—巴布亚新几内亚
中国—韩国	中国—瑞士	中国—挪威	中国—加拿大
中国—冰岛	中国—哥斯达黎加	中国—摩尔多瓦	中国—孟加拉国
中国—秘鲁	中国—新西兰（含升级）	中国—巴拿马	中国—蒙古国
中国—新加坡（含升级）	中国—智利（含升级）	中国—韩国第二阶段	中国—瑞士（升级）
中国—巴基斯坦（含第二阶段）	中国—东盟（含"10+1"升级）	中国—巴基斯坦	
内地与港澳更紧密经贸关系安排		中国—秘鲁（升级）	

资料来源：中国自由贸易区服务网，http://fta.mofcom.gov.cn/。

二　主要自由贸易区建设情况

该部分主要就几个比较典型而且重要的自由贸易区建设历程进行归纳和总结。

1. 中国—东盟自由贸易区

中国—东盟自由贸易区是中国对外签订的首个自由贸易区。早在2000年11月，中国就提出了中国—东盟自由贸易区建设计划，双方领导人也达成了共识。2002年11月4日，第六次中国与东盟领导人会议召开，中国与东盟在会议上签订了《中国—东盟全面经济合作框架协议》，标志着中国—东盟自由贸易区开始建设。2004年1月1日，"早期收获计划"先行实施，主要的农产品开始进行关税削减，涉及的产品主要包括500多种农产品。随后，中国与东盟先后达成了《中国—东盟全面经济合作框架协议货物贸易协议》（2004年11月）、《中国—东盟全面经济合作框架协议争端解决机制协议》（2004年11月）、《中国—东盟全面经济合作框架协议服务贸易协议》（2007年1月）和《中国—东盟自由贸易区全面经济合作框架协议投资协议》（2009年8月），中国与东盟双边贸易自由化不断提升。2010年1月1日，经过中国与东盟各国近10年的建设，双方相互取消了除部分敏感产品以外全部产品的关税，双方90%—95%税目产品实现了零关税，意味着中国—东盟自由贸易区全面建成。2015年11月22日，中国与东盟还签署了《中华人民共和国与东南亚国家联盟关于修订〈中国—东盟全面经济合作框架协议〉及项下部分协议的议定书》（以下简称《议定书》），将有力地推动双方经贸合作再上新台阶，并通过升级原产地规则和贸易便利化措施，进一步促进双边货物贸易的发展。2022年11月，中国与东盟共同宣布正式启动中国—东盟自贸区3.0版谈判，将全面提升中国—东盟经贸制度型开放水平。

根据中国—东盟自由贸易区协议文本，中国与东盟采取的是分布式协议形式，即在先达成《框架协议》的基础上，根据前期实施效果先后又签署了《货物贸易协议》《服务贸易协议》《投资协议》和《争端解决机制协议》。而且由于东盟各国经济发展水平和农业结构存在较大差异，因此针对东盟不同国家，中国实施了不同的降税安排计划。在2010年1月，中国与东盟老成员国完成了除敏感产品以外全部产品的零关税目标；2015年1月，中国与东盟新成员国也实现全部产品零关税；2018年1月，中国对东盟自贸区和中国—东盟自贸区所有成员国全部产品零关税。

2. 中国—巴基斯坦自由贸易区

2003年11月3日，中国与巴基斯坦签订了《中华人民共和国政府与巴基斯坦伊斯兰共和国政府优惠贸易安排》，并于2004年1月1日起实施，中国与巴基斯坦对彼此的产品提供优惠关税。2005年4月5日，经过两国的进一步协商，两国政府签署了《中华人民共和国政府与巴基斯坦伊斯兰共和国政府关于自由贸易协定早期收获计划的协议》。根据协议,从 2006 年 1 月 1 日开始,两国实施"早期收获计划",将主要农产品关税两年内削减为零。2005 年 8 月 15 日,中国与巴基斯坦启动了自由贸易区谈判,并于 2006 年 11 月 18 日签署了《中国—巴基斯坦自由贸易协定》。2009 年 2 月 21 日,双方又签署了《中国—巴基斯坦自由贸易区服务贸易协定》,标志着中国—巴基斯坦自由贸易区全面建成。

同样,中国与巴基斯坦采取的也是分布式协议,与中国—东盟自由贸易区不同的是中国与巴基斯坦在服务贸易协议上实现了更高水平的开放。2019 年 4 月 28 日,中国与巴基斯坦签署了《中华人民共和国政府和巴基斯坦伊斯兰共和国政府关于修订〈自由贸易协定〉的议定书》(以下简称《议定书》)。根据《议定书》规定,降税安排实施后,中巴两国间相互实施零关税产品的税目数比例将从此前的 35% 逐步增加至 75%。

3. 中国—智利自由贸易区

2004 年 11 月 18 日,中国与智利开启了自由贸易区谈判,主要就市场准入、原产地规则、技术贸易壁垒、动植物检验检疫、贸易救济以及相关法律和技术等问题进行磋商。经过前后五轮的磋商,2005 年 11 月 18 日,中国与智利签订了《中华人民共和国政府和智利共和国政府自由贸易协定》,并于 2006 年 7 月 1 日正式生效。按照《协议》安排,中国与智利从 2006 年 10 月 1 日开始进行产品关税的削减,并在 10 年内实现绝大部分产品的零关税。2008—2012 年,中国与智利先后又签署了《中华人民共和国政府和智利共和国政府自由贸易协定关于服务贸易的补充协定》(2008 年 4 月 13 日)和《中华人民共和国政府与智利共和国政府自由贸易协定关于投资的补充协定》(2012 年 9 月 9 日),标志着中国—智利自由贸易区建设完成。2017 年 11 月 11 日,中国与智利签署了中国—智利自贸区升级谈判成果文件——《中华人民共和国政府与智利共和国政府关于修订〈自由贸易协定〉及〈自由贸易协定关于服务贸易的补充协定〉的议定书》(以下简称《议定书》)。《议定书》的达成和签署,将为双方经济互利合作提供新的助力,并为充实中智全面战略伙伴关系提供重要支撑。

根据中国—智利自由贸易协定文本,中国与智利同样是采用了分布式协议,在达成基本框架协议之后,先后又签署了《服务贸易协定》和《投资协定》。其中,在货物贸易层面,中国(中国将分1年、2年、5年和10年四个阶段)与智利(智利削减关税分为1年、5年和10年三个阶段)承诺在10年内实现97%的产品零关税。

4. 中国与其他国家的自由贸易区

按照时间顺序,中国还与新西兰(2008年4月7日)、新加坡(2008年10月23日)、秘鲁(2009年4月28日)、哥斯达黎加(2010年4月8日)、冰岛(2013年4月15日)、瑞士(2013年7月6日)、韩国(2015年6月1日)、澳大利亚(2015年6月17日)、格鲁吉亚(2017年5月13日)、马尔代夫(2017年12月7日)、毛里求斯(2019年10月17日)、柬埔寨(2020年10月12日)、厄瓜多尔(2023年5月11日)、尼加拉瓜(2023年8月31日)等国家签订了自由贸易协定,而且与东盟、智利和巴基斯坦不同的是,中国与这些国家采取的是"一揽子"式的协议形式,一次性达成了货物贸易、服务贸易到投资、知识产权等广泛领域议题的合作。

表4-3　　　　　　　　中国自由贸易区战略实施历程

已签订的FTA	生效时间	开放程度	类型
中国—东盟	2004年1月1日	双方95%以上货物贸易实现零关税	南南型
中国—智利	2006年7月1日	智利对中国98.1%的产品进行了关税削减或取消,中国对智利97.2%的产品进行了关税削减或取消	南南型
中国—巴基斯坦	2007年7月1日	双方均将90%的产品关税降为零	南南型
中国—新西兰	2008年10月1日	新西兰对中国的全部产品关税降为零,中国对新西兰97.2%的产品关税降为零	南北型

续表

已签订的 FTA	生效时间	开放程度	类型
中国—新加坡	2009年1月1日	新加坡对中国的全部产品关税降为零，中国对新加坡97.1%的产品关税降为零	南南型
中国—秘鲁	2010年3月1日	双方对各自90%以上的产品分阶段关税降为零，共同迈进"零关税时代"	南南型
中国—哥斯达黎加	2011年8月1日	双方对各自90%以上的产品分阶段关税降为零，共同迈进"零关税时代"	南南型
中国—冰岛	2014年7月1日	双方均接近96%的产品关税降为零	南北型
中国—瑞士	2014年7月1日	瑞士对中国99.7%的产品关税降为零，中国对瑞士84.2%的产品关税降为零	南北型
中国—韩国	2015年12月20日	韩国对中国92%的产品关税降为零，中国对韩国91%的产品关税降为零	南南型
中国—澳大利亚	2015年12月20日	澳大利亚对中国99.4%的农产品关税降为零，涉及自中国进口农产品总额的99%，中国对澳大利亚93.7%的农产品关税降为零	南北型
中国—格鲁吉亚	2018年1月1日	格鲁吉亚对中国96.5%的产品关税降为零，中国对格鲁吉亚93.9%的产品关税降为零	南南型
中国—马尔代夫	暂未生效	马尔代夫将对自中国进口产品全部税目数的95.6%最终实施零关税	南南型
中国—毛里求斯	2021年1月1日	中国和毛里求斯最终实现零关税的产品税目比例分别达到96.3%和94.2%	南南型
中国—柬埔寨	2022年1月1日	双方货物贸易零关税产品税目比例均将达到90%以上	南南型
中国—厄瓜多尔	暂未生效	将使厄瓜多尔目前对华出口中99%的商品享有优惠准入	南南型
中国—尼加拉瓜	暂未生效	中尼双方最终零关税产品占总体税目比例均超过95%	南南型

资料来源：中国与各国的自由贸易协定文件。

注：北北型代表完全由发达国家建立的自由贸易区，南北型代表由发达国家和发展中国家建立的自由贸易区，南南型代表完全由发展中国家建立的自由贸易区。《内地与香港关于建立更紧密经贸关系的安排》（Closer Economic Partnership Arrangement，CEPA）是一个主权国家内不同对外关税区间的协议，不属于中国对外签署自由贸易区的范畴，本书将不予考虑。

三 自由贸易区成员国的主要特征

1. 成员国农产品关税水平

① 农产品总体关税分析

表4-4是中国与自由贸易区伙伴国农产品对外关税水平,从中国与伙伴国对外关税的对比可以看出,自由贸易区建立之后,成员国在农产品自由贸易水平的变化水平。最终约束关税税率通常表示的是对外关税的上限,代表的是一国在该产品上关税手段的利用空间。除了中国、菲律宾、老挝、智利、巴基斯坦和韩国,自由贸易区成员国最终约束关税税率平均值远低于最惠国关税税率平均值。特别是新西兰、冰岛、瑞士和澳大利亚,农产品最终约束关税税率都高于20%,分别是55.9%、25.6%、22.0%和33.1%。

表4-4　　中国与自由贸易区伙伴国农产品对外关税水平　　（单位:%）

国家	最终约束关税税率平均值	最惠国关税税率平均值	进口加权平均关税税率
中国	5.9	7.0	1.0
马来西亚	12.7	74.5	66.9
印度尼西亚	0	8.3	39.1
泰国	2.0	13.9	14.3
菲律宾	0	3.7	18.7
新加坡	4.0	99.8	99.3
文莱	0	98.9	99.5
越南	8.6	15.5	35.2
老挝	7.1	10.0	3.5
缅甸	0.8	8.3	1.9
柬埔寨	0	14.1	17.2
智利	0	0	0

续表

国家	最终约束关税税率平均值	最惠国关税税率平均值	进口加权平均关税税率
巴基斯坦	0	5.7	16.1
新西兰	55.9	72.5	47.6
秘鲁	0	52.6	49.9
哥斯达黎加	0	29.2	34.7
冰岛	25.6	65.0	49.6
瑞士	22.0	30.8	19.6
韩国	2.2	5.4	4.3
澳大利亚	33.1	76.3	48.8
格鲁吉亚	7.9	49.7	34.1
马尔代夫	0	75.5	84.0
毛里求斯	0	92.7	92.4
尼加拉瓜	0	26.6	24.3
厄尔多瓜	0	26.4	56.6

资料来源：2023年世界银行《世界关税概况》报告（*World Tariff Profiles 2023*）。

注：最终约束关税税率平均值和最惠国关税税率平均值数据是2022年；进口加权平均关税税率数据是2021年。

最惠国关税税率平均值和进口加权平均关税税率表示的是各国在进行农产品贸易时实际关税水平（谢思娜，2014）。从最惠国关税税率平均值来看，中国农产品最惠国关税税率平均值为7.0%，菲律宾、智利、巴基斯坦和韩国低于中国关税水平，分别为3.7%、0、5.7%和5.4%，其他国家都高于中国农产品对外关税水平。从进口加权平均关税税率来看，也只有智利（0）低于中国（1.0%），其他国家的进口加权平均关税税率（除老挝、缅甸、韩国外）远高于中国。

总的来说，由于中国农产品对外关税①保持较高水平，中国与这些国家建立自由贸易区之后，中国农产品贸易自由化水平将有较大水平的提升，提升幅度大于大部分成员国，可以说中国在农产品上做出了较大的让步，相对于加入 WTO，实现了更高水平的农产品贸易自由化。

② 各类农产品关税分析

从表 4-5 中可以看出，各国各类农产品的关税壁垒存在较大差异。中国对谷物、糖及糖食、饮料烟草、棉花等农产品征收较高的关税，税率分别为 19.5%、28.7%、19.0% 和 22.0%，中国对油料和水产品等农产品征收较低的关税，税率分别是 11.1% 和 7.1%，中国自由贸易区战略实施之后其对谷物、糖及糖食、饮料烟草和棉花进口量将增长迅速。马来西亚、印度尼西亚、泰国、越南、巴基斯坦、马尔代夫都对饮料烟草等农产品征收较高的关税，税率分别为 77.5%、43.7%、45.2%、45.8%、42.5%、89.7%，中国自由贸易区战略实施之后对这些国家的饮料烟草行业会造成一定的冲击。韩国还对谷物征收极高关税，为 187.1%，此外对奶产品、水果蔬菜、咖啡茶等农产品征收较高关税，分别征收 66.7%、61.3%、56.4% 的关税，自由贸易区建立之后冲击相对较大。泰国还对动物产品、奶产品、水果蔬菜、咖啡茶、谷物、油料、糖及糖食等农产品征收的关税较高，分别达到 26.1%、36.5%、30.7%、43.9%、21.5%、29.6%、41.0%。越南对咖啡茶、糖及糖食等产品征收较高关税，而哥斯达黎加对奶产品征收关税较高。冰岛和瑞士都对动物产品和奶产品征收极高的关税，中国自由贸易区战略实施之后对两国该类别农产品冲击较大。毛里求斯对糖及糖食征收较高关税，自由贸易区建立之后对其冲击较大。而其他国家，像新加坡、文莱、新西兰和澳大利亚对各类农产品征收的关税都较低，均接近零关税水平，中国自由贸易区战略实施之后对这些国家农产品进口影响不大。

---

① 对外关税指的是对自由贸易区非成员国的关税。

表4-5　2023年中国与自由贸易区伙伴国各类农产品进口关税水平

(单位:%)

	动物产品	奶产品	水果蔬菜	咖啡茶	谷物	油料	糖及糖食	饮料烟草	棉花	其他农产品	水产品
中国	13.3	12.3	12.3	12.3	19.5	11.1	28.7	19.0	22.0	11.8	7.1
马来西亚	3.2	3.7	2.6	5.6	5.5	1.9	2.4	77.5	0.0	0.6	0.6
印度尼西亚	7.1	5.5	5.7	13.2	7.4	4.4	7.3	43.7	4.0	4.1	6.3
泰国	26.1	36.5	30.7	43.9	21.5	29.6	41.0	45.2	0.0	9.0	7.4
菲律宾	20.1	3.8	9.6	15.7	9.9	5.4	19.1	8.2	2.6	3.6	8.8
新加坡	0.0	0.0	0.0	0.0	0.0	0.0	0.0	1.4	0.0	0.0	0.0
文莱	0.0	0.0	0.0	0.5	0.1	0.0	0.0	0.0	0.0	0.0	0.0
越南	14.2	8.5	20.2	24.5	18.7	8.6	33.7	45.8	6.0	6.6	15.1
老挝	10.9	5.0	13.2	24.2	8.0	9.7	10.6	10.6	3.0	10.4	12.1
缅甸	27.8	10.1	20.8	15.6	9.7	7.8	6.7	31.6	9.2	4.0	12.4
柬埔寨	14.1	10.4	11.4	25.8	10.7	7.1	7.0	27.7	0.0	11.0	14.7
智利	6.0	6.0	6.0	6.0	6.0	6.0	6.0	6.0	6.0	6.0	6.0
巴基斯坦	12.1	20.0	13.3	11.4	13.4	6.7	15.0	42.5	0.0	5.4	13.9
新西兰	1.5	1.3	1.1	2.3	2.4	0.6	1.4	3.1	0.0	0.7	0.3
秘鲁	4.9	0.0	3.8	4.5	2.0	1.2	0.9	5.0	2.4	0.5	0.1
哥斯达黎加	20.7	50.9	11.3	12.2	8.4	5.9	18.9	12.5	0.0	3.1	10.9
冰岛	68.4	84.3	23.7	6.2	20.6	6.7	4.8	7.3	0.0	4.1	1.6
瑞士	96.7	187.5	16.4	4.5	18.8	22.1	8.5	31.0	0.0	6.6	0.2
韩国	21.4	66.7	61.3	56.4	187.1	38.7	15.7	30.9	0.0	20.4	16.7
澳大利亚	0.4	3.3	1.5	1.0	1.1	1.4	1.8	3.5	0.0	0.3	0.0
格鲁吉亚	8.4	4.8	8.9	4.6	6.8	0.1	10.6	11.9	0.0	0.3	0.0
马尔代夫	14.2	0.0	2.6	3.6	2.1	6.4	1.6	89.7	0.0	8.3	3.6
毛里求斯	0.0	0.0	0.0	2.5	0.3	1.3	23.5	8.3	0.0	1.2	0.0
尼加拉瓜	14.6	26.1	11.3	13.4	10.1	6.4	30.0	12.9	0.0	3.4	11.7
厄瓜多尔	28.1	32.8	19.8	23.3	17.9	11.2	11.1	21.2	1.0	5.1	25.6

资料来源:2023年世界银行《世界关税概况》报告(*World Tariff Profiles 2023*)。

注:表中关税是各国最惠国税率。

2. 农产品比较优势

本书运用 Balassa（1965）提出的显示性比较优势（RCA）指数对中国与自由贸易区伙伴国的农产品比较优势进行测度。具体计算公式为：

$$RCA = \left(\frac{A_{ik}}{A_i}\right) \Big/ \left(\frac{B_k}{B}\right) \qquad (4-1)$$

其中，A_{ik} 表示 i 国家第 k 类商品的出口额，A_i 指 i 国家出口总额；B_k 指全世界第 k 类商品的出口额，B 指全世界出口总额。一般来说，当 $RCA > 2.5$ 时，则说明该国此类产品具有极强的比较优势；当 $1.25 \leqslant RCA \leqslant 2.5$ 时，则说明该国在此类产品具有较强的比较优势；当 $0.8 < RCA < 1.25$ 时，则说明该国此类产品具有一般的比较优势；当 $RCA \leqslant 0.8$ 时，则表示该国此类产品不具有比较优势。

表 4-6 是中国与自由贸易区伙伴国农产品比较优势的测算结果。从表 4-6 中可以看出，1995—2020 年，中国农产品的比较优势下降较快，RCA 从 1995 年的 2.399 下降到 2020 年的 0.682，中国农产品从具有较强的比较优势转为不具有比较优势。从变化趋势来看，1995—2020 年，印度尼西亚、文莱、巴基斯坦和格鲁吉亚等国的农产品比较优势呈现上升趋势，RCA 分别从 1995 年的 3.247、0.006、5.876 和 3.838 上涨到 2020 年的 4.450、0.190、6.950 和 6.944，其他自由贸易区伙伴国农产品的比较优势跟中国一样都呈现下降趋势。从 2020 年的情况来看，印度尼西亚、菲律宾、老挝、智利、巴基斯坦、新西兰、秘鲁、哥斯达黎加、冰岛、格鲁吉亚等国的 RCA 大于 2.5，农产品具有极强的比较优势；马来西亚、泰国、越南、缅甸、澳大利亚等国的 RCA 大于 1.25 且小于 2.5，农产品具有较强的比较优势；柬埔寨的 RCA 为 0.993，农产品具有一般的比较优势；中国、新加坡、文莱、瑞士和韩国等国的 RCA 小于 0.8，这些国家的农产品都不具有比较优势。

表 4-6　　　　　中国与自由贸易区伙伴国农产品比较优势

国家	1995 年	2000 年	2005 年	2010 年	2015 年	2017 年	2019 年	2020 年
中国	2.399	1.845	1.126	0.910	0.741	0.770	0.757	0.682
马来西亚	1.798	1.510	1.785	1.837	1.579	1.436	1.448	1.441
印度尼西亚	3.247	3.099	3.776	3.260	4.016	3.955	4.353	4.450
泰国	4.344	3.908	3.324	2.956	2.669	2.568	2.751	2.461
菲律宾	6.570	2.303	2.940	4.589	5.049	3.218	3.370	3.066
新加坡	0.851	0.674	0.568	0.582	0.557	0.440	0.507	0.461
文莱	0.006	0.036	0.007	0.107	0.162	0.254	0.222	0.190
越南	6.158	7.639	6.431	4.866	2.489	2.224	1.947	1.722
老挝	5.762	4.402	7.806	2.618	6.223	3.738	3.635	3.515
缅甸	3.463	1.743	2.971	3.399	1.5179	1.451	1.332	1.290
柬埔寨	3.313	0.388	0.357	0.357	0.811	0.870	0.887	0.993
智利	7.853	9.473	7.344	6.642	8.514	7.615	8.188	6.810
巴基斯坦	5.876	7.276	5.975	6.658	7.618	6.861	7.704	6.950
新西兰	16.942	18.482	16.467	16.057	15.238	13.608	12.900	12.875
秘鲁	13.407	14.328	8.972	7.339	9.550	7.681	8.218	8.401
哥斯达黎加	16.191	12.408	12.273	13.365	16.601	15.514	14.969	12.751
冰岛	25.802	20.783	18.875	19.407	18.541	16.562	17.027	13.921
瑞士	0.589	0.643	0.692	0.732	0.489	0.463	0.447	0.425
韩国	0.678	0.520	0.414	0.345	0.317	0.290	0.349	0.358
澳大利亚	3.016	3.760	2.835	1.923	2.155	1.902	1.642	1.604
格鲁吉亚	3.838	9.244	6.946	10.193	8.244	7.677	5.793	6.944

资料来源：笔者根据 UN Comtrade 数据库进行测算，并按照 HS1992 农产品六位代码进行平均。

第二节　中国与伙伴国农产品贸易变化及趋势

一　中国农产品贸易总体特征

图4-1为1995—2020年中国农产品进出口额及贸易逆差变化趋势。1995—2020年，除个别年份外，中国农产品贸易额、进口额和出口额都呈现快速增长态势，农产品贸易额、进口额和出口额分别从1995年的274.10亿美元、126.60亿美元和147.50亿美元增长到2020年的2792.60亿美元、2018.00亿美元和774.60亿美元，分别年均增长9.73%、11.71%和6.86%。分阶段来看，1995—2003年，中国农产品贸易额、进口额和出口额都增长缓慢，年均增长率分别为6.49%、7.89%和5.18%；2004—2020年，中国农产品贸易额、进口额和出口额都增长迅速，年均增长率分别为10.22%、11.64%和7.54%。由于中国农产品进口比出口增长更快，因此从2004年开始，中国农产品贸易从顺差转为逆差，而且贸易逆差不断扩大，2020年中国农产品贸易逆差达到1243.40亿美元。

随着中国农产品贸易额的不断增长，中国农产品贸易额占全球比重也在不断提高，农产品贸易额占全球比重由2001年的3%提高至2021年的14.2%，排名由第11位上升至第2位，仅次于美国。[①]从出口看，中国是全球第五大农产品出口国，2021年农产品出口额占世界的4%，苹果、大蒜、生姜、茶叶等农产品出口居全球首位。从进口看，中国是全球第一大农产品进口国，2021年农产品进口额占世界的10.2%，是粮食、棉花、肉类等农产品的全球最大买家。中国不仅是全球最大的农产品进口国之一，还是农产品出口的重要参与者，这在国际农业领域显示出中国的双重影响力和地位。

---

① 资料来源：http://www.chinareform.org.cn/2023/0302/37353.shtml。

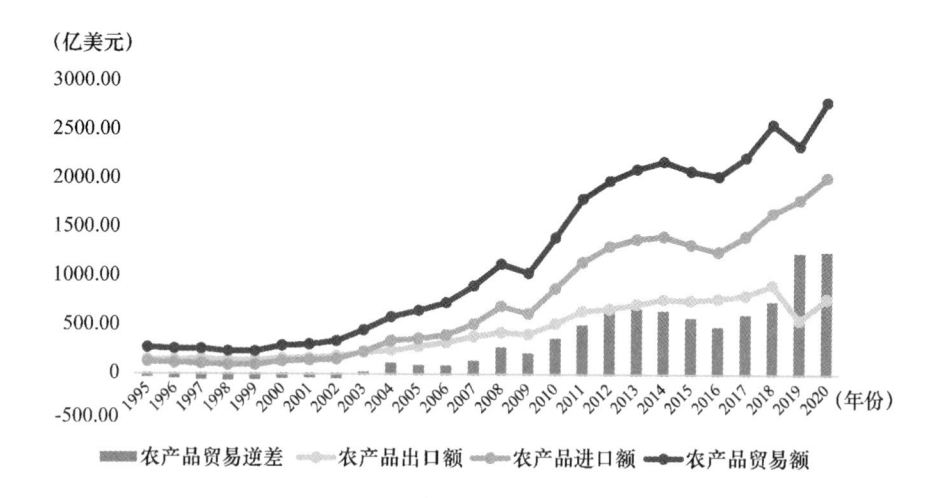

第四章 中国自由贸易区战略的实施及其与伙伴国农产品贸易发展　　107

图 4-1　1995—2020 年中国农产品进出口额及贸易逆差变化趋势

说明：笔者在 HS1992 基础上将所有 6 位代码的农产品按照年份进行加总而得，农产品涵盖的范围见表 1-1。由于农产品分类口径的不同，本书涵盖的农产品不仅包括初级农产品和园艺农产品，而且包括半加工农产品和加工农产品，因此，本书统计的农产品进出口贸易额数据与农业农村部网站公布的数据略有差异，下同。

资料来源：UN Comtrade 数据库。

表 4-7 为 1995—2020 年中国农产品贸易结构变化。从农产品贸易结构来看，中国出口的主要是加工农产品。2020 年，中国加工农产品出口额为 708.50 亿美元，占中国出口农产品贸易的 91.47%。从变化趋势来看，1995—2020 年，中国初级农产品出口额、初级农产品进口额、加工农产品出口额和加工农产品进口额都呈现快速增长的趋势，年均增长率分别为 7.44%、5.39%、6.51% 和 13.07%。

表 4-7　　　　1995—2020 年中国农产品贸易结构变化　　（单位：亿美元）

年份	初级农产品			加工农产品		
	出口额	进口额	贸易额	出口额	进口额	贸易额
1995	10.22	52.12	62.34	137.31	74.44	211.75
1996	10.72	42.34	53.06	135.22	73.14	208.36

续表

年份	初级农产品			加工农产品		
	出口额	进口额	贸易额	出口额	进口额	贸易额
1997	20.09	32.61	52.70	134.21	75.60	209.81
1998	23.95	23.49	47.44	119.14	69.28	188.42
1999	23.44	21.95	45.39	116.34	72.74	189.08
2000	28.64	38.27	66.91	133.43	94.17	227.60
2001	21.02	41.77	62.79	144.65	99.94	244.59
2002	28.16	35.47	63.63	159.11	118.47	277.58
2003	38.96	74.59	113.55	181.94	157.88	339.82
2004	20.53	129.10	149.63	221.66	217.34	439.00
2005	28.89	129.90	158.79	257.53	238.02	495.55
2006	24.97	141.80	166.77	303.45	263.00	566.45
2007	36.97	166.50	203.47	352.37	349.53	701.89
2008	28.69	279.00	307.69	401.58	419.41	820.98
2009	26.69	245.60	272.29	386.78	377.05	763.84
2010	27.29	346.90	374.19	493.53	531.58	1025.10
2011	32.79	442.50	475.29	616.58	704.22	1320.80
2012	34.44	558.90	593.34	636.96	751.19	1388.15
2013	36.12	567.20	603.32	683.91	815.67	1499.58
2014	35.14	576.40	611.54	734.35	836.02	1570.36
2015	34.97	519.50	554.47	720.13	807.70	1527.83
2016	36.49	458.40	494.89	738.04	795.62	1533.66
2017	41.48	533.00	574.48	768.09	880.20	1648.28
2018	83.50	166.00	249.50	829.50	1483.20	2312.70
2019	50.68	179.70	230.38	505.32	1608.10	2113.42
2020	66.11	204.10	270.21	708.50	1813.40	2521.90

资料来源：UN Comtrade 数据库，笔者在 HS1992 基础上将所有 6 位代码的农产品按照年份、加工程度进行加总而得。

二 中国与伙伴国农产品贸易规模变动及趋势

本书选取了东盟、澳大利亚、智利、哥斯达黎加、冰岛、韩国、新西兰、巴基斯坦、秘鲁和瑞士等自由贸易区伙伴国进行考察。表4-8为1995—2020年中国与自由贸易区伙伴国农产品贸易情况。从农产品贸易额来看，中国自与各个自由贸易区伙伴国建立自由贸易区之后，与自由贸易区伙伴国的农产品贸易额总体呈现快速上涨的趋势。具体而言，自2004年中国与东盟"早期收获计划"实施之后，中国与东盟农产品贸易额从2004年的65.140亿美元上涨到2020年的299.699亿美元，增长了约3.60倍；2006年，中国与智利建立自由贸易区，农产品贸易额从2006年的4.519亿美元上涨到2020年的20.702亿美元，增长了3.58倍；2007年，中国与巴基斯坦建立自由贸易区之后，农产品贸易额从2007年的2.006亿美元增长到2020年的5.625亿美元，增长了1.80倍；2008年，中国与新西兰建立自由贸易区之后，农产品贸易额从2008年的11.623亿美元增长到2020年的75.731亿美元，增长了5.52倍；2010年，中国与秘鲁建立自由贸易区之后，农产品贸易额从2010年的11.675亿美元增长到2020年的13.585亿美元；2011年，中国与哥斯达黎加建立自由贸易区之后，农产品贸易额从2011年的0.651亿美元增长到2020年的1.311亿美元，增长了1.01倍；2014年，中国与瑞士建立自由贸易区之后，中国与瑞士的农产品贸易额从2014年的2.077亿美元增长到2020年的2.577亿美元，增长了0.24倍；自从中国与澳大利亚、韩国、冰岛建立自由贸易区之后，中国与冰岛的农产品贸易额从2014年的0.486亿美元下降到2020年的0.249亿美元；中国与澳大利亚、韩国农产品贸易额分别从2015年的91.120亿美元和74.948亿美元下降到2020年的78.947亿美元和42.250亿美元。

表4-8　1995—2020年中国与自由贸易区伙伴国农产品贸易情况

(单位：亿美元)

年份	东盟	澳大利亚	智利	哥斯达黎加	冰岛	韩国	新西兰	巴基斯坦	秘鲁	瑞士
1995	37.920	8.323	0.117	0.288	0.030	9.190	2.583	0.535	2.831	0.521
1996	29.340	15.112	0.806	0.018	0.060	11.459	2.847	1.167	3.977	0.560
1997	28.650	11.313	0.525	0.015	0.078	15.156	2.445	0.727	4.916	0.613
1998	30.150	7.597	0.530	0.133	0.073	10.570	2.705	0.370	1.444	0.528
1999	27.580	9.646	0.468	0.018	0.079	13.055	3.017	0.535	2.085	0.515
2000	30.130	14.633	0.689	0.040	0.122	21.015	4.023	0.964	4.093	0.654
2001	29.920	14.690	1.088	0.041	0.181	20.865	4.090	0.508	2.983	0.688
2002	41.610	15.980	1.756	0.036	0.135	25.023	4.655	0.664	4.133	0.435
2003	54.940	14.290	2.152	0.042	0.221	30.988	6.067	0.623	2.921	0.547
2004	65.140	26.928	2.473	0.065	0.272	28.945	8.788	0.834	5.405	0.535
2005	68.820	27.015	4.015	0.183	0.432	39.308	7.841	2.074	7.536	0.567
2006	90.300	27.109	4.519	0.345	0.397	40.228	8.188	1.770	6.436	0.466
2007	124.400	30.953	4.527	0.329	0.349	49.043	9.437	2.006	6.365	0.526
2008	151.470	35.638	6.457	0.524	0.320	47.096	11.623	2.342	10.409	0.807
2009	152.480	30.952	8.038	0.471	0.276	41.074	15.026	3.133	8.454	0.933
2010	206.700	46.541	8.984	0.539	0.320	52.762	23.631	4.673	11.675	1.249
2011	276.400	74.067	11.924	0.651	0.698	65.014	31.952	3.843	13.997	1.518
2012	291.500	83.959	13.637	0.775	0.687	67.482	40.281	7.945	13.252	1.530
2013	299.500	96.682	16.194	0.874	0.577	75.105	58.496	6.233	12.124	1.840
2014	337.100	92.431	18.233	1.137	0.486	80.065	71.248	6.845	13.655	2.077
2015	335.200	91.120	21.617	1.411	0.542	74.948	48.078	7.861	15.189	2.378
2016	322.900	77.657	25.487	1.100	0.851	76.421	51.467	7.713	11.506	2.531
2017	349.800	98.379	24.385	1.300	0.943	77.015	68.015	6.629	18.412	2.808
2018	260.841	83.211	15.931	1.056	0.316	45.730	61.603	6.485	16.141	2.055
2019	160.608	87.609	16.648	0.648	0.314	14.602	76.832	3.528	15.012	2.356
2020	299.699	78.947	20.702	1.311	0.249	42.250	75.731	5.625	13.585	2.577

资料来源：UN Comtrade（数据库），作者在HS1992基础上将所有6位代码的农产品按照年份、国家进行加总而得。

表 4-9 为 2003—2020 年中国与自由贸易区伙伴国农产品贸易额增长率。从增长率来看,除了韩国、冰岛、澳大利亚,中国与各个自由贸易区伙伴国在自由贸易区建立的头几年,农产品贸易额都呈现快速增长态势。例如,中国与东盟、智利、巴基斯坦、新西兰、秘鲁、哥斯达黎加和瑞士签署自由贸易协定的第一年,中国与这些国家农产品贸易额分别增长了 18.57%、12.55%、13.33%、23.16%、38.10%、20.78% 和 12.88%。从趋势来看,中国与智利、新西兰、哥斯达黎加等国,除了个别年份有所下降之外,中国与这些国家的农产品贸易额基本呈逐年上涨趋势;中国与东盟、巴基斯坦、瑞士、澳大利亚等国家和地区,农产品贸易额呈现波动上涨的态势。

表 4-9　2003—2020 年中国与自由贸易区伙伴国农产品贸易额增长率（单位:%）

年份	东盟	智利	巴基斯坦	新西兰	秘鲁	哥斯达黎加	冰岛	瑞士	韩国	澳大利亚
2003	—	—	—	—	—	—	—	—	—	—
2004	18.57	—	—	—	—	—	—	—	—	—
2005	5.65	—	—	—	—	—	—	—	—	—
2006	31.21	12.55	—	—	—	—	—	—	—	—
2007	37.76	0.18	13.33	—	—	—	—	—	—	—
2008	21.76	42.63	16.75	23.16	—	—	—	—	—	—
2009	0.67	24.49	33.77	29.28	—	—	—	—	—	—
2010	35.56	11.77	49.15	57.27	38.10	—	—	—	—	—
2011	33.72	32.72	-17.76	35.21	19.89	20.78	—	—	—	—
2012	5.46	14.37	106.74	26.07	-5.32	19.05	—	—	—	—
2013	2.74	18.75	-21.55	45.22	-8.51	12.77	—	—	—	—
2014	12.55	12.59	9.82	21.80	12.63	30.09	-15.77	12.88	—	—
2015	-0.56	18.56	14.84	-32.52	11.23	24.10	11.52	14.49	-6.39	-1.42
2016	-3.67	17.90	-1.88	7.05	-24.25	-22.04	57.01	6.43	1.97	-14.78

续表

	东盟	智利	巴基斯坦	新西兰	秘鲁	哥斯达黎加	冰岛	瑞士	韩国	澳大利亚
2017	8.33	-4.32	-14.05	32.15	60.02	18.18	10.81	10.94	0.78	26.68
2018	-25.43	-15.42	-34.67	-18.77	-66.49	-40.62	-9.43	-2.17	-12.33	-26.82
2019	-38.43	5.29	4.50	-38.64	-0.63	-68.07	24.72	-45.60	-6.99	14.65
2020	86.60	-9.89	24.35	102.31	-20.70	189.34	-1.43	59.44	-9.51	9.38

资料来源：UN Comtrade 数据库。

从中国与各自由贸易区伙伴国农产品贸易占中国农产品贸易的比重来看，以 2020 年的数据为例，在自由贸易区伙伴国中，中国与东盟农产品贸易占中国农产品贸易的比重最大，达到 10.732%，其中中国对东盟农产品出口占中国农产品出口的比重为 16.735%，中国对东盟农产品进口占中国农产品进口的比重 8.427%。另外，中国与新西兰、韩国和澳大利亚农产品贸易占中国农产品贸易的比重也同样较高，分别达到 2.712%、1.513% 和 2.827%。总的来看，中国与自由贸易区伙伴国的农产品贸易额、进口额和出口额分别占中国农产品贸易额、进口额和出口额的 19.377%、18.143% 和 22.591%（见表 4-10）。

表 4-10　　　2020 年中国与各自由贸易区伙伴国农产品贸易
占中国农产品贸易的比重　　　　　　（单位:%）

自贸区伙伴	出口占比	进口占比	贸易额占比
东盟	16.735	8.427	10.732
智利	0.277	0.920	0.741
巴基斯坦	0.365	0.139	0.201
新西兰	0.220	3.668	2.712
秘鲁	0.123	0.626	0.486

续表

自贸区伙伴	出口占比	进口占比	贸易额占比
哥斯达黎加	0.057	0.043	0.047
冰岛	0.001	0.012	0.009
瑞士	0.036	0.114	0.092
韩国	3.870	0.608	1.513
澳大利亚	0.888	3.571	2.827
格鲁吉亚	0.020	0.015	0.016
总计	22.591	18.143	19.377

资料来源：UN Comtrade 数据库。

三 中国与伙伴国农产品贸易结构变动及趋势

从前文可以看出，中国与东盟、新西兰、韩国和澳大利亚的农产品贸易占中国农产品贸易的比重较大，接下来本书以中国与这些国家农产品贸易为例，就自由贸易区建立前后双边农产品贸易结构变化进行分析。

1. 自由贸易区内外农产品贸易结构对比

表4-11为1995—2020年中国自由贸易区内外农产品贸易结构的对比。1995—2020年，中国与自由贸易区伙伴国农产品贸易额从62.34亿美元增长到541.15亿美元，年均增长8.67%；同期，中国与非自由贸易区伙伴国农产品贸易额年均增长为9.52%。从产品类别来看，1995—2020年，中国自由贸易区内外初级农产品贸易额分别从1995年的9.03亿美元和53.31亿美元增长到2020年的18.35亿美元和239.55亿美元，分别年均增长2.76%和9.08%；同期，中国自由贸易区内外加工农产品贸易额分别从1995年的53.31亿美元和158.44亿美元增长到2020年的510.49亿美元和2011.41亿美元，分别年均增长5.95%和10.27%。

表4-11　1995—2020年中国自由贸易区内外农产品贸易结构的对比

（单位：亿美元）

年份	自由贸易区内 农产品	自由贸易区内 初级农产品	自由贸易区内 加工农产品	自由贸易区外 农产品	自由贸易区外 初级农产品	自由贸易区外 加工农产品
1995	62.34	9.03	53.31	211.76	53.31	158.44
1996	65.35	14.44	50.90	196.07	38.62	157.46
1997	64.44	16.72	47.72	198.07	35.98	162.09
1998	54.10	16.42	37.68	181.76	31.02	150.74
1999	57.00	15.15	41.85	177.47	30.24	147.23
2000	76.36	21.51	54.85	218.15	45.41	172.75
2001	75.06	12.98	62.09	232.31	49.81	182.50
2002	94.43	19.53	74.89	246.77	44.10	202.69
2003	112.82	23.11	89.71	340.55	90.44	250.11
2004	139.42	16.68	122.74	449.24	132.99	316.26
2005	157.87	21.37	136.49	496.43	137.37	359.06
2006	179.87	19.18	160.69	553.36	147.60	405.76
2007	228.08	23.13	204.90	677.34	180.39	496.99
2008	266.88	15.83	251.01	861.81	291.88	569.97
2009	260.98	15.52	245.41	775.18	256.80	518.43
2010	357.34	21.31	336.10	1041.95	352.88	689.00
2011	480.43	38.43	442.00	1315.68	436.87	878.80
2012	521.38	57.82	463.40	1460.12	535.52	924.75
2013	567.98	59.46	508.50	1534.91	543.86	991.08
2014	623.70	58.26	565.50	1558.19	553.27	1004.86
2015	598.71	55.40	543.30	1483.58	499.07	984.53
2016	578.09	46.00	532.10	1450.50	448.93	1001.56
2017	648.25	56.66	591.60	1574.52	517.82	1056.68
2018	493.72	37.30	456.42	2068.48	212.20	1856.28
2019	378.46	22.16	356.30	1965.34	208.22	1757.12
2020	541.15	18.35	510.49	2250.96	239.55	2011.41

资料来源：UN Comtrade 数据库，笔者在 HS1992 基础上将所有 6 位代码的农产品按照年份、国家进行加总而得。

2. 中国—东盟自由贸易区

从图4-2中可以看出，中国与东盟农产品贸易额增长较快，特别是自2004年双方"早期收获计划"实施之后，而且主要是加工农产品贸易额的增长。2004—2020年，中国与东盟加工农产品贸易额从2004年的59.98亿美元增长到2020年的277.05亿美元，增长了3.62倍。从贸易差额的情况来看，2004年之后，中国与东盟农产品长期处于贸易逆差的状态，但2016年实现小幅度的贸易顺差。另外，中国与东盟加工农产品贸易自1997年开始就呈现逆差增长的态势，从2013年开始逆差开始逐年萎缩；另外，中国与东盟初级农产品贸易自1997年保持着贸易顺差，但从2010开始呈现贸易逆差，而且逆差开始逐年增长。

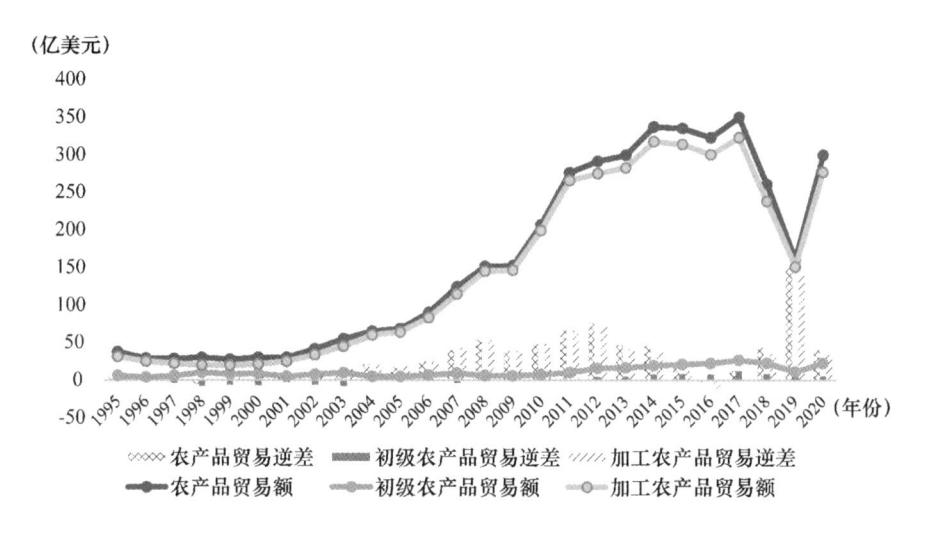

图4-2 1995—2020年中国与东盟农产品贸易结构变化趋势

从比重来看，中国与东盟农产品贸易以加工农产品为主，而且自双方"早期收获计划"实施之后，中国与东盟加工农产品贸易占比进一步加大，从2003年的81%增长到2020年的93%。与此相反的是，2003—2020年，中国与东盟初级农产品贸易占比在逐年下降，从 2003 年的 19% 下降到 2020 年的 7%（见图 4-3）。

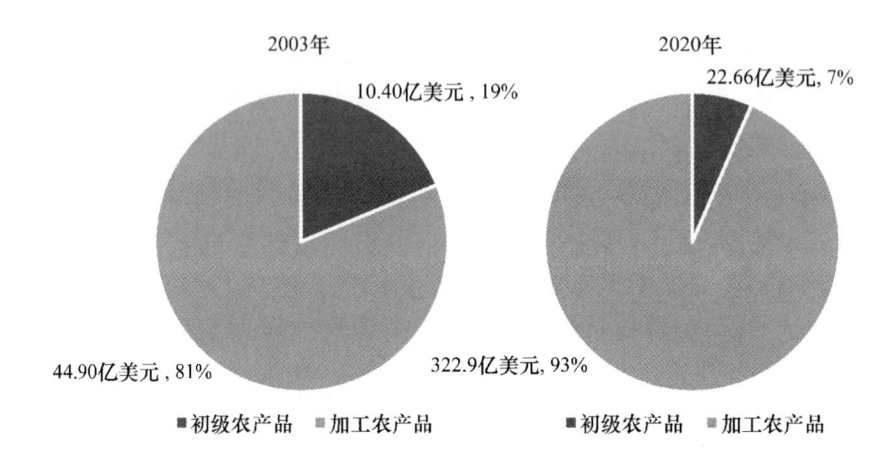

图 4-3　2003 年和 2020 年中国与东盟农产品贸易结构比重

3. 中国—新西兰自由贸易区

从图 4-4 中可以看出，中国与新西兰农产品贸易额增长较快，特别是自 2008 年中国与新西兰自由贸易区建立之后，但 2015 年双边农产品贸易额有所下降，2016 年又开始呈现增长趋势。2008—2020 年，中国与新西兰的农产品贸易额从 2008 年的 11.62 亿美元增长到 2020 年的 75.73 亿美元，年均增长 16.90%。同期，中国与新西兰初级农产品贸易年均下降 1.59%；中国与新西兰加工农产品贸易年均增长 16.92%。从贸易差额的情况来看，中国与新西兰初级农产品长期处于贸易顺差状态；中国与新西兰加工农产品长期处于贸易逆差状态。2008 年，中国与新西兰自由贸易区建立之后，中国与新西兰农产品贸易逆差进一步扩大，从 2008 年的 9.54 亿美元增长到 2020 年的 72.34 亿美元，其中主要是中国与新西兰加工农产品贸易逆差的增长。

从比重来看，中国与新西兰初级农产品贸易长期处于较低水平，与加工农产品相比，可以忽略不计。总的来看，自由贸易区建立之后，主要是带动了中国与新西兰加工农产品贸易的增长（见图 4-5）。随着消费者需求的多样化和提高，对高品质、加工精细的食品的需求

第四章 中国自由贸易区战略的实施及其与伙伴国农产品贸易发展　117

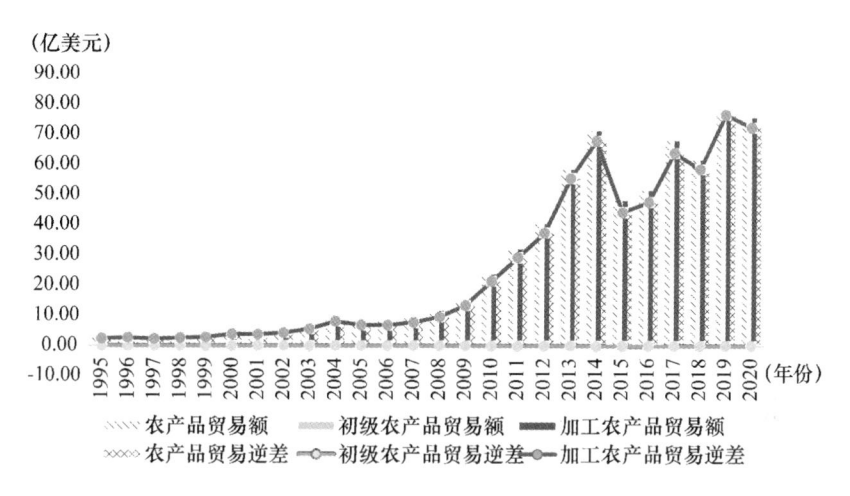

图 4-4　1995—2020 年中国与新西兰农产品贸易结构变化趋势

说明：由于1995—2020年，中国与新西兰初级农产品贸易额以及初级农产品贸易逆差接近0，因此其数据与横坐标重叠。

逐渐增加。新西兰在食品加工方面拥有丰富的经验和高超的技术，因此能够提供符合中国市场需求的各种加工农产品，如奶制品、肉制品、果汁和酒类产品等。自由贸易区的建立为这些加工农产品的贸易提供了更多机会和便利，促使两国之间的加工食品贸易蓬勃发展。

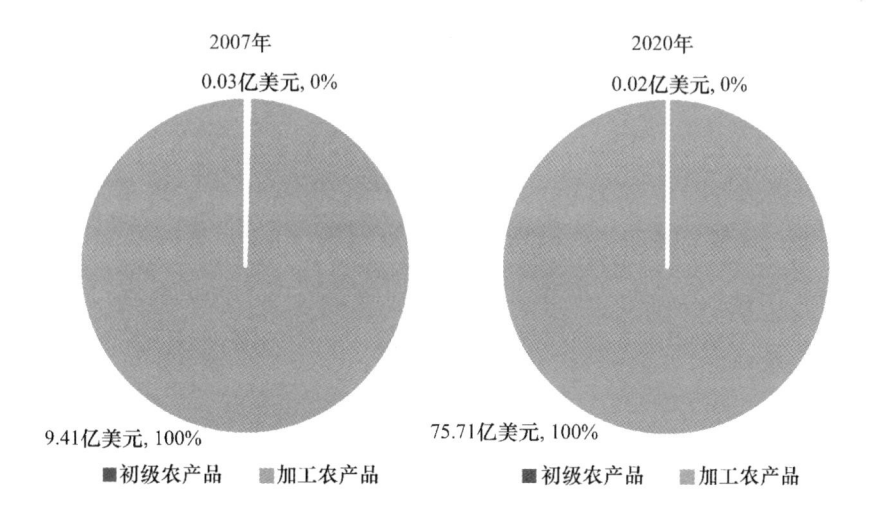

图 4-5　2007 年和 2020 年中国与新西兰农产品贸易结构比重

4. 中国—韩国自由贸易区

从图4-6中可以看出，中国与韩国建立自由贸易区之前，中国与韩国农产品贸易增长较快；2015年双边建立自由贸易区之后，中国与韩国农产品贸易增长有所放缓。2014年，中国与韩国农产品贸易额达到80.06亿美元，同比上涨了6.60%，达到历史新高；但随后的2015年，中国与韩国农产品贸易额下降到74.95亿美元，同比下降了6.39%；2016年和2017年，中国与韩国农产品贸易同比分别增长了1.96%和0.78%。2018—2020年中国与韩国农产品贸易额有所回落，2020年下降到42.24亿美元。从贸易结构来看，中国与韩国自由贸易区建立之后，中国与韩国加工农产品贸易变化趋势与农产品贸易总体变化趋势一致，而中国与韩国初级农产品贸易在自由贸易区建立前后变化不大。从贸易差额的情况来看，跟其他几个自由贸易区伙伴国不同的是，无论是初级农产品贸易还是加工农产品贸易，中国与韩国均长期处于贸易顺差的状态。中国拥有广阔的耕地和多样化的气候条件，能够种植多种农产品，如谷物、蔬菜、水果等。这为中国提供了丰富的农产品出口机会，同时也能够满足韩国市场对多样化农产品的需求。中国在农产品加工方面也具备竞争力。中国拥有庞大的食品加工业，能够将原材料转化为各种农产品衍生品，如罐头食品、速冻食品和其他加工食品。这些加工食品在国际市场上具有一定的竞争力，吸引了韩国等国家的进口。

从占比来看，中国与韩国农产品贸易同样主要是加工农产品。中国与韩国建立自由贸易区之后，中国与韩国加工农产品贸易占中国与韩国农产品贸易的比重，从2014年的94%增长到2020年的96%。与此相反的是，2015—2020年，中国与韩国初级农产品贸易占比在逐年下降，从2014年的6%下降到2020年的4%（见图4-7）。

5. 中国—澳大利亚自由贸易区

从图4-8中可以看出，在中国与澳大利亚建立自由贸易区之前，中国与澳大利亚农产品贸易总体呈现逐年上涨的趋势。2015年，中国与澳大利亚建立自由贸易区之后，双边农产品贸易呈现上

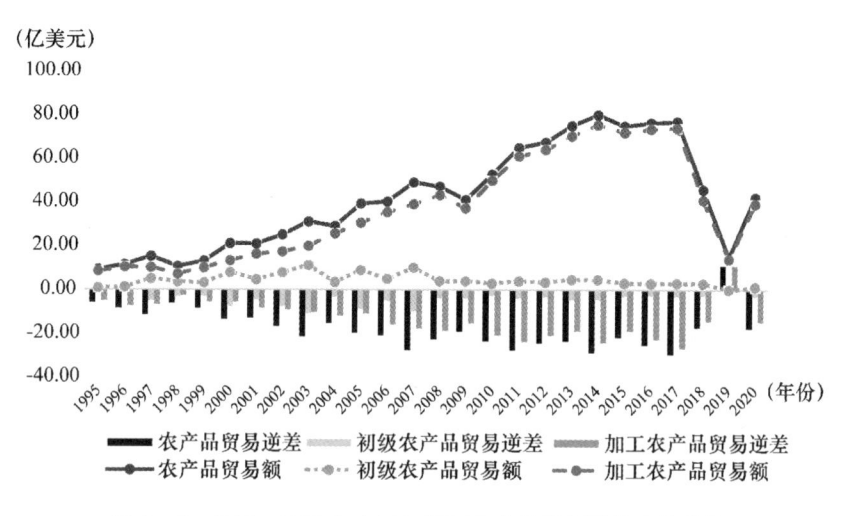

图 4-6　1995—2020 年中国与韩国农产品贸易结构变化趋势

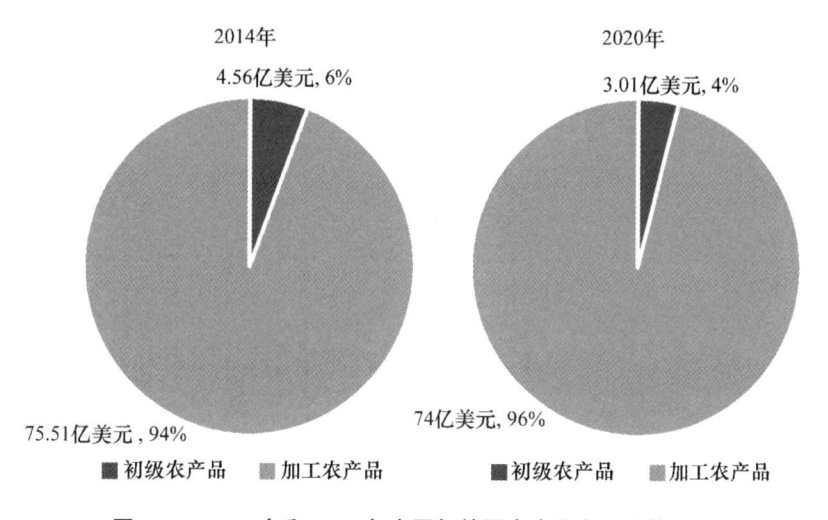

图 4-7　2014 年和 2020 年中国与韩国农产品贸易结构比重

下波动的趋势。2015 年，中国与澳大利亚农产品贸易额从 2014 年的 92.43 亿美元下降到 2015 年的 91.12 亿美元，同比下降了 1.42%。其中，下降幅度最大的是中国与澳大利亚的初级农产品贸易额；与此相反的是，中国与澳大利亚加工农产品贸易呈现增长状态，同比增长了 2.51%。2016 年，中国与澳大利亚农产品贸易下降的幅度更大，同比下降了 14.77%。2017 年，中国与澳大利亚农产品贸易快速增长，农产品贸易、初级农产品贸易和加工农产品贸易分别同比增长了 22.68%、45.41% 和 21.37%。2020 年，中国与澳大利亚农产品贸易有所下降，农产品贸易、初级农产品贸易和加工农产品贸易分别同比下降了 9.88%、71.27% 和 3.56%。从贸易差额的情况来看，无论是初级农产品贸易还是加工农产品贸易，中国与澳大利亚农产品贸易长期处于贸易逆差的状态，而且农产品贸易逆差变化趋势与贸易额的变化基本一致。中国与澳大利亚加工农产品贸易逆差最大，从 2015 年的 42.19 亿美元扩大到 2020 年的 63.03 亿美元；相比之下，中国与澳大利亚初级农产品贸易逆差有所缩减，从 2015 年的 28.09 亿美元下降到 2020 年的 2.17 亿美元。

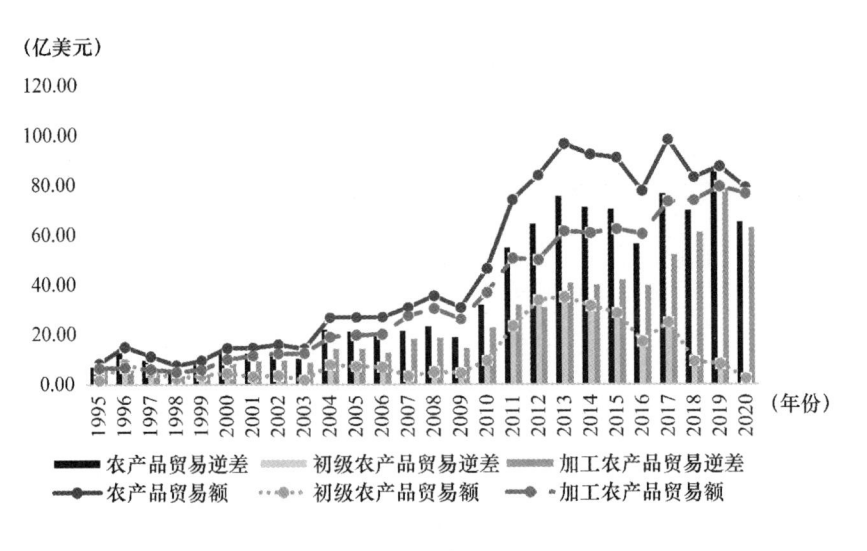

图 4-8　1995—2020 年中国与澳大利亚农产品贸易结构变化趋势

从占比来看，与东盟、韩国、新西兰等自由贸易区伙伴国相比，中国与澳大利亚初级农产品贸易占双边农产品贸易的比重最大。中国与澳大利亚建立自由贸易区之后，初级农产品贸易的比重有所下降，从 2014 年的 34% 下降到 2020 年的 3%；同期，中国与澳大利亚加工农产品贸易的比重从 2014 年的 66% 上涨到 2020 年的 97%（见图 4-9）。

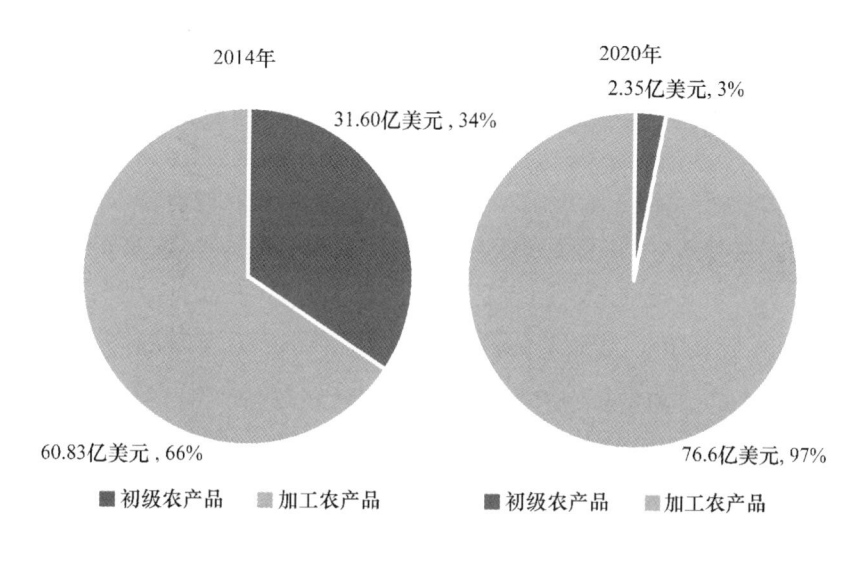

图 4-9　2014 年和 2020 年中国与澳大利亚农产品贸易结构比重

第三节　典型案例：中国—东盟自由贸易区

一　中国—东盟自由贸易区发展历程

中国—东盟自由贸易区（以下简称 CAFTA）是中国与东盟十国组建的自由贸易区，是中国对外建立的第一个自由贸易区，也是中国第一个完成升级谈判的自由贸易区。2002 年 11 月 4 日，中国与东盟签署《中国—东盟全面经济合作框架协议》，标志着 CAFTA 的建设进程正式启动，到 2004 年"早期收获计划"的优先实施，此后双方相继在 2004 年签署了《货物贸易协议》，在 2007 年签署了《服务贸易协议》，又在 2009 年签署了《投资协议》，并于 2010 年 1 月 1 日正式全面启动 CAFTA，再到 2015 年 CAFTA《议定书》的签署及 2019 年 10 月全面生效，CAFTA 已经走过近 20 个年头。在这近 20

年的发展进程中，中国和东盟国家在 CAFTA 框架下广泛开展经贸合作，有效推动了区域内的贸易、服务和投资自由化与便利化，并取得了丰硕的成果，借此，本书将从四个阶段介绍 CAFTA 这近 20 年来的发展历程。

1. 第一阶段（2002—2009 年）框架协议项下协议的补充完善阶段

自 2002 年 11 月《中国—东盟全面经济合作框架协议》签署后，中国和东盟优先于 2004 年签署了以农产品为主要减税产品的"早期收获计划"，决定从 2004 年 1 月 1 日起对 500 多种产品实行降税，到 2006 年将这些产品的关税降为零。在之后实施"早期收获计划"的过程中，仅 2004 年一年，"早期收获计划"的产品贸易额就增长了 40%，超过中国—东盟进出口增长的平均水平，意味着中国和东盟之间拥有着巨大的贸易潜力，也为后续 CAFTA 的顺利实施打下了坚实的基础。

2004 年，双方签署了《货物贸易协议》，并于 2005 年 7 月开始实施区域内产品的全面降税。协议规定，纳入关税削减或取消计划的税目应该包含所有未被早期收获计划包含的税目。《货物贸易协议》的签署，为双边贸易持续稳定增长提供了制度保障。

2007 年，双方签署了《服务贸易协议》，并于当年 7 月付诸实施。协议规定，中国在 WTO 承诺的基础上，在建筑、环保、运输、体育和商务 5 个服务部门的 26 个分部门，向东盟国家做出市场开放承诺，东盟十国也分别在金融、电信、教育、旅游、建筑、医疗等行业向中国做出市场开放承诺。《服务贸易协议》的签署，进一步促进了双边服务贸易的增长。

2009 年，双方签署了《投资协议》。该协议包括 27 个条款，旨在通过提高投资相关法律法规的透明度，相互给予对方投资者国民待遇、最惠国待遇和投资公平公正待遇等，促进双方建立自由、便利、透明和竞争的投资体制，为双方投资者创造一个自由、公平、便利及透明的投资环境。《投资协议》的签署，标志着中国和东盟已成功完成了中国—东盟自由贸易区协议的主要谈判，CAFTA 全面建成。

2. 第二阶段（2010—2015 年）自由贸易区全面建成及升级阶段

2010 年 1 月 1 日，CAFTA 如期建成。CAFTA 拥有近 19 亿人口、约 6 万亿美元的年 GDP 和 4.5 万亿美元的年贸易总额，成为世界第三大自由贸易区，仅次于欧盟和北美自由贸易区。截至 2010 年 1 月 1 日，中国与东盟 6 个老成员国之间 90% 以上的产品实现了零关税，中国对东盟的平均关税已从 9.8% 降为 0.1%，东盟 6 个老成员国对中国的平均关税也从 12.8% 降为 0.6%，并计划到 2015 年，中国与东盟四个新成员国之间的贸易自由化也达到同样的水平。

2013 年 10 月，在第 16 次中国—东盟领导人会议上，时任中国国务院总理李克强提议建设 CAFTA 升级版，并表示希望通过 CAFTA 升级版推动双方在货物贸易、服务贸易、投资合作等领域采取更多开放举措，进一步提升贸易投资的自由化、便利化水平，力争到 2020 年中国与东盟的贸易额达到 1 万亿美元，并让东盟国家从区域一体化和中国经济增长中受益更多。此提议得到了东盟各国领导人的支持，并在会后发表联合声明，此后，自由贸易区升级版谈判的各项准备工作全面启动。

2015 年 11 月 22 日，CAFTA 升级谈判成果文件《中华人民共和国与东南亚国家联盟关于修订〈中国—东盟全面经济合作框架协议〉及项下部分协议的议定书》（以下简称《议定书》）在马来西亚吉隆坡正式签署，是中国完成的第一个自由贸易区升级协议。《议定书》对原协定的内容进行了补充、完善和提升，对原产地章节进行修改，在《货物贸易协议》中增加海关程序与贸易便利化章节，在《服务贸易协议》中增加第三批具体承诺，在《投资协议》中增加投资促进和投资便利化相关条款，在《框架协议》经济技术合作章节对基本原则和合作领域进行扩充。《议定书》还针对货物贸易的进一步自由化、完善产品特定原产地规则以及投资自由化和保护等未完成事项制订未来工作计划。

3. 第三阶段 (2016—2019年) 自由贸易区全面升级实施阶段

CAFTA《议定书》签署后，于2016年7月1日率先在中国和越南生效实施。此后东盟其他成员国陆续完成国内核准程序；2019年8月22日，所有东盟国家的国内核准程序全部完成；2019年10月22日，《议定书》对所有缔约国全面生效。《议定书》的全面实施，进一步释放了自由贸易区红利，让优惠政策进一步惠及缔约国的企业和人民，助力双方经贸合作再上新台阶。

4. 第四阶段 (2020年至今) 进入深层次、高水平发展的新阶段

CAFTA《议定书》全面实施后，中国与东盟的经贸合作开始向更深层次、更高水平、更多领域发展。正如习近平主席2020年11月27日在第十七届中国—东盟博览会和中国—东盟商务与投资峰会开幕式上致辞时所说的那样，中国—东盟关系已成为亚太区域合作中最为成功和最具活力的典范，成为推动构建人类命运共同体的生动例证。此外，2022年1月1日，区域全面经济伙伴关系协定（RCEP）正式生效实施。作为中国对外签署经济体量最大的自由贸易协定，RCEP是中国构建面向全球的高标准自由贸易区网络的重要基石，其生效实施后区域贸易自由化、便利化水平显著提升，更进一步促进CAFTA向着更深层次、更宽领域的方向发展。在RCEP生效的同时，中国—东盟自由贸易区3.0版也在2023年2月7日启动首轮磋商，中国—东盟自由贸易区3.0版是正在实施的中国—东盟自由贸易区升级版议定书的进一步升级版本，需要各成员国启动升级谈判、达成一致并签署协定才能实施。

中国—东盟自由贸易区3.0版将在数字经济、绿色经济、新基建等合作领域迎来新的成长机遇，成员国之间的经济联系将更加紧密，国际合作将更加务实高效，国际生产要素跨境流动将更为频繁，自由贸易区红利将进一步增长。第一，数字经济领域将成为合作的

新亮点。中国和东盟国家在数字化技术方面拥有巨大潜力，二者合作可以促进数字经济的共同发展。其中包括数字支付、电子商务、人工智能、大数据分析等领域的合作，其有望为消费者提供更多便利，推动创新，创造就业机会，并提高各国经济竞争力。第二，绿色经济合作将在可持续发展方面发挥关键作用。中国和东盟国家都致力于减少环境影响，降低碳排放，并推动可再生能源的发展。合作可以促进清洁技术的共享和转移，推动绿色能源项目的发展，促进环保产业的增长，有助于实现经济和环境的双赢。第三，新基建领域合作也将迎来新的机遇。新基建包括数字基础设施、智慧城市、物联网等领域的建设，对于提高生产效率和改善居民生活质量至关重要。中国和东盟国家可以共同投资这些项目，推动新兴产业的发展，促进经济增长。

二　中国—东盟自由贸易区框架下中国与东盟农产品贸易变化

1. 中国与东盟农产品贸易额变化

第一阶段：框架协议项下协议的补充完善阶段（2002—2009年）。中国—东盟自贸区实施农产品降税政策前，2002年和2003年中国与东盟的农产品贸易总额分别为37.47亿美元和49.24亿美元，贸易规模较小；2004年，中国与6个原东盟成员国的农产品关税减免政策开始实施，到2006年中国与东盟的农产品贸易额已增长至80.07亿美元，是2002年的2.14倍。2007年双边农产品贸易额继续快速增长，突破100亿美元大关，达到110.16亿美元，同比增长37.57%。

第二阶段：自贸区全面建成及升级阶段（2010—2015年）。2010年，随着自由贸易区完全建立和农产品零关税政策的全面实施，双边农产品贸易额进一步上升，2010年双边农产品贸易额猛增至181.66亿美元，比2009年增长30.53%；2011年进一步增长至244.58亿美元，比2010年增长34.64%。此后双边农产品贸易额保持稳步上升趋势，到2015年已突破300亿美元大关，达到305.60亿美元。中国和东盟由于地理位置接近，农产品结构互补性强，东盟越来越成为中国重要的农产品出口市场。自由贸易区建立后，中国出口东盟农产品占中国农产品出口总额的比重不断提高，从过去的10%左右一路升至15%以上，2015年达到最高的21.02%，这说明中国农产品在东盟市场的竞争力持续提升。在中国与东盟的农产品贸易中，中国一直处于逆差地位，自由贸易区建立前后，中国对东盟的农产品贸易逆差经历了不断扩大然后逐步缩小的过程。2012年贸易逆差曾高达60.39亿美元，但近年来中国农业积极实施"走出去"战略，大力开拓东盟市场，贸易逆差在不断缩小，2015年已减少至10.52亿美元。同时中国从东盟进口的农产品占中国农产品进口总额的比重也略有下降，2007年曾达到最高的17.29%，到2015年已降到13.63%。2015年11月，中国与东盟签署自由贸易区《议定书》，随着《议定书》陆续在东盟各国生效，双边贸易额逐年增长。

第三阶段：自由贸易区全面升级实施阶段（2016—2019年）。2016年7月1日，升级《议定书》率先在中国和越南生效实施。此后东盟其他成员国陆续完成国内核准程序；2019年8月22日，所有东盟国家的国内核准程序全部完成；2019年10月22日，《议定书》对所有缔约国全面生效。《议定书》的全面实施，进一步释放了自由贸易区红利，让优惠政策更多惠及缔约国的企业和民众，助力双方经贸合作再上新台阶。农产品贸易进口额从2016年的142.26亿美元增长到2019年的206.99亿美元，增长了45.50%。出口额从2016年的150.78亿美元增长到2019年的182.24亿美元，增长了20.86%。明显可以看出进口额增速比出口额增速快。2017年，中国对东盟的农产品贸易顺差转变为贸易顺差，此后，便不断扩大（见图4-10）。

第四阶段：进入深层次、高水平发展的新阶段（2020年至今）。2022年中国和东盟农产品贸易额猛增至596.81亿美元，比2016年增长103.66%。在2016—2022年这几年中，增长得最明显的是进口额，从2016年的142.26亿美元，增长到2022年的365.41亿美元，增长了156.86%。截至2022年，中国对东盟的农产品贸易逆差扩大至134.01亿美元。

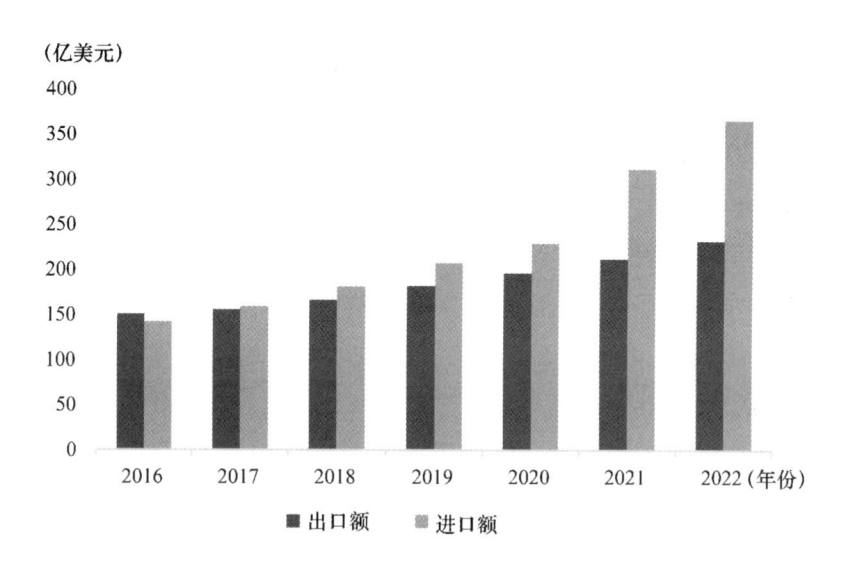

图 4-10　2016—2022 年中国与东盟农产品贸易额

2. 中国与东盟主要农产品贸易国家变化

第一阶段：框架协议项下协议的补充完善阶段（2002—2009年）。在出口国方面，马来西亚、印度尼西亚、泰国、菲律宾、新加坡、越南是主要出口国。具体来看，2002—2005 年，马来西亚、印度尼西亚和菲律宾是中国在东盟的前三大农业贸易伙伴，马来西亚是中国在东盟最大的农产品出口市场，2005 年中国对马来西亚的农产品出口额占中国对东盟农产品出口总额的 28.60%，对印度尼西亚和新加坡的出口保持增长但所占份额在下降，分别为 17.32% 和 12.49%，对菲律宾、泰国和越南的份额不断增长。2006—2009 年，中国对东盟各国出口的前四大农业贸易伙伴依次为马来西亚、印度尼西亚、泰国和越南。（见图 4-11）在进口国方面，马来西亚、印度尼西亚、泰国、越南一直是主要进口国，自贸区建立过程中（2002—2009 年），马来西亚、印度尼西亚、泰国是中国在东盟农产品进口的前三大来源国。2009 年，中国从这三个国家的农产品进口额分别达到 29.47 亿美元、22.47 亿美元和 17.64 亿美元，累计占中国从东盟农产品进口总额的 81% 左右。（见图 4-14）

第二阶段：自贸区全面建成及升级阶段（2010—2015 年）。2010年，中国—东盟自贸区正式建成，中国对越南出口额比重超过泰国、菲律宾，但随着各国市场的变化，泰国最终超过马来西亚、印度尼西亚及越南等其他国家，成为中国向东盟出口农产品的第一大市场，越南紧居其后成为中国农产品出口的第二大市场。对于其他出口国，2015 年，中国对菲律宾、新加坡、缅甸的农产品出口额较 2010 年分别增加了 8.97 亿美元、4.17 亿美元、2.27 亿美元，向文莱、老挝、柬埔寨出口的农产品较少，还有较大的出口增长空间。（见图 4－11）究其原因，主要是中国与泰国、越南加强了在农业领域的合作，中国与泰国签署《关于在〈东盟—中国全面经济合作框架协议〉"早期收获计划"下加速取消关税的协议》，以及与越南签署《农产品贸易合作备忘录》，促进了中国在蔬菜、水果、水产品等优势农产品上的出口。在进口国方面，2010—2015 年，中国向印度尼西亚、泰国和越南的农产品进口不断增加，但对马来西亚不断下降。2013 年起，泰国取代马来西亚，成为中国在东盟的第一大进口国，2015 年印度尼西亚位居第二位，越南居第三位，马来西亚则下降到第四位。对于其他国家，中国从菲律宾进口的农产品增长也较快，2010 年比 2009 年增长了 82.27%，2015 年较 2010 年增长了 72.56%。中国从新加坡和缅甸农产品进口较为稳定，而从老挝和柬埔寨进口的农产品较少。（见图 4－14）

第三阶段：自由贸易区全面升级实施阶段（2016—2019 年）。在出口国方面，随着自由贸易区升级协定的生效，2016—2019 年，越南、泰国和马来西亚逐渐成为中国农产品出口东盟的三大市场、2019 年，中国对三个国家的出口额分别为 53.55 亿美元、36.57 亿美元、29.92 亿美元，三者累计占中国对东盟总出口额的 65.87%。在进口国方面，2015 年后，中国在东盟的前四大进口国依次为泰国、印度尼西亚、越南、马来西亚。2019 年，四个国家的进口额分别为 67.86 亿美元、58.25 亿美元、32.36 亿美元、25.69 亿美元，四者比重占中国对东盟总进口额的 80% 以上。（见图 4－15）

第四阶段：进入深层次、高水平发展的新阶段（2020年至今）。在出口国方面，2022年，中国对越南、马来西亚和泰国的出口额分别为54.31亿美元、53.37亿美元和48.01亿美元，中国向这三个国家出口的农产品几乎占到中国向东盟农产品出口总额的67.28%。（见图4-12）截至2022年，中国向泰国和越南出口的农产品数量占中国向东盟出口总额的一半，这样的结果与自由贸易区的建立有很大关系。（见图4-13）根本原因是中国与泰国、越南等国在自由贸易区贸易效应影响下加深了农业领域的合作，并且签订了《合作框架》和《农产品贸易备忘录》，为中国向东盟出口农产品提供良好环境，由此来看两国的合作关系会影响农产品贸易。在进口国方面，2022年，泰国仍是中国与东盟成员国农产品贸易进口额第一的国家，进口额为123.58亿美元，占中国向东盟总进口额的1/3。进口额排在第二和第三位的国家分别是印度尼西亚和越南，分别为103.50亿美元和59.30亿美元。（见图4-15）

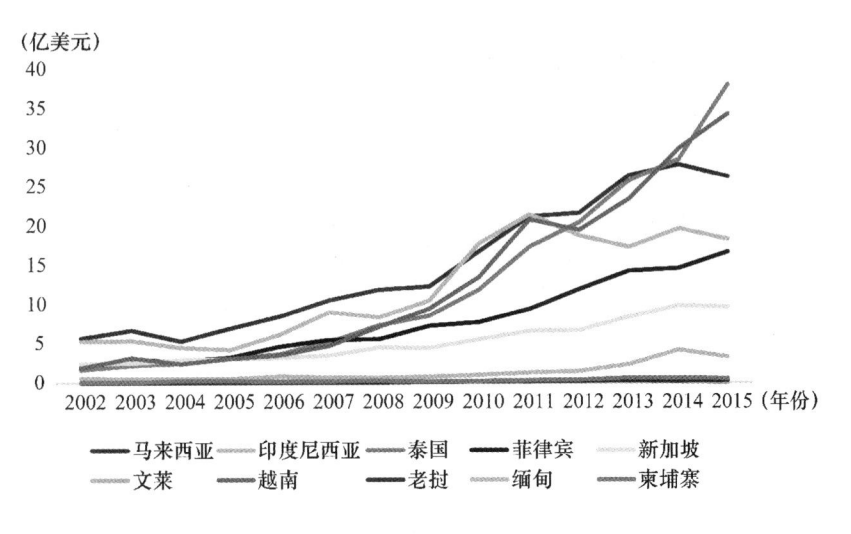

图4-11 2002—2015年中国向东盟各国农产品出口额变化

说明：中国向老挝和柬埔寨出口农产品额都接近于0，因此折线重合。

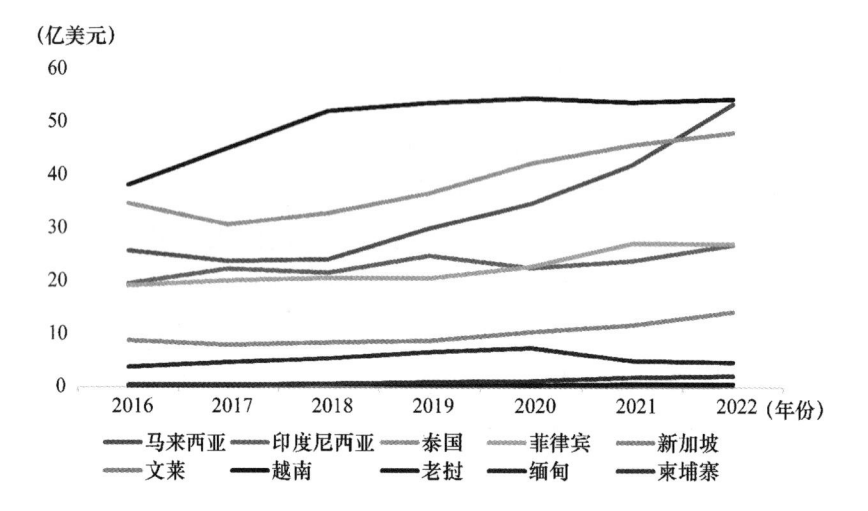

图 4 – 12　2016—2022 年中国向东盟各国农产品出口额变化

说明：中国向文莱、老挝、柬埔寨的农产品出口额变化接近于 0，因此折线重叠。

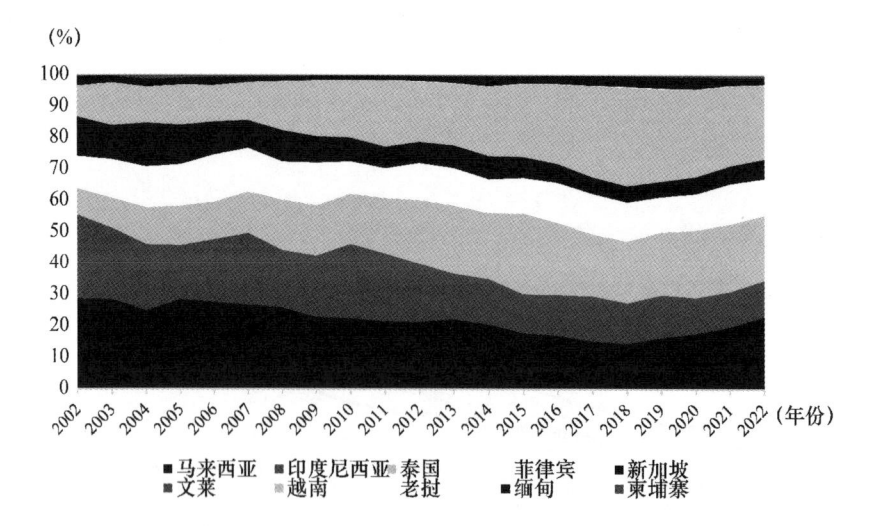

图 4 – 13　2002—2022 年中国对东盟各国农产品出口份额变化

说明：中国向文莱、老挝、柬埔寨的农产品出口额变化接近于 0，因此折线重叠。

第四章　中国自由贸易区战略的实施及其与伙伴国农产品贸易发展　　131

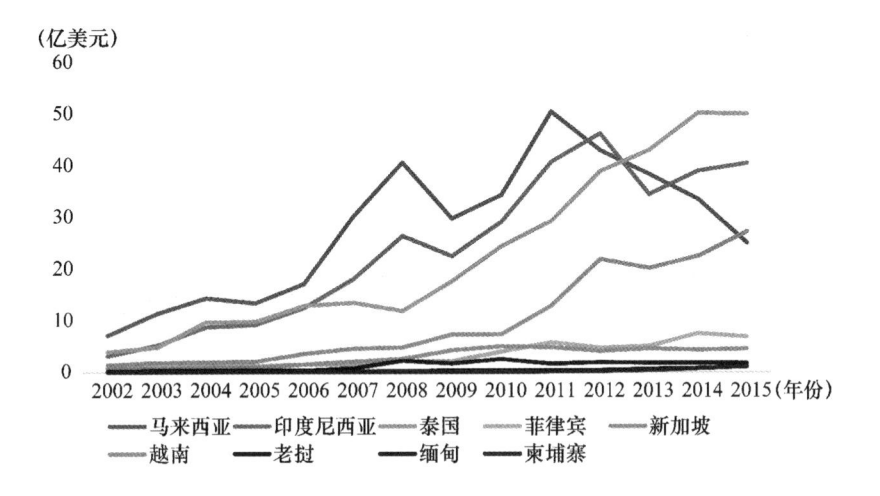

图 4-14　2002—2015 年中国向东盟各国农产品进口额变化

说明：老挝和柬埔寨数值接近，因此折线重叠。

资料来源：中国海关总署和联合国商品贸易统计数据库，中国与文莱的农产品贸易规模较小，因此未统计入内。

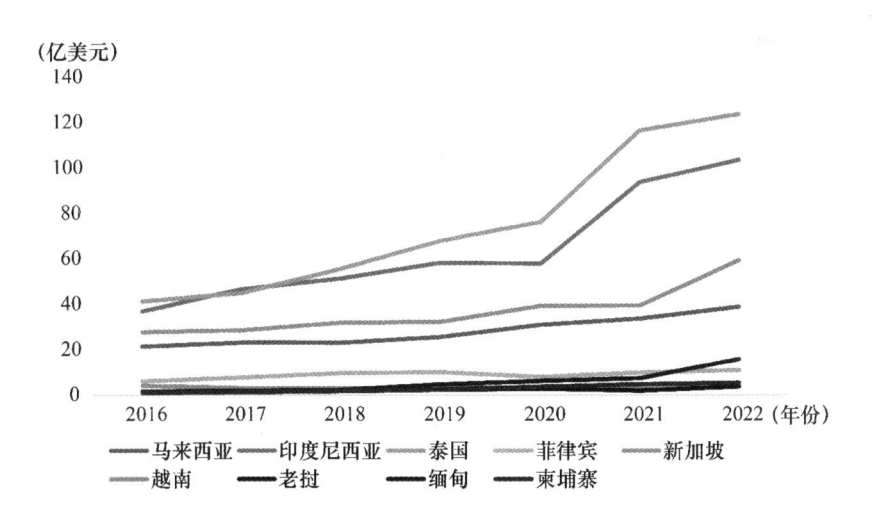

图 4-15　2016—2022 年中国向东盟各国农产品进口额变化

说明：老挝和柬埔寨数值接近，因此折线重叠。

资料来源：中国海关总署和联合国商品贸易统计数据库，中国与文莱的农产品贸易规模较小，因此未统计入内。

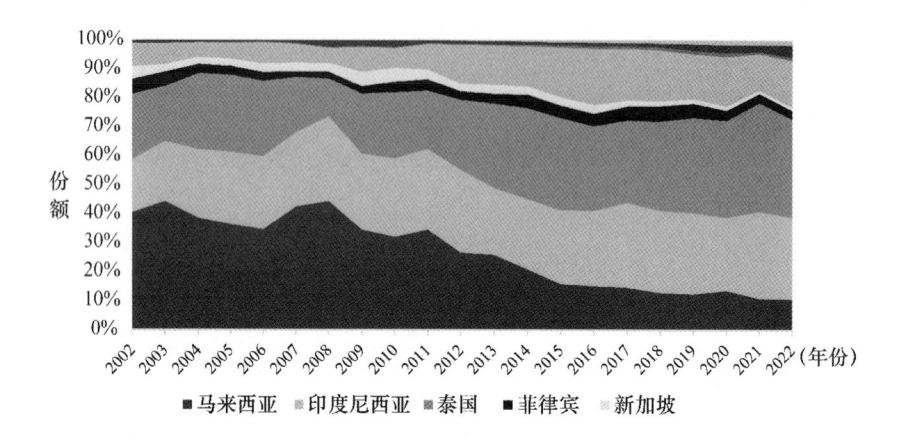

图 4-16 2002—2022 年中国对东盟各国农产品进口份额变化
资料来源：中国海关总署和联合国商品贸易统计数据库。

3. 中国与东盟主要农产品贸易变化

中国的农产品贸易统计体系有两种，即 WTO 体系和商务部体系。WTO 体系所涵盖的农产品主要包括国际贸易标准分类（SITC）目录第 0 部分、第 2 部分（不包括第 27 和 28 项）的产品。商务部体系不仅涵盖 WTO 体系所涵盖的所有农产品，还包括海产品。具体而言，商务部系统按商品名称及编码协调制度（HS 编码）涵盖以下产品。为了便于分析，本书参照郭楠（2016）将 HS 编码 1—24 的农产品分为 4 类：第一类（01—05）、第二类（06—14）、第三类（15）、第四类（16—24）。（见表 4-12）

第一阶段：框架协议项下协议的补充完善阶段（2002—2009年）。在出口方面，中国向东盟出口的农产品主要集中在第二类和第四类产品。（见图 4-17）从具体产品来看，食用蔬菜（HS07）、食用水果和坚果（HS08），肉、鱼及水生动物制品（HS16）以及蔬菜水果制品（HS20）是中国向东盟出口的四大类农产品。2009 年，四种产品的出口额分别为 11.96 亿美元、10.24 亿美元、2.69 亿美元和 3.28 亿美元，市场份额分别为 22.83%、19.55%、5.13% 和 6.26%，与此同时，谷物（HS10）的出口额和比重大幅下降，2009

表 4 – 12　　　　　　　　　　商务部系统涵盖的农产品

产品分类	HS 编码	产品名称
第一类	01	活动物
	02	肉及食用肉类内脏
	03	水、海产品
	04	乳制品、禽蛋、蜂蜜
	05	其他动物产品
	06	活植物及花卉
	07	食用蔬菜
	08	食用水果和坚果
	09	咖啡、茶、马黛茶和香料
第二类	10	谷物
	11	制粉产品
	12	油籽仁、工业或药用植物、饲料
	13	虫胶、树胶、树脂及汁液
	14	编结用植物材料
第三类	15	动植物油脂及其分解产品
	16	肉、鱼及水生动物制品
	17	糖及糖食
	18	可可及其制品
第四类	19	谷物、粮食粉、淀粉制品、糕点
	20	蔬菜水果制品
	21	杂项食品
	22	饮料、酒及醋
	23	食品工业的残渣、废料、配制饲料
	24	烟草及其制品

资料来源：中华人民共和国商务部网站。

年的出口额为0.36亿美元，占市场份额为0.69%，较2002年下降了25.86个百分点。此外，烟草及其制品（HS24）和肉及食用肉类内脏（HS02）的份额一直在下降，分别从2002年的6.8%和2.90%下降到2009年的4.77%和0.91%。（见表4-13）在进口方面，中国从东盟进口的农产品比较集中于第二和三类产品。（见图4-19）其中，第三类产品动植物油脂及其分解产品（HS15）是中国从东盟进口的首要产品，2009年，该产品进口额达47.99亿美元，较2002年增长了近4倍。此外，食用蔬菜（HS07）以及食用水果和坚果（HS08）是中国从东盟进口最多的另两类农产品，2009年这两类产品的进口额分别为9.00亿美元和10.10亿美元，分别占中国从东盟进口农产品总额的10.60%和11.89%。（见表4-13）

第二阶段：自贸区全面建成及升级阶段（2010—2015年）。在出口方面，在这一阶段，第一类产品比重逐渐上升（见图4-17），其中，水、海产品（HS03）和其他动物产品（HS05）历年出口总额占中国向东盟出口的第一类产品总额的90%以上；第二类产品中的食用蔬菜（HS07）、食用水果和坚果（HS08）和制粉产品（HS11）历年出口总额占中国向东盟出口的第二类产品总额的70%以上；第四类产品中的肉、鱼及水生动物制品（HS16）、蔬菜水果制品（HS20）和烟草及其制品（HS24）历年出口总额占中国向东盟出口的第四类产品总额的60%以上。（见表4-13）在进口方面，2010—2015年，第二类和第四类产品的进口比重有所提高，而第三类产品的进口比重经历了先上升后下降再缓慢上升的过程（见图4-19），其中，第三类产品的动植物油脂及其分解产品（HS15）仍是中国从东盟进口的首要产品。此外，水、海产品（HS03）、食用蔬菜（HS07）以及食用水果和坚果（HS08）是中国从东盟进口最多的三类农产品。（见表4-14）

第三阶段：自由贸易区全面升级实施阶段（2016—2019年）。2016—2019年，第一、第二、第三类产品出口比重基本表现出稳步上升（见图4-18），2019年，中国向东盟国家出口额排名前三的农产品依次为食用蔬菜（HS07）、食用水果和坚果（HS08）和水、海产品（HS03），其中，食用蔬菜（HS07）、食用水果和坚果（HS08）属于第二类产品，水、海产品（HS03）属于第一类产品，分别占2019年出口总额的23.00%、20.33%和10.49%（见表4-13）；在进口方面，中国从东盟进口的农产品主要是水、海产品（HS03）、食用蔬菜（HS07）、食用水果和坚果（HS08）、肉、鱼及水生动物制品（HS16）、蔬菜水果制品（HS20）、杂项食品（HS21）。（见表4-14）

第四阶段：进入深层次、高水平发展的新阶段（2020年至今）。在出口方面，第四类产品出口比重快速上升（见图4-18），第四类产品中的肉、鱼及水生动物制品（HS16）出口额大幅增加，取代水、海产品（HS03）成为中国向东盟国家出口比重排名第三的农产品。第一、第二、第三和第四类产品占历年出口总份额的比重依次为12.54%、45.02%、2.34%和40.09%，第二类和第四类产品为主要出口产品。2022年，第二类产品和第四类产品中的食用蔬菜（HS07）、肉、鱼及水生动物制品（HS16）、食用水果和坚果（HS08）和水、海产品（HS03）成为出口额排名前四的产品，出口额依次为34.23亿美元、32.36亿美元、31.17亿美元和22.71亿美元。（见表4-13）在进口方面，第二类产品进口比重有所增加（见图4-20），2022年，进口额排名前三的产品分别为动植物油脂及其分解产品（HS15）、食用水果和坚果（HS08）和水、海产品（HS03），进口额依次为99.43亿美元、92.09亿美元和34.89亿美元。可以看出，中国从东盟主要进口水果、水产品、植物油、蔬菜等，双方贸易多为初级农产品，其中，棕榈油和大豆油完全依赖进口。（见表4-14）

表4-13 主要年份①中国对东盟农产品出口额的变化（按 HS 编码）

（单位：亿美元）

HS	2002年	2009年	2010年	2015年	2016年	2019年	2020年	2022年
01	0.01	0.00	0.00	0.01	0.04	0.08	0.08	0.10
02	0.55	0.48	0.70	0.76	0.37	0.35	0.38	0.87
03	0.75	4.83	6.81	21.48	21.75	19.12	20.29	22.71
04	0.14	0.22	0.27	0.46	0.40	0.46	0.42	0.44
05	0.19	1.04	0.86	3.28	4.37	6.62	3.95	4.63
06	0.02	0.33	0.31	0.41	0.53	0.68	0.94	1.24
07	2.29	11.96	22.79	34.18	37.48	41.90	36.27	34.23
08	1.77	10.24	11.96	29.74	29.63	37.05	47.83	31.17
09	0.53	1.34	1.71	2.73	4.58	7.60	10.45	9.22
10	5.03	0.36	0.36	0.42	0.50	0.31	0.69	0.47
11	0.34	1.62	2.28	1.92	2.18	4.31	3.64	3.73
12	1.09	2.58	2.61	3.99	2.99	5.03	4.11	4.87
13	0.11	0.41	0.57	1.18	1.17	1.66	1.60	4.08
14	0.01	0.02	0.02	0.04	0.04	0.06	0.10	0.35
15	0.07	0.35	0.51	0.57	0.55	1.55	2.70	8.10
16	0.86	2.69	3.76	6.21	6.11	9.90	14.31	32.36
17	0.76	1.83	3.16	6.63	7.97	7.79	7.01	10.02
18	0.03	0.13	0.24	0.86	0.87	0.73	0.67	1.20
19	0.36	0.76	1.01	1.62	1.77	2.62	3.18	4.79
20	1.03	3.28	3.70	8.23	8.72	11.95	12.91	20.77
21	0.44	2.11	3.06	7.04	7.52	11.11	13.71	17.96
22	0.40	0.70	0.93	1.77	1.60	2.06	2.26	3.08
23	0.88	2.61	2.28	3.86	5.15	4.68	5.36	9.72
24	1.29	2.50	3.13	4.24	4.48	4.61	3.17	6.34

---

① 由于篇幅有限，本书选取四个阶段对应关键时间节点的中国对东盟农产品进出口额进行分析。

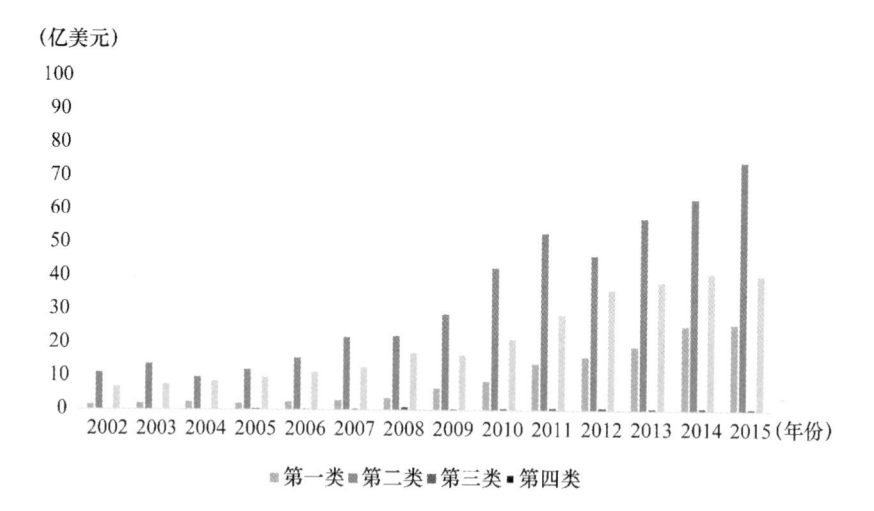

第四章　中国自由贸易区战略的实施及其与伙伴国农产品贸易发展　　137

图 4-17　2002—2015 年中国对东盟农产品出口额变化

资料来源：中国海关总署和联合国商品贸易统计数据库。

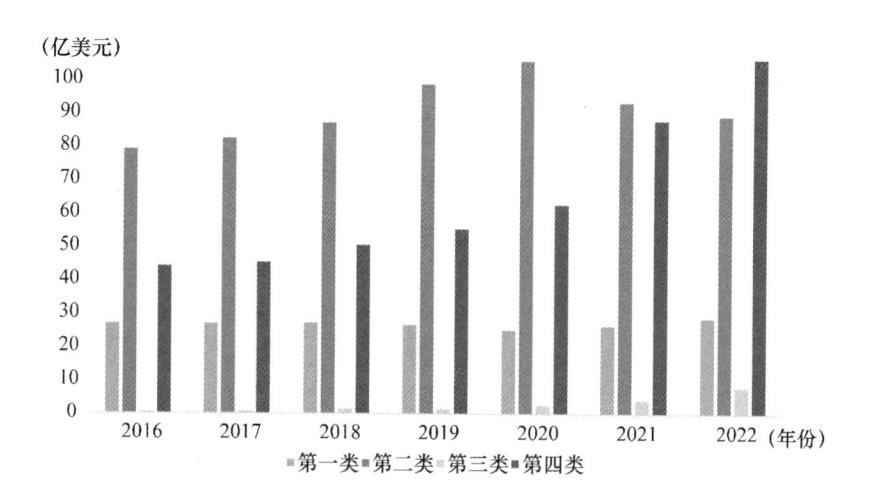

图 4-18　2016—2022 年中国对东盟农产品出口额变化

资料来源：中国海关总署和联合国商品贸易统计数据库。

表 4-14　　中国对东盟农产品进口额的变化（按 HS 编码）

（单位：亿美元）

HS	2002 年	2009 年	2010 年	2015 年	2016 年	2019 年	2020 年	2022 年
01	0.07	0.14	0.05	0.06	0.15	0.20	0.01	0.00
02	0.05	0.00	0.00	0.00	0.00	2.13	3.68	3.83
03	0.84	2.78	3.47	6.46	7.36	24.26	24.33	34.89
04	0.02	0.09	0.24	0.48	0.72	3.46	5.68	6.94
05	0.10	0.10	0.17	0.10	0.11	0.60	0.49	0.91
06	0.03	0.18	0.18	0.16	0.18	0.20	0.14	0.17
07	1.45	9.00	12.72	21.53	14.19	7.87	9.40	25.94
08	2.16	10.10	11.17	28.08	24.10	52.01	60.78	92.09
09	0.12	0.41	0.66	1.93	4.43	1.84	2.98	3.71
10	0.80	2.19	2.69	13.56	13.90	10.71	13.14	14.65
11	0.47	2.53	3.50	8.28	7.77	11.23	12.27	23.64
12	0.20	1.35	1.84	2.60	2.27	3.87	3.75	8.70
13	0.03	0.11	0.12	0.30	0.32	1.02	0.81	1.56
14	0.26	0.28	0.44	0.96	0.60	0.57	0.41	0.48
15	9.62	47.99	57.25	48.96	42.30	55.79	56.28	99.43
16	0.04	0.14	0.12	0.35	0.43	0.84	0.97	0.79
17	0.43	0.63	0.33	2.93	1.60	3.97	4.88	7.34
18	0.24	0.90	1.79	2.25	2.26	2.79	2.63	3.90
19	0.44	3.81	4.73	6.26	6.20	5.15	4.93	5.25
20	0.04	0.25	0.38	1.46	1.90	4.31	4.51	6.90
21	0.10	0.61	1.05	3.99	5.70	6.22	7.03	8.37
22	0.02	0.04	0.08	0.74	0.78	1.35	2.40	1.96
23	0.12	0.69	2.19	3.55	4.10	4.79	5.92	12.62
24	0.03	0.59	0.60	0.90	0.92	1.82	1.40	1.27

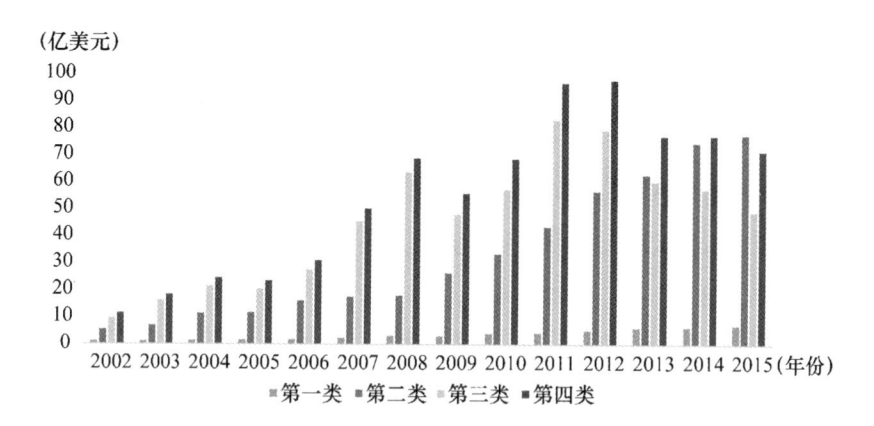

图 4-19　2002—2015 年中国对东盟农产品进口额变化

资料来源：中国海关总署和联合国商品贸易统计数据库。

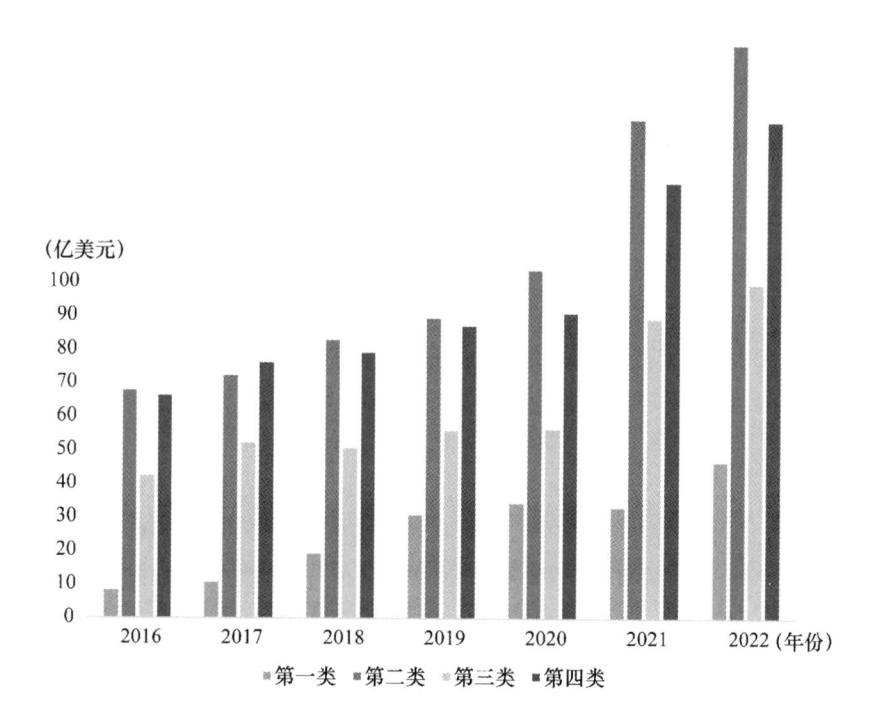

图 4-20　2016—2022 年中国对东盟农产品进口额变化

资料来源：中国海关总署和联合国商品贸易统计数据库。

三 中国—东盟自由贸易区发展前景

尽管中国—东盟自由贸易区的建设进程充满风雨，但是我们有足够的理由对中国—东盟自由贸易区的发展充满信心。

首先，自CAFTA协议签署以来，在中国和东盟各国的共同努力下，创立了先易后难、循序渐进、差别对待、互利共赢的自由贸易区发展路径，成功实现了各国对区域经济一体化效益的共享。经过20多年的发展，中国—东盟自由贸易区建设已进入向高标准、高质量、高水平发展的新阶段，为中国自由贸易区网络的建设和发展提供了最佳实践样板。未来，随着双边贸易、投资自由化及便利化水平的不断提高，随着"一带一路"建设的顺利推进，随着中国自由贸易试验区开放步伐的加快，相信中国—东盟农产品贸易将保持快速增长的势头且农产品贸易结构也将进一步优化。

其次，经各成员国的共同努力，2012年由东盟发起，历时10年，由包括中国、日本、韩国、澳大利亚、新西兰和东盟十国共15方成员制定的RCEP，于2022年1月1日生效。RCEP的生效实施，在亚太区域合作中具有里程碑意义。RCEP涵盖关税减免、贸易便利化、服务投资开放等广泛领域，推动亚太区域加强农业产业链协作和优化农业供应链布局。基于RCEP框架，中国和东盟在分享超大农产品贸易市场、进一步发挥互补优势、合理配置农业生产要素等方面具有更广泛的共同利益，农业产业链、供应链、价值链合作前景也更加广阔。放眼未来，中国和东盟之间农产品贸易额将持续稳定增长，农产品贸易结构将进一步优化；双边相互农业投资将进一步扩大，中国的农业对外直接投资会越来越倚重东盟国家；区域农业生产网络会在调整后得到进一步优化。

最后，中国—东盟自由贸易区3.0版正在进行建设，并于2023年2月7日启动首轮磋商，中国—东盟自由贸易区3.0版将集中于贸易投资自由化便利化、数字经济、绿色经济、产业合作等方面。其中，数字经济、绿色经济属于双边合作新领域，尤其值得关注。

在数字农业合作领域，将对标《数字经济伙伴关系协定》，为双方企业开展数字农业合作创造更加稳定、可预期的发展环境。在绿色农业合作领域，将发挥双方资源互补优势，加强绿色农业技术分享，深化绿色农业投资合作，携手促进农业向绿色低碳转型发展。自由贸易区3.0版建设积极呼应了成员国自身发展需求和全球经济发展趋势。相信升级建设完成后，自由贸易区内的农业国际合作将更加务实高效，国际农业生产要素跨境流动将更为频繁，自由贸易区红利将进一步增长。

四 中国—东盟自由贸易区存在的问题

当然，在看到中国—东盟自由贸易区光明发展前景的同时，我们也不能忽视仍有一些问题在制约着双边农产品贸易的深入发展。

第一，东盟国家对中国仍心存芥蒂，双边互信需进一步提升。中国经济的发展速度、市场规模和投资环境对东盟国家有极大的吸引力，它们都希望能搭上中国经济快速增长的快车，分享中国经济增长的红利。但同时东盟各国对中国的担心也与日俱增，担心对中国农产品贸易的过度依赖会影响其国家的农业安全；担心中国对其农业投资的扩大是圈地行为，会抬高土地价格；担心中国过于强大会对其军事和领土造成威胁，特别是像菲律宾等与中国有领土争端的国家。随着中国和东盟农产品贸易的深入发展，这种所谓的"中国威胁论"的声音可能会越来越多、越来越大，从而成为阻碍双边农产品贸易深入发展的问题之一。

第二，美国、欧盟等一些发达国家和地区带来的负面影响。由于中国已经成为东盟重要的农产品贸易伙伴，这意味着双方大量的农产品进入对方市场，中国和东盟成为美国和欧盟在中国和东盟市场上有力的竞争对手，不断挤压欧美等发达国家在中国和东盟农产品市场的份额。因此，为了维护自身在中国和东盟的利益，未来这些发达国家可能会在政治、经济乃至安全等多领域制造"话题"，使中国和东盟的双边互信受到影响，进而影响双边农产品贸易的深入发展。

第三，中美贸易摩擦将给中国与东盟农产品贸易发展带来挑战。自美国前任总统特朗普上台以后，中美关系的不确定性增加，两国农产品贸易摩擦不断加剧，全球农业价值链重构步伐加快。目前，美国总统虽然已经换届，但中美竞争格局已然形成，双边农产品贸易关系的前景仍不容乐观。因此为了尽快减少中美贸易摩擦带来的影响，东盟各国可能会采取减少对中国的农产品贸易依赖、重构区域内农业价值链等做法以规避风险，进而影响中国与东盟农产品贸易和农业投资关系的进一步深化。

第四，农产品结构相似造成的同质化竞争。东盟国家大多属于发展中国家，东盟国家地理位置接近，资源禀赋相似，多以发展农业为重，这就导致东盟国家出口的农产品之间存在着较为激烈的竞争。比如，马来西亚、印度尼西亚、菲律宾等国家大量生产热带水果、棕榈油、咖啡等产品。而对缅甸和柬埔寨这两个国家来说，它们以优质的木材资源闻名世界，木材的出口方向和出口国家也大致相同。泰国、菲律宾的纺织业发展水平相近，对外出口都以纺织制品为主，因此存在巨大的竞争关系。这些农业产业结构的相似性在一定程度上影响着东盟国家之间相互农产品贸易和农业对外贸易结构。而中国作为世界上最大的发展中国家，农业资源和劳动力资源丰富，对东盟国家的出口以农业为主。在农业方面，大米出口与泰国形成竞争，橡胶制成品的出口与马来西亚、印度尼西亚等国家形成竞争关系。这些农业产业结构和农产品贸易输出方向上的相似性问题对中国—东盟自由贸易区的长期发展造成了阻碍。

第五，中国—东盟自由贸易区农业投资环境尚待完善。一方面，部分东盟国家农业投资环境不够透明、不够稳定，不仅影响了其国内的农业发展，也影响了中国企业的农业投资信心；另一方面，中国的农业投资环境也存在不足。此外，中国—东盟自由贸易区成员国存在发展水平差异过大、农业产业结构同质竞争、各种利益冲突与摩擦等诸多问题，也会影响中国—东盟自由贸易区建设的深入发展。

第六，中国东盟农产品电子商务发展仍有很大提升空间。中国—东盟自由贸易区的农产品贸易迅速发展离不开双方电子商务行业的强力推动，尽管中国和东盟间的农产品电子商务发展较快，但仍存在很多不尽如人意的地方。一方面，农产品电子商务是基于信息技术大发展而兴起的新型农产品贸易方式，现有的国际经贸规则未涉及此方面。尽管建立数字农产品贸易规则已受到世界各国的普遍关注，也纷纷出台相关方案，但分歧依然不小，这就使农产品电子商务的发展缺乏制度性约束，发生争端时也无所适从。另一方面，跨境支付也是影响农产品电子商务发展的重要因素。迄今为止，中国和东盟双方并未建立起一个强大的、统一的第三方支付平台，导致消费者对在线支付信任不足，进而影响了农产品跨境交易的效率，制约了跨境农产品电子商务的发展。

第四节 本章小结

本章主要是对中国自由贸易区战略实施历程及其与伙伴国农产品贸易现状进行详细的梳理，并为接下来第五章、第六章、第七章、第八章和第九章作铺垫。研究发现，自2004年中国与东盟实施"早期收获计划"以来，中国进入了自由贸易区建设的快速发展时期。目前，中国已经逐步形成了以周边为基础，辐射"一带一路"，面向全球的自由贸易区网络。中国与伙伴国建立自由贸易区大都是采取逐步开放的方式，主要就市场准入、原产地规则、技术贸易壁垒等内容进行磋商，而且农业是自由贸易区成员国谈判的重点领域。与自由贸易区伙伴国相比，由于中国农产品对外关税保持较高水平，特别是谷物、糖及糖食、饮料、烟草等农产品，因此中国自由贸易区战略实施之后实现了更高水平的农产品贸易自由化。与大部分自由贸易区伙伴国相比，近些年来中国农产品从具有较强的比较优势转为不具有比较优势，因此中国自由贸易区战略实施之后其农产品进口规模将大幅度增加。

从中国与伙伴国的农产品贸易变化来看，1995—2020 年，中国农产品贸易额、进口额和出口额都呈现快速增长态势，而且从 2004 年开始，中国农产品贸易从顺差转为逆差。从农产品贸易结构来看，中国的进口主要是初级农产品，出口主要是加工农产品。中国与各个自由贸易区伙伴国建立自由贸易区之后，中国与自由贸易区伙伴国的农产品贸易额都呈现快速上涨的趋势。从贸易结构来看，中国与自由贸易区大部分伙伴国加工农产品贸易增长更快，而且加工农产品贸易占比在不断上升。

中国—东盟自由贸易区作为中国对外建立的第一个自由贸易区，其发展经历了框架协议项下协议的补充完善阶段、自由贸易区全面建成及升级阶段、自由贸易区全面升级实施阶段和深层次、高水平发展的新阶段四大发展阶段。在四大发展阶段下，中国与东盟农产品贸易发生了显著的变化，中国对东盟的农产品贸易顺差转变为贸易逆差，而且逆差不断扩大。随着自由贸易区建立，越南、泰国和马来西亚逐渐成为中国农产品出口东盟的三大市场，中国从东盟进口农产品前三的国家则为泰国、印度尼西亚和越南。中国向东盟国家主要出口蔬菜、水果和海产品，主要进口水果、水产品、植物油、蔬菜等。自中国—东盟自由贸易区建立以来，创立了先易后难、循序渐进、差别对待、互利共赢的自由贸易区发展路径，为中国其他自由贸易区的建设提供了宝贵的经验。另外，随着 RCEP 的生效实施以及中国—东盟自由贸易区 3.0 版的建设，中国与东盟农业合作的前景也将更加广阔。然而，中国与东盟双边互信关系需进一步提升，尽快减少中美贸易摩擦带来的不利影响，中国—东盟自由贸易区农业投资环境尚待完善，中国—东盟农产品电子商务发展仍有很大提升空间，这些都是中国与东盟未来需要不断改进的方向。

第 五 章

中国自由贸易区战略实施的农产品贸易静态效应实证

随着经济全球化的不断深入，WTO 多哈回合在农业问题上举步维艰，全球掀起了一股自由贸易区的建立热潮。出于粮食安全等国家战略的考虑，无论是发达国家还是发展中国家，农业都具有高度的敏感性和重要性，是各国自由贸易区谈判中的关键领域。然而，国际金融危机之后，全球贸易摩擦不断加剧，贸易保护主义抬头，部分发达国家更是试图"遏制"中国的发展。在贸易保护主义和单边主义日益盛行的背景下，研究中国自由贸易区战略实施的农产品贸易静态效应，对更好地利用自由贸易区方式保障中国农产品有效供给、有效应对以美国为首发达国家的"围堵"以及推动农业稳妥有序对外开放都具有十分重要的意义。

作为贸易自由化的重要手段，自由贸易区的建立通过取消或削减贸易壁垒可以促进成员国间的贸易增长，这已是学术界的基本共识。例如，Jayasinghe 等（2008）、Herath（2014）和 Mujahid（2016）分别研究了北美自由贸易区、东盟自由贸易区和世界主要自由贸易区对农产品贸易的影响，发现自由贸易区的建立显著促进了成员国间农产品贸易的发展。原瑞玲等（2014）、谭丹（2018）和徐芬（2018）分别对中国—东盟自由贸易区、中国—秘鲁自由贸易区和中国—新西兰自由贸易区的农产品贸易效应进行考察，也得到了类似的研究结论。贸易静态效应大小和来源方面，Jin 等（2006）发现自由贸易区成员国与世界其他国家之间存在很强的贸易转移效应，对成员国福利产生了不利的影响。Okabe 等（2014）发现自由贸易区对农产品贸易产生了显著的贸易创造效应，从而带来成员国福利的改进。Pfaermayr（2020）研究发现，贸易创造效应和贸易转移效应同时存在于多个自由贸易区之间。总的来说，现有研究主要就自由贸易区对贸易流量的影响进行了分析，但未能有效解决内生性问题。少有研究分析和验证自由贸易区农产品贸易静态效应的生成机制（李荣林等，2014），而且相关文献也未达成一致的研究结论。为此，本章按照理论分析的结果，拟通过使用 1995—2017 年中国与各国农产品贸易数据，先是利用 PSM—渐进 DID 以及 DDD 等方法对中国自由贸易区战略实施产生的农产品贸易促进效应[①]进行估计，然后对贸易促进效应进行分解，进而考察静态福利效应，并对第三章相关理论假说进行验证。

第一节 研究方法的选择与计量模型的设定

一 研究方法的选择

1. 内生性问题的考虑

学者们普遍对自由贸易区贸易效应存在内生性问题达成了共

[①] 按照 Viner（1950）提出贸易静态效应理论分析框架，贸易促进效应主要来自贸易创造效应和贸易转移效应两个渠道。而本书中的福利效应为 Viner（1950）提出的静态福利效应，主要指的是成员国间贸易规模变化导致的福利效应，由贸易创造效应和贸易转移效应的相对大小所决定。若贸易创造效应大于贸易转移效应，则自由贸易区建立后成员国间贸易流量的增加会带来成员国福利的改进；反之，则带来成员国福利的损失。

识（Mansfield et al., 2000; Baier et al., 2007; Magee, 2003; Magee, 2008），即国与国之间签署自由贸易协定并非偶然事件，而是与某些因素相关。为此，Wonnacott 等（1989）提出的"自然贸易伙伴国"（Natural Trading Partners）的假说，即自然贸易伙伴国之间更易达成自由贸易协定。Krugman（1991a）和 Krugman（1991b）的研究表明，初始贸易量较大、地理位置接近和贸易互补性较强的国家之间更易达成自由贸易协定，而且更容易产生贸易创造效应，更有可能改善彼此之间的经济福利。在进行政策评估之前，若不解决由于处理组和对照组的初始条件不完全相同导致的内生性问题，模型估计的结果将不仅包括贸易效应，还混杂着自由贸易区的"自选择效应"①，从而导致模型估计产生较大的偏差。在现有研究中，工具变量估计、Heckman 的两阶段估计、固定效应模型和匹配方法是解决内生性问题主要的方法（Magee, 2003; Baier et al., 2004）。然而，由于工具变量估计中难以确定理想的工具变量，Heckman 的两阶段估计中难以正确指定选择方程和结果方程，固定效应模型只能控制时间、产品和地区层面的固定效应，难以处理选择性偏误带来的内生性问题，所以匹配方法逐步受到学者们关注，其中应用最为广泛的是倾向得分匹配（Propensity Score Matching, PSM）方法（Lee et al., 2015; Foster et al., 2011）。

运用倾向得分匹配方法最为关键的是选择合适的协变量为处理组找到最相近的对照组。由于中国自由贸易区战略的实施主要的方针是立足周边、辐射"一带一路"，因此"地理距离"是中国与其他国家建立自由贸易区的重要影响因素。另外，"经济规模""要素禀赋"等因素也是两国之间建立自由贸易区的关键（Cole et al., 2015; Baier et al., 2007; Baier et al., 2004）。因此，本书将"地理

---

① 伙伴国间的贸易量决定自由贸易区建立的概率，而自由贸易区建立又决定了贸易伙伴国间的贸易量。

距离""经济规模""要素禀赋"等指标作为重要的协变量进行匹配处理。

2. 多时点冲击的处理

传统 DID 模型与渐进 DID 模型的主要区别在于政策实施的时点是否统一，若是统一时点实施的政策，则传统 DID 模型就可以估计出政策效果；若不同地区政策实施的时点不一致，则需要使用渐进 DID 模型才能进行准确估计，因此，渐进 DID 模型被誉为渐进性政策的"良药"①。由于中国与贸易伙伴国自由贸易协定生效的时点不同，而且采取的是逐步削减贸易壁垒的方式，所以本书按照 Bertrand 等（2004）和 Hansen（2007）的 DID 一般分析框架，采用扩展后的渐进 DID 模型（任胜钢等，2019；Almond et al.，2019；Li et al.，2019）评估中国自由贸易区战略实施的农产品贸易静态效应，即将所有不同时点下中国与相关国家生效的自由贸易协定纳入同一个模型当中，将中国与某国自由贸易协定生效之前作为对照组，协定生效之后作为处理组。

3. "零贸易流量"问题的解决

在既有自由贸易区贸易静态效应实证文献中，一般采用传统的 OLS 方法估计参数，但该方法无法有效解决"零贸易流量"问题。在现实中，由于贸易成本过大，"零贸易流量"问题普遍存在。OLS 方法往往会将"零贸易流量"数据从估计中剔除，从而产生较为严重的估计偏误（Eichengreen et al.，1998），特别是当"零贸易流量"数据是非随机分布的情形（Burger et al.，2009）。为此，Silva 等（2006）提出了泊松伪最大似然估计方法（Poisson Pseudo-Maximum Likelihood，PPML）可以有效处理上述问题。由于本书在农产品贸易创造效应和贸易转移效应识别模型中包含了国家、产

---

① 如果只针对 2004 年中国实施农产品贸易壁垒的削减进行标准的 DID 模型估计，"一刀切"的做法可能会造成估计偏差；而渐进 DID 模型能体现中国自由贸易区战略实施的现状，较为准确地估计出中国自由贸易区战略实施的农产品贸易静态效应。

品以及年份层面的固定效应，为具有多个高维固定效应（HDFE）的泊松伪回归模型，因此本书使用 Correia 等（2020）提出的 Stata 估计方法提高模型的精度。

二 计量模型的设定

由于中国与自由贸易区成员国和非成员国的不同特征会导致内生性问题，所以在进行因果推断之前，需要利用倾向得分匹配方法进行数据处理，再利用渐进 DID 方法进行政策评估。

1. 对样本进行倾向得分匹配处理

为克服严重的样本选择问题，本书使用 PSM 方法来对原始样本进行筛选和匹配，以使样本满足"平行趋势"假设。该方法实际上利用了样本的特征变量进行降维处理，用倾向得分来匹配对照组和处理组中相似的样本（Rosenbaum et al.，1983），具体处理方法见公式（5-1）：

$$p(X) = \Pr[FTZ_{it} = 1 \mid X] = E[FTZ_{it} \mid X] = F\{f(X_i)\} \quad (5-1)$$

（5-1）式中，X 是协变量集，由于地理位置、要素禀赋和经济规模等因素是中国与相关国家建立自由贸易区的主要条件，因此，本书将中国与各国的经济规模之和（RGDP）、中国与各国最大城市之间的距离的倒数（NATURAL）、中国与各国距世界其他国家的平均距离（REMOTE）和中国与各国是否相互接壤（BORDER）等作为协变量[①]。$\Pr[FTZ_{it} = 1 \mid X]$ 实际上是倾向匹配得分（Propensity Score），其反映的是中国与具有特征变量 X 的国家建立自由贸易区的可能性。$f(X_i)$ 为线性函数；$F\{\cdot\}$ 为 Probit 函数。在具体计算过程中，本书先根据协变量利用 Probit 模型估计中国与各国建立自由贸

---

① 两国贸易额对建立自由贸易区会产生较大的影响，即贸易规模变化与自由贸易区建立之间存在着内生性问题。然而，在 PSM 处理中，贸易额是结果变量，不能同时引入协变量中，现有重要文献也都未将其纳入匹配的协变量（Baier and Bergstrand，2009；Cole and Guillin，2015）。

易区的概率，其次根据 Probit 模型的分析结果计算每个样本的倾向得分，最后根据倾向得分采用最近邻匹配方式逐年对处理组和对照组进行一对一匹配①。

2. 运用渐进 DID 方法估计农产品贸易促进效应

在解决样本选择性偏误问题之后，本书进一步运用渐进 DID 方法进行因果推断，评估自由贸易区建立产生的农产品贸易促进效应。使用国家层面样本和产品层面样本时，渐进 DID 模型可以分别设定为：

$$Ari\_Trade_{it} = \beta_0 + \beta_1 FTZ_i \times time_{it} + \lambda X + \gamma_t + \mu_i + \varepsilon_{it} \quad (5-2)$$

$$Ari\_Trade_{ijt} = \beta_0 + \beta_1 FTZ_i \times time_{it} + \lambda X + \gamma_t + \mu_i + \eta_j + \varepsilon_{ijt}$$

$$(5-3)$$

其中，Ari_Trade_{it} 和 Ari_Trade_{ijt} 是本书感兴趣的结果变量，Ari_Trade_{it} 表示中国与 i 国在 t 年的农产品贸易额；Ari_Trade_{ijt} 表示中国与 i 国在 t 年的 j 类农产品贸易额。$time_{it}$ 和 FTZ_i 为虚拟变量，当 i 国与中国的自由贸易协定生效，则协定生效前 $time_{it}$ 取值为 0，协定生效后 $time_{it}$ 取值为 1；若 i 国与中国自由贸易协定始终未生效，则 $time_{it}$ 取值始终为 0。若 i 国是自由贸易区伙伴国，则 FTZ_i 取值为 1；反之，则 FTZ_i 取值为 0。β_1 为本书研究的自由贸易区农产品贸易促进效应。X 为控制变量，主要包括 $RGDP$、DKL、$SQDKL$、$NATURAL$、$REMOTE$ 和 $BORDER$ 等（变量含义见表 5-1）。另外，μ_i、η_j 和 γ_t 分别为国家层面固定效应、产品层面固定效应和年份层面固定效应，ε 为随机误差项。为减弱模型中的异方差问题，除虚拟变量之外，所有变量皆采用对数形式。

---

① 最近邻匹配法是最常用的一种匹配方法，主要有一对一匹配和一对多匹配两种方式，一对一匹配优势在于每个干预组个体寻找到的匹配都是最近的，因而偏差比较小。匹配方式的有效性检验可以通过平衡性和共同趋势检验来完成，后文的检验结果也充分证明了一对一匹配的有效性。

3. 农产品贸易促进效应的分解与福利效应的识别

由于本书研究对象为中国与相关国家建立的所有自由贸易区，所以采用1（中国）× N（世界各国）的非对称单国模式，借鉴 Urata 等（2010）、Yang 等（2014）和 Jagdambe 等（2020）的做法，按照自由贸易区区域内外农产品贸易变化，对贸易创造效应和贸易转移效应进行分解，计量模型设定如下：

$$Ari\_Import_{ijt} = \alpha_0 + \alpha_1 FTZ_{it}^1 + \alpha_2 FTZ_{it}^2 + \lambda X + \gamma_t + \mu_i + \eta_j + \varepsilon_{ijt} \tag{5-4}$$

$$Ari\_Export_{ijt} = \beta_0 + \beta_1 FTZ_{it}^1 + \beta_2 FTZ_{it}^2 + \lambda X + \gamma_t + \mu_i + \eta_j + \varepsilon_{ijt} \tag{5-5}$$

其中，Ari_Import_{ijt} 和 Ari_Export_{ijt} 为结果变量，分别代表中国与 i 国在 t 年的 j 类农产品的进口额和出口额。FTZ_{it}^1 表示自由贸易区建立后中国与伙伴国之间农产品贸易变动，即自由贸易区建立的农产品贸易促进效应。若出口国（进口国）为中国，进口国（出口国）是自由贸易区伙伴国，在自由贸易协定生效后，FTZ_{it}^1 取值为 1；反之，则取值为 0。FTZ_{it}^2 表示的是自由贸易区建立后中国与非伙伴国之间农产品贸易变动。由于 2004 年中国开始实施自由贸易区相关政策，如中国与东盟的"早期收获计划"，所以若在 2004 年及之后，出口国（进口国）为中国，进口国（出口国）是非自由贸易区伙伴国，则 FTZ_{it}^2 取值为 1，其他情况取值为 0。据 FTZ_{it}^1 和 FTZ_{it}^2 的系数，可以判断贸易创造效应和贸易转移效应的大小，详细判断标准见表 5-10。

第二节 变量说明与描述性统计

一 变量选取与测量

由于本部分研究的是自由贸易区战略实施的农产品贸易静态效

应，所以因变量为中国与各国的农产品贸易额、出口额和进口额。其中，模型（5-2）使用的是中国与各国总体的农产品贸易数据（将分产品数据按照国别和年份进行加总），模型（5-3）（5-4）（5-5）和（5-6）中使用的是中国与各国 HS1992 六位代码的分产品数据[①]。本书的农产品范围参考 Regmi 等（2005）的标准，除此之外还涵盖了水产品。按照"自然贸易伙伴国"假说，本书将经济规模、要素禀赋、地理距离等控制变量纳入模型中（Cole et al.，2015；Baier et al.，2007；Baier et al.，2004）。其中，经济规模用中国与各国的经济规模之和测量；要素禀赋用人均 GDP 来衡量，并将其平方项同时引入模型，以体现贸易随要素禀赋差异呈现 U 形变化的特征；地理距离用中国与各国最大城市之间的距离的倒数、中国与各国距世界其他国家的平均距离、中国与各国是否相互接壤虚拟变量来综合度量。

二 变量来源及其说明

本书中使用数据主要包括 1995—2020 年中国与各国农产品贸易规模、经济规模、要素禀赋以及地理距离等数据，其主要来自 CEPII-BACI、Penn World Tables 和 CEPII 等数据库。由于各个指标来自不同的数据库，本书按照国家和年份对数据进行合并，并去掉缺失数据较为严重的样本。由于本书考察期为 1995—2020 年，所以并未纳入毛里求斯（2021 年 1 月 1 日生效）自由贸易区。各变量含义及说明见表 5-1。

[①] 本书使用的是 CEPII-BACI 数据库（1995—2020 年），数据源是联合国商品贸易统计数据库（UN Comtrade）。考虑到不同年份的代码损失部分产品数据，CEPII-BACI 数据库对 UN Comtrade 数据库不同年份 HS 代码统计的差异进行了相应处理，处理后的数据在不同年份代码下贸易额和产品数几乎一致。http://www.cepii.fr/DATA_DOWNLOAD/baci/doc/DescriptionBACI.html。

表 5 – 1　　　　　　　　　　变量含义及数据来源

变量类型	变量	变量含义	数据来源	参考文献及说明
被解释变量	Ari_Trade	中国与各国农产品贸易额	CEPII-BACI 数据库	模型（5-2）为农产品总体贸易额，模型（5-3）—（5-6）为 HS1995 六位代码数据
	Ari_Export	中国与各国农产品出口额	CEPII-BACI 数据库	模型（5-2）为农产品总体出口额，模型（5-3）—（5-6）为 HS1995 六位代码数据
	Ari_Import	中国与各国农产品进口额	CEPII-BACI 数据库	模型（5-2）为农产品总体进口额，模型（5-3）—（5-6）为 HS1995 六位代码数据
政策变量	FTZ	中国是否与其建立自由贸易区	中国自由贸易服务网	当中国与该国建立时及之后年份取值为1，其他取值为0
控制变量	RGDP	中国与各国的经济规模之和	Penn World Tables 9.1	指标选取参考 Cao（2015），使用购买力平价（PPP）进行调整
	DKL	中国与各国要素禀赋差异	Penn World Tables 9.1	参考曹吉云等（2011）和 Cao（2015）的做法使用人均 GDP 来衡量[1]，同样也使用购买力平价（PPP）进行调整
	SQDKL	DKL 的平方项	Penn World Tables 9.1	参考 Cao（2015）的做法，刻画中国与各国农产品贸易随要素禀赋差异呈现 U 形特征[2]
	NATURAL	中国与各国最大城市之间距离的倒数	CEPII 数据库	该数值越大表示中国与该国的距离越近
	REMOTE[3]	中国与各国距世界其他国家的平均距离	CEPII 数据库	具体计算方法参考 Baier 等（2004）
	BORDER	中国与各国是否相互接壤	CEPII 数据库	相互接壤时 BORDER 取值为1，反之则为0

注：除虚拟变量外，全部变量都做取对数处理。

---

[1] Jayathilaka 等（2009）认为，更高的人均 GDP，表示少数人口有着更大的产出，从而说明该国主要以资本密集型生产为主；反之，则是以劳动密集型生产为主。

[2] Márquez-Ramos 等（2010）认为，两经济体要素禀赋差异越小，签订自由贸易区协议的可能性就越大。

[3] $Remote_{ij} = dcont_{ij} \times \left\{ \dfrac{\left[\log\left(\sum_{k=1,k\neq j}^{N} \dfrac{d_{ik}}{N-1}\right) + \log\left(\sum_{k=1,k\neq j}^{N} \dfrac{d_{jk}}{N-1}\right)\right]}{2} \right\}$。

三 描述性统计

表5-2给出了自由贸易区成员国和非成员国国家层面控制变量以及结果变量的描述性统计，表5-3为成员国和非成员国主要变量之间差异的显著性程度。从表5-2和表5-3可以看出，无论是结果变量（Ari_ Trade、Ari_ Export 和 Ari_ Import），还是控制变量（RGDP、DKL、SQDKL、NATURAL、REMOTE 和 BORDER），在自由贸易区成员国和非成员国的样本中都存在显著差异，而且这种差异在5%的显著性水平上都通过了统计检验。数据显示，与自由贸易区非成员国相比，中国与自由贸易区成员国的农产品贸易额、进口额和出口额普遍较高。同时，自由贸易区成员国在经济规模（RGDP）、地理距离（NATURAL、REMOTE 和 BORDER）等方面都不同程度地低于自由贸易区非成员国，而在要素禀赋（DKL 和 SQDKL）方面高于自由贸易区非成员国。由此说明，自由贸易区成员国具有一定区别于非成员国的特征，在回归之前需要进行匹配处理，从而降低模型的选择性偏误。

表5-2 自由贸易区成员国和非成员国国家层面控制变量以及结果变量的描述性统计

	变量	样本量	均值	标准差	最大值	最小值
自由贸易区非成员国样本	Ari_ Trade	3982	10.111	3.052	18.057	-4.605
	Ari_ Export	3969	9.497	2.868	16.776	-4.605
	Ari_ Import	3494	8.841	3.701	17.930	-5.809
	FTZ	3982	0.000	0.000	0.000	0.000
	RGDP	3981	27.047	2.252	33.667	20.179
	DKL	3979	1.064	0.698	4.204	0.000
	SQDKL	3979	1.621	1.783	17.676	0.000
	NATURAL	3982	-9.026	0.534	-6.862	-9.868
	REMOTE	3982	2.240	3.908	9.199	0.000
	BORDER	3982	0.077	0.267	1.000	0.000

续表

	变量	样本量	均值	标准差	最大值	最小值
自由贸易区成员国样本	Ari_Trade	245	13.579	1.930	16.850	7.884
	Ari_Export	245	12.381	1.880	16.183	7.142
	Ari_Import	245	12.885	2.507	16.664	-0.286
	FTZ	245	1.000	0.000	1.000	1.000
	RGDP	245	29.008	1.493	31.762	25.432
	DKL	245	0.944	0.592	2.482	0.007
	SQDKL	245	1.240	1.367	6.159	0.000
	NATURAL	245	-8.528	0.659	-6.862	-9.856
	REMOTE	245	6.575	4.126	9.199	0.000
	BORDER	245	0.196	0.398	1.000	0.000

表5-3　成员国和非成员国主要变量之间差异的显著性程度

变量	Ari_Trade	Ari_Export	Ari_Import	RGDP	DKL
均值 t 检验	-17.571***	-15.532***	-16.831***	-13.450***	2.636**
变量	SQDKL	NATURAL	REMOTE	BORDER	—
均值 t 检验	3.279***	-13.979***	-16.800***	-6.517***	—

注：** 和 *** 分别表示在5%和1%的显著性水平上通过了统计检验。

第三节　实证结果与分析

一　倾向得分匹配结果与分析

由于中国与各国自由贸易区协议生效的时点不同，本书借鉴 Blundell 等（2009）和 Heyman 等（2007）的相关研究，采用逐年匹配方式为处理组找到合适的对照组。本书使用的是一对一不重复最近邻匹配法，即先计算出中国与各国自由贸易协定生效的预测概率值，然后为每个自由贸易区成员国找到唯一一个对照组中的非成员国。为了验证匹配结果的可靠性,本书对匹配前后的样本进行了平衡性检验。从表 5-4 可以看出,对样本实施最邻近匹配之后,绝大多数协变量标准偏差有较大幅度的缩小,协变量匹配后的不平稳性均显著降低,符合预期。根据 Rosenbaum 等(1985)的研究,若匹配后的样本标准偏差的绝对值小于 20%,则匹配处理为有效处理。由于此次匹配后样本标准偏差的绝对值都小于 20%,可以认为匹配有效。另外,从 P 值可以看出,经过倾向得分匹配处理之后,处理组和对照组样本在经济规模、要素禀赋和地理距离等方面均无显著差异,即中国与该国自由贸易协定是否生效独立于匹配变量,从而满足了因果推断中"平行趋势"的假设。

图 5-1 为匹配前后处理组和对照组倾向得分的核密度分布,上图为未匹配时的结果,下图为匹配后的结果。可以看出,与匹配前相比,匹配后处理组和对照组倾向得分值的核密度函数较为接近,说明倾向得分匹配有效降低了样本的选择性偏误问题。

表 5-4 平衡性检验

协变量	样本	处理组	控制组	偏差	t 值	P 值
RGDP	匹配前	28.586	27.047	83.000	6.090	0.000
	匹配后	28.586	28.576	0.600	0.040	0.970
NATURAL	匹配前	-8.852	-9.026	29.200	2.880	0.004
	匹配后	-8.852	-8.849	-0.400	-0.030	0.980
REMOTE	匹配前	3.888	2.240	38.800	3.720	0.000
	匹配后	3.888	3.957	-1.500	-0.100	0.922
BORDER	匹配前	0.163	0.077	26.300	2.800	0.005
	匹配后	0.163	0.138	7.000	0.440	0.660

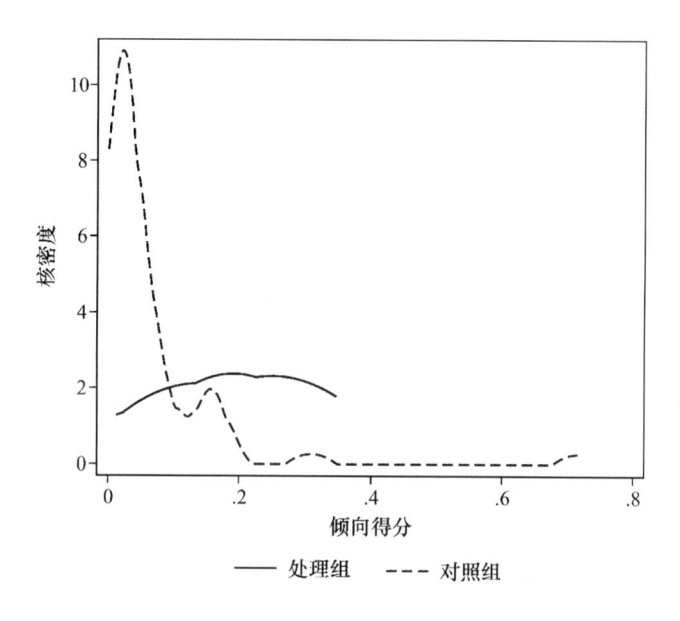

(a) 匹配处理前样本倾向得分的核密度分布

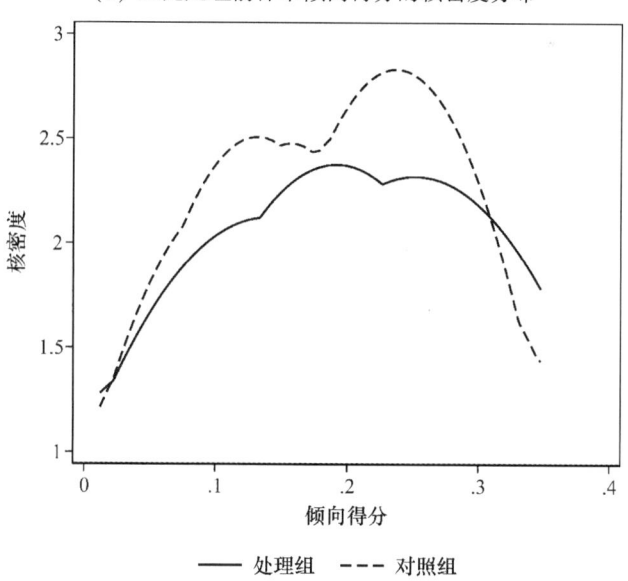

(b) 匹配处理后样本倾向得分的核密度分布

图 5-1 匹配前后处理组和对照组倾向得分的核密度分布

二 渐进 DID 模型回归结果与分析

表 5-5 报告了使用国家层面数据对（5-2）式进行回归所得结果。第（1）列、第（2）列和第（3）列分别表示中国自由贸易区战略实施对农产品贸易额、农产品出口额和农产品进口额的影响，回归中都已控制了国家和年份层面的固定效应。交乘项（$FTZ \times time$）为本书关心的政策效果变量。从回归结果可以看出，第（1）列、第（2）列和第（3）列回归，交乘项（$FTZ \times time$）在 1% 的显著性水平上通过了统计检验，且系数为正。从估计结果来看，中国自由贸易区战略实施之后，中国与自由贸易区伙伴国之间的农产品贸易额、出口额和进口额分别平均增长了 102.3%、42.1% 和 200.9%。

表 5-5　　　　　　　　　　农产品贸易额回归结果

变量	(1) Trade	(2) Export	(3) Import
FTZ × time	1.023***	0.421***	2.009***
	(0.08)	(0.07)	(0.13)
常数项	-13.783***	-7.472***	-26.256***
	(0.92)	(0.76)	(1.64)
控制变量	是	是	是
国家固定效应	是	是	是
年份固定效应	是	是	是
样本量	2487	2487	2487
R-squared	0.773	0.789	0.633

注：括号内为稳健性标准误；*、** 和 *** 分别表示在 10%、5% 和 1% 的显著性水平上通过了统计检验。

与出口相比，中国自由贸易区战略的实施更加有利于中国扩大对伙伴国农产品的进口，这主要是因为近些年来中国农业劳动力、土地等生产成本的不断上涨，使中国农业的比较优势不断下降。随着人口的增长和城市化进程的加速，土地的稀缺性和劳动力成本的上升对中国的农业产业构成了巨大压力。这使中国的农产品在国际市场上难以与其他国家的产品竞争，尤其是那些拥有更多资源和更低成本的国家。中国自由贸易区战略的实施，通过贸易成本的下降，更加有利于成员国比较优势的发挥，因此，自由贸易区建立之后，对中国扩大对伙伴国农产品的进口更有利。从前文理论分析中的（4－5）式也可以看出，如果 A 国自身生产成本 c_A 上涨，那么 A 国从 B 国进口农产品的规模将会不断扩大。

本书进一步使用产品层面数据，在控制产品层面固定效应的基础上进行检验。表5－6报告了对（5－3）式进行回归分析的结果。第（1）列、第（2）列和第（3）列分别表示中国自由贸易区战略实施对其农产品贸易额、农产品出口额和农产品进口额的影响，回归中都控制了国家和年份层面的固定效应；第（4）列、第（5）列和第（6）列则在上述回归的基础上进一步控制了产品层面的固定效应。从回归结果来看，第（1）—（6）列回归中，交乘项（FTZ×time）的系数在1%的显著性水平上通过了统计检验，且系数都为正。表5－6中，FTZ×time 的系数普遍低于其在表5－5中的回归系数，而且在控制产品层面固定效应之后，FTZ×time 的系数进一步降低。这表明使用国家层面的数据以及未控制产品固定效应都会高估自由贸易区战略实施带来的政策效应。平均来看，中国自由贸易区战略实施使中国与伙伴国之间的农产品贸易额、出口额和进口额分别增长了19.1%、9.6%和28.2%。

实证结果符合第四章中的理论预期，一方面自由贸易区战略作为一种提升贸易自由化的重要手段，中国与伙伴国间农产品贸易成本的降低可以有效刺激伙伴国间的农产品贸易往来；另一方面，由于中国农产品比较优势的下降，自由贸易区的建立和发展更有利于中国扩大对伙伴国农产品的进口。本书第四章理论分析中的假说1得以验证。

表5-6　　　　　　　　分产品贸易额回归结果

变量	(1) Trade	(2) Export	(3) Import	(4) Trade	(5) Export	(6) Import
FTZ × time	0.214***	0.055***	0.400***	0.191***	0.096***	0.282***
	(0.02)	(0.02)	(0.03)	(0.02)	(0.02)	(0.03)
常数项	-10.684***	-13.077***	-46.421***	-11.144***	-13.754***	-43.777***
	(1.55)	(1.58)	(7.67)	(1.42)	(1.44)	(6.58)
控制变量	是	是	是	是	是	是
国家固定效应	是	是	是	是	是	是
年份固定效应	是	是	是	是	是	是
产品固定效应	否	否	否	是	是	是
样本量	634426	536390	266932	634426	536390	266932
R-squared	0.115	0.138	0.066	0.337	0.401	0.291

注：括号内为稳健性标准误；*、** 和 *** 分别表示在10%、5%和1%的显著性水平上通过了统计检验。

三　稳健性检验

1. 改变 PSM 匹配方法

在使用 PSM 解决样本选择问题时，为避免匹配方法选择对模型估计造成影响，本书进一步分别采用卡尺内最近邻匹配和核匹配方法对样本进行处理，进而使用处理后的数据分别对模型进行重新估计，结果见表5-7和表5-8。无论使用卡尺内最近邻匹配方法还是使用核匹配方法处理数据，FTZ × time 的估计系数在大小、符号和显著性上与前文回归结果均无较大变化，进一步验证了前文回归结果的稳健性。

表 5-7　更换匹配方法后模型的估计结果——卡尺内最近邻匹配

变量	卡尺内最近邻匹配					
	Trade	Export	Import	Trade	Export	Import
FTZ × time	0.284***	0.093***	0.492***	0.230***	0.103***	0.342***
	(0.02)	(0.02)	(0.03)	(0.02)	(0.02)	(0.03)
常数项	28.850***	35.923***	-71.727***	14.976***	18.636***	-58.111***
	(2.25)	(2.26)	(8.32)	(1.99)	(2.00)	(7.50)
控制变量	是	是	是	是	是	是
国家固定效应	是	是	是	是	是	是
年份固定效应	是	是	是	是	是	是
产品固定效应	否	否	否	是	是	是
样本量	791437	679966	280439	791437	679966	280439
R-squared	0.237	0.246	0.085	0.405	0.443	0.250

注：括号内为稳健性标准误；*、**和***分别表示在10%、5%和1%的显著性水平上通过了统计检验。

表 5-8　更换匹配方法后模型的估计结果——核匹配

变量	核匹配					
	Trade	Export	Import	Trade	Export	Import
FTZ × time	0.262***	0.085***	0.473***	0.201***	0.086***	0.301***
	(0.02)	(0.02)	(0.03)	(0.02)	(0.02)	(0.03)
常数项	31.376***	38.113***	-70.318***	16.744***	20.000***	-56.779***
	(2.26)	(2.26)	(8.33)	(2.00)	(2.01)	(7.49)
控制变量	是	是	是	是	是	是
国家固定效应	是	是	是	是	是	是
年份固定效应	是	是	是	是	是	是
产品固定效应	否	否	否	是	是	是
样本量	775448	662358	281108	775448	662358	281108
R-squared	0.236	0.242	0.094	0.407	0.443	0.262

注：括号内为稳健性标准误；*、**和***分别表示在10%、5%和1%的显著性水平上通过了统计检验。

2. 安慰剂检验

为了进一步检验前文得出的政策效应是否是受国家—产品—年份层面不可观测因素的驱动，本书采用随机分配试点国家的方式进行安慰剂测试（Cai et al.，2016）。具体而言，随机选取 19 个国家作为处理组，假设中国与这些国家建立了自由贸易区，其他国家则为非成员国，以此构造"伪"处理组和对照组。本书分别将中国与各国的农产品贸易额、出口额和进口额作为被解释变量进行 3000 次回归。图 5-2 到图 5-4 报告的是随机制造处理组和对照组产生的安慰剂效应的概率密度分布情况。从结果可以看出，安慰剂效应的概率密度都集中在零点附近，而且系数的均值几乎为零，大多数估计值的 P 值都大于 0.1（见表 5-9）。另外，虚线为表 5-5 中 FTZ×time 的估计系数，在安慰剂检验中是明显的异常值，为极小概率事件。由此可以看出，本书得出的结论不太可能受到遗漏变量的干扰，回归结果非常稳健。

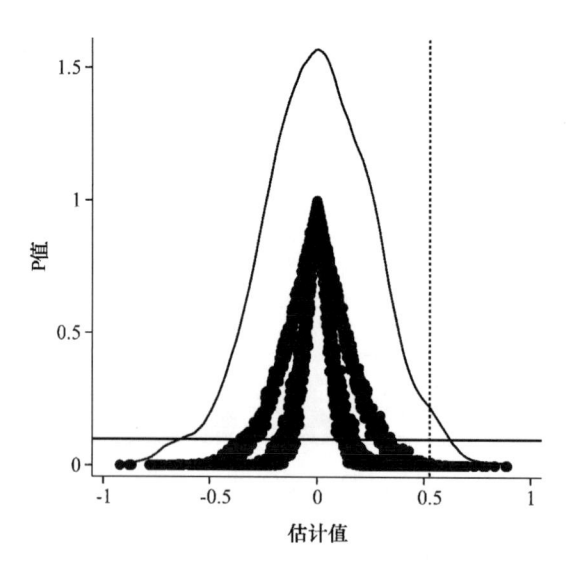

图 5-2 安慰剂检验结果：农产品贸易额

说明：曲线为估计系数的核密度分布，点是估计系数的 P 值，虚线为表 5-5 中相对应的估计结果。

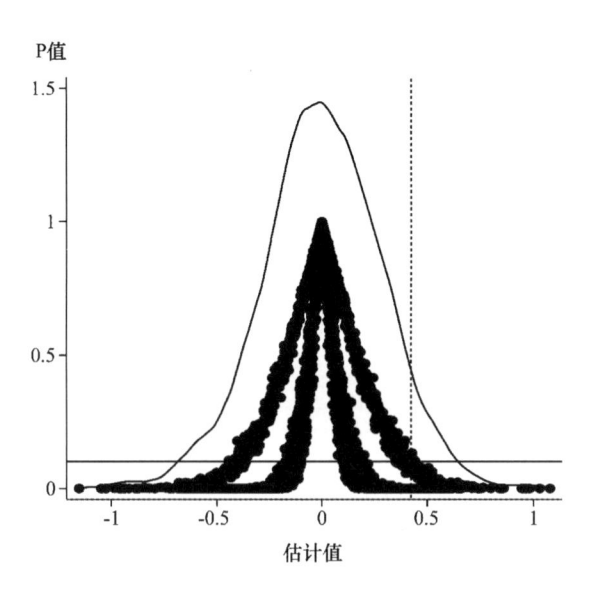

图 5-3 安慰剂检验结果：农产品出口额

说明：曲线为估计系数的核密度分布，点是估计系数的 P 值，虚线为表 5-5 中相对应的估计结果。

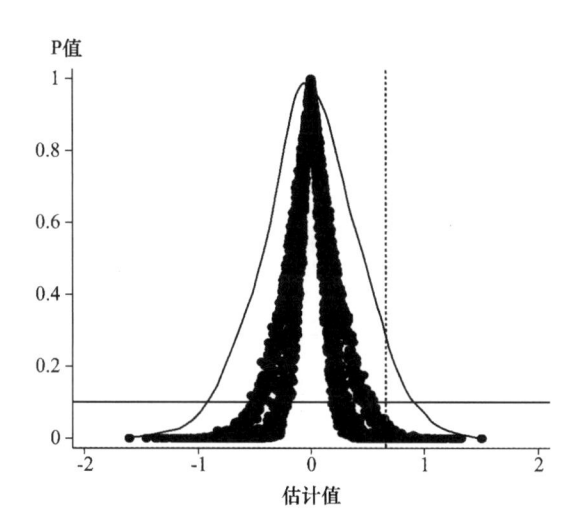

图 5-4 安慰剂检验结果：农产品进口额

说明：曲线为估计系数的核密度分布，点是估计系数的 P 值，虚线为表 5-5 中相对应的估计结果。

表5-9　　　　　　　　　安慰剂效应的统计分布情况

被解释变量	变量	均值	25%分位	50%分位	75%分位	标准差	回归次数
Trade	系数	0.0053	-0.1634	0.0061	0.1830	0.2577	3000
	P值	0.2757	0.0061	0.1498	0.4838	0.3051	3000
Export	系数	0.0004	-0.1763	-0.0006	0.1894	0.2852	3000
	P值	0.2714	0.0058	0.1314	0.4967	0.3070	3000
Import	系数	-0.0017	-0.2696	-0.0025	0.2755	0.4289	3000
	P值	0.2874	0.0110	0.1594	0.5222	0.3084	3000

注：表中Trade、Export和Import分别代表的是农产品贸易额、农产品出口额和农产品进口额。

3. 三重差分方法估计

双重差分估计策略并没有将中国自由贸易区战略实施之外的其他政策的影响剔除干净，比如中国加入WTO这一"事件"可能会对中国农产品贸易造成一定影响，估计结果就会存在一定的误差[①]。本书进一步使用三重差分方法来解决上述问题，并对前文研究结论进行稳健性分析。具体而言，本书使用中国HS1992六位代码各类农产品的最惠国适用关税（MFN Applied Tariff）历年平均值数据[②]，按照产品关税大小将农产品分为两大类，高关税农产品和低关税农产品。由于中国与伙伴国建立自由贸易区实际上是在WTO框架下最惠国待遇基础上的进一步贸易自由化，因此相对于高关税农产品而言，原本低关税农产品在自由贸易区建立之后关税降低幅度较小。若自由贸易区农产品贸易效应显著，则相对于低关税农产品而言，高关税农产品受自由贸易区建立的影响应该更大。为验证上述想法，本书

---

① 由于本书使用的是1995—2020年跨国面板数据，而且2001年中国加入WTO，DID模型差分时实验组和对照组存在是否加入WTO的差异，可能会使自由贸易区农产品贸易效应估计产生一定的误差。

② 资料来源：世界贸易组织综合数据库（WTO's Integrated Database，IDB）；该数据库汇总了2010—2020年中国各类产品的具体关税水平。

构建如下计量模型：

$$Ari\_Trade_{ijt} = \beta_0 + \beta_1 FTZ_i \times time_{it} + \beta_2 FTZ_i \times time_{it} \times Tariffc_j +$$
$$\beta_3 Tariffc_j + \lambda X + \gamma_t + \mu_i + \eta_j + \varepsilon_{ijt} \quad (5-6)$$

(5-6) 式[1]中，其中，$Tariffc_j$ 为虚拟变量，当 j 类农产品为最惠国待遇下高关税农产品，$Tariffc_j$ 取值为1，j 类农产品为最惠国待遇下低关税农产品，$Tariffc_j$ 取值为0。

表5-10报告了三重差分估计的平均处理效应。FTZ × time × Tariffc 的估计系数是本书关注的重点。第（1）列和第（2）列中，FTZ × time × Tariffc 的估计系数在1%的显著性水平上通过了统计检验，且都为正；第（3）列中，FTZ × time × Tariffc 的估计系数在10%的显著性水平上通过了统计检验，且都为正。这说明无论是农产品贸易额、农产品进口额还是农产品出口额，中国自由贸易区战略实施对最惠国待遇下高关税农产品的影响更大，这说明中国自由贸易区战略实施对农产品贸易影响的回归结果较为稳健，并未受到其他政策干扰，进一步验证了上述的研究结论。

表5-10　　　　　　　　　三重差分的估计结果

变量	(1) Trade	(2) Export	(3) Import
FTZ × time × Tariffc	0.128***	0.112***	0.128*
	(0.04)	(0.04)	(0.07)
FTZ × time	0.040	-0.027	0.157**
	(0.04)	(0.04)	(0.07)
Tariffc	-0.147	-0.069	-0.832**
	(0.24)	(0.24)	(0.40)

---

[1] (5-6) 式中，因变量使用的是中国与各国 HS1992 六位代码的分产品数据，与 (5-3) — (5-5) 式相同。

续表

变量	(1) Trade	(2) Export	(3) Import
常数项	-12.943***	-12.796***	-53.912***
	(2.31)	(2.36)	(9.91)
控制变量	是	是	是
国家固定效应	是	是	是
年份固定效应	是	是	是
产品固定效应	是	是	是
样本量	218733	187102	93392
R-squared	0.422	0.467	0.264

注：括号内为稳健性标准误；*、**和***分别表示在10%、5%和1%的显著性水平上通过了统计检验。

第四节 影响机制检验

从理论分析的结果，在 Viner (1950) 框架下，自由贸易区贸易促进效应的主要来源是贸易创造效应和贸易转移效应 (Carrere, 2006)。那么中国自由贸易区的战略实施带来的成员国间农产品贸易增长，是来自农产品贸易创造效应还是贸易转移效应？成员国福利又如何变化？还需要进一步分析并对第三章理论分析提出的研究假说进行验证。

一 农产品贸易增长来源分解与福利变化判断

传统理论基本上都是从进口角度分析福利效应，由于中国对自由贸易区伙伴国出口农产品相当于伙伴国从中国进口农产品，因此进口角度可以识别出自由贸易区建立之后中国福利的变化，出口角度则可以识别出自由贸易区建立之后伙伴国福利的变化。研究自由贸易区农产品贸易静态效应，不仅要关注自由贸易区成员国间农产品贸易规模和方向的变化，更要考察自由贸易区成员国与非成员国间农产品贸易规模和方向的变化。根据（5-4）式和（5-5）式，FTZ_{it}^2的系数若为正且显著，说明中国自由贸易区战略实施之后，并未导致成员国与非成员国农产品贸易的下降，成员国间农产品贸易的增长主要是贸易创造效应的作用；若FTZ_{it}^2的系数显著为负，说明贸易转移效应显著，成员国间农产品贸易的增长以与非成员国农产品贸易的下降为代价，贸易转移效应会导致成员国福利的损失，最终成员国福利增长还是下降取决于贸易创造效应和贸易转移效应的相对大小。表5-11为自由贸易区农产品贸易促进效应来源和福利变化的识别方法。

表5-11 自由贸易区对农产品贸易的影响渠道和福利变化识别方法

回归系数	进口		回归系数	出口	
	效应分解	福利变化		效应分解	福利变化
$\alpha_1 > 0; \alpha_2 > 0$	TC	$W_m > 0$	$\beta_1 > 0; \beta_2 > 0$	TC	$W_h > 0$
$\alpha_1 > 0; \alpha_2 < 0$ ($|\alpha_1| > |\alpha_2|$)	TC 和 TD	$W_m > 0$	$\beta_1 > 0; \beta_2 < 0$ ($|\beta_1| > |\beta_2|$)	TC 和 TD	$W_h > 0$
$\alpha_1 > 0; \alpha_2 < 0$ ($|\alpha_1| < |\alpha_2|$)	TD	$W_m < 0$	$\beta_1 > 0; \beta_2 < 0$ ($|\beta_1| < |\beta_2|$)	TD	$W_h < 0$

注：表中α_1、α_2、β_1和β_2为公式（5-4）和公式（5-5）中对应变量的系数。TC 和 TD 分别表示农产品贸易创造效应和农产品贸易转移效应；W_m和W_h分别代表自由贸易区建立之后母国和伙伴国福利变化。

二 中国农产品贸易增长来源分解及福利的变化

本书使用PPML估计方法对公式（5-4）和公式（5-5）进行回归分析，估计结果见表5-12和表5-13。在1%的显著性水平下，第（1）列、第（2）列和第（3）列中FTZ_{it}^1和FTZ_{it}^2的估计系数都通过了显著性检验。从估计系数的方向来看，在第（1）列和第（3）列的估计结果中FTZ_{it}^1的系数$\alpha_1 > 0$，在第（2）列和第（3）

列的估计结果中FTZ_{it}^2的系数$\alpha_2 < 0$,$|\alpha_1| > |\alpha_2|$。从进口角度来看,当$\alpha_1 > 0, \alpha_2 < 0$且$|\alpha_1| > |\alpha_2|$时,自由贸易区农产品贸易促进效应等同于农产品贸易创造效应和农产品贸易转移效应之和(见表5-11和表5-12)。这说明,对于中国来说,农产品贸易创造效应和农产品贸易转移效应同时作用于自由贸易区建立对中国农产品贸易的影响。中国自由贸易区建立之后,主要使自身低效率的农产品生产被高效率的成员国生产替代,因而中国自由贸易区战略实施带来了中国福利的改进。

表5-12　　　　中国农产品贸易增长来源分解及福利的变化

	(1)	(2)	(3)
FTZ^1	0.0417***		0.0288***
	(0.0010)		(0.0010)
FTZ^2		-0.0270***	-0.0174***
		(0.0005)	(0.0005)
常数项	0.9596***	0.9049***	0.9370***
	(0.0080)	(0.0080)	(0.0080)
控制变量	是	是	是
国家固定效应	是	是	是
年份固定效应	是	是	是
产品固定效应	是	是	是
样本量	778498	778498	778498

注:括号内为稳健性标准误;*、**和***分别表示在10%、5%和1%的显著性水平下通过了统计检验。

三　伙伴国农产品贸易增长来源分解及福利变化

表5-13为自由贸易区伙伴国农产品贸易增长来源分解及福利变化。在1%的显著性水平下,无论是第(1)列和第(2)列,还

是第（3）列，FTZ_{it}^1和FTZ_{it}^2的估计系数都通过了显著性检验。从估计系数的方向来看，在第（1）列和第（3）列的估计结果中FTZ_{it}^1的系数$\beta_1 > 0$；在第（2）列和第（3）列的估计结果中FTZ_{it}^2的系数$\beta_2 > 0$。从出口角度来看，当$\beta_1 > 0$且$\beta_2 > 0$时，成员国间农产品贸易的增长主要是贸易创造效应的作用，成员国间农产品贸易的增长并未导致成员国与非成员国间农产品贸易的下降（见表5-11和表5-13）。这说明，自由贸易区战略实施带来的中国自由贸易区伙伴国农产品贸易的变化是通过贸易创造效应渠道产生的，同时伙伴国的福利也得到有效提升。

表5-13　伙伴国农产品贸易增长来源分解及福利的影响变化

	（1）	（2）	（3）
FTZ^1	0.0080***		0.0161***
	(0.0009)		(0.0010)
FTZ^2		0.0054***	0.0108***
		(0.0005)	(0.0006)
常数项	1.1600***	1.1570***	1.1750***
	(0.0085)	(0.0084)	(0.0084)
控制变量	是	是	是
国家固定效应	是	是	是
年份固定效应	是	是	是
产品固定效应	是	是	是
样本量	778498	778498	778498

注：括号内为稳健性标准误；*、**和***分别表示在10%、5%和1%的显著性水平上通过了统计检验。

以上分析表明，无论是中国还是自由贸易区伙伴国，中国自由贸易区战略实施带来的农产品贸易促进效应主要是来源于贸易创造效应，而并非替代成员国与非成员国的贸易，因此，中国与自由贸易区伙伴国都会因为中国自由贸易区战略的实施而获得福利的改进，从而验证了本书第三章理论分析中提出的假说 2 和假说 3。中国自由贸易区战略实施之后，无论是对中国而言，还是对自由贸易区伙伴国而言，自由贸易区建立都使它们替代了本国生产的高成本农产品，中国和其自由贸易区伙伴国可以选择购买区域内更便宜的进口农产品。另外，中国和其自由贸易区可以选择进口区域内低成本的农产品，更有效地配置资源，将生产要素（如劳动力、资本）用于更具竞争力的农产品上，这有利于提升生产效率和经济效应，进而提升成员国福利。

第五节　本章小结

本章主要通过实证分析，检验中国自由贸易区战略实施的农产品贸易静态效应。按照贸易静态效应理论分析的结果，自由贸易区农产品贸易促进效应主要来源于贸易创造效应和贸易转移效应，同时两个渠道也会带来成员国福利变化。为验证理论分析结果，本章利用 1995—2020 年中国与各国农产品贸易数据，先采用 PSM 方法对选择性偏差问题进行处理并匹配合适的对照组，然后采用渐进 DID 方法估计出自由贸易区战略实施的农产品贸易促进效应，并采用安慰剂检验和三重差分等方法对估计结果进行稳健性检验，最后对贸易促进效应进行分解并判断成员国福利变化。

研究发现，中国自由贸易区战略的实施产生了较为显著的农产品贸易促进效应，而且更加有利于中国扩大对伙伴国农产品的进口。随着中国与自由贸易区伙伴国的农产品贸易自由化的不断提升，贸易成本的降低可以有效刺激伙伴国间的农产品贸易往来。特别是由于近些年中国大多数农产品的比较优势呈明显下降趋势，自由贸易区的建立更有利于中国进口伙伴国的农产品，从而替代本国低效率的农产品生产。上述研究结论在稳健性检验和三重差分估计下仍然成立。从影响机制来看，中国自由贸易区战略实施主要通过贸易创造效应和贸易转移效应两个渠道影响成员国农产品贸易变化。对于中国来说贸易创造效应的影响更大；对伙伴国而言，自由贸易区建立之后，农产品贸易促进效应的产生也主要来自贸易创造效应。因此，中国与友好国家自由贸易区的建立大大地刺激了贸易量的增加，促进了贸易结构改善，促进了区域内贸易的发展。

第六章

中国—东盟自由贸易区的农产品贸易静态效应实证

中国—东盟自由贸易区是由发展中国家组成的全球最大的自由贸易区，也是中国倡导建立的第一个自由贸易区。中国与东盟都是农产品贸易大国，中国拥有庞大的人口基数，东盟国家也有相当大的市场规模，东盟大部分国家农业生产资源丰富，农业生产自然条件优越，而且与中国农产品贸易在结构上互补性较强（冯阳，2013；谭丹，2018）。东盟十国的经济发展水平、资源禀赋、生产技术条件也存在不同程度的差异，中国—东盟自由贸易区的贸易效应在国别上存在差异。再加上中国与东盟国家实施了分阶段削减关税，而且各国削减关税幅度存在一定的差异。那么，在中国与东盟农产品贸易发展过程中，中国—东盟自由贸易区主要发挥了贸易创造效应还是贸易转移效应，如果是贸易创造效应，那么这种效应有多大呢；中国与东盟各国在自由贸易区建设过程中就农产品贸易而言是否产生不一样的影响。这些问题的解答，对及时总结中国—东盟自由贸易区发展经验，充分发挥自由贸易区的作用和功能，促进新时代中国农业对外开放和高质量发展都具有重要的现实意义和理论价值。总之，中国—东盟自由贸易区作为自由贸易区的典型案例，其农产品贸易静态效应值得进一步深入研究，因此，本章进一步以中国—

东盟自由贸易区为研究对象,进一步实证考察自由贸易区农产品贸易静态效应。

第一节 中国—东盟自由贸易区的建设历程及阶段划分

早在20世纪90年代末,中国和东盟国家就开始探讨建立自由贸易区的可能性。1996年,中国提出了与东盟建立自由贸易区的建议,并于2000年正式启动了磋商。经过多年的谈判,双方于2002年11月签署了《中国—东盟全面经济合作框架协议》,其中,农业领域的合作是该协议的重点内容。2004年1月1日,中国与东盟启动了"早期收获计划",对500多种农产品先行下调关税,部分农产品关税直接降为零,这部分农产品主要是海关代码第一章到第八章的农产品[1]。根据"早期收获计划"的实施细则,中国与东盟各国按照不同的时间表削减和取消关税(见表6-1)。到了2010年1月1日,中国—东盟自由贸易区正式全面建成,也意味着"早期收获计划"的结束,因此,本书将2004—2009年定义为"早期收获计划"阶段。2010年1月1日,中国—东盟自由贸易区正式全面建成,双方7000多种产品被纳入零关税的范畴,几乎包含了全部的农产品。中国—东盟自由贸易区建成之初,只有东盟老六国(泰国、菲律宾、马来西亚、新加坡、文莱和印度尼西亚)与中国全部农产品实现了零关税(除各国预定的少数敏感产品外[2]),到了2015年1月1日,中国与东盟新成员国(越南、老挝、缅甸、柬埔寨)也实现

---

[1] 分别包括1(活动物)、2(肉及可食用杂碎)、3(鱼)、4(乳品、蛋、蜜等)、5(其他动物产品)、6(活树及其他活植物)、7(蔬菜类产品)、8(水果和坚果类产品)。

[2] 成员国根据自身产业发展情况,提出各自的敏感产品,中国主要包括大米、天然橡胶、棕榈油、木材、纸制等;东盟各国主要是橡胶制品、部分纺织品和服装等。

了农产品零关税（少数敏感产品除外）。因此，本书将2010—2015年定义为自由贸易区建成阶段。2015年11月22日，中国与东盟国家签署中国—东盟自由贸易区升级谈判成果文件，推动实现2020年双边贸易额达到1万亿美元的目标。基于此，本书将2016—2020年定义为自由贸易区"升级版"阶段。后文将分别考察"早期收获计划"阶段、自由贸易区建成阶段以及自由贸易区"升级版"阶段中国与东盟农产品贸易的贸易效应，并对不同阶段的实施效果进行比较分析。

表6-1　　　　　中国—东盟自由贸易区建设历程和时间

时间点	市场开放进程与国家	覆盖产品	时期
2004年1月1日	东盟老六国①和越南开始削减关税	海关代码前八章农产品	"早期收获计划"阶段（2004—2009年）
2006年1月1日	东盟老六国实现零关税；老挝、缅甸和柬埔寨开始削减关税	海关代码前八章农产品	
2008年1月1日	越南实现零关税	海关代码前八章农产品	
2009年1月1日	老挝和缅甸实现零关税	海关代码前八章农产品	
2010年1月1日	柬埔寨实现零关税	海关代码前八章农产品	
2010年1月1日	东盟老六国零关税（部分敏感产品除外）	全部农产品	自贸区建成阶段（2010—2015年）
2015年1月1日	东盟新成员国零关税（部分敏感产品除外）	全部农产品	
2015年11月22日	东盟十国零关税	部分敏感产品	自贸区"升级版"阶段（2016—2020年）

资料来源：中国—东盟自由贸易区官方网站（http://www.cafta.org.cn），中华人民共和国商务部官方网站（http://www.mofcom.gov.cn/article/Nocategory/200507/20050700180151.shtml）。

根据联合国商品贸易统计数据库 UN Commodity Trade Statistics

---

① 东盟老六国是指新加坡、印度尼西亚、马来西亚、菲律宾、泰国和文莱。

Database，数据，自"早期收获计划"实施以来，中国与东盟农产品贸易呈现快速增长的态势，贸易总额从 2004 年的 67.56 亿美元增长到 2020 年的 496.52 亿美元，年均增长 14.50%。其中，中国从东盟进口农产品的金额从 2004 年的 39.89 亿美元增长到 2020 年的 256.35 亿美元，年均增长 12.96%；中国向东盟出口农产品的金额从 2004 年的 27.67 亿美元增长到 2020 年的 240.17 亿美元，年均增长 16.61%。自 2013 年始，东盟就超过日本，成为中国农产品出口的第一大伙伴国，而 2018—2019 年，东盟连续两年超过美国，成为中国第二大农产品进口来源地区。可见，中国与东盟之间已成为关系日益紧密的农产品贸易伙伴，中国—东盟自由贸易区对中国与东盟农产品贸易发展的促进作用显著。

表 6-2　　　　　　　1999—2020 中国与东盟农产品贸易情况

单位：亿美元

年份	农产品进口额	农产品出口额	农产品贸易额	农产品净出口额
1999	13.41	13.92	27.33	0.52
2000	14.58	16.56	31.14	1.98
2001	16.58	14.85	31.43	-1.73
2002	19.95	22.90	42.84	2.95
2003	28.62	28.23	56.85	-0.39
2004	39.89	27.67	67.56	-12.22
2005	39.43	33.19	72.62	-6.25
2006	51.92	41.65	93.57	-10.27
2007	73.56	52.75	126.31	-20.82
2008	94.20	60.46	154.66	-33.75
2009	87.80	70.40	158.20	-17.40
2010	111.94	101.08	213.02	-10.86
2011	152.41	133.40	285.81	-19.01
2012	170.57	137.60	308.17	-32.97

续表

年份	农产品进口额	农产品出口额	农产品贸易额	农产品净出口额
2013	162.42	169.19	331.61	6.77
2014	179.19	179.75	358.95	0.56
2015	178.68	192.32	371.00	13.64
2016	166.56	203.59	370.15	37.03
2017	188.67	214.52	403.19	25.84
2018	212.82	225.94	438.77	13.12
2019	241.10	239.51	480.61	-1.60
2020	256.35	240.17	496.52	-16.18

第二节　研究设计

一　基于"反事实"框架的模型设计

中国与东盟建立自由贸易区，相对于东盟以外的国家，可以把自由贸易区建立看作一项"准自然实验"。针对"准自然实验"，常使用的是 Rubin（2005）提出的"反事实"框架。DID 模型是"反事实"构建的重要方法。但该方法存在两大缺陷：一是样本选择偏误，对照组选择具有主观性和随意性；二是无法有效解决政策实施的内生性问题。由于政策实施地区往往都具有一些共同的特征，直接使用 DID 方法会对"反事实"的构建产生较大的误差。Abadie 等（2010）提出的合成控制法可以很好地解决这些缺陷。这种方法的主要优点之一是合成控制方法允许未观测到的随机扰动项随时间变化，这与仅允许随机扰动项在时间上不变的其他计量经济学方法不同。自 Abadie 等（2010）对加利福尼亚烟草控制政策对烟草消费影响的开创性研究发表以来，合成控制方法在微观和宏观研究中非常流行，从自然灾害、政治冲突以及社会和经济政策的干预都得到广泛应用

(Abadie et al., 2014; Lee, 2011), 但国际贸易领域, 使用该方法还只有少数的几篇文献, 例如 Nannicini 和 Billmeier (2011) 使用合成控制法来研究贸易开放和增长关系。

本书参考 Abadie 等 (2010) 的做法, 先假设有 K+1 个经济体 (包括国家或者地区)①, 其中经济体 1 是东盟地区 (或者东盟成员国), 为处理组地区; 经济体 2 至经济体 K+1 表示非东盟国家 (或地区)。t_0 表示中国—东盟自由贸易区开始实施的年份; T_{it}^I 表示经济体 i 在时点 t 上与中国实施自由贸易区战略的双边农产品贸易额; T_{it}^N 表示经济体 i 在时点 t 上如果不实施自由贸易区战略与中国农产品的贸易额; T_{it} 表示经济体 i 在 t 时期与中国实际农产品贸易额情况。本书假设经济体 i 在时点 $t = t_0$ 宣布与中国联合实施自由贸易区战略, 则 $[1, t_0]$ 期内经济体 i 与中国的农产品贸易额不受政策冲击的影响, 此时 $T_{it}^I = T_{it}^N$; 中国—东盟自由贸易区建立之后, 在 $[t_0+1, t]$ 期内, 令 $\alpha_{it} = T_{it}^I - T_{it}^N$ 表示为中国—东盟自由贸易区的农产品贸易效应。由于在中国—东盟自由贸易区建立之后, 无法直接获取中国—东盟自由贸易区未建立的"反事实"数据, 所以研究的关键在于 T_{it}^N ("反事实") 的构建, 本书引入 Abadie 等 (2010) 提出的因子模型来估计 T_{it}^N。

假设 T_{it}^N 由以下"因子模型"决定:

$$T_{it}^N = \delta_t + \theta_t' Z_i + \lambda_t' \mu_i + \varepsilon_{it} \qquad (6-1)$$

其中, 上式右边第一项 δ_t 为时间固定效应; 第二项 Z_i 为可观测的向量 (干预之前的预测变量的平均值), θ_t' 是一个 $(1 \times r)$ 维未知向量; 第三项为不可观测的"互动固定效应", 也就是个体效应 μ_i 与时间固定效应 λ_t' 的乘积 (Bai, 2009), λ_t' 为 $(1 \times F)$ 维的无法观测到的公共因子向量; 第四项为随机扰动项。具体地, 本书选择

---

① 与 DID 方法不同的是, 合成控制法往往假设干预组只有一个个体 (一个地区、城市或者国家), 其他区域没有受到政策的干预。

经济规模、经济发展水平、农业发展水平、农业资源状况以及相应年份的农产品贸易额作为预测控制变量。

为了估计（6-1）式，合成控制法通过权重矩阵 $W = (w_2, w_3, \cdots, w_{K+1})$ 合成"反事实"。其中，所有权重的取值都大于等于0，并且总和等于1（Hosny，2012）。从而我们可以得到：

$$\sum_{K=2}^{K+1} w_K Y_{Kt}^N = \delta_t + \theta'_t \sum_{K=2}^{K+1} w_K Z_K + \lambda'_t \sum_{K=2}^{K+1} w_K \mu_K + \sum_{K=2}^{K+1} w_K \varepsilon_{Kt} \tag{6-2}$$

将 T_{it}^N 减去上式可以得到：

$$T_{1t}^N - \sum_{K=2}^{K+1} w_K Y_{Kt}^N = \theta'_t (Z_1 - \sum_{K=2}^{K+1} w_K Z_K) + \lambda'_t (\mu_1 - \sum_{K=2}^{K+1} w_K \mu_K) + \sum_{K=2}^{K+1} w_K (\varepsilon_1 - \varepsilon_{Kt}) \tag{6-3}$$

$T_{1t}^N - \sum_{K=2}^{K+1} w_K Y_{Kt}^N$ 即为自由贸易区建立的农产品贸易效应，Abadie 等（2010）证明了在特定条件下，存在一个权重向量使 $T_{1t}^N - \sum_{K=2}^{K+1} w_K Y_{Kt}^N$ 趋近于0，此时 $\widehat{\alpha_{1t}} = T_{1t} - \sum_{K=2}^{K+1} w_K T_{Kt}$ 可以作为 α_{1t} 的无偏估计量。由于该模型构建和证明不是本书研究的重点，本书不再重复阐述。

二　变量说明

本书的结果变量为中国对世界各国农产品进口额、中国对世界各国农产品出口额和中国对世界各国农产品贸易额。本书中的农产品是指海关代码为1—24章、35章、41章和50—53章的产品，并将这些类别的农产品按照年份和国家进行加总，得到本书相应的结果变量。参考相关农产品贸易影响因素文献（Magee，2003；Koo and Kennedy，2006；Jayasinghe and Sarker，2008），本书将经济规模、经济发展水平、农业发展水平和农业资源状况作为预测变量。第一，经济规模使用 GDP 总量来衡量，用购买力平价进行调整；第二，经济发展水平使用人均收入衡量，用购买力平价进行调整；第三，农业发展水平使用农业增加值和劳动生产率进行衡量，其中，劳动生产率＝农业增加值/农业劳动力，农业增加值用购买力平价进行调整；第四，农业资源状况使用农用地面积和人口密度进行衡量，其中，农用地面积＝国土面积＊农用地比例。本书的政策变量为是否实施降低关税等措施，以中国与各国降低关税的时间表作为政策干预节点。表6-3为中国与东盟各成员国降低关税时间安排表。由于中国与东盟各国降低关税的时间存在差异，本书针对不同成员国设计不同的政策冲击点，其中，东盟老六国和越南降低关税的时点为2004年，因此所有这些国家的政策冲击点设定在2004年；缅甸、老挝和柬埔寨是从2006年开始降税，其政策冲击点设定在2006年。本书处理组为东盟各国，控制组为除中国和东盟各国以外的国家（或地区）。

表6-3　　　　中国与东盟各成员国降低关税时间安排表

国家	关税（t）	2004年	2005年	2006年	2007年	2008年	2009年	2010年
中国、东盟老六国	t＞15%	10%	5%	0	0	0	0	0
	5%≤t≤15%	5%	0	0	0	0	0	0
	t＜5%	0	0	0	0	0	0	0
越南	t＞30%	20%	15%	10%	5%	0	0	0
	15%≤t≤30%	10%	10%	5%	5%	0	0	0
	t＜15%	5%	5%	5%	5%	0	0	0
老挝、缅甸	t＞30%	不变	不变	20%	14%	8%	0	0
	15%≤t≤30%	不变	不变	10%	10%	5%	0	0
	t＜15%	不变	不变	5%	5%	5%	0	0
柬埔寨	t＞30%	不变	不变	20%	15%	10%	5%	0
	15%≤t≤30%	不变	不变	10%	10%	5%	5%	0
	t＜15%	不变	不变	5%	5%	5%	5%	0

注：东盟老六国是指印度尼西亚、马来西亚、菲律宾、泰国、文莱和新加坡；表中列举的是"早期收获计划"涵盖产品的降低关税幅度和削减时间安排，至2015年1月1日，除少数敏感产品外，中国与东盟各国农产品均实现零关税。

三　数据来源与描述性统计

中国与各国（或地区）农产品进出口数据来自联合国商品贸易统计数据库。各国 GDP 总量、人均收入和农业增加值等控制变量的数据来自世界银行数据库。本书将联合国商品贸易统计数据库和世界银行数据库按照国家代码进行数据匹配，将考察期设定为 1995—2020 年，并且为比较自贸区不同阶段的农产品贸易效应，本书根据表 6 – 1 及后续的降税安排将中国—东盟自由贸易区的建设历程划分为以下三个阶段："早期收获计划" 阶段（2004—2009 年）；建成阶段（2010—2015 年）；升级版阶段（2016—2020 年）。控制组样本的数量直接决定了最优权重矩阵的质量和合成处理组的效果，本书选取所有与中国有农产品贸易往来的经济体作为合成控制组的选择经济体①。由于巴拉圭、玻利维亚、所罗门群岛、波多黎各、开曼群岛和科索沃等国家（或地区）并未在两个数据库都有统计，佛得角、中非共和国、朝鲜、蒙特塞拉特和索马里等国家（或地区）相关数据缺失较为严重，马尔代夫、格鲁吉亚、澳大利亚、瑞士、冰岛、韩国、哥斯达黎加、秘鲁、新西兰、智利、巴基斯坦、中国香港和中国澳门已与中国（内地）建立自由贸易区，为准确识别中国—东盟自由贸易区实施的农产品贸易效应，本书将上述国家（或地区）剔除，并将剩下的 133 个国家（或地区）作为控制组的选择国家（或地区）。表 6 – 4 为主要变量的描述性统计。

表 6 – 4　　　　　　　　　主要变量描述性统计

变量	观测值	均值	标准差	最大值	最小值
中国与世界各国农产品贸易额的对数	4372	7.237	31.482	0.000	496.521
中国从世界各国农产品进口额的对数	4372	4.160	21.371	0.000	356.263

---

① 农产品是指海关代码为 1—24 章、35 章、41 章和 50—53 章的产品，余同。

续表

变量	观测值	均值	标准差	最大值	最小值
中国对世界各国农产品出口额的对数	4372	3.077	13.474	0.000	240.168
GDP 的对数	4294	24.080	2.292	18.548	30.696
人均收入的对数	4294	24.886	2.091	19.170	30.820
农业增加值的对数	4168	21.526	1.919	16.834	27.750
劳动生产率的对数	4066	8.100	1.639	3.897	14.840
农用地面积的对数	4323	10.781	2.373	1.901	15.500
人口密度的对数	4358	4.104	1.342	0.341	8.981

第三节 中国—东盟自由贸易区农产品贸易静态效应的估计

一 整体农产品贸易效应测度

本书先将东盟整体作为观测对象，考察中国—东盟自由贸易区建立的农产品贸易效应。将 2004 年设定为政策冲击点，考察期设定在 1999—2020 年[1]。

1. 合成东盟权重及拟合效果

基于所选取的潜在对照组集合和预测变量，本书运用合成控制法构造东盟的"反事实"作为对照组，其中，农产品进口额合成控制组国家为巴西、日本和美国[2]；农产品出口额合成控制组国家为日本和美国。表 6-5 是控制组中各国在合成东盟中所占的权重。

---

[1] 由于柬埔寨 1999 年才加入东盟，所以在整体农产品贸易效应模型中考察期设定在 1999—2020 年。

[2] 合成东盟参考的国家（或地区）主要为巴西、日本和美国，主要是按照合成控制法的基本原理构造"合成控制地区"，参考的对象往往是与实验组在政策实施前的特征变量较为相近的国家（或地区）。

表6-5　　　　　　控制组国家占合成东盟的权重

结果变量	控制组国家	权重
农产品进口额	巴西	0.281
	日本	0.393
	美国	0.326
农产品出口额	日本	0.076
	美国	0.924

使用合成控制法的前提是构造一个较好的"反事实"，也就是政策实施之前需要具有相同的变化趋势，而且特征变量的真实值和拟合值误差要较小（Abadie et al.，2010）。通过对比真实东盟和合成东盟的相关预测控制变量可以看出模型拟合的效果（见表6-6），其中，绝大部分变量拟合值和实际值的误差都低于10%，说明模型拟合效果较好。具体而言，以农业增加值为例，在分别考察农产品进口额和出口额模型中，实际值和拟合值的误差分别为-0.64%和1.64%，误差都在可接受的范围之内。总的来说，"合成东盟"较好地拟合了东盟在实施"早期收获计划"之前的特征，可用其对中国与东盟实施自由贸易区进行效果评估。

表6-6　　　　　预测控制变量的实际值与拟合值的对比

预测控制变量	农产品进口额			农产品出口额		
	东盟	合成东盟	误差（%）	东盟	合成东盟	误差（%）
GDP 的对数	27.01	28.83	6.74	27.01	29.92	10.77
人均收入的对数	26.32	29.03	10.30	26.32	29.9	13.60
农业增加值的对数	25.02	24.86	-0.64	25.02	25.43	1.64
劳动生产率的对数	8.51	9.57	12.46	8.51	10.75	26.32
农用地面积的对数	13.97	13.37	-4.29	13.97	14.95	7.02

续表

预测控制变量	农产品进口额			农产品出口额		
	东盟	合成东盟	误差（%）	东盟	合成东盟	误差（%）
人口密度的对数	4.78	4.28	-10.46	4.78	3.62	-24.27
1999年观测值	13.41	12.14	-9.47	13.92	14.01	0.65
2000年观测值	14.58	16.07	10.22	16.56	16.94	2.29
2001年观测值	16.58	17.17	3.56	14.85	17.49	17.78
2002年观测值	19.95	17.86	-10.48	22.9	21.5	-6.11
2003年观测值	28.62	28.95	1.15	28.23	26.32	-6.77

注：观测值在不同模型中分别代表农产品进口额和出口额，单位为亿美元，余同。

2. 农产品贸易效应测算和分析

图6-1（a）和6-1（b）分别为中国与东盟及合成东盟农产品进口额和出口额变化情况。可以看出，在中国—东盟自由贸易区战略实施之前，真实东盟和合成东盟的进口额和出口额数据的走势几乎完全重合，说明运用合成控制法很好地构造了一个"反事实"的东盟。从2004年之后的数据还可以看出，中国与东盟农产品贸易保持良好的发展势头，中国与东盟农产品进口额和出口额都高于假设政策没有实施的"反事实"，即中国—东盟自由贸易区战略的实施产生了显著的农产品贸易效应。平均来看，中国—东盟自由贸易区战略实施期间平均每年的农产品进口效应、出口效应和贸易效应分别为24.67亿美元、69.13亿美元和93.80亿美元[1]，而且随着时间推移，农产品贸易效应越来越大，特别是中国对东盟的农产品出口效应，增长更为迅速。与"反事实"相比，2004—2020年，中国累计多从东盟进口了价值419.45亿美元的农产品，累计多向东盟出口了价值1175.27亿美元的农产品。

---

[1] 农产品进口效应是指真实进口额与"反事实"（假设相应政策没有实施）情况下进口额之差；出口效应则是真实出口额与"反事实"（假设相应政策没有实施）情况下出口额之差；农产品贸易效应为农产品进口效应和出口效应的和。

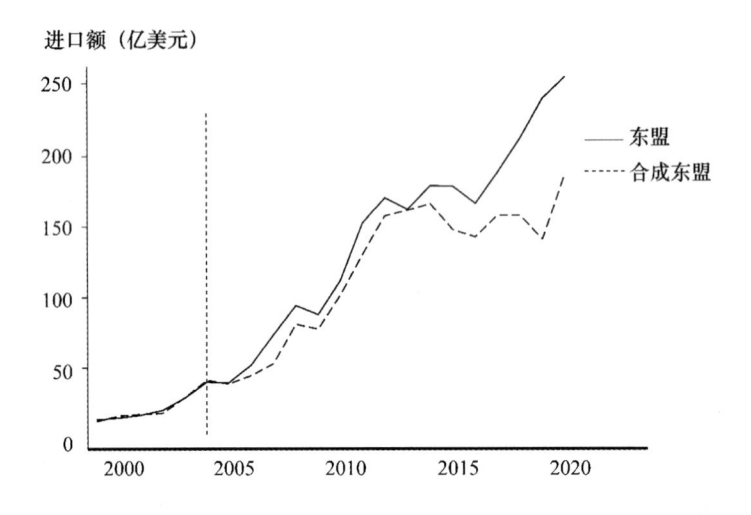

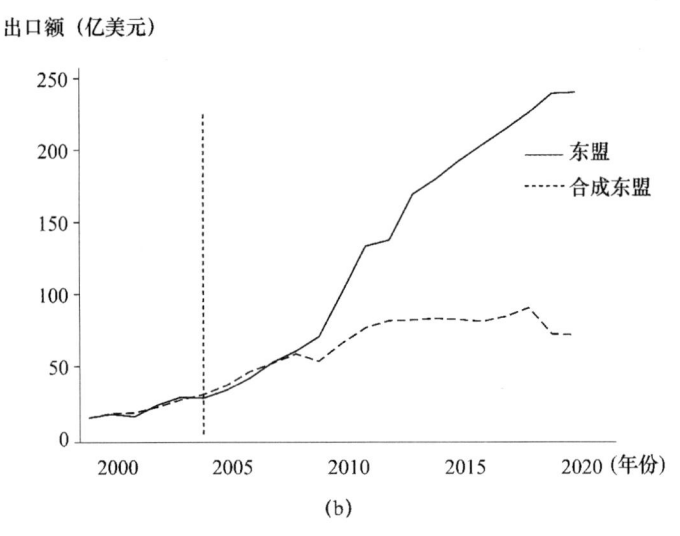

图 6-1 中国与东盟及合成东盟农产品进口额和出口额变化

为了更加直观地观察中国—东盟自由贸易区的建立对中国与东盟农产品贸易效应的影响在不同时期的差异，本书分别计算了"早期收获计划"阶段、自由贸易区建成阶段以及自由贸易区升级版阶段中国与东盟的农产品进口、出口和贸易效应（见表6-7）。平均来看，在"早期收获计划"、自由贸易区建成和自由贸易区升级版等阶段，中国与东盟农产品进口效应分别为 8.56 亿美元、15.02 亿美元和 55.60 亿美元；农产品出口效应分别为 1.53 亿美元、73.65 亿美元和 144.84 亿美元；农产品贸易效应分别为 10.09 亿美元、88.67 亿美元和 200.44 亿美元。无论是农产品贸易效应、进口效应还是出口效应，随着开放程度的不断升级，效应也在不断扩大。

从累计值来看，在"早期收获计划"、自由贸易区建成和自由贸易区升级版等阶段，与"反事实"相比，中国分别多从东盟进口 51.34 亿美元、90.11 亿美元和 277.99 亿美元的农产品；中国分别多向东盟出口 9.19 亿美元、441.90 亿美元和 724.18 亿美元的农产品。因此，在"早期收获计划"阶段，东盟农产品对中国市场的冲击较大，出现贸易逆差，且贸易逆差比未实施中国—东盟自由贸易区的"反事实"多出 42.15 亿美元；而到了 2010 年至 2015 年的建成期，中国与东盟的农产品贸易就出现了顺差，而且贸易顺差比未实施中国—东盟自由贸易区战略时的"反事实"多出 351.79 亿美元；到了 2016 年至 2020 年的自由贸易区升级版阶段，中国与东盟的农产品贸易顺差比未实施中国—东盟自由贸易区战略时的"反事实"更是多出 446.19 亿美元。可见，中国—东盟自由贸易区的建立和落实，使中国与东盟农产品的出口效应远大于中国与东盟农产品进口效应，由此可以判断出中国—东盟自由贸易区建立之后中国农产品对东盟农产品市场的冲击比东盟农产品对中国农产品市场的冲击更大，中国农产品的比较优势得到了充分的发挥。中国的农业生产规模、技术水平、多样性和供应稳定性，以及政府支持等因素，使中国能够在自由贸易区内占据有利地位，同时也为东盟国家提供了更多的选择和竞争机会。这一现象强调了在自由贸易区内，各国的比较优势将在国际市场上发挥重要作用，需要不断提高自身竞争力并适应市场变化，以实现互利共赢的贸易关系。

表6-7　　中国与东盟农产品贸易效应、进口效应和出口效应

时期	农产品进口效应 平均值	农产品进口效应 累计值	农产品出口效应 平均值	农产品出口效应 累计值	农产品贸易效应 平均值	农产品贸易效应 累计值
中国—东盟自由贸易区实施期间	24.67	419.45	69.13	1175.27	93.80	1594.72
"早期收获计划"阶段	8.56	51.34	1.53	9.19	10.09	60.53
自贸区建成阶段	15.02	90.11	73.65	441.90	88.67	532.01
自贸区升级版阶段	55.60	277.99	144.84	724.18	200.44	1002.17

二　稳健性检验

尽管合成控制方法在解决内生性问题方面受到广泛肯定，但该方法也存在不适用于传统统计推断等缺陷（Bouttell et al.，2018），为了验证上述实证结果的稳健性，本书参考 Abadie 等（2010）的做法分别进行了有效性检验和敏感性检验。

1. 有效性检验

上述使用合成控制法估计出的农产品贸易效应，是否完全由自由贸易区政策导致，还需要进一步进行验证。本书借鉴 Abadie 等（2010）的做法，使用类似于秩检验的随机化统计方法，也就是"安慰剂"检验。主要的思想是：如果我们从控制组的国家随机抽取一个国家（非东盟成员国）用同样的方法进行估计，是否存在相应的农产品贸易效应。为实现上述想法，将2004年作为所有控制组国家（或地区）的冲击点，并利用其他控制组国家（或地区）构造该国的合成控制组，同样也算出中国与该国（或地区）的农产品贸易额和该国（或地区）合成控制组拟合农产品贸易额之间的差额——这个差额即"安慰剂效应"。通过这一系列的安慰剂检验，我们可以得出安慰剂效应的分布，并将中国与东盟农产品的贸易效应与之对比，并放在同一张图中展示[①]。图6-2（a）为中国与东盟农产品进

---

① 实证结果有效的标准是实证得到的进口效应和出口效应应该明显大于相应的安慰剂效应。

口效应检验结果，图6-2（b）为中国与东盟农产品出口效应检验结果。

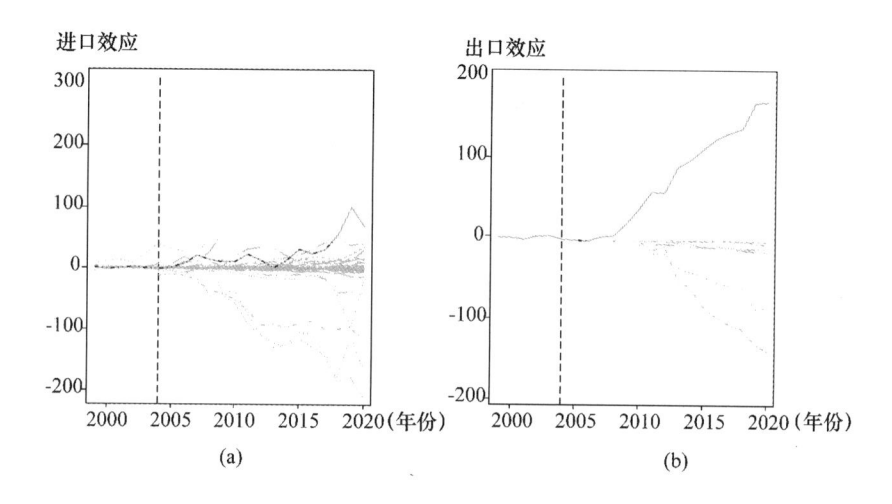

图6-2 安慰剂检验结果

说明：图中黑线表示中国与东盟农产品进口效应或者出口效应，而灰色线表示其他控制组国家的安慰剂效应。

在图6-2中，黑线表示中国与东盟农产品进口效应或者出口效应，而灰色表示其他控制组国家的安慰剂效应。从图6-2中可以看出，无论是农产品进口效应还是农产品出口效应，与其他控制组国家的安慰剂效应相比，中国与东盟农产品的进口效应和出口效应都分布于绝大多数其他控制组国家的外侧，远大于其他控制组国家的安慰剂效应。如果假设中国—东盟自由贸易区建立没有对中国与东盟的农产品贸易产生作用，则在这133个国家或地区中，中国与东盟农产品进口效应和出口效应产生出现的概率分别是1.49%和0.75%，概率极小。因此，我们完全有理由拒绝中国—东盟自由贸易区建立对中国与东盟农产品贸易没有产生效果的假设，从而有充分理由证明本书实证结论是有效的。

2. 敏感性检验

虽然本书所选取的样本相比已有合成控制法的相关研究（王艳

芳、张俊，2014；杨经国，2017；项后军、何康，2016）已经是非常大的样本，但还需要进一步回答一个问题，即中国—东盟自由贸易区农产品贸易效应的产生是否与选取的控制组国家特性相关。为了回答这个问题，本书使用逐步剔除前文估计结果中合成东盟国家中权重较大的控制组国家，并重新进行模型估计①。图6-3（a）为中国—东盟自由贸易区农产品进口效应的检验结果，图6-3（b）为中国—东盟自由贸易区农产品出口效应的检验结果。在图6-3（a）和（b）中实线代表中国与东盟真实的农产品贸易额，其他虚线分别代表迭代之前的中国与合成东盟农产品贸易额和逐步迭代合成东盟拟合的结果。从图6-3（a）和（b）可以看出，迭代之前合成东盟的拟合值与迭代之后拟合值，始终在中国与东盟真实农产品贸易额的下方，可以看出中国—东盟自由贸易区建立之后，中国与

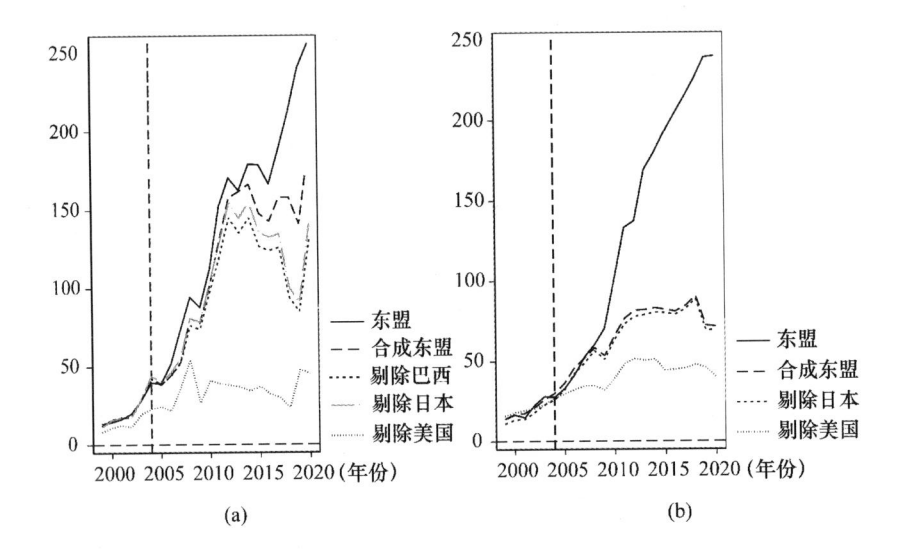

图6-3 迭代去除控制组国家的合成东盟分布

注：图（a）为中国—东盟自由贸易区农产品进口效应检验结果，图（b）为中国—东盟自由贸易区农产品出口效应检验结果。

---

① 检验结果判断标准是：迭代之前和迭代去除合成控制组国家的结论没有发生变化。

东盟农产品进口效应和出口效应存在的结论非常稳健。另外,迭代之前和迭代之后拟合值的趋势大致相同,但去除美国合成东盟拟合结果存在一定的误差,农产品贸易进口效应和出口效应会被高估。

第四节 机制检验:贸易创造还是贸易转移?

前文验证了中国—东盟自由贸易区战略的实施对中国、东盟之间的农产品贸易产生了较为显著的促进作用,那么这种贸易促进效应是"创造"了新的贸易还是"替代"了自由贸易区成员国与非成员国原有的贸易;中国—东盟自由贸易区的实施对成员国而言是福利改进还是福利的损失。本部分以中国与"第三国"农产品贸易变化为参照进行识别。

一 模型拟合效果

与前文方法一致,本书运用合成控制法构建中国与自由贸易区非成员国农产品贸易在中国—东盟自由贸易区未成立情况下的"反事实"。具体而言,本书以2004年为冲击点,利用其他控制组国家构造该国的合成控制组,同样算出中国与该国的农产品进口额和出口额与该国合成控制组拟合农产品进口额和出口额之间的差额,即农产品进口效应和农产品出口效应。由于中国—东盟自由贸易区非成员国众多,受篇幅限制,本书以孟加拉国、巴西以及乌拉圭等国为例,展示模型的拟合效果。从图6-4可以看出,在中国—东盟自由贸易区战略实施之前,中国与真实各国和合成各国农产品进口额和出口额走势基本重合,说明模型拟合的效果较好。从进口情况来看,中国—东盟自由贸易区建立之后,并没有带来中国与非自贸区成员国农产品进口规模的缩减,反而有所增长;从出口情况来看,中国—东盟自由贸易区建立初期,中国与非自贸区成员国农产品出口同样增长迅速,但近些年呈现一定的萎缩趋势。

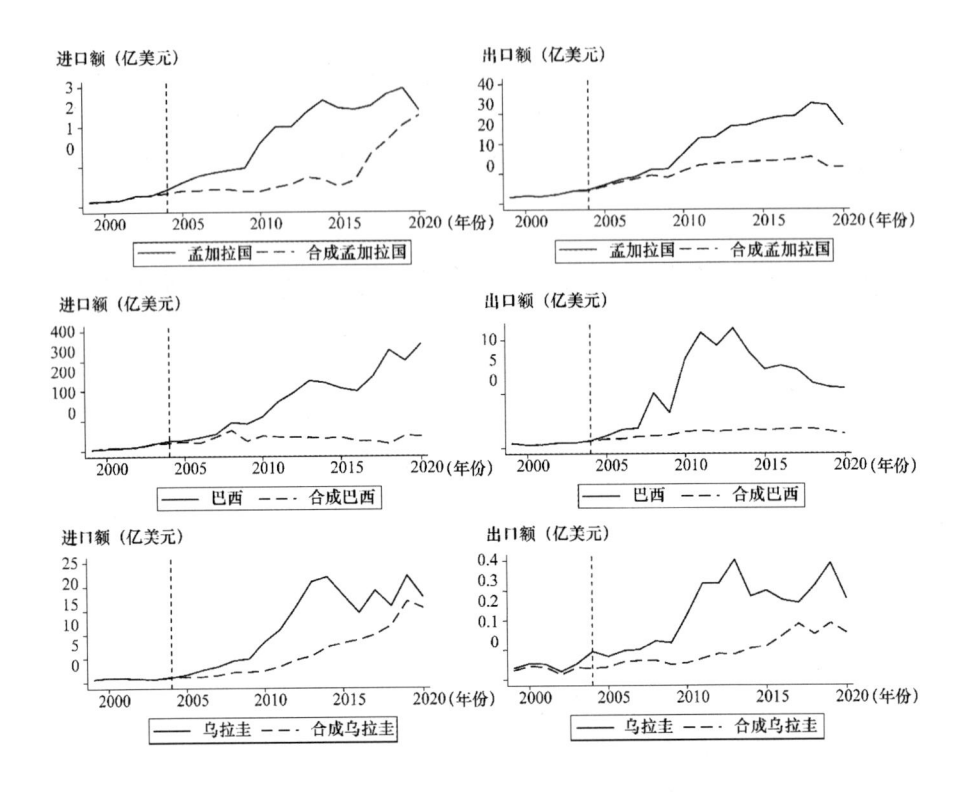

图 6-4　中国与中国—东盟自由贸易区非成员国及对应合成各国农产品进口和出口变化趋势

二　中国—东盟自由贸易区对农产品贸易的影响及效应分解

为了方便分析，本书将中国与中国—东盟自由贸易区所有非成员国的农产品贸易效应进行累加①，按照"早期收获计划"、自由贸易区建立和自由贸易区升级版三个阶段计算不同阶段的平均值和累计值，并且将前文中国与区域内农产品贸易效应的结果进行合并分析，见表6-8。

---

①　中国与 CAFTA 所有非成员国农产品贸易效应等于真实值减去模拟值，模拟值指中国与东盟未建立自由贸易区时，中国与自由贸易区非成员国的农产品进口和出口水平。

表6-8 中国—东盟自由贸易区的实施对中国与区域内外的农产品贸易效应

(单位：亿美元)

实施阶段		进口		出口	
		区域内	区域外	区域内	区域外
中国—东盟自由贸易区实施	平均值	24.67	90.27	69.13	33.56
	累计值	419.45	1534.58	1175.27	570.55
"早期收获计划"	平均值	8.56	13.11	1.53	21.94
	累计值	51.34	78.68	9.19	131.64
自贸区建成	平均值	15.02	83.72	73.65	46.81
	累计值	90.11	502.33	441.90	280.86
自贸区升级版	平均值	55.6	190.71	144.84	31.61
	累计值	277.99	953.57	724.18	158.05

注：区域外和区域内是指中国—东盟自由贸易区区域外和区域内，余同。

在"早期收获计划"、自由贸易区建成和自由贸易区升级版阶段，无论是进口还是出口，中国与区域外农产品贸易的实际值始终大于模拟值。按照 Viner（1950）关于贸易创造效应和贸易转移效应的定义，若中国对区域外和区域内农产品贸易都大于中国—东盟自由贸易区未建立时的"反事实"，说明中国—东盟自由贸易区建立后，中国与东盟农产品贸易的增长并没有以牺牲中国与效率高的非成员国的农产品贸易为代价，而是替代成员国中低效率的生产从而产生了新的贸易，在该情况下区域内贸易效应主要是贸易创造效应。从表6-8中可以看出，随着中国与东盟自由贸易区升级版的实施，农产品贸易自由化水平不断提升，中国与东盟的农产品贸易创造效应不断增长，因而区域内各国福利得到较大提升。

第五节　中国—东盟各国农产品静态贸易效应考察

一　合成东盟各国权重及拟合效果

为了进一步研究中国与东盟农产品贸易效应的来源机制，本书进一步分国别考察中国—东盟自由贸易区战略的实施效果。考虑到各成员国加入东盟时间存在差异，为避免时期因素干扰，印度尼西亚、马来西亚、新加坡、菲律宾、泰国、文莱和越南等国家考察期设定在 1995—2020 年，缅甸和老挝设定在 1997—2020 年，柬埔寨设定在 1999—2020 年①。按照东盟各国开始降税的时间，本书设定马来西亚、印度尼西亚、菲律宾、泰国、文莱、越南和新加坡等国政策冲击点为 2004 年，设定老挝、缅甸和柬埔寨的政策冲击点为 2006 年。采用前文同样的方法，分别以马来西亚、印度尼西亚、菲律宾、泰国、文莱、越南、老挝、缅甸、柬埔寨和新加坡为实验组，美国和俄罗斯等 133 个国家作为控制组的选择性国家，合成相应东盟成员国模型中参考国家及其对应比重可以见表 6-9。

分进口、出口和进出口的合成结果如图 6-5、图 6-6 和图 6-7 所示。在中国—东盟自由贸易区战略实施之前，中国与真实东盟各国和合成东盟各国农产品进口额和出口额数据的变化几乎完全重合，说明模型拟合的效果较好，可以进行进一步研究。从图 6-5 的进口效应来看，中国—东盟自由贸易区的建立对中国从马来西亚、泰国和新加坡进口农产品产生了显著的负向作用，对中国从其他东盟国家农产品进口都产生了较为显著的正向作用。这说明中国—东盟自由贸易区的实施，抑制了中国对马来西亚、泰国和新加坡农产

---

①　东盟各国加入的时间顺序：印度尼西亚、马来西亚、菲律宾、新加坡、泰国（1967 年 8 月 8 日），文莱（1984 年 1 月 7 日），越南（1995 年 7 月 28 日），缅甸、老挝（1997 年 7 月 23 日），柬埔寨（1999 年 4 月 30 日）。

品的进口增长的速度,转而提高了从东盟其他更有比较优势的国家的进口增长速度,例如越南和印度尼西亚。

表6-9 合成对象中参考国家及其对应比重

类型	合成国家	合成控制组参考国家及其对应比重
进口额	马来西亚	巴西0.068、法国0.274、德国0.077、美国0.143、乌兹别克斯坦0.437
	印度尼西亚	阿根廷0.168、巴西0.020、厄瓜多尔0.628、法国0.084、日本0.100
	菲律宾	孟加拉国0.349、斯里兰卡0.176、法国0.015、日本0.002、荷兰0.037、波兰0.211、俄罗斯0.097
	泰国	巴西0.096、加拿大0.586、吉尔吉斯斯坦0.273、美国0.012
	越南	阿根廷0.051、加拿大0.067、法国0.035、危地马拉0.648、吉尔吉斯斯坦0.197、美国0.002
	老挝	阿塞拜疆0.046、厄瓜多尔0.010、莱索托0.549、拉脱维亚0.255、立陶宛0.041、斯洛文尼亚0.093、南非0.003
	缅甸	安哥拉0.426、奥地利0.083、布隆迪0.364、意大利0.028、波兰0.003、南非0.053、津巴布韦0.043
	柬埔寨	奥地利0.007、布隆迪0.003、白俄罗斯0.003、乍得0.126、多米尼加共和国0.005、海地0.009、莱索托0.436、立陶宛0.016、马里0.011、纳米比亚0.005、多哥0.071
	新加坡	以色列0.384、马耳他0.393、英国0.092、法国0.086
	文莱	巴哈马0.538、马耳他0.285、卡塔尔0.165、苏里南0.010
出口额	马来西亚	伊拉克0.680、日本0.003、俄罗斯0.034、美国0.283
	印度尼西亚	俄罗斯0.107、沙特阿拉伯0.781、南非0.054、美国0.058
	菲律宾	巴西0.354、日本0.005、荷兰0.178、俄罗斯0.464
	泰国	孟加拉国0.356、巴西0.103、伊拉克0.045、意大利0.040、日本0.001、墨西哥0.158、波兰0.029、卡塔尔0.135、阿拉伯埃及共和国0.048
	越南	伊朗伊斯兰共和国0.827、俄罗斯0.066、美国0.107
	老挝	不丹0.213、布隆迪0.246、刚果(金)0.049、埃塞俄比亚0.075、圭亚那0.048、伊拉克0.051、马达加斯加0.005、巴布亚新几内亚0.013、卡塔尔0.025、赞比亚0.274

续表

类型	合成国家	合成控制组参考国家及其对应比重
出口额	缅甸	多米尼克 0.171、伊拉克 0.296、日本 0.007、马里 0.224、沙特阿拉伯 0.049、南非 0.252
	柬埔寨	墨西哥 0.219、蒙古国 0.708、西班牙 0.072
	新加坡	伊拉克 0.680、美国 0.283、俄罗斯联邦 0.033
	文莱	巴哈马 0.538、马耳他 0.127、卡塔尔 0.287

注：国家后面为参考国家占的比重。

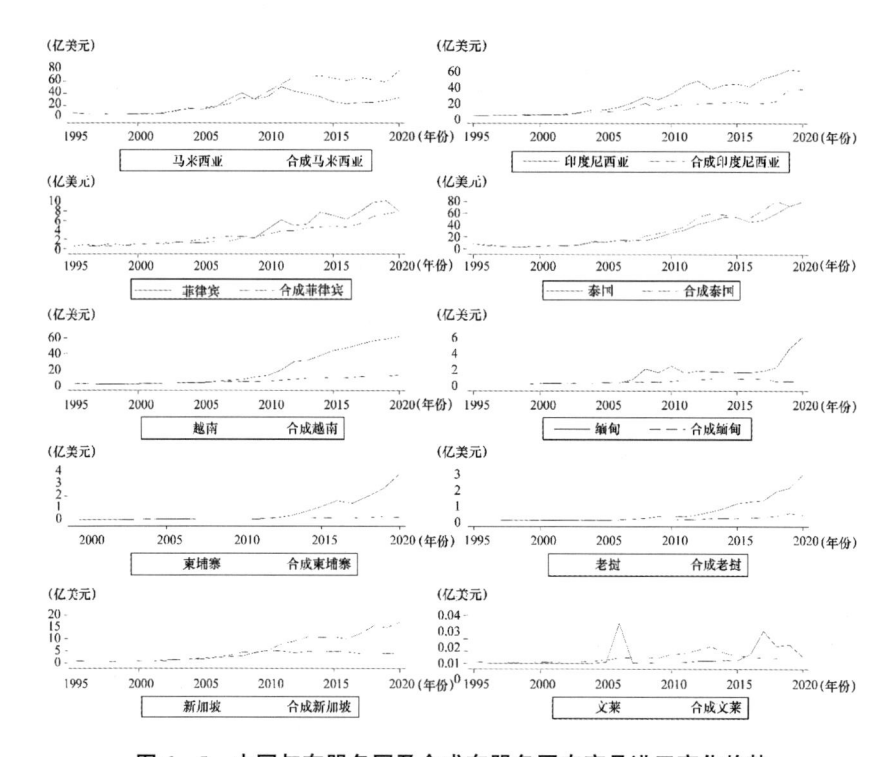

图 6-5 中国与东盟各国及合成东盟各国农产品进口变化趋势

说明：竖轴代表进口额。

从图 6-6 的出口效应来看，中国—东盟自由贸易区对中国与东盟国家的农产品出口效应差别较大。对马来西亚和印度尼西亚来说，在 2009 年以前是负效应；对菲律宾、柬埔寨和新加坡来说，在 2010 年以前是负效应；对于缅甸和老挝来说，虽然 2006 年之后，中国与

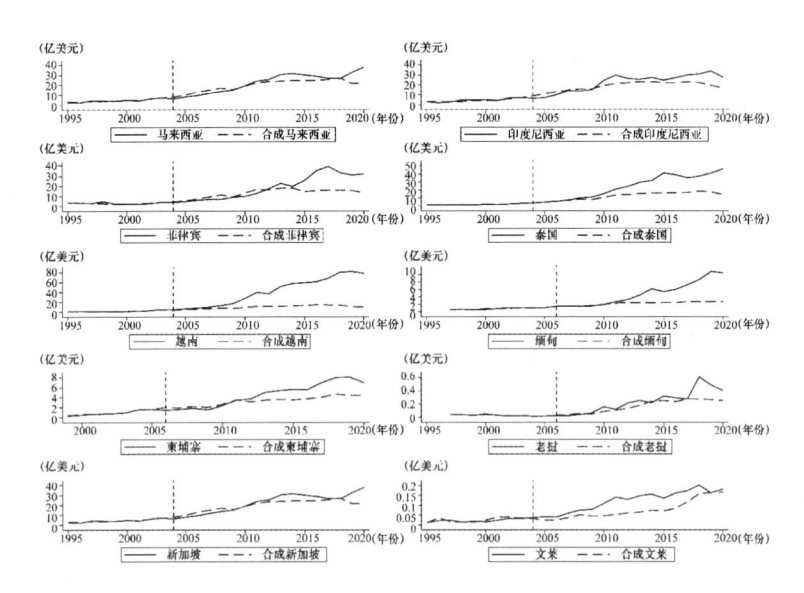

第六章 中国—东盟自由贸易区的农产品贸易静态效应实证 195

图6-6 中国与东盟各国及合成东盟各国农产品出口变化趋势

说明：竖轴代表出口额。

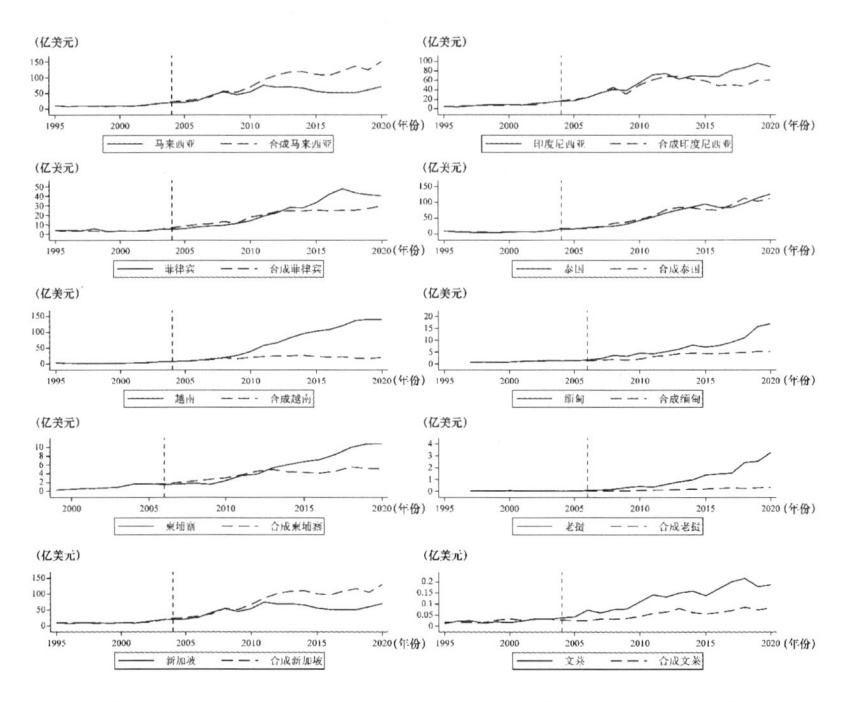

图6-7 中国与东盟各国及合成东盟各国农产品贸易变化趋势

说明：竖轴代表农产品贸易额。

这些国家的出口效应为正，但数额不大。自2010年开始，也就是中国—东盟自由贸易区正式建成之后，中国与东盟国家农产品出口才出现较大的正效应，且正效应逐年增大。可见，随着中国—东盟自由贸易区开放程度的提高和建设阶段的升级，中国与东盟各国农产品出口贸易均呈现出较为显著的正效应。

二 农产品静态贸易效应测算和分析

为了方便分析，本书计算了中国—东盟自由贸易区战略实施期间中国与东盟各国农产品贸易效应、进口效应和出口效应（见表6-10）。平均来看，中国—东盟自由贸易区建立之后，中国与越南农产品进口效应最大（21.36亿美元），其次为印度尼西亚（18.33亿

表6-10 中国—东盟自由贸易区框架下的中国与东盟各国农产品贸易效应、进口效应和出口效应

（单位：亿美元）

贸易效应 国别	农产品进口效应		农产品出口效应		农产品贸易效应	
	平均值	累计值	平均值	累计值	平均值	累计值
越南	21.36	363.09	31.32	532.40	52.68	895.49
印度尼西亚	18.33	311.53	3.51	59.67	21.84	371.2
缅甸	1.64	24.54	2.61	39.21	4.25	63.75
菲律宾	1.03	17.47	5.67	96.43	6.7	113.9
柬埔寨	0.81	12.22	1.22	18.26	2.03	30.48
老挝	0.72	10.78	0.07	1.04	0.79	11.82
文莱	0.00	0.01	0.04	0.76	0.07	1.24
新加坡	-4.57	-77.77	2.40	40.74	-28.09	-477.51
泰国	-5.49	-93.33	11.59	196.99	6.1	103.66
马来西亚	-18.98	-322.63	2.38	40.44	-16.6	-282.19

美元),中国与马来西亚农产品进口效应显著为负(-18.98亿美元),中国与新加坡农产品进口效应为-4.57亿美元;中国与越南农产品出口效应最大(31.32亿美元),其次为泰国(11.59亿美元)。无论是从平均值还是累计值来看,中国—东盟自由贸易区战略实施期间,中国与越南和印度尼西亚农产品贸易效应最为突出。2004—2020年,中国与越南以及中国与印度尼西亚农产品贸易累计分别多增加了895.49亿美元和371.20亿美元。中国—东盟自由贸易区的建立对中国与马来西亚农产品贸易产生较为显著的负面影响,主要原因是中国—东盟自由贸易区的建立对中国与马来西亚农产品的进口贸易产生较大的负面影响。另外,中国—东盟自由贸易区建立之后,中国与菲律宾、缅甸、柬埔寨、老挝以及文莱农产品贸易效应始终位于低水平徘徊,而且波动明显,政策实施效果在经济上并不显著。

三 中国与东盟各国农产品贸易互补性比较

中国—东盟自由贸易区框架下中国与东盟各国农产品贸易影响在国别上存在着差异,主要与国家间农产品贸易互补性有关。为了验证这一观点,本书采用德赖斯代尔(Drysdale)提出的TCI指数来衡量两国之间的贸易互补性,主要的做法为测算一国或地区的进口产品和伙伴国出口产品之间的吻合程度(Chow and Yochanan,1999)。

$$TCI_{ij} = RCA_{xi}^{k} \times RCA_{mj}^{k} \qquad (6-4)$$

其中,$RCA_{xi}^{k} = \left(\frac{X_{ik}}{X_i}\right) / \left(\frac{W_k}{W}\right)$ 代表i国在k类商品上的显性比较劣势指数,X_{ik}表示i国在k类的进口额,X_i表示i国的农产品的进口额,W_k表示k类产品的世界总进(出)口额,W表示所有农产品的世界进(出)口总额;$RCA_{mj}^{k} = \left(\frac{M_{jk}}{M_j}\right) / \left(\frac{W_k}{W}\right)$ 代表j国在k类商品上的显性比较优势指数,M_{jk}表示的是j国在k类的出口额,M_j表示j

国的农产品出口总额。一般认为，当贸易互补指数（TCI_{ij}）大于1时，表明进口国与出口国的互补性要高于其他市场的平均水平，两国之间在商品 k 上存在着贸易互补性；当 TCI_{ij} 的值小于1时，结论则相反。

从表6-11中可以看出，2004年，中国与印度尼西亚、越南、缅甸、柬埔寨和老挝的农产品贸易互补性指数分别为1.59、1.87、5.71、2.67和2.02，说明中国与这些国家具有较强的农产品贸易互补性，因此中国—东盟建立自由贸易区之后，中国与印度尼西亚、越南、缅甸、柬埔寨和老挝的农产品贸易效应较为突出，且贸易规模不断扩张。中国与马来西亚、菲律宾和泰国等国农产品贸易互补性指数较低，且总体上呈现逐年下降趋势，2004年至2019年，年均分别下降2.65、2.67和1.81个百分点。中国与新加坡农产品贸易互补性始终处于较低水平。由于中国与马来西亚、菲律宾、泰国、新加坡和文莱的农产品贸易互补性较低，中国—东盟自由贸易区建立之后，中国对这些国家的农产品贸易效应较小且波动幅度较大，其中，中国对马来西亚、泰国和新加坡农产品进口效应累计为负。

由此可以看出，由于东盟各成员国农产品比较优势的不同，中国—东盟自由贸易区框架下，更有利于中国与东盟国家农产品比较优势的发挥。随着自由贸易区的开放程度提升，中国与那些与其农产品具有较强互补性的东盟国家之间的农产品贸易促进效应越来越明显。这些国家的农产品能够更容易地进入中国市场，满足中国不断增长的消费需求。同时，中国的农产品也能够更轻松地进入这些国家的市场，推动了中国农产品的出口。不同国家的农产品比较优势使双方能够进行互补性的贸易合作，这种互惠互利的关系为双方国家的农产品产业提供更多机会和潜力。

表 6-11   2000—2019 年中国与东盟各国农产品互补性变化情况

年份	马来西亚	印度尼西亚	菲律宾	泰国	越南	缅甸	柬埔寨	老挝	新加坡	文莱
2000	1.25	1.28	1.03	0.91	1.42	2.85	1.88	2.06	0.40	1.31
2003	1.38	1.51	1.16	1.17	1.90	6.92	3.56	2.6	0.39	1.30
2004	1.32	1.59	1.16	1.14	1.87	5.71	2.67	2.02	0.38	1.47
2006	1.60	1.96	1.42	1.35	2.52	10.36	3.12	2.65	0.46	1.41
2008	1.01	1.36	1.04	1.04	1.87	6.38	8.31	2.81	0.40	1.37
2010	1.21	1.46	1.16	1.18	2.06	6.31	3.81	2.66	0.45	1.29
2011	1.14	1.34	1.16	1.20	2.37	5.65	5.74	2.45	0.49	1.07
2012	1.16	1.31	1.13	1.19	2.41	4.89	8.50	2.69	0.47	0.81
2013	1.17	1.35	1.14	1.13	2.01	4.54	10.51	2.35	0.50	0.73
2014	1.15	1.37	1.12	1.10	1.82	5.11	9.47	2.35	0.43	0.95
2015	1.07	1.28	1.00	1.02	1.66	4.24	9.49	2.37	0.44	0.88
2016	0.98	1.15	0.92	0.94	1.47	3.20	9.89	2.72	0.37	1.24
2017	0.93	1.08	0.89	0.91	1.49	2.63	11.64	6.27	0.28	1.21
2018	0.96	1.14	0.89	0.95	1.42	2.56	8.66	6.80	0.41	0.88
2019	0.88	1.05	0.78	0.87	1.15	2.31	7.80	3.50	0.48	0.85
平均	1.17	1.42	1.09	1.10	1.93	5.47	7.45	3.09	0.43	1.13

注：由于部分国家 2020 年对外贸易数据并没有公布，因此，本书测算中国与东盟各国农产品贸易互补性测算到 2019 年。各国农产品的比较优势（或比较劣势）使用的是各个种类农产品的平均数。"平均"指的是 2004—2019 年的农产品贸易互补性的平均数。

资料来源：笔者根据联合国商品贸易统计数据库测算。

第六节   本章小结

本书使用 1995—2020 年中国与世界部分国家（或地区）农产品贸易数据，包括东盟成员国以及其他 133 个控制组国家，运用合成控制方法对中国—东盟自由贸易区的农产品贸易效应进行了综合分析，主要研究结论有如下几点。

第一，中国—东盟自由贸易区实施使中国与东盟农产品贸易迅速扩张。由于中国与东盟在农产品贸易上具有较强的互补性，中国—东盟自由贸易区的建立有效降低了双边农产品贸易成本，更加有利于双边发挥各自的比较优势，从而给中国与东盟带来显著的农产品贸易创造效应。与"反事实"相比，中国—东盟自由贸易区战略实施期间，中国累计多从东盟进口了419.45亿美元的农产品，中国多向东盟出口1175.27亿美元的农产品，实现贸易顺差比未实施时的中国—东盟自由贸易区多出755.82亿美元。由于中国与东盟采取的是分阶段、渐进式市场开放策略，随着双边关税逐步削减，中国与东盟农产品进口效应和出口效应在"早期收获计划"、自由贸易区建成和自由贸易区升级版等阶段呈现逐步扩张的态势。

第二，中国与东盟农产品贸易规模的增长主要来自贸易创造效应。在中国—东盟自由贸易区战略实施的不同阶段，无论是进口还是出口，中国与区域内农产品贸易的增长并没有以牺牲区域外农产品贸易为代价，不存在贸易转移效应；中国与东盟农产品贸易增长主要是替代区域内低效率的生产，贸易创造效应显著，从而给中国与东盟都带来了福利的增加。

第三，中国—东盟自由贸易区战略实施效果在国别上存在显著差异，既有正向影响又有负面影响。这主要是贸易互补性和开放程度强弱所导致，即如果中国与某些东盟成员国的农产品贸易互补性和开放程度较小，中国—东盟自由贸易区建立之后，中国与这些国家的农产品贸易效应则较小，甚至是负值。具体来看，由于中国与印度尼西亚、越南、缅甸、柬埔寨和老挝的农产品贸易互补性较高，使中国与这些国家的农产品贸易效应较为突出。与"反事实"相比，中国—东盟自由贸易区战略实施期间，中国与印度尼西亚、越南、缅甸、柬埔寨和老挝农产品贸易额分别累计多增加了371.2亿美元、

895.49亿美元、63.75亿美元、30.48亿美元和11.82亿美元。中国与马来西亚和新加坡农产品贸易互补性较低且呈现下降趋势，中国—东盟自由贸易区战略的实施对中国从马来西亚、新加坡农产品进口产生较为显著的负面影响，累计分别少进口了322.63亿美元和77.77亿美元。

第 七 章

中国自由贸易区战略实施的农产品贸易效应异质性实证

在中国自由贸易区战略迅速推进的背景下，中国与不同国家建立的自由贸易区在协议条款、开放方式、开放领域等方面存在较大差异。那么，中国自由贸易区战略实施对农产品贸易的影响是否存在异质性，存在哪些方面的异质性，异质性产生机理是什么。回答这些问题对于丰富现有自由贸易区贸易效应研究，优化中国自由贸易区实施策略，提高中国利用国内国际两个市场、两种资源的能力具有重大的理论意义和实践价值。

然而，大量研究关注的是自由贸易区平均贸易效应（Yang et al.，2014；Baier et al.，2007；Baier et al.，2010），较少考察自由贸易区贸易效应的异质性。自 Baier 等（2007）在实证研究中首次涉及贸易效应的异质性，逐步有学者验证自由贸易区贸易效应异质性的存在，其中，Anderson 等（2016）、Baier 等（2014）、Kohl 等（2016）和张应武等（2019）分别发现了不同行业、不同类型、不同条款带来自由贸易区贸易效应异质性。Magee（2008）和 Vicard（2011）进一步发现，一些自由贸易协定比其他自由贸易协定更有效。例如，由大国、相似国家和亲密国家之间签署的协定，在贸易创造效应方面往往表现得更好。整体而言，关于自由贸区贸易效应异质性的研究还较为欠缺,而且对异质性产生的机理并未进行深入的探讨。因此,本章将利用渐进 DID、合成控制等方法,使用多国、多产品、多期数据探讨中国自由贸易区战略实施的农产品贸易效应异质性,以及验证第三章理论分析中提出的研究假说。

第一节 计量模型构建

根据"自然贸易伙伴国"(Natural Trading Partners)假说,自由贸易区贸易效应存在较强的内生性问题(Krugman,1991a;Krugman,1991b)。固定效应模型、倍差法(DID)、倾向得分匹配(PSM)、合成控制方法都是处理内生性问题的重要方法。在协议条款异质性考察中,由于政策变量为连续变量,因此,本书使用固定效应模型解决模型的内生性问题,模型构建见(7-1)式。在时间窗口和产品类别异质性考察中,由于政策变量为虚拟变量,因此本书采用因果推断的方法进行政策效应的评估。具体而言,本书借鉴 Baier 等(2004)和 Foster 等(2011)的做法将经济规模、地理位置和要素禀赋等因素作为匹配的协变量,使用倾向得分匹配方法对原始样本进行筛选和匹配,匹配方式为一对一匹配;在解决选择性偏差(Selection Bias)问题之后,由于中国与各自由贸易区伙伴国协议生效时间不尽相同,因此,本书采用具有多期政策冲击特征的渐进 DID 进行政策评估,模型构建见(7-2)式和(7-3)式。在网络位置异质性考察中,由于需要比较各成员国农产品贸易效应的差异,因此,本书采用合成控制方法构造各国政策未实施之前的"反事实",模型构建见(7-4)式。

$$Ari\_Trade_{ijt} = \beta_0 + \beta_1 Depth_{ijt} + \lambda X + \gamma_t + \mu_i + \varepsilon_{ijt} \quad (7-1)$$

$$Ari\_Trade_{ijt} = \beta_0 + \beta_k FTZ^k \times time_{it} + \lambda X + \gamma_t + \mu_i + \eta_j + \varepsilon_{ijt}$$
$$(7-2)$$

$$Ari\_Trade_{ijt} = \beta_0 + \beta_1 FTZ_i \times time_{it} + \lambda X + \gamma_t + \mu_i + \eta_j + \varepsilon_{ijt} \tag{7-3}$$

$$Ari\_Trade_{it}^N = \gamma_t + \theta_t Z_i + \lambda_t \mu_i + \varepsilon_{it} \tag{7-4}$$

其中，被解释变量 Ari_Trade_{ijt}[1]表示中国与 i 国在 t 年 j 类农产品贸易额，$Ari\_Trade_{it}^N$ 表示的是合成控制法合成的自由贸易区战略未实施情况下的"反事实"。(7-1) 式中，$Depth_{ijt}$ 表示在 t 年中国与 i 国各项自由贸易协定条款异质性指数，包括 $wtop_i$ （"WTO+"指数）、$wtox_i$（"WTO-X"指数）、$wtoz_i$（条款覆盖指数）和 $wtol_i$（条款约束力指数）。(7-2) 和 (7-3) 式中，$time_{it}$ 为虚拟变量，当 i 国与中国签订自由贸易协定，协约生效后 $time_{it}$ 取值为 1，其他情况则取值为 0。(7-2) 式中，FTZ^k 为年度虚拟变量，分别取值为 2004—2017（王桂军等，2019），β_k 为模型中关心的系数，其识别了中国自由贸易区战略实施带来的农产品贸易动态效应。(7-3) 式中，FTZ_i 为虚拟变量，国家 i 若是自由贸易区伙伴国 FTZ_i 则取值为 1，其他情况取值为 0。交乘项 $FTZ_i \times time_{it}$ 的系数 β_1 表示的是排除其他干扰因素影响后，中国自由贸易区战略实施对其与伙伴国各类别农产品贸易的影响。(7-4) 式中，λ_t 和 μ_i 分别为不可观测的时间层面固定效应和地区层面固定效应，λ_t 为不可观测的时变共同因子，θ_t 为参数变量，Z_i 表示不受自由贸易区战略实施影响的且可观测的协变量，主要包括 RGDP（中国与各国的经济规模之和）、DKL（中国与各国要素禀赋差异）、NATURAL（中国与各国最大城市之间距离的倒数）、REMOTE（中国与各国距世界其他国家的平均距离）以及政策未实施之前成员国农产品贸易规模。(7-1)—(7-3) 式中，X 为控制变量，主要包括经济规模、地理位置和

---

[1] 在 (7-3) 式中为了研究自由贸易区贸易效应在产品类别上的异质性，本书分别将产品级别的数据按照第三章的分类方式，分为初级产品、半加工品、园艺产品和加工产品四类，并按照国家和年份在各自类别上进行加总。

要素禀赋等因素。μ_i、η_j 和 γ_t 分别为国家层面固定效应、产品层面固定效应和年份层面固定效应，ε_{ijt} 为随机误差项。为了减弱模型中数据的异方差性，除了虚拟变量之外，所有变量皆采用对数形式。

第二节　指标构建与变量选取

一　指标构建

自 Lawrence（2000）首次提出"边境后措施"的概念之后，学者们开始关注协定条款异质性对自由贸易区成员国贸易的影响。协定条款异质性的度量现有研究应用最为广泛的是 Horn 等（2010）测度方法[①]，而且该方法已获得了 WTO 的认可（Limão，2016；Kohl et al.，2016）。本书按照 Horn 等（2010）的测算方法，将现有的自由贸易区协议内容归纳为 52 个政策领域，然后将这些领域分为两组，一组为"WTO +"条款，主要指的是这些条款已在 WTO 框架中达成了双边承诺，自由贸易区在 WTO 基础上实现了进一步贸易自由化，议题主要包括 FTZ 工业产品减让、FTZ 农业品减让、海关程序、出口关税等共计 14 项；另外一组为"WTO - X"条款，主要指的是尚未包含在 WTO 框架下的议题，主要包括反腐败、创新政策、竞争政策、文化合作等，共计 38 项（见表 7 - 1）。另外，不同自由贸易区除条款覆盖范围存在差异之外，条款内容是否具有"法律约束力"也是各议题的"深度"一体化程度的重要表现，因此，本书在上述分类的基础上，进一步对自由贸易协定中条款是否具有"法律约束力"进行区分。

[①] Horn 等（2010）最先根据美国和欧盟所签署的 28 个自由贸易区协议文本，将自由贸易区协议所包括的条款划分为"WTO +"和"WTO - X"两类。

表7-1　　　　　自由贸易区协议中贸易政策议题的分类

WTO 框架之内：WTO +	WTO 框架之外：WTO - X	
FTZ 工业产品减让	反腐败	创新政策
FTZ 农产品减让	竞争政策	文化合作
海关程序	环境法律	经济政策对话
出口关税	TRIMS 之外的知识产权保护	教育和培训
卫生与植物检疫	TRIMS 之外的投资政策	能源
技术性贸易壁垒	劳动力市场法规	经济支援
反倾销	资本流动	医疗卫生
反补贴	消费者保护	人权
国有企业	数据保护	非法移民
公共补助	农业现代化	非法药物
政府采购	立法	工业合作
关于外国直接投资和出口要求的规定	音像产业	信息安全
服务贸易自由化	民防	矿业
国民待遇	洗钱	核安全
	政治对话	公共行政
	区域合作	研究与技术
	中小企业	社会事务
	数据统计	税收
	恐怖主义	签证与政治庇护

资料来源：笔者根据世界银行关于深度贸易条款的数据库整理。

　　条款覆盖面和法律约束力是衡量自由贸易区协议深度的两个主要方面，条款覆盖面体现的是协议广度，法律约束力体现的是协议强度。在构建协定条款异质性指数之前，需要对中国与各国签署的自由贸易协定进行文本分析。具体而言，在衡量协定是否覆盖某类条款时，若自由贸易区协议文本中直接或间接地包含该条款，并有描述成员国在该条款中的义务，则该条款赋值为1，反之赋值为0。在衡量协定是否具有"法律约束力"时，若自由贸易区协议文本中使用清晰而明确的"法律术语"，并明确界定和要求各成员国履行的各项义务，则赋值为1，若明确声明争端解决机制可用，则赋值为2，否则赋值为0。本书在上述文本分析的基础上构建协定条款异质性指数，包括"WTO+"指数、"WTO-X"指数、条款覆盖指数和条款约束力指数，具体计算公式分别为：

$$wtop_i = \frac{\frac{\sum_1^{14} provisionz_{ij}}{\max(wtopz_i)} + \frac{\sum_1^{14} provisionl_{ij}}{\max(wtopl_i)}}{2} \quad (7-5)$$

$$wtox_i = \frac{\frac{\sum_{15}^{52} provisionz_{ij}}{\max(wtoxz_i)} + \frac{\sum_{15}^{52} provisionl_{ij}}{\max(wtoxl_i)}}{2} \quad (7-6)$$

$$wtoz_i = \frac{\frac{\sum_1^{14} provisionz_{ij}}{\max(wtopz_i)} + \frac{\sum_{15}^{52} provisionz_{ij}}{\max(wtoxz_i)}}{2} \quad (7-7)$$

$$wtol_i = \frac{\frac{\sum_1^{14} provisionl_{ij}}{\max(wtopl_i)} + \frac{\sum_{15}^{52} provisionl_{ij}}{\max(wtoxl_i)}}{2} \quad (7-8)$$

其中，$wtop_i$、$wtox_i$、$wtoz_i$ 和 $wtol_i$ 分别代表的是"WTO+"指数、"WTO-X"指数、条款覆盖指数和条款约束力指数。$provisionz_{ij}$ 代表的是未涉及条款约束力情况下各个条款的深度一体化程度，$provisionl_{ij}$ 表示的是涉及条款约束力情况下各个条款的深度一体化程度。

图7-1为2005—2020年中国自由贸易协定条款异质性指数的变化趋势。2005—2020年，无论是"WTO+"指数，还是"WTO-X"指数、条款覆盖指数和条款约束力指数，都呈现逐年上

涨的态势，随着时间的推移，中国谈判的自由贸易区协议内容覆盖面更广，约束力更强。值得注意的是条款覆盖指数和条款约束力指数大小几乎相似，也就是说中国与成员国对条款进行谈判时大多涉及条款约束力，但较少明确声明争端解决机制可用。

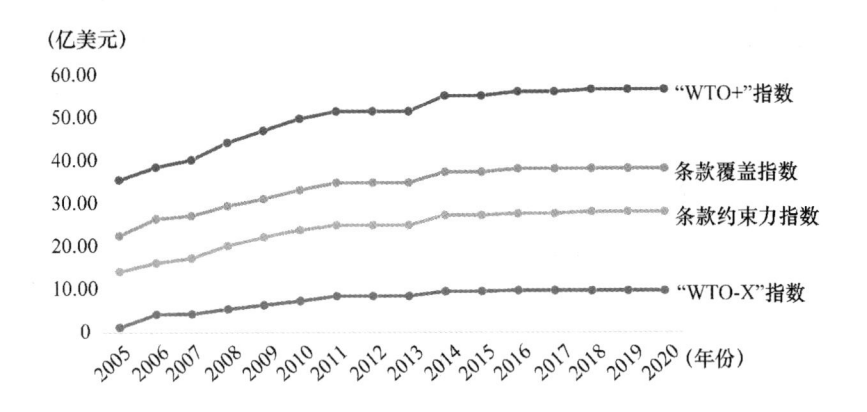

图 7-1　2005—2020 年中国自由贸易协定条款异质性指数的变化趋势

说明：本书将中国与成员国签署的各个自由贸易协定条款异质性指数按照实施年份进行平均从而得到中国自由贸易协定条款异质性指数的变化趋势。

资料来源：本书自由贸易区协议深度的数据来自中国自由贸易区服务网中关于中国自由贸易区协议文本资料，并按照 Horn 等（2010）测量方法进行测量。

二　数据来源和描述性统计分析

本书中的中国与各国 1995—2020 年各类农产品贸易额、出口额和进口额数据来自 UN Comtrade 数据库。在测量自由贸易协定条款异质性指数过程中，中国与各国自由贸易区协议文本资料来自中国自由贸易区服务网。经济规模（RGDP）、要素禀赋（DKL、SQDKL）和地理距离（NATURAL、REMOTE 和 BORDER）等控制变量数据来自 Penn World Tables 数据库和 CEPII 数据库。除虚拟变量之外，本书中所有变量都进行了对数处理。表 7-2 为变量说明和描述性统计分析。

表7-2　　　　　　　　　变量说明和描述性统计分析

变量	观测值数	均值	标准差	最大值	最小值	变量说明
lntrade	779003	3.406	3.424	17.120	-6.908	农产品贸易额
lnexport	667254	3.072	3.332	14.189	-6.908	农产品出口额
lnimport	283687	3.561	3.413	17.120	-6.908	农产品进口额
wtop	779003	0.207	0.405	1.000	0.000	"WTO+"指数
wtox	779003	0.117	0.321	1.000	0.000	"WTO-X"指数
wtoz	779003	0.493	1.334	4.615	0.000	条款覆盖指数
wtol	779003	0.284	0.818	3.838	0.000	条款约束力指数
productid	779003	0.450	1.222	4.470	0.000	农产品类别
RGDP	779003	0.407	1.111	4.096	0.000	中国与各国的经济规模之和
DKL	779003	2.396	0.839	4.000	1.000	中国与各国要素禀赋差异
SQDKL	778836	28.71	1.954	33.667	20.179	DKL的平方项
NATURAL	778498	1.163	0.681	4.204	0.000	中国与各国最大城市之间距离倒数
REMOTE[①]	778498	1.817	1.729	17.676	0.000	中国与各国距世界其他国家的平均距离
BORDER	779003	-8.799	0.648	-6.862	-9.868	中国与各国是否接壤

注：Productid为农产品类别变量，取值1、2、3、4分别代表的是初级农产品、半加工农产品、园艺农产品和加工农产品；RGDP和DKL都使用购买力平价（PPP）进行平减；要素禀赋参考Cao（2015）的做法使用人均GDP来衡量。

第三节　实证结果与分析

一　协定条款异质性的实证结果

本书采用前文测算的各类自由贸易协定条款异质性指数进行回归分析，分别考察了FTZ协定条款异质性对中国与伙伴国农产品贸

[①] REMOTE 的计算公式为 $Remote_{ij} = dcont_{ij} \times \left\{ \dfrac{\left[\log\left(\sum_{k=1, k \neq j}^{N} \dfrac{d_{ik}}{N-1}\right) + \log\left(\sum_{k=1, k \neq j}^{N} \dfrac{d_{jk}}{N-1}\right)\right]}{2} \right\}$。

易、农产品出口和农产品进口的影响。表7-3为FTZ协定条款异质性对中国与伙伴国农产品贸易影响的回归结果。其中，第（1）列、第（2）列、第（3）列和第（4）列分别表示的是"WTO+"指数、"WTO-X"指数、条款覆盖指数和条款约束力指数对中国与伙伴国农产品贸易的影响。在1%显著性水平下，这些指数对中国与伙伴国农产品贸易影响都通过了显著性检验。从影响大小来看，"WTO+"指数、"WTO-X"指数、条款覆盖指数和条款约束力指数每提高1%，将分别带动中国与伙伴国农产品贸易额提升5.4%、6.1%、5.8%和6.0%。这表明"WTO-X"相关的条款对成员国之间农产品贸易增长促进作用更大，与传统的关税减免相比，反腐败、创新政策、竞争政策和文化合作等WTO框架下未包含的议题更能给成员国带来贸易的增长。另外，协议强度和协议广度都能有效促进成员国间农产品贸易的增长，条款约束力带来的农产品贸易效应要明显大于条款覆盖面。总的来说，中国签署的自由贸易区协议的条款覆盖范围越广、条款法律约束力越强，则自由贸易区带来的农产品贸易促进效应越大。

从现实的情况来看，中国签署的自由贸易区协议的条款涵盖范围广泛且法律约束力强大，这是自由贸易区带来的农产品贸易促进效应愈加显著的重要因素。自由贸易区协议的条款内容包括贸易关税的逐步降低或取消、贸易壁垒的减少、知识产权保护、争端解决机制等多个方面，这些条款的具体设计和执行程度都会对农产品贸易产生深远的影响。首先，自由贸易区协议中的贸易关税降低或取消条款能够使农产品在成员国之间的流通更加便捷，降低了贸易成本，这不仅使中国的农产品更容易进入其他成员国市场，也使其他成员国的农产品更容易进入中国市场，促进了双向贸易。其次，协议中的贸易壁垒减少条款有助于消除非关税壁垒，例如标准和规定的协调，减少了农产品的技术障碍贸易，也促进了中国与其自由贸易区伙伴国农产品贸易往来。最后，自由贸易区协议中的争端解决机制可以为农产品贸易提供一个稳定的法律框架，减少了商业不确定性，使农产品贸易更加可预测和可信赖。

表7-3　FTZ协定条款异质性对中国与伙伴国农产品贸易影响的回归结果

变量	（1）Trade	（2）Trade	（3）Trade	（4）Trade
wtop	0.054*** (0.00)			
wtox		0.061*** (0.01)		
wtoz			0.058*** (0.00)	
wtol				0.060*** (0.00)
常数项	14.478*** (2.06)	14.459*** (2.06)	14.496*** (2.06)	14.451*** (2.06)
控制变量	是	是	是	是
产品固定效应	是	是	是	是
年份固定效应	是	是	是	是
样本量	778498	778498	778498	778498
R-squared	0.417	0.417	0.417	0.417

注：括号内为稳健性标准误，* $p<10\%$，** $p<5\%$，*** $p<1\%$。

表7-4为FTZ协定条款异质性对中国向伙伴国农产品出口影响的回归结果。从显著性水平来看，在1%显著性水平下，回归结果都通过了显著性检验。从影响大小来看，"WTO+"指数、"WTO-X"指数、条款覆盖指数和条款约束力指数每提高1%，将分别带动中国向伙伴国农产品出口额提升3.0%、3.1%、3.2%和3.3%。"WTO-X"指数带来的农产品出口促进效应要大于"WTO+"指

数，同样条款约束力指数比条款覆盖指数更能促进中国向伙伴国出口农产品。

表7-4 FTZ协定条款异质性对中国向伙伴国农产品出口影响的回归结果

变量	（1）Export	（2）Export	（3）Export	（4）Export
wtop	0.030***			
	(0.00)			
wtox		0.031***		
		(0.01)		
wtoz			0.032***	
			(0.00)	
wtol				0.033***
				(0.00)
常数项	0.081	0.117	0.089	0.091
	(0.53)	(0.53)	(0.53)	(0.53)
控制变量	是	是	是	是
产品固定效应	是	是	是	是
年份固定效应	是	是	是	是
样本量	666827	666827	666827	666827
R-squared	0.451	0.451	0.451	0.451

注：括号内为稳健性标准误，* $p < 10\%$，** $p < 5\%$，*** $p < 1\%$。

表7-5为FTZ协定条款异质性对中国从伙伴国农产品进口影响的回归结果。从显著性水平来看，在显著性水平为1%时，第（1）列、第（2）列、第（3）列和第（4）列的回归都通过了显著性检验。从影响大小来看，"WTO+"指数、"WTO-X"指数、条款覆盖指数和条款约束力指数每提高1%，将分别带动中国从伙伴国农产品进口额提升7.9%、8.1%、8.4%和8.8%，深层条款比浅层条款更能促进中国从伙伴国进口农产品。

表 7-5　FTZ 协定条款异质性对中国从伙伴国农产品进口影响的回归结果

变量	(1) Import	(2) Import	(3) Import	(4) Import
wtop	0.079 *** (0.01)			
wtox		0.081 *** (0.01)		
wtoz			0.084 *** (0.01)	
wtol				0.088 *** (0.01)
常数项	-57.182 *** (7.70)	-57.760 *** (7.70)	-57.219 *** (7.70)	-57.321 *** (7.70)
控制变量	是	是	是	是
产品固定效应	是	是	是	是
年份固定效应	是	是	是	是
样本量	283559	283559	283559	283559
R-squared	0.263	0.263	0.263	0.263

注：括号内为稳健性标准误，* $p<10\%$，** $p<5\%$，*** $p<1\%$。

二　时间窗口异质性的实证结果

本书使用 Jacobson 等（1993）提出的事件研究法（Event Study Approach）对中国自由贸易区战略实施农产品贸易动态效应进行实证检验，回归结果见表 7-6。Jacobson 等于 1993 年提出的事件研究方法是一种社会科学和金融领域常用的研究方法，用于分析某个事件对一个或多个变量的影响。它强调了使用基准模型来控制其他潜在影响因素，以便更准确地量化事件的影响。这种方法在实证研究中广泛应用，以帮助研究人员了解事件如何影响不同领域的变量。

从结果可以看出，交乘项 FTZ × time 的系数始终为正，说明中国自由贸易区战略的实施有利于中国与伙伴国农产品贸易的增长。

从估计系数 β_k 来看，在1%显著性水平下，中国自由贸易区战略实施对其农产品贸易、出口和进口的影响分别从第 1 年（2004 年）、第 2 年（2005 年）和第 2 年（2005 年）开始通过显著性检验，并且系数总体上呈现逐年增长的趋势。由于中国与伙伴国采取的是逐步降低关税的方式，中国自由贸易区战略的实施对其与伙伴国农产品贸易的影响具有一定的滞后性。另外，随着中国与自由贸易区伙伴国农产品贸易自由化程度的不断提高，中国与伙伴国农产品贸易逐步形成"良性循环"，即自由贸易区建立的时间越长，对成员国农产品贸易增长的推动作用就越大。

表7-6　中国自由贸易区战略实施农产品贸易动态效应的回归结果

变量	(1) Trade	(2) Export	(3) Import
$FTZ^{2004} \times time$	0.102***	0.053	-0.011
	(0.04)	(0.04)	(0.07)
$FTZ^{2005} \times time$	0.203***	0.141***	0.202***
	(0.04)	(0.04)	(0.07)
$FTZ^{2006} \times time$	0.116***	0.081**	0.067
	(0.04)	(0.04)	(0.07)
$FTZ^{2007} \times time$	0.062	0.045	0.126*
	(0.04)	(0.04)	(0.07)
$FTZ^{2008} \times time$	0.080**	-0.024	0.255***
	(0.04)	(0.04)	(0.07)
$FTZ^{2009} \times time$	0.104***	-0.002	0.261***
	(0.04)	(0.04)	(0.07)
$FTZ^{2010} \times time$	0.123***	0.014	0.289***
	(0.04)	(0.04)	(0.07)
$FTZ^{2011} \times time$	0.078*	-0.073*	0.266***
	(0.04)	(0.04)	(0.07)

续表

变量	（1） Trade	（2） Export	（3） Import
$FTZ^{2012} \times time$	0.160***	0.059	0.380***
	（0.04）	（0.04）	（0.07）
$FTZ^{2013} \times time$	0.284***	0.145***	0.524***
	（0.04）	（0.04）	（0.07）
$FTZ^{2014} \times time$	0.258***	0.162***	0.444***
	（0.04）	（0.04）	（0.07）
$FTZ^{2015} \times time$	0.325***	0.208***	0.536***
	（0.04）	（0.04）	（0.07）
$FTZ^{2016} \times time$	0.291***	0.176***	0.457***
	（0.04）	（0.04）	（0.07）
$FTZ^{2017} \times time$	0.309***	0.204***	0.434***
	（0.04）	（0.04）	（0.07）
$FTZ^{2018} \times time$	0.392***	0.195***	0.623***
	（0.04）	（0.04）	（0.07）
$FTZ^{2019} \times time$	0.435***	0.244***	0.520***
	（0.04）	（0.04）	（0.07）
$FTZ^{2020} \times time$	0.464***	0.311***	0.571***
	（0.03）	（0.03）	（0.06）
常数项	16.798***	19.959***	-54.853***
	（2.00）	（2.01）	（7.48）
控制变量	是	是	是
国家固定效应	是	是	是
年份固定效应	是	是	是
产品固定效应	是	是	是
样本量	775448	662358	281108
R-squared	0.407	0.443	0.262

注：括号内为稳健性标准误，* $p < 10\%$，** $p < 5\%$，*** $p < 1\%$。

随着中国与自由贸易区伙伴国农产品贸易自由化程度的持续提高，中国与自由贸易区伙伴国的农产品贸易发生显著的变化。一方面，中国与其伙伴国在农产品领域的自由贸易逐渐形成了一种"良性循环"。通过逐步降低农产品的贸易壁垒，包括关税和非关税措施，各国能够更轻松地互通有无，这为农产品市场的互补性和多样性创造了更多机会。例如，中国可以从邻国进口一些特定的农产品，而其伙伴国则可以更容易地进入中国市场，以满足中国不断增长的需求。另一方面，自由贸易区建立的时间越长，对成员国农产品贸易增长的推动作用也越发凸显。这是因为自由贸易区的存在时间越长，各国之间的互联互通性越强，各种机制和合作关系得以深化。这为成员国的农产品提供了更多销售和分销渠道，也将对成员国的农产品贸易增长以及整个自由贸易区的繁荣产生更大的推动作用。这为未来的农产品贸易合作和区域发展提供了积极的展望。

三 产品类别异质性的实证结果

本书参考 Regmi 等（2005）的做法按照产品附加值和加工程度将农产品分为初级产品、半加工产品、园艺产品和加工产品四类①。表7-7至表7-11分别报告的是中国自由贸易区战略实施对其与伙伴国初级农产品、半加工农产品、园艺农产品和加工农产品贸易影响的估计结果。表中所有的回归结果使用的都是产品层面的数据，而且都控制了国家、产品和时间层面固定效应，交乘项（FTZ × time）为本书关心的政策效应变量。

从表7-7的回归结果来看，第（1）列和第（2）列回归（1%显著性水平），第（3）列回归（1%显著性水平）的政策变量都通

---

① 初级产品包括咖啡原料、茶叶、小麦、黑麦、大麦等；半加工产品包括活体动物、猪油、水产品、毛发、动物产品、干豆壳等；园艺产品包括栽植材料、插花、蔬菜、块茎、椰子等；加工产品包括冷冻肉、加工肉、水产品制品、禽蛋和奶制品等。

过了显著性检验，而且系数为正。平均来看，中国自由贸易区战略的实施使中国对伙伴国初级农产品贸易额、出口额和进口额分别增长了44.3%、25.3%和28.5%。对于初级农产品而言，中国自由贸易区战略实施之后更加有利于中国从伙伴国的进口。

表7-7　　　　中国自由贸易区战略实施对其与伙伴国初级
农产品贸易影响的回归结果

变量	(1) Trade	(2) Export	(3) Import
FTZ × time	0.443***	0.253***	0.285***
	(0.04)	(0.04)	(0.09)
常数项	-14.601***	-9.504***	-10.339***
	(0.42)	(0.41)	(0.89)
控制变量	是	是	是
国家固定效应	是	是	是
年份固定效应	是	是	是
产品固定效应	是	是	是
样本量	56258	49863	15687
R-squared	0.304	0.365	0.220

注：括号内为稳健性标准误，* $p<10\%$，** $p<5\%$，*** $p<1\%$。

表7-8为中国自由贸易区战略实施对其与伙伴国半加工农产品贸易影响的回归结果。表中第（1）列、第（2）列和第（3）列回归（1%显著性水平）的政策变量都通过了显著性检验，而且系数为正。从平均效应来看，中国自由贸易区战略的实施使中国对伙伴国半加工农产品贸易额、出口额和进口额分别增长了14.9%、8.3%和26.9%。由此可以看出，与出口相比，中国自由贸易区战略实施之后，中国对伙伴国半加工农产品进口的增长更为迅速。

表7-8 中国自由贸易区战略实施对其与伙伴国半加工农产品贸易影响的回归结果

变量	(1) Trade	(2) Export	(3) Import
FTZ×time	0.149***	0.083***	0.269***
	(0.02)	(0.02)	(0.03)
常数项	10.290***	9.413***	-34.354***
	(2.43)	(2.47)	(9.47)
控制变量	是	是	是
国家固定效应	是	是	是
年份固定效应	是	是	是
产品固定效应	是	是	是
样本量	480341	409805	189833
R-squared	0.424	0.455	0.267

注：括号内为稳健性标准误，* $p<10\%$，** $p<5\%$，*** $p<1\%$。

表7-9为中国自由贸易区战略实施对其与伙伴国园艺农产品贸易的影响。第（1）列、第（2）列和第（3）列分别考察的是对园艺农产品贸易额、出口额和进口额的影响。在1%的显著性水平下，中国自由贸易区战略实施对其与伙伴国园艺农产品贸易额、出口额和进口额的政策效应都通过了显著性检验。平均来看，中国自由贸易区战略的实施对其与伙伴国园艺农产品贸易额、出口额和进口额分别增长了27.9%、44.4%和11.0%。由于中国水果、蔬菜等园艺农产品具有较强的比较优势，中国自由贸易区战略的实施更加有利于中国扩大对伙伴国园艺农产品的出口。

表7-10为中国自由贸易区战略实施对其与伙伴国加工农产品贸易影响的回归结果。第（1）列、第（2）列和第（3）列的回归分别为对加工农产品贸易额、出口额和进口额的影响。在1%的显著

性水平下,第(1)列和第(2)列的回归都通过了显著性检验,第(3)列的回归未通过显著性检验。从平均效应来看,中国自由贸易区战略的实施分别使中国与伙伴国加工农产品贸易额和出口额分别增长了24.3%和36.8%。从政策效应大小来看,中国自由贸易区对其与伙伴国加工农产品出口增长的幅度要大于进口。

表7-9　　　　中国自由贸易区战略实施对其与伙伴国
园艺农产品贸易影响的回归结果

变量	(1) Trade	(2) Export	(3) Import
FTZ × time	0.279***	0.444***	0.110***
	(0.04)	(0.09)	(0.04)
常数项	39.832***	40.492***	-9.989
	(4.87)	(4.90)	(24.85)
控制变量	是	是	是
国家固定效应	是	是	是
年份固定效应	是	是	是
产品固定效应	是	是	是
样本量	114848	104074	28602
R-squared	0.431	0.467	0.275

注:括号内为稳健性标准误,* $p < 10\%$,** $p < 5\%$,*** $p < 1\%$。

总的来看,中国自由贸易区战略的实施对其与伙伴国不同类别农产品的影响存在较大差异,建立自由贸易区更有利于成员国各自比较优势的发挥。从政策效果来看,中国自由贸易区战略实施之后,中国主要是扩大了对伙伴国具有比较优势初级农产品和半加工农产品的进口,增加了对伙伴国具有比较劣势园艺农产品和加工农产品的出口。

表 7 – 10　　中国自由贸易区战略实施对其与伙伴国加工
农产品贸易影响的回归结果

变量	(1) Trade	(2) Export	(3) Import
FTZ × time	0.243***	0.368***	0.020
	(0.04)	(0.07)	(0.04)
常数项	53.156***	-11.422	58.663***
	(5.63)	(19.33)	(5.82)
控制变量	是	是	是
国家固定效应	是	是	是
年份固定效应	是	是	是
产品固定效应	是	是	是
样本量	124001	46986	98616
R-squared	0.398	0.285	0.437

注：括号内为稳健性标准误，* $p<10\%$，** $p<5\%$，*** $p<1\%$。

从现实情况来看，自由贸易区的建立标志着成员国在农产品贸易方面取得了一定程度的共识，这种合作形式有助于促进各自比较优势的发挥。首先，自由贸易区为中国创造了更广泛的农产品市场，使其能够扩大对伙伴国的比较优势初级农产品和半加工农产品的进口。这意味着中国可以凭借更有竞争力的价格获得更多的农产品，满足国内需求，并确保食品供应的稳定性。这对于中国的居民来说是一项重大利好，有助于提高生活水平。其次，自由贸易区也为中国的农产品出口提供了机会，尤其是对伙伴国具有比较劣势的园艺农产品和加工农产品。中国可以将自身具有竞争力的产品推向更广泛的市场，增加出口收入，创造就业机会，促进农村地区的发展。这有助于提高中国农产品的国际竞争力，推动农业现代化和技术创新。此外，自由贸易区的互通性也有助于加强中国与伙伴国之间的技术合作和知识共享。这可以帮助中国改进农业生产方法，提高效率和可持续性，从而更好地利用自身的比较优势。

四 网络地位异质性的实证结果

前文理论部分已经分析出在轮轴与辐条型自由贸易区网络中"轮轴国"与"辐条国"从自由贸易区建立获得贸易收益存在较大差异。中国与各个自由贸易区伙伴国签订了一系列自由贸易区协议之后，中国作为"轮轴国"对伙伴国存在网络地位优势，各个"辐条国"的农产品直接进入其他"辐条国"将不享受优惠贸易待遇，但可以通过中国转口到其他"辐条国"并享受优惠贸易待遇。总的来说，辐条与轮轴自由贸易区赋予"轮轴国"集中地优势，而"辐条国"在某种程度处于被歧视状态。为了验证第四章提出的研究假说，本书考察不同网络地位下成员国农产品贸易促进效应①的差异。由于需要计算出各成员国的农产品贸易促进效应，本书使用合成控制法解决回归中的内生性问题。合成控制法的主要思想为：分别以中国、东盟②、智利、巴基斯坦等国家（或地区）为处理组，以其他非中国自由贸易区成员国国家（或地区）为控制组。以数据驱动的方式使用预测变量③对控制组国家进行加权，从而构造出政策未实施情况下的"反事实"，进而将真实值减去"反事实"得出政策效应。

1. 自由贸易区战略实施带来的中国农产品贸易促进效应

在自由贸易区网络中，中国为轮轴国，自由贸易区伙伴国为辐条国。由于中国作为轮轴国可以享受各辐条国给予的贸易优惠条件，

---

① 自由贸易区农产品贸易促进效应等于自由贸易区战略实施之后中国与伙伴国农产品贸易增长情况减去自由贸易区战略未实施情况下的"反事实"。

② 为了模型的简化，本书将东盟地区视为一个整体，不再考虑东盟国家之间的内部贸易。

③ 本书选择的预测变量分别是 RGDP（中国与各国的经济规模之和）、DKL（中国与各国要素禀赋差异）、NATURAL（中国与各国最大城市之间距离的倒数）、REMOTE（中国与各国距世界其他国家的平均距离）以及政策未实施之前成员国农产品贸易规模。

因此自由贸易区战略实施带来的中国农产品贸易促进效应等于中国与各个伙伴国农产品贸易促进效应之和。具体而言，本书使用中国与各国农产品贸易以及经济规模、要素禀赋和地理数据作为预测变量来合成政策未实施情况下的"反事实"。表 7-11 给出了合成东盟、智利、巴基斯坦、新西兰、秘鲁、哥斯达黎加等国（或地区）的参考国家（或地区）以及其权重。例如，合成东盟权重排名前五的参考国家及其权重分别为日本（0.656）、美国（0.280）、乌兹别克斯坦（0.052）、巴西（0.002）和俄罗斯（0.009）。

表 7-11　　合成对象中参考国家（或地区）及其权重

实验组		控制组 1	控制组 2	控制组 3	控制组 4	控制组 5
东盟	参考国家	日本	美国	乌兹别克斯坦	巴西	俄罗斯
	权重	0.656	0.280	0.052	0.002	0.009
智利	参考国家	日本	乌克兰	拉脱维亚	佛得角	布基纳法索
	权重	0.399	0.205	0.136	0.118	0.063
巴基斯坦	参考国家	印度	加拿大	厄瓜多尔	安哥拉	卡塔尔
	权重	0.276	0.193	0.183	0.141	0.099
新西兰	参考国家	日本	巴西	马耳他	乌兹别克斯坦	津巴布韦
	权重	0.349	0.272	0.085	0.050	0.046
秘鲁	参考国家	日本	安哥拉	厄瓜多尔	莫桑比克	巴西
	权重	0.486	0.151	0.137	0.100	0.070
哥斯达黎加	参考国家	吉尔吉斯斯坦	哥伦比亚	白俄罗斯	阿塞拜疆	厄瓜多尔
	权重	0.330	0.258	0.205	0.160	0.029
冰岛	参考国家	尼日尔	日本	多米尼加	加纳	爱沙尼亚
	权重	0.258	0.139	0.116	0.112	0.099
瑞士	参考国家	日本	厄瓜多尔	哈萨克斯坦	几内亚	塔吉克斯坦
	权重	0.232	0.134	0.122	0.116	0.081
韩国	参考国家	日本	阿根廷	美国	莫桑比克	伊拉克
	权重	0.629	0.156	0.097	0.033	0.028

续表

实验组		控制组1	控制组2	控制组3	控制组4	控制组5
澳大利亚	参考国家	日本	巴西	美国	巴林	厄瓜多尔
	权重	0.409	0.233	0.158	0.079	0.066
格鲁吉亚	参考国家	尼加拉瓜	埃塞俄比亚	佛得角	摩尔多瓦共和国	利比里亚
	权重	0.320	0.226	0.153	0.120	0.105

注：受篇幅限制，本书仅列举了权重比例前五位的合成控制组国家（或地区）及其权重。

图7-2刻画了中国与各个自由贸易区伙伴国（或地区）及其对应合成国家（或地区）农产品贸易规模的变动路径。其中，垂直虚线代表的是中国与各伙伴国签订自由贸易协定的时点，实线代表的是中国与伙伴国（或地区）农产品贸易规模的真实值，虚线代表的是中国与伙伴国（或地区）农产品贸易的"反事实"。在自由贸易区建立之前，合成中国与伙伴国（或地区）农产品贸易情况与真实情况的变动路径几乎能够完全重合，说明合成控制法很好地模拟了自由贸易区建立之前中国与伙伴国农产品贸易的变化路径。中国自由贸易区战略实施之后，中国与大部分伙伴国农产品贸易都呈现快速增长态势。

为了更加直观地看出中国自由贸易区战略实施带来的中国农产品贸易促进效应，本书分别计算了中国与东盟、智利、巴基斯坦等国家（或地区）真实的农产品贸易规模与合成的农产品贸易规模的差值。平均来看，中国自由贸易区战略实施之后，中国与东盟、智利、新西兰、哥斯达黎加、韩国、澳大利亚和格鲁吉亚农产品贸易促进效应大部分年份为正。从变化趋势来看，由于与大部分国家采取的是逐步开放的策略，再加上企业调整生产行为也需要一定的时间，因此，在自由贸易区建设初期，中国与大部分伙伴国农产品贸易促进效应较小甚至为负。然而，随着自由贸易区建设的逐步推进，农产品贸易促进效应增长显著。综合来看，自由贸易区战略实施之后，中国农产品贸易促进效应较大，而且呈现逐年增长的态势，平均每年增长2.67亿美元。

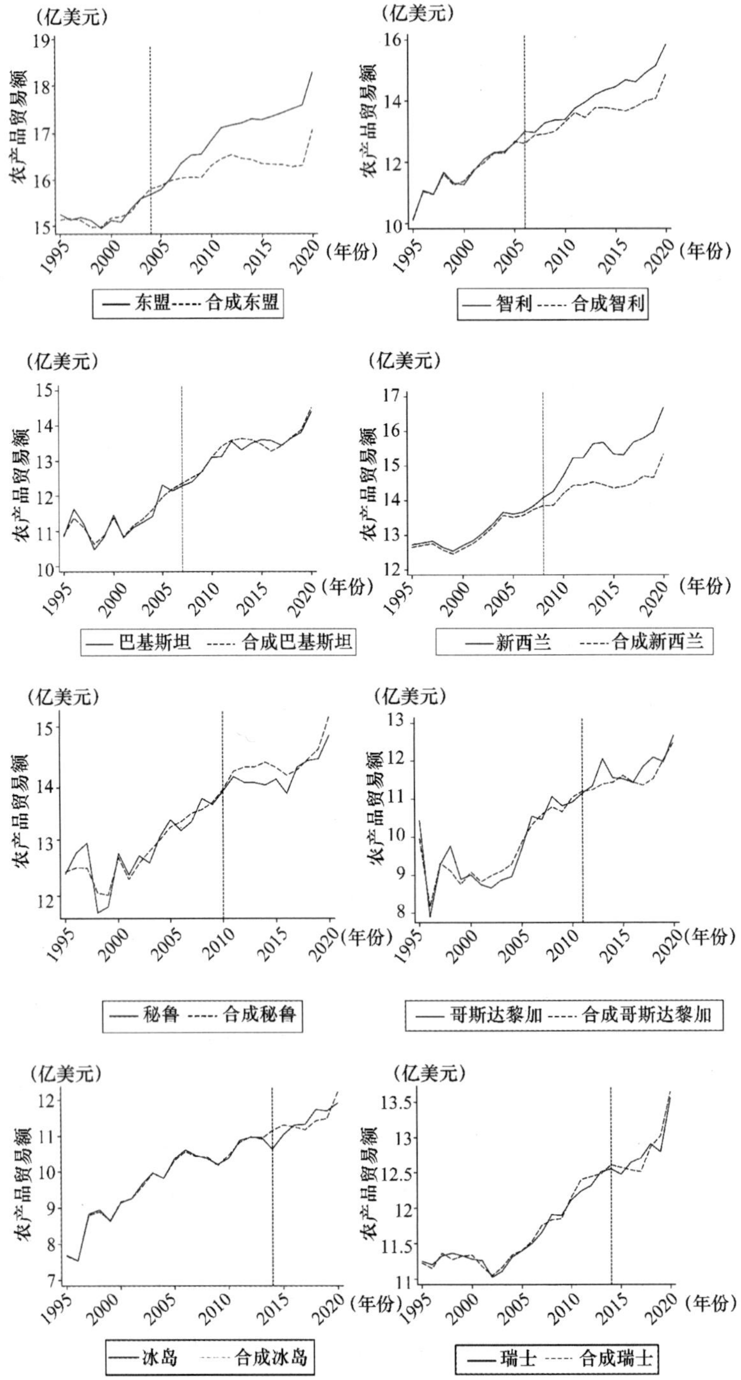
（亿美元）
农产品贸易额
（年份）
——东盟----- 合成东盟
——智利 ----- 合成智利
——巴基斯坦 ----- 合成巴基斯坦
——新西兰 -----合成新西兰
——秘鲁 ----- 合成秘鲁
——哥斯达黎加 ----- 合成哥斯达黎加
——冰岛 ----- 合成冰岛
——瑞士 ----- 合成瑞士

第七章 中国自由贸易区战略实施的农产品贸易效应异质性实证 225

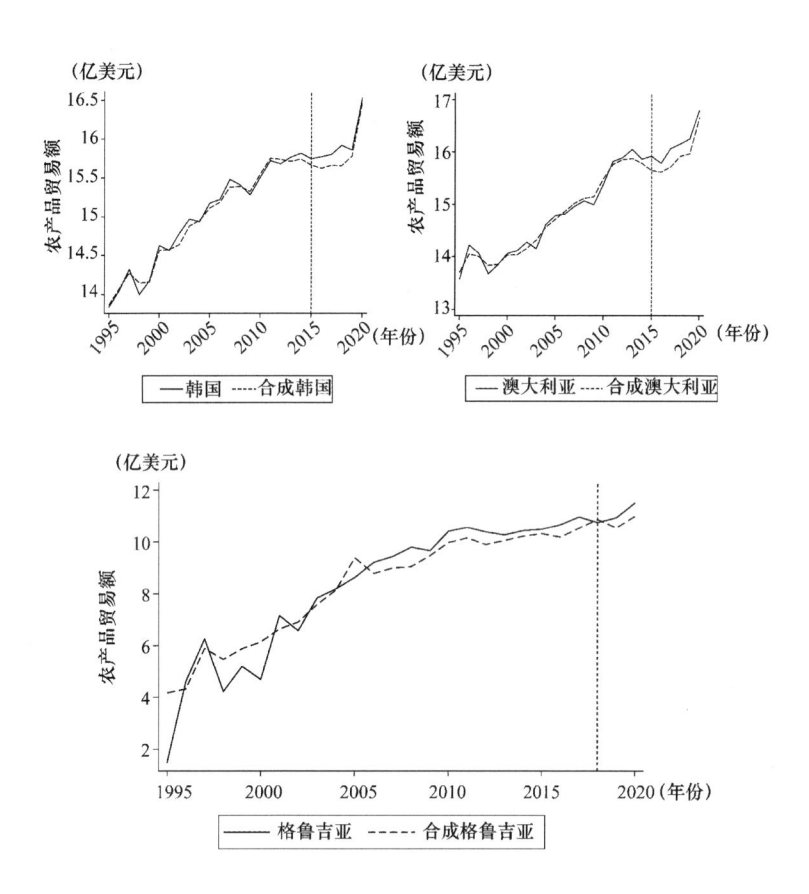

图 7-2 中国与自由贸易区伙伴国（或地区）及其对应合成
国家（或地区）农产品贸易规模变化路径

表 7-12 中国自由贸易区战略实施之后中国农产品贸易促进效应

年份	东盟	智利	巴基斯坦	新西兰	秘鲁	哥斯达黎加	冰岛	瑞士	韩国	澳大利亚	格鲁吉亚	合计
2004	-0.12	—	—	—	—	—	—	—	—	—	—	-0.12
2005	-0.09	—	—	—	—	—	—	—	—	—	—	-0.09
2006	0.06	0.38	—	—	—	—	—	—	—	—	—	0.44
2007	0.32	0.09	-0.08	—	—	—	—	—	—	—	—	0.33
2008	0.48	0.36	-0.12	0.23	—	—	—	—	—	—	—	0.95
2009	0.51	0.37	0.02	0.41	—	—	—	—	—	—	—	1.31

续表

年份	东盟	智利	巴基斯坦	新西兰	秘鲁	哥斯达黎加	冰岛	瑞士	韩国	澳大利亚	格鲁吉亚	合计
2010	0.54	0.08	0.00	0.51	-0.03	—	—	—	—	—	—	1.1
2011	0.66	0.14	-0.29	0.80	-0.09	-0.05	—	—	—	—	—	1.17
2012	0.64	0.50	-0.03	0.79	-0.27	0.10	—	—	—	—	—	1.73
2013	0.76	0.43	-0.32	1.11	-0.28	0.66	—	—	—	—	—	2.36
2014	0.88	0.58	-0.10	1.23	-0.40	0.12	-0.52	-0.06	—	—	—	1.73
2015	0.94	0.73	0.13	0.99	-0.21	-0.09	-0.27	-0.10	0.08	0.27	—	2.47
2016	1.03	1.02	0.30	0.92	-0.32	-0.01	0.05	0.11	0.15	0.17	—	3.42
2017	1.11	0.81	0.02	1.20	0.05	0.49	0.15	0.19	0.14	0.35	—	4.51
2018	1.25	0.92	-0.02	1.10	-0.03	0.56	0.31	0.04	0.26	0.23	-0.12	4.5
2019	1.30	1.07	-0.07	1.33	-0.17	-0.05	0.21	-0.23	0.08	0.29	0.39	4.15
2020	1.24	0.98	-0.11	1.34	-0.34	0.17	-0.30	-0.09	0.05	0.15	0.52	3.61
平均	0.68	0.56	-0.05	0.92	-0.19	0.19	-0.05	-0.02	0.13	0.24	0.26	2.67

注:"—"表示自由贸易区未成立,数据缺失。

2. 自由贸易区战略实施带来的伙伴国（或地区）农产品贸易促进效应

由于各个辐条国仅与轮轴国签署了自由贸易协定,因此自由贸易区建立之后各个伙伴国农产品贸易促进效应等于伙伴国与中国农产品贸易的"净增长"。同样,按照前文的方法,计算出自由贸易区战略未实施情况下的"反事实",进而计算出各自由贸易区伙伴国（或地区）农产品贸易促进效应[1],计算结果见表7-13。平均来看,中国自由贸易区建立之后,东盟、智利、巴基斯坦、新西兰、秘鲁、

---

[1] 在使用合成控制法中,本书剔除了中国自由贸易区伙伴国其他自由贸易区建设带来的影响,即控制组中未包含中国自由贸易区成员国各自签署的自由贸易区伙伴国。

哥斯达黎加、冰岛、瑞士、韩国、澳大利亚和格鲁吉亚的农产品贸易促进效应的均值分别为 0.78、1.17、0.60、1.50、0.47、0.97、0.86、0.41、0.78、1.20 和 0.81，都要小于中国农产品贸易促进效应。

表 7-13　中国自由贸易区战略实施之后伙伴国（或地区）农产品贸易促进效应

年份	东盟	智利	巴基斯坦	新西兰	秘鲁	哥斯达黎加	冰岛	瑞士	韩国	澳大利亚	格鲁吉亚
2004	0.64	—	—	—	—	—	—	—	—	—	—
2005	0.85	—	—	—	—	—	—	—	—	—	—
2006	0.91	0.47	—	—	—	—	—	—	—	—	—
2007	0.82	0.28	0.10	—	—	—	—	—	—	—	—
2008	0.42	0.30	0.10	0.23	—	—	—	—	—	—	—
2009	0.61	0.75	0.63	0.69	—	—	—	—	—	—	—
2010	0.68	0.62	1.06	0.96	0.52	—	—	—	—	—	—
2011	0.61	0.83	0.72	1.15	0.04	0.56	—	—	—	—	—
2012	0.58	0.84	1.03	1.34	-0.11	0.45	—	—	—	—	—
2013	0.56	1.29	0.70	2.13	0.11	1.05	—	—	—	—	—
2014	0.65	1.46	0.57	1.82	0.33	1.00	0.02	0.09	—	—	—
2015	0.78	1.49	0.73	1.56	0.96	0.76	1.08	0.12	0.80	1.05	—
2016	0.83	1.85	0.70	1.56	0.63	0.76	1.19	0.41	0.79	1.04	—
2017	0.76	1.51	0.30	1.91	0.88	0.84	0.96	0.48	0.71	1.21	—
2018	0.95	1.78	0.40	1.98	0.98	1.44	1.15	0.67	0.76	1.22	0.62
2019	1.23	2.16	0.68	2.14	0.54	1.40	1.12	0.54	0.78	1.32	0.77
2020	1.30	1.99	0.64	2.10	0.26	1.40	0.51	0.58	0.85	1.36	1.05
均值	0.78	1.17	0.60	1.50	0.47	0.97	0.86	0.41	0.78	1.20	0.81

注："—"表示自由贸易区未成立，数据缺失。

总的来说，辐条与轮轴自由贸易区网络的形成使中国获得了同时进入所有伙伴国市场的权利，中国农产品贸易的"净增长"始终要大于自由贸易区伙伴国，这充分证实了中国在辐条与轮轴自由贸易区网络中的相对优势地位。综上所述，假说4得以验证。从现实的情况来看，中国的贸易地位在国际舞台上日益崭露头角，这主要归功于其积极参与多边贸易谈判以及建立与众多国家和地区之间的自由贸易协定。其中，辐条与轮轴型自由贸易区的形成，标志着中国在全球贸易中的更大获利。首先，中国享受所有辐条国贸易优惠待遇，这意味着中国的农产品可以更容易地进入其他成员国的市场，而不受额外的关税和贸易壁垒的限制。这为中国的出口农产品企业提供了竞争优势，使它们能够以更具竞争力的价格向全球市场销售农产品。其次，辐条与轮轴型自由贸易区的形成有助于中国与其他成员国之间农产品的流通更加顺畅。通过降低贸易壁垒和规范贸易程序，简化了跨境农产品贸易的流程，减少了与农产品贸易相关的成本和时间。这不仅有利于中国的出口商，还使中国的进口商能够更容易地获得所需的原材料和商品，从而提高了国内生产的效率和质量。

第四节　本章小结

随着自由贸易区蓬勃发展，关于自由贸易区贸易效应的研究越来越多，但大多数关注的是平均效应，较少研究涉及自由贸易区贸易效应异质性。因此，本章利用1995—2020年中国与各国农产品贸易数据，检验和探讨了自由贸易区农产品贸易效应分别在协定条款、时间窗口、产品类别和网络位置上的异质性。

研究发现，一是中国自由贸易区战略实施的农产品贸易效应在协定条款上存在影响异质性，中国谈判的自由贸易区协议内容覆盖面越广、条款法律约束力越强，中国自由贸易区对其与伙伴国农产品贸易的促进作用越强。另外，与 WTO 框架下传统的关税减免相比，反腐败、创新政策、竞争政策和文化合作等 WTO 框架下未包含的议题更能促进成员国间农产品贸易的增长。二是中国自由贸易区战略实施的农产品贸易效应在时间窗口上存在影响异质性，由于中国与伙伴国采取的是逐步开放的策略再加上企业生产和贸易行为的调整具有固定成本，中国自由贸易区战略的实施对中国与伙伴国农产品贸易影响存在一定滞后性，农产品贸易效应会随着时间的推移而逐步扩大。三是中国自由贸易区战略实施的农产品贸易效应在产品类别上存在异质性，中国与伙伴国建立自由贸易区，更加有利于各自比较优势的发挥，中国扩大了对伙伴国初级农产品和半加工农产品的进口，增加了对伙伴国蔬菜、水果等园艺农产品和加工农产品的出口。四是中国自由贸易区战略实施的农产品贸易效应在网络位置上存在异质性，由于中国享受所有辐条国贸易优惠待遇，而伙伴国之间还保留着贸易壁垒，辐条与轮轴型自由贸易区形成后，中国农产品贸易促进效应要大于各个辐条国农产品贸易促进效应。

第 八 章

中国自由贸易区战略实施的出口农产品质量效应实证

在 WTO 多边贸易体制建设趋缓的背景下，自由贸易区①已成为中国构建农业对外开放新格局的重要引擎以及充分运用国内国际两个市场、两种资源的新方式。特别是，自 2004 年中国与东盟在农产品贸易领域率先实施"早期收获计划"以来，中国进入了自由贸易区发展的快车道。目前，中国已与东盟、韩国、冰岛、秘鲁和智利等国家和地区建立了自由贸易区，逐步形成立足周边、辐射"一带一路"和面向全球的自由贸易区网络。在高质量发展的新时代，贸易高质量发展是自由贸易区建立的必然要求。2019 年 11 月出台的《中共中央 国务院关于推进贸易高质量发展的指导意见》明确指出，"要加快高标准自由贸易区建设，拓展贸易高质量发展新空间"②；2020 年 11 月发布的《国务院办公厅关于推进对外贸易创新发展的实施意见》提出，"积极签署高标准自由贸易

---

① 本书中，自由贸易区指的是多个主权国家（或地区）之间签订自由贸易协定，从而形成涵盖所有成员全部关税领土的"特定区域"，而非指单个主权国家（或地区）在内部设立的自由贸易试验区或者自由贸易港。

② 《中共中央 国务院关于推进贸易高质量发展的指导意见》，http：//www. gov. cn/zhengce/2019-11/28/content_ 5456796. htm。

协定，提高出口产品质量"①；"十四五"规划纲要强调，"实施自由贸易区提升战略，优化出口商品质量和结构"②。当前，中国正处在"贸易大国"向"贸易强国"转变的关键时期，出口产品（包括农产品）质量③提升是"贸易强国"建设的应有之义。首先，本书在使用需求残差法测量出口农产品质量的基础上，利用 PSM—渐进 DID 等方法分析自由贸易区建立对中国出口农产品质量的影响及其内在机制；其次，本书通过中介效应模型分别检验浅层条款和深层条款在自由贸易区建立对中国出口农产品质量影响中发挥的间接效应；最后，结合中国自由贸易区战略实施的情况，本书提出在推动自由贸易区战略实施的同时应加快提升中国出口农产品质量的政策启示。本书研究将有助于中国自由贸易区战略的调整优化，从而为实现中国农业对外开放新格局构建与出口农产品质量提升的协同发展提供现实依据和政策参考。

第一节 研究设计

一 模型设定

1. 渐进 DID 模型设定

本书将中国自由贸易区战略实施视为准自然实验，采用因果推断的方法考察自由贸易区建立对中国出口农产品质量的影响。由于中国与自由贸易区伙伴国建立自由贸易区的时点存在差异，因此本

---

① 《国务院办公厅关于推进对外贸易创新发展的实施意见》（国办发〔2020〕40号），http://www.gov.cn/zhengce/content/2020-11/09/content_5559659.htm。

② 《中华人民共和国国民经济和社会发展第十四个五年规划和 2035 年远景目标纲要》，http://www.gov.cn/xinwen/2021-03/13/content_5592681.htm。

③ 产品质量强调的是产品内（within-product）的垂直差异，产品质量表现为能够提高消费者购买意愿的一系列特征，例如安全性、品牌、口感、营养价值、产品设计的美观度等。

书采用渐进 DID 模型进行估计。渐进 DID 模型设定如下：

$$quality_{ijt} = \alpha_1 + \beta_1 FTA_i \times time_{it} + \lambda_1 X_{ijt} + \gamma_t + \mu_i + \eta_j + \varepsilon_{ijt}$$
(8-1)

(8-1) 式中，下标 i、j、t 分别表示国家、产品和年份。$quality_{ijt}$ 为因变量，表示中国出口农产品质量，其测算方式见后文。$FTA_i \times time_{it}$ 为政策变量，其中，FTA_i 为组别虚拟变量，$time_{it}$ 为政策时间虚拟变量。$FTA_i \times time_{it}$ 的系数 β_1 用来识别政策实施总效应，若 $\beta_1 < 0$，则说明相对于自由贸易区建立之前，自由贸易区建立之后中国出口到处理组国家的农产品质量低于出口到对照组国家的农产品质量。X_{ijt} 为控制变量，包括出口目的国经济发展水平、出口目的国收入水平、中国出口到目的国的农产品贸易成本、中国农业企业生产效率和中国农产品出口价格。γ_t、μ_i 和 η_j 分别表示时间层面、国家层面和产品层面的固定效应，ε_{ijt} 为随机误差项。

2. 中介效应模型设定

本书选取浅层条款（$wtop_{it}$）和深层条款（$wtox_{it}$）作为中介变量，通过中介效应模型来考察浅层条款和深层条款的间接效应。本书在（8-1）式之外增加（8-2）—（8-4）式来构建中介效应模型，模型设定如下：

$$wtop_{it} = \alpha_2 + \beta_2 FTA_i \times time_{it} + \lambda_2 X_{ijt} + \gamma_t + \mu_i + \eta_j + \varepsilon_{ijt}$$
(8-2)

$$wtox_{it} = \alpha_3 + \beta_3 FTA_i \times time_{it} + \lambda_3 X_{ijt} + \gamma_t + \mu_i + \eta_j + \varepsilon_{ijt}$$
(8-3)

$$quality_{ijt} = \alpha_4 + \beta_4 FTA_i \times time_{it} + \delta_1 wtop_{it} + \delta_2 wtox_{it} + \lambda_4 X_{ijt} + \gamma_t + \mu_i + \eta_j + \varepsilon_{ijt}$$
(8-4)

（8-2）—（8-4）式中，其他变量的含义与（8-1）式相同。中介效应的检验步骤如下：第一步，检验（8-1）式中系数 β_1 的显著性，若该系数通过显著性检验，表示总效应显著；第二步，检验（8-2）式中的系数 β_2、（8-3）式中的系数 β_3、（8-4）式中的系

数 δ_1 和系数 δ_2 的显著性，若这些系数都通过显著性检验，则说明浅层条款的间接效应和深层条款的间接效应显著；第三步，检验（8-4）式中的系数 β_4 的显著性，若该系数通过显著性检验，则说明直接效应显著；第四步，检验系数的符号，若 β_4 与 $\beta_2 \times \delta_1$ 同号，β_4 与 $\beta_3 \times \delta_2$ 异号，则说明浅层条款发挥的是部分中介效应（大小为 $\beta_2 \times \delta_1$），而深层条款发挥的是遮掩效应（大小为 $\beta_3 \times \delta_2$）。

二 变量测算与说明

1. 因变量

因变量为出口质量（quality）。另外，自由贸易区的建立对不同质量农产品出口数量和出口额的影响存在差异，因此，在自由贸易区建立对出口农产品质量影响的机制分析中，本书使用出口数量（export_q）和出口额（export_v）作为因变量进行回归。出口产品质量的测算方法运用比较广泛的是单位价值法和需求残差法（刘妍和赵帮宏，2019；余静文等，2021）。由于单位价值法不仅可以反映产品的质量信息，还可以反映产品的生产成本等情况，因此使用该方法会产生较大误差。为了解决这一问题，一些研究开发了需求残差法（Khandelwal et al.，2013）。本书采用较为前沿的需求残差法来测算中国出口农产品的质量。

本书借鉴 Khandelwal 等（2013）提出的需求残差法，将出口农产品质量引入 CES 效用函数，从而将 CES 需求函数改造为：

$$U_{ijt} = \left[\sum_j (\tau_{ijt} q_{ijt})^{\frac{\sigma-1}{\sigma}} \right]^{\frac{\sigma}{\sigma-1}} \qquad (8-5)$$

（8-5）式中，τ_{ijt} 和 q_{ijt} 分别表示中国在 t 年出口到 i 国 j 农产品的质量和数量，U_{ijt} 表示 i 国消费者在 t 年从中国进口 j 农产品获得的效用水平。σ 表示进口农产品的替代弹性，且始终大于1。在效用最大化的条件下，可以推导出 j 农产品的需求方程，具体形式为：

$$q_{ijt} = \tau_{ijt}^{\sigma-1} p_{ijt}^{-\sigma} P_{it}^{\sigma-1} Y_{it} \qquad (8-6)$$

(8-6) 式中，p_{ijt} 表示在 t 年中国出口到 i 国 j 农产品的价格。P_{it} 和 Y_{it} 分别表示的是 i 国在 t 年整体的价格水平和国民收入。对（8-6）式取对数之后，可以得到如下线性回归方程：

$$\ln q_{ijt} + \sigma \ln p_{ijt} = \alpha_j + \alpha_t + \xi_{ijt} \tag{8-7}$$

(8-7) 式中，α_t 表示的是时间固定效应，用来控制 i 国市场价格水平和国民收入等因素，α_j 表示的是产品固定效应，用来控制产品固有特征等因素。

参考王明涛和谢建国（2019）的做法，本书假设一个国家只有一个农业企业，利用中国农产品出口数量与价格数据，对（8-7）式进行 OLS 回归，估计其残差项，则中国出口农产品质量可以表示为：

$$\ln \tau_{ijt} = \frac{\widehat{\xi_{ijt}}}{\sigma - 1} \tag{8-8}$$

由于农产品异质性的存在，出口质量在不同农产品之间不具备可比性，因此，本书将（8-8）式中的 $ln\tau_{ijt}$ 按照 HS 6 位编码分类分别进行标准化处理，可得到标准化的中国出口农产品质量，计算公式为：

$$quality_{ijt} = \frac{\ln \tau_{ijt} - \min(\ln \tau_{ijt})}{\max(\ln \tau_{ijt}) - \min(\ln \tau_{ijt})} \tag{8-9}$$

(8-9) 式中的 $quality_{ijt}$ 即为（8-1）式中的因变量，$\max(ln\tau_{ijt})$ 和 $\min(ln\tau_{ijt})$ 分别表示某一类农产品的出口质量在所有年度、所有出口目的国层面的最大值和最小值。

2. 政策变量

本书将政策变量设定为 $FTA_i \times time_{it}$。其中，对于组别虚拟变量 FTA_i，若 i 国与中国是自由贸易区伙伴国，取值为 1，反之则取值为 0；对于政策时间虚拟变量 $time_{it}$，中国与 i 国建立自由贸易区当年及之后取值为 1，建立之前则取值为 0。

3. 中介变量

由于自由贸易区建立对中国出口农产品质量的影响是本书关注

的内容，因此，本书排除了与农产品或者与农业关系不大的协定条款。对于浅层条款，本书仅保留与农产品或者与农业相关的9项条款，分别是农产品关税削减、贸易便利化、出口补贴、卫生与植物卫生措施、技术性贸易壁垒、反倾销、反补贴、政府采购和贸易促进措施；对于深层条款，本书仅统计与农产品或者与农业相关的11项条款，分别是投资便利化、农业现代化、农业合作、竞争政策、技术转让、提高中小企业出口能力、环保标准、资本流动、创新政策、自然灾害管理和投资税收。浅层条款和深层条款的测算公式分别为：$wtop_{it} = \sum_{1}^{9} provision_{it}/9$，$wtox_{it} = \sum_{10}^{20} provision_{it}/11$。其中，$provision_{it}$ 表示每项条款的覆盖情况，若中国与伙伴国生效的自由贸易协定直接或间接地包含与农产品或农业相关的条款，赋值为1，反之则赋值为0。

4. 控制变量

本书还控制其他影响出口农产品质量的变量。第一，经济发展水平（GDP），表示出口目的国的经济发展水平，本书使用 GDP 衡量。国家经济发展水平越高，越倾向于进口高质量农产品（王明涛和谢建国，2019），因而出口目的国的经济发展水平可以反映需求方的消费偏好。第二，收入水平（rGDP），表示出口目的国的收入水平，本书使用人均 GDP 衡量。越富裕的国家，越倾向于进口高质量农产品（Hallak，2010）。第三，贸易成本（cost），表示中国出口到目的国的农产品贸易成本。本书使用 Fisman 和 Wei（2004）的计算方法衡量①。第四，生产效率（RCA），表示中国农业企业的生产效率。农业企业生产效率越高，越倾向于生产高质量农产品（Anto-

---

① 计算公式为：$cost = (10\% + \frac{dist - min(dist)}{max(dist) - min(dist)} \times 10\%) \times import\_value$。其中，$dist$ 为中国到 i 国的地理距离，$max(dist)$ 和 $min(dist)$ 分别代表的是中国到各国地理距离的最大值和最小值，$import\_value$ 表示农产品进口额，数据来自 CEPII_BACI 数据库。一般情况下，产品的贸易成本占产品进口额的 10%—20%。

niades，2015）。本书研究使用的是产品层面的数据，由于该数据难以直接测量农业企业的生产效率，因此本书使用显示性比较优势指数①间接衡量（王明涛和谢建国，2019）。第五，出口价格（price），表示中国出口到目的国的农产品价格。农产品价格越高，往往质量越好（Schott，2004）。

三　数据说明与描述性统计

本书在实证分析中主要使用 CEPII_ BACI（HS 6 位编码产品级别的国际贸易数据库）、Penn World Tables 和 CEPII 等数据库匹配之后的样本。其中，对于因变量，export_ q、export_ v 以及计算 quality 的原始数据来自 CEPII_ BACI 数据库②；对于中介变量，计算 wtop 和 wtox 的原始数据来自 WTO 网站和世界银行的贸易协定内容数据库③；对于控制变量，GDP 和 rGDP 的数据来自 Penn World Tables 数据库④，计算 cost 所需的地理数据来自 CEPII 数据库⑤，计算 RCA 的原始数据来自 CEPII_ BACI 数据库⑥。由于各个指标来自不同数据库，本书按照国家、年份和产品对各大数据库进行合并和匹配，匹配后的样本量为 652957，样本区间为 1995—2020 年，在样本区间内中国有 19 个自由贸易区伙伴国。表 8 – 1 为本书实证分析中运用到的主要变量的描述性统计结果。

---

① 计算公式为：$RCA_{ijt} = (X_{ijt}/X_{it})/(W_{jt}/W_{t})$，其中 X_{ijt} 表示在 t 年 i 国 j 农产品的出口额，X_{it} 表示的是在 t 年 i 国全部农产品的出口额，W_{jt} 为在 t 年全世界 j 农产品的出口额，W_{t} 为在 t 年全世界农产品的出口额。

② http：//www. cepii. fr/DATA_ DOWNLOAD/baci/doc/DescriptionBACI. html.

③ http：//rtais. wto. org/UI/PublicMaintainRTAHome. aspx 和 https：//datacatalog. worldbank. org/search/dataset/0039575。

④ https：//www. rug. nl/ggdc/productivity/pwt/? lang = en.

⑤ http：//www. cepii. fr/cepii/en/bdd_ modele/bdd. asp.

⑥ http：//www. cepii. fr/CEPII/en/bdd_ modele/presentation. asp? id = 37.

表8-1 主要变量的描述性统计

变量	变量含义	均值	标准差	最大值	最小值
出口质量（quality）	中国出口农产品质量	-0.699	0.037	-0.459	-1.032
出口数量（export_q）	中国农产品出口数量（原单位：吨）	2.475	3.144	20.396	-2.303
出口额（export_v）	中国农产品出口额（原单位：千美元）	3.060	3.328	14.189	-6.908
时间虚拟变量（time）	自由贸易区是否建立	0.120	0.325	1.000	0.000
组别虚拟变量（FTA）	是否自由贸易区伙伴国	0.205	0.404	1.000	0.000
浅层条款（wtop）	WTO框架内条款覆盖情况	0.520	1.384	4.615	0.000
深层条款（wtox）	WTO框架外条款覆盖情况	0.345	0.950	4.300	0.000
经济发展水平（GDP）	出口目的国GDP（原单位：百万美元）	12.316	1.919	16.853	5.937
收入水平（rGDP）	出口目的国人均GDP（原单位：美元/人）	9.669	1.143	12.023	5.364
贸易成本（cost）	中国出口到目的国农产品贸易成本（原单位：千美元）	-2.762	1.618	3.419	-4.586
生产效率（RCA）	中国农产品显示性比较优势指数	1.191	1.872	20.133	0.000
出口价格（price）	中国农产品出口价格（原单位：千美元/吨）	0.726	1.245	13.890	-9.196

注：除虚拟变量之外，全部的变量都取对数处理。

第二节 基准回归

本书以出口质量作为因变量,根据(8-1)式估计自由贸易区建立对中国出口农产品质量的影响,回归结果如表8-2所示。其中,第(1)列和第(2)列是直接使用未经匹配处理样本的回归结果,第(2)列在第(1)列的基础上进一步控制了国家层面、产品层面和年份层面的固定效应。为解决政策实施之前处理组和对照组的特征变量变化趋势不同而导致的样本选择偏差问题,本书使用PSM方法对样本进行匹配。参考Baier和Bergstrand(2007)的研究,本书把经济规模(RGDP)、要素禀赋(DKL)、地理距离(NATURAL和REMOTE)等影响中国与自由贸易区伙伴国建立自由贸易区的因素作为匹配的协变量。其中,RGDP是用中国与出口目的国的GDP之和来测量,用购买力平价调整;DKL是用中国与出口目的国要素禀赋之差的绝对值测算,用购买力平价调整,参考Cao(2015)的做法使用人均GDP来衡量要素禀赋[1];NATURAL是用中国与出口目的国最大城市之间的距离的倒数测算;REMOTE是用中国与出口目的国距世界其他国家的平均距离测算[2]。本书采用的是一对一不重复最近邻匹配方法,分别逐年为处理组找到最佳的对照组。第(3)列和第(4)列是使用PSM方法处理后的样本进行回归的估计结果。

表8-2第(1)—(4)列中,在5%显著性水平下,FTA × time都显著且系数为负,说明回归结果较为稳健。这表明,自由贸

---

[1] Jayathilaka 和 Keembiyahetti(2009)的研究表明,人均GDP高的国家以资本密集型为主导产业;反之,则以劳动密集型为主导产业。

[2] 计算公式为:$Remote_{ij} = dcont_{ij} \times \left\{ \dfrac{\log\left(\sum_{k=1,k\neq j}^{N} \dfrac{d_{ik}}{N-1}\right) + \log\left(\sum_{k=1,k\neq j}^{N} \dfrac{d_{jk}}{N-1}\right)}{2} \right\}$。$d$表示两经济体最大城市之间的距离;$dcont$为虚拟变量,如果两经济体在同一个大陆上,取值为1,否则取值为0。

易区的建立在总体上显著降低了中国向自由贸易区伙伴国出口农产品的质量,从而验证了假说5。另外,未控制国家层面、产品层面和年份层面的固定效应以及未处理样本的选择性偏误问题都会高估自由贸易区建立对农产品出口质量的负面影响。

表8-2 自由贸易区建立对中国出口农产品质量影响的回归结果

变量	渐进DID (1)	渐进DID (2)	PSM—渐进DID (3)	PSM—渐进DID (4)
FTA×time	-0.0265***	-0.0174***	-0.0016**	-0.0150***
	(0.0001)	(0.0002)	(0.0008)	(0.0002)
GDP	-0.0107***	0.0108***	-0.0000	0.0020***
	(0.0000)	(0.0004)	(0.0002)	(0.0004)
rGDP	0.0023***	-0.0137***	0.0022***	-0.0046***
	(0.0000)	(0.0004)	(0.0003)	(0.0005)
cost	0.0146***	0.0082***	0.0014***	0.0096***
	(0.0001)	(0.0001)	(0.0002)	(0.0001)
RCA	0.0022***	0.0000	0.0102***	0.0000
	(0.0000)	(0.0000)	(0.0001)	(0.0000)
price	0.0007***	-0.0000	0.0011***	-0.0000***
	(0.0000)	(0.0000)	(0.0000)	(0.0000)
常数项	-0.5899***	-0.6204***	0.4998***	-0.6613***
	(0.0003)	(0.0019)	(0.0040)	(0.0021)
国家固定效应	否	是	否	是
产品固定效应	否	是	否	是
年份固定效应	否	是	否	是
样本量	652530	652530	466433	466433
R^2	0.3782	0.7886	0.0122	0.7825

注:1.括号内为稳健性标准误;2. *、**、*** 分别表示在10%、5%及1%的显著性水平上显著。

在此基础上，本书进一步分析了自由贸易区战略实施对中国出口农产品质量的动态影响①。估计结果显示：在 2016 年之前，自由贸易区战略的实施对中国农产品出口质量产生了一定的负向影响；但在 2016 年及之后，自由贸易区战略的实施对中国农产品出口质量提升具有显著的促进作用。可能是因为随着中国自由贸易区战略的深入推进，中国开始与更多的高收入国家建立自由贸易区，例如冰岛（2014 年 7 月建立）、瑞士（2014 年 7 月建立）、韩国（2015 年 12 月建立）、澳大利亚（2015 年 12 月建立）等。那么，相对于中低收入国家而言，高收入国家对高质量农产品的需求较大，由此带动了中国高质量农产品出口。另外，随着建设高水平、高标准自由贸易区的推进（例如中国与东盟自由贸易区升级版的落地），中国与自由贸易区伙伴国之间在投资便利化和技术交流等方面达成更深层次的合作，从而更加有利于中国出口农产品质量升级。

第三节 平衡性检验和共同支撑条件检验

使用渐进 DID 模型的前提是需要满足平行趋势假定，即在政策实施之前，处理组和对照组的农产品出口质量维持基本平行的时间趋势。中国对自由贸易区伙伴国的选择并非随机，因此，自由贸易区建立存在样本选择偏差问题，直接使用渐进 DID 模型会导致估计结果有偏。渐进 DID 方法与 PSM 方法结合可以得到更为稳健的估计量，从而提升估计结果的质量。从平衡性检验结果来看，经过倾向得分匹配处理之后，处理组和对照组在经济规模、要素禀赋和地理距离等方面均无明显差异（见表 8-3）。这说明，在匹配后的样本中，自由贸易区是否建立独立于匹配变量，可以视为一次准自然实验。

---

① 受篇幅所限，动态影响的估计结果未在书中报告。有兴趣者，可联系笔者。

表8-3　　　　　　　　　　　平衡性检验结果

协变量	样本	处理组	对照组	偏差	t值	p值
RGDP	匹配前	28.521	27.035	78.000	5.690	0.000
	匹配后	28.521	28.399	6.900	0.430	0.667
DKL	匹配前	1.0654	1.068	-0.400	-0.030	0.972
	匹配后	1.0654	0.899	26.200	1.640	0.104
NATURAL	匹配前	-8.802	-9.035	39.700	3.790	0.000
	匹配后	-8.802	-8.904	16.200	1.010	0.314
REMOTE	匹配前	3.993	2.108	44.700	4.290	0.000
	匹配后	3.993	3.941	1.100	0.070	0.943

除平衡性检验之外，评价匹配结果的好坏还需要满足共同支撑条件。从图8-1和图8-2可以看出，此次匹配的结果较为理想。即匹配前，处理组和对照组倾向得分值的核密度分布存在较大差异，共同支撑域较小；匹配后，两组倾向得分值的核密度分布高度重合。由此可以说明，表8-2中使用PSM—渐进DID方法估计的结果是准确可靠的。

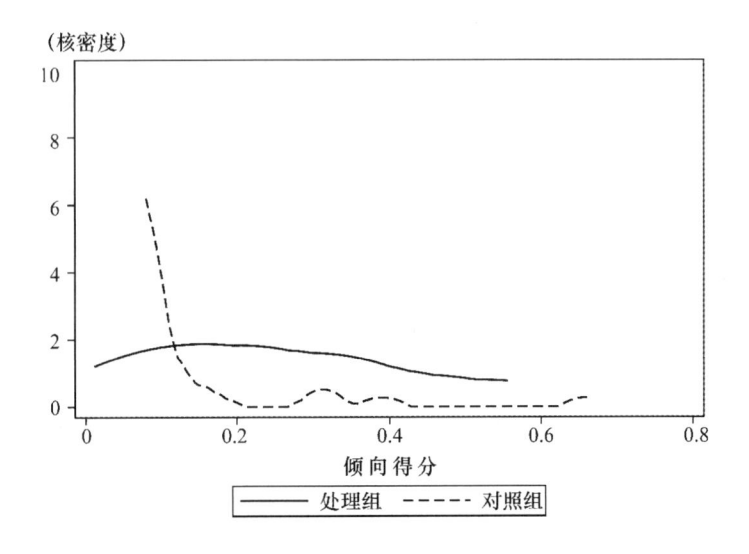

图8-1　匹配前样本倾向得分的核密度分布

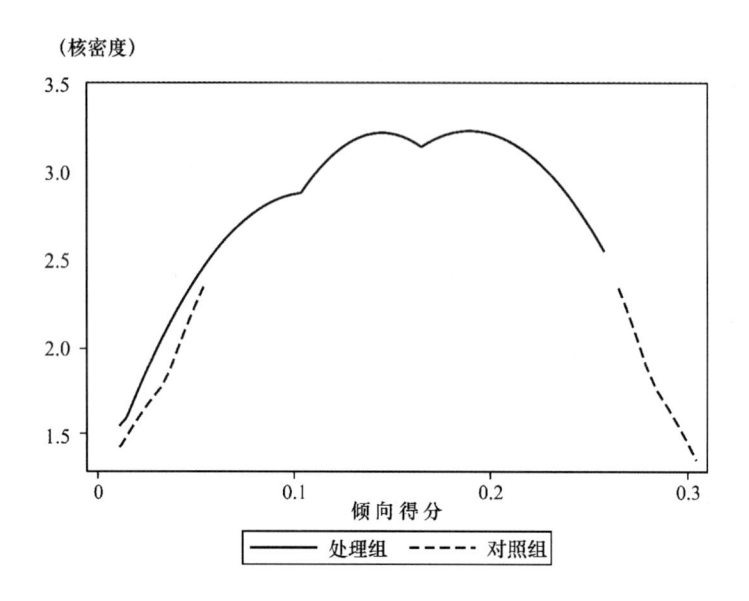

图 8-2　匹配后样本倾向得分的核密度分布

第四节　稳健性检验

一　样本缩尾和截尾处理

为避免在出口农产品质量测算过程中异常值对估计结果的影响，本书借鉴 Crinò 和 Ogliari（2015）的做法分别对样本进行双边缩尾和双边截尾处理，即将测算出来的出口农产品质量数据分别在1%和5%的分位上剔除异常值，并使用处理后的样本对（8-1）式重新估计。表8-4中第（1）列和第（2）列中使用的数据分别在1%和5%上进行双边缩尾处理，第（3）列和第（4）列中使用的数据分别在1%和5%上进行双边截尾处理。从估计结果来看，FTA×time 在系数大小、符号和显著性水平上与表8-2的回归结果均无较大变化。

表 8 – 4　　　　　　　稳健性分析：样本缩尾和截尾处理

被解释变量：quality	双边缩尾处理		双边截尾处理	
	（1）	（2）	（3）	（4）
FTZ × time	-0.0116***	-0.0065***	-0.0075***	-0.0116***
	(0.0001)	(0.0001)	(0.0001)	(0.0001)
常数项	-0.6599***	-0.6475***	-0.6544***	-0.6622***
	(0.0019)	(0.0015)	(0.0017)	(0.0019)
控制变量	是	是	是	是
国家固定效应	是	是	是	是
产品固定效应	是	是	是	是
年份固定效应	是	是	是	是
样本量	466433	466433	457225	462105
R-squared	0.8019	0.8181	0.7957	0.7873

注：1. 括号内为稳健性标准误；2. *、**、*** 分别表示在10%、5%及1%的显著性水平上显著。

二　因变量替换

在对中国出口农产品质量测算的过程中，本书参考 Fan 等（2015）的做法，将农产品替代弹性大小设定为 5。为了避免农产品替代弹性的设定差异对模型回归结果造成的影响，本书将农产品替代弹性大小分别设定为 3、4、6 和 7，然后重新测算中国出口农产品质量，并利用测算后的数据重新估计（8 – 1）式。另外，本书还使用通过单位价值法测算的中国出口农产品质量数据重新估计（8 – 1）式。其中，为了解决单位价值法存在的内生性问题，本书参照施炳展和邵文波（2014）的方法，使用中国对 i 国之外的其他国家（或地区）出口农产品的平均价格作为中国对 i 国出口农产品价格的工具变量。由表 8 – 5 中第（1）列到第（5）列的回归结果可以看出，农产品替代弹性大小设定和农产品出口质量的测算方法差异并不影响本书的研究结论，进一步验证了上述研究结论的稳健性。

表 8 – 5　　　　　　　　　稳健性分析：因变量替换

被解释变量：quality	弹性系数替换 $\sigma = 3$	弹性系数替换 $\sigma = 4$	弹性系数替换 $\sigma = 6$	弹性系数替换 $\sigma = 7$	单位价值法
	(1)	(2)	(3)	(4)	(5)
FTZ × time	-0.0150***	-0.0150***	-0.0150***	-0.0150***	-0.0217***
	(0.0002)	(0.0002)	(0.0002)	(0.0002)	(0.0011)
常数项	-0.6613***	-0.6613***	-0.6613***	-0.6613***	0.3977***
	(0.0021)	(0.0021)	(0.0021)	(0.0021)	(0.0198)
控制变量	是	是	是	是	是
国家固定效应	是	是	是	是	是
产品固定效应	是	是	是	是	是
年份固定效应	是	是	是	是	是
样本量	466433	466433	466433	466433	466433
R-squared	0.7825	0.7825	0.7824	0.7825	0.8219

注：1. 括号内为稳健性标准误；2. *、**、*** 分别表示在 10%、5% 及 1% 的显著性水平上显著。

三　安慰剂检验

安慰剂检验也是运用较为广泛的稳健性分析方法。为排除随机因素的干扰，本书参考 Cai 等（2016）的做法，随机选取 19 个国家和地区，将这些国家和地区作为虚拟处理组，其他国家和地区作为对照组，并使用 PSM—渐进 DID 方法对（8-1）式重新估计，上述过程重复 2000 次。从安慰剂检验的结果来看（见表 8-6），表 8-2 的回归结果是极小概率事件，受到遗漏变量干扰的可能性很小。这表明，表 8-2 的回归结果是稳健的。

表8-6　　　　　　　　安慰剂效应的统计分布情况

被解释变量	变量	均值	25%分位	50%分位	75%分位	标准差	N
quantity	系数	-0.00001	-0.0040	0.0004	0.0049	0.0078	2000
	P值	0.1941	0.0836	0.0419	0.3022	0.2759	2000

第五节　机制检验

一　降低农业企业进入出口市场的生产效率门槛的机制检验

首先,本书使用农产品显示性比较优势指数从产品层面度量农业企业生产效率,并将样本按照农业企业生产效率分组,分为低效率（0.8≤RCA<1.25）、中等效率（1.25≤RCA<2.5）和高效率（RCA≥2.5）三组。在分组的基础上,本书运用PSM—渐进DID方法,以出口数量（export_q）①作为因变量,估计自由贸易区建立对中国不同生产效率的农业企业农产品出口数量的影响,结果如表8-7第（1）—（3）列所示。第（1）列和（2）列中,FTA×time均显著,而第（3）列中自由贸易区建立对高效率农业企业农产品出口数量的促进效应并不显著。从FTA×time的系数大小来看,自由贸易区建立对中国生产效率较低的农业企业农产品出口数量的促进作用较大。自由贸易区的建立,使中国出口农产品到自由贸易区伙伴国的贸易成本下降,从而降低了农业企业进入出口市场的生产效率门槛。这意味着中国有更多农业企业进入出口市场,从而有利于扩大中国农产品的出口市场份额。这些新进入自由贸易区伙伴市场的中国农业企业生产效率较低,因此,总体来看,中国低质量农产品出口数量的增长较为明显。

---

① 本书还将出口额作为因变量重新估计（8-1）式,结果基本相同,受篇幅限制未展示。

表8-7 自由贸易区建立对中国不同生产效率农业企业农产品出口规模的影响

变量	低效率 (1)	中等效率 (2)	高效率 (3)
FTZ×time	0.0913***	0.0808***	0.0050
	(0.0307)	(0.0295)	(0.0317)
常数项	-1.0168	-2.8552***	-2.7146***
	(0.8964)	(0.6453)	(0.7462)
控制变量	是	是	是
国家固定效应	是	是	是
产品固定效应	是	是	是
年份固定效应	是	是	是
样本量	122232	121440	111493
R-squared	0.5230	0.5417	0.4641

注：1. 括号内为稳健性标准误；2. *、**、*** 分别表示在10%、5%及1%的显著性水平上显著。

其次，本书将出口农产品分为高质量农产品和低质量农产品，即先计算历年中国出口农产品质量的中位数，若某出口农产品的质量大于中位数则将该农产品纳入高质量农产品组，反之则纳入低质量农产品组。在分组的基础上，本书以出口额（export_v）、出口数量（export_q）作为因变量，运用PSM—渐进DID方法估计自由贸易区建立对中国不同质量农产品出口额和出口数量的影响，估计结果如表8-8第（1）—（4）列所示。第（2）列和第（4）列中，FTA×time均显著，第（1）和第（3）列FTA×time均不显著，且第（2）列中FTA×time的估计系数大于第（1）列，第（4）列中FTA×time的估计系数大于第（3）列。这说明，自由贸易区建立对中国低质量农产品出口额和出口数量的影响要大于对高质量农产品出口额和出口数量的影响，由此导致中国的出口农产品质量在总体上有所下降。

表8-8　　自由贸易区建立对中国不同质量农产品出口规模的影响

变量	(1) export_v (高质量)	(2) export_v (低质量)	(3) export_q (高质量)	(4) export_q (低质量)
FTZ × time	-0.0307	0.0654***	-0.0133	0.0755***
	(0.0239)	(0.0244)	(0.0221)	(0.0228)
常数项	-3.5969***	-3.9288***	-3.1339***	-3.3536***
	(0.3579)	(0.3630)	(0.3291)	(0.3237)
控制变量	是	是	是	是
国家固定效应	是	是	是	是
产品固定效应	是	是	是	是
年份固定效应	是	是	是	是
样本量	238569	227864	238569	227864
R-squared	0.4419	0.4467	0.4844	0.4899

注：1. 括号内为稳健性标准误；2. *、**、*** 分别表示在10%、5%及1%的显著性水平上显著。

自由贸易区建立之后，随着关税的减免和非关税壁垒的取消，越来越多的农业企业参与到与自由贸易区伙伴国的农产品贸易当中，特别是生产效率较低的企业农产品出口规模增长迅速。生产效率较低的企业可能由于技术和资源限制等原因生产出较低质量的农产品，这些企业可能缺乏现代化的农业技术和管理经验，导致农产品在生长、收获、储存和运输过程中产生更多的损失和污染。自由贸易区的开放可能导致市场竞争加剧，生产效率较低的企业可能面临更大的竞争压力。为了在市场中保持竞争力，一些企业可能会降低生产成本，包括采用低质量的农业输入和降低产品质量标准。这种做法虽然有助于降低价格，但却可能损害农产品的整体质量。总的来说，中国自由贸易区战略实施之后，中国低质量农产品出口增长幅度要大于高质量农产品，企业进入效应会导致其农产品出口质量的下降。

二 扩大对中低收入国家低质量农产品出口的机制检验

本书根据 2020 年世界银行界定高收入国家的标准（人均国民收入达到 12696 美元以上）对自由贸易区伙伴国进行分组，分为高收入国家和中低收入国家两组[①]。分组之后，本书设置收入水平组别的虚拟变量（$High_i$），若 i 国为高收入国家，则 $High_i$ 取值为 1，否则 $High_i$ 取值为 0。在（8-1）式的基础上，本书添加 $High$ 与 $FTA \times time$ 的交互项构建三重差分模型，并使用经 PSM 方法处理后的样本对三重差分模型进行估计，结果见表 8-9。其中，第（1）列的回归以出口质量（quantity）作为因变量，第（2）列和第（3）列的回归以出口数量（export_q）作为因变量；第（1）列和第（2）列使用的是全样本，而（3）列只使用低质量农产品组样本。从表 8-9 可以看出，第（1）列中 $FTZ \times time \times High$ 没有通过显著性检验，第（2）—（3）列中 $FTZ \times time \times High$ 均显著。该交互项在第（1）列中的系数为正，说明自由贸易区建立之后，中国对高收入国家出口的农产品质量要高于中低收入国家；该交互项在第（2）列和第（3）列中的系数为负，说明自由贸易区的建立更利于中国向中低收入自由贸易区伙伴国出口农产品，尤其是出口质量较低的农产品。自 2004 年以来，中国率先与东盟各国实施了针对农产品贸易的"早期收获计划"，彼此的农产品贸易往来日益频繁。相对于澳大利亚、新西兰等高收入国家，印度尼西亚、菲律宾、缅甸和老挝等中低收入国家对于高质量农产品的需求较低，更倾向于进口具有价格优势的农产品。因此，自由贸易区战略实施之后，特别是在实施初期，扩大对中低收入国家低质量农产品的出口是中国出口农产品质量总体上下降的重要机制。综上所述，假说 6 得以验证。具体来说，自

[①] 自贸区伙伴国中，高收入国家包括新加坡、文莱、新西兰、澳大利亚、韩国、冰岛和瑞士；中低收入国家包括哥斯达黎加、印度尼西亚、智利、马来西亚、巴基斯坦、秘鲁、菲律宾、泰国、柬埔寨、缅甸、老挝和越南。

由贸易区战略的实施确实鼓励了一些中国农产品企业扩大对中低收入国家的农产品出口,尤其是一些价格相对低廉的产品。这可能导致一些生产效率较低的企业,为了追求更大的市场份额和出口量,降低了产品的质量标准。这种情况在实施初期可能更加突出,因为企业需要适应新的市场条件和竞争压力。另外,由于中低收入国家的市场通常对价格敏感,一些中国农产品企业可能会采用廉价原材料或者更便宜的生产方法,以降低成本,从而降低了产品质量。这种做法可能会在一定程度上对整体农产品质量产生负面影响。

表 8-9 扩大对中低收入国家低质量农产品出口的机制检验

变量	因变量:quantity（全样本）	因变量:export_q（全样本）	因变量:export_q（低质量农产品组样本）
	(1)	(2)	(3)
$FTZ \times time \times High$	0.0010	-0.5020***	-0.6348***
	(0.0021)	(0.0278)	(0.0409)
$FTZ \times time$	-0.0006	0.2685***	0.3662***
	(0.0015)	(0.0202)	(0.0292)
常数项	0.4287***	-3.1304***	-3.2455***
	(0.0201)	(0.2283)	(0.3239)
控制变量	是	是	是
国家固定效应	是	是	是
产品固定效应	是	是	是
年份固定效应	是	是	是
样本量	466433	466433	227864
R^2	0.1139	0.4872	0.4905

注:1. 括号内为稳健性标准误;2. *、**、*** 分别表示在10%、5%及1%的显著性水平上显著。

第六节　协定条款的间接效应检验

一　浅层条款和深层条款的间接效应检验

本书接下来使用中介效应模型，考察浅层条款和深层条款在自由贸易区建立对中国出口农产品质量影响当中的间接效应，估计结果如表 8-10 所示。第（1）列中，FTA×time 显著且系数为负，说明总效应显著，自由贸易区建立在总体上降低了中国向自由贸易区伙伴国出口农产品的质量。第（2）列和第（3）列中，FTA×time 均显著且系数为正，第（2）列中的系数大于第（3）列。这说明，中国自由贸易区战略的实施主要是扩大了浅层条款覆盖范围。随着中国不断与自由贸易区伙伴国建立自由贸易区，中国正由国际经贸规则的"融入者"转变为策略上的"博弈方"，在扩大与自由贸易区伙伴国的协定条款覆盖范围上的话语权不断增强，更易扩大协定条款覆盖范围。但是，由于深层条款难以平衡多方利益，因此深层条款覆盖范围的扩大较为缓慢。第（4）列中，wtop 显著且系数为负，wtox 显著且系数为正，FTA×time 显著且系数为负。这说明，自由贸易区的建立对中国出口农产品质量的影响存在直接效应，浅层条款和深层条款分别发挥了部分中介效应和遮掩效应。浅层条款部分中介效应大小为 -0.0269，深层条款遮掩效应大小为 0.0110。[①]这说明，自由贸易区的建立扩大了浅层条款的覆盖范围，导致了中国向自由贸易区伙伴国出口农产品质量的下降，而深层条款覆盖范围的扩大则促进了中国向自由贸易区伙伴国出口农产品质量的提升，由此验证了假说 7。结合中国自由贸易区实施情况来看，浅层条款降低了中国与自由贸易区伙伴国之间的农产品贸易成本，使中国农产

---

① 浅层条款的部分中介效应大小 = 3.9512 × （-0.0068） = -0.0269；深层条款的遮掩效应大小 = 2.7592 × 0.0040 = 0.0110。

表 8-10　　　　　　浅层条款和深层条款的间接效应检验结果

变量	因变量：quality (1)	因变量：wtop (2)	因变量：wtox (3)	因变量：quality (4)
$FTA \times time$	-0.0156***	3.9512***	2.7592***	-0.0125***
	(0.0002)	(0.0047)	(0.0040)	(0.0003)
wtop				-0.0068***
				(0.0002)
wtox				0.0040***
				(0.0001)
常数项	-0.6283***	-1.1889***	-0.4909***	-0.6270***
	(0.0022)	(0.0313)	(0.0224)	(0.0021)
控制变量	是	是	是	是
国家固定效应	是	是	是	是
产品固定效应	是	是	是	是
年份固定效应	是	是	是	是
样本量	466433	466433	466433	466433
R^2	0.7751	0.9357	0.9194	0.7758

注：1. 括号内为稳健性标准误；2. *、**、*** 分别表示在10%、5%及1%的显著性水平上显著。

品在自由贸易区伙伴国市场上更具竞争力。浅层条款覆盖范围扩大之后，中国会进一步扩大对越南、老挝、柬埔寨等中低收入国家农产品的出口，使中国质量较低的农产品出口增长较快，更易使中国形成对低价竞争策略的路径依赖。而深层条款覆盖范围的扩大，加强了中国与澳大利亚、新西兰、瑞士等发达国家的技术合作和农业合作，为中国农业企业引进、学习和采纳新技术提供了动力和条件，从而有利于中国实现出口农产品质量的升级。从间接效应的绝对值大小来看，浅层条款的部分中介效应要大于深层条款的遮掩效应。这主要是因为现阶段中国与自由贸易区伙伴国在农业领域的协定内容还集中在浅层条款上（岳文和韩剑，2021），而且深层条款通过投资促进以及技术合作所带来的影响存在一定的滞后性。综合来看，自由贸易区建立对中国出口农产品质量的直接效应为负，浅层条款的部分中介效应与深层条款的遮掩效应之和为负，因此自由贸易区战略实施之后，中国出口农产品质量在总体上有所下降。

二　间接效应的稳健性检验

关税削减和投资便利化分别是浅层条款和深层条款当中的主要内容，本书进一步使用关税削减（tariffs$_{it}$）和投资便利化（facilitation$_{it}$）[1]作为中介变量对表8-10中的结果进行稳健性检验，检验结果如表8-11所示。与表8-10结果相似，表8-11的第（1）列和第（4）列中FTA×time显著且系数为负，第（2）列和第（3）列中的FTA×time显著且系数为正，第（4）列中的tariffs显著且系数为负，facilitation显著且系数为正。这说明，关税削减和投资便利化分别发挥了部分中介效应和遮掩效应。关税削减的部分中介效应大小为-0.00030，投资便利化的遮掩效应大小为0.00019[2]。由此可以看出，以关税削减为代表的浅层条款降低了中国出口农产品质量，而以投资便利化为代表的深层条款有利于中国出口农产品质量升级。这表明，浅层条款和深层条款的间接效应检验结果较为稳健。

从现实情况来看，关税削减和投资便利化是自由贸易协定中的两个重要手段，它们在中国出口农产品质量领域的影响十分显著。首先，关税是进口国为保护本国产业而征收的税款，它通常会提高进口商品的价格。因此，当自由贸易协定降低了关税时，将减轻中国出口农产品的成本负担，使这些产品在国际市场上更具竞争力。然而，这种浅层条款可能会导致一些问题。为了迅速满足市场需求，某些生产者可能会采取降低成本的方法，包括降低产品质量、使

---

[1] 关税削减和投资便利化的数据都来自《世界经济自由度年报》，数据来源：https://www.heritage.org/index/download。

[2] 关税削减的部分中介效应大小 = 0.0146 × (-0.0204) = -0.00030；投资便利化的遮掩效应大小 = 0.0115 × 0.0165 = 0.00019。

廉价劳动力等。这种做法可能会导致出口农产品质量下降,以迎合价格敏感的市场。

表 8-11　　　　　　　　　间接效应的稳健性检验结果

变量	因变量：quality (1)	因变量：tariffs (2)	因变量：facilitation (3)	因变量：quality (4)
$FTA \times time$	-0.0141***	0.0146***	0.0115***	-0.0139***
	(0.0002)	(0.0010)	(0.0004)	(0.0001)
$tariffs$				-0.0204***
				(0.0005)
$facilitation$				0.0165***
				(0.0004)
常数项	-0.6237***	1.5735***	0.9234***	-0.6271***
	(0.0023)	(0.0102)	(0.0108)	(0.0022)
控制变量	是	是	是	是
国家固定效应	是	是	是	是
产品固定效应	是	是	是	是
年份固定效应	是	是	是	是
样本量	408614	390550	393475	390550
R^2	0.7822	0.7551	0.8969	0.7916

注：1. 括号内为稳健性标准误；2. *、**、*** 分别表示在10%、5%及1%的显著性水平上显著；3. 利用包含关税削减和投资便利化变量的样本重新对 (8-1)—(8-4) 式进行估计，回归结果分别对应第 (1)—(4) 列。

其次，投资便利化作为深层条款在中国出口农产品质量领域产生了积极的影响。投资便利化政策鼓励外国投资者在中国建立生产基地，改善农业生产和供应链管理。这些投资不仅提高了生产效率，还有助于引入先进的农业技术和管理实践。外国投资者通常会带来更高的标准和质量控制，因为他们希望维护自己的声誉并在市场上建立可持续的竞争优势。因此，投资便利化政策有助于提高中国出口农产品的质量，促使其符合国际标准和需求。

最后，以关税削减为代表的浅层条款和以投资便利化为代表的深层条款并不是孤立存在的政策。事实上，二者之间存在一定的平衡和相互关系。中国政府必须谨慎地管理这两个政策措施，以确保不仅降低了农产品出口的成本，还提高了质量水平。这可能需要监管措施、质量标准的强制执行以及与外国投资者的合作来确保农业产业的可持续发展。总之，尽管浅层条款有可能导致质量下降的风险，但通过深层条款，中国有机会提高农产品的质量水平，以满足国际市场的需求。关键在于政府需要制定明智的政策和监管措施，以平衡这两个因素，从而实现质量和竞争力的提升，促进中国农产品在全球市场上的持续成功。

第七节　本章小结

本章以中国自由贸易区战略实施作为准自然实验，使用 PSM—渐进 DID 等方法，利用 1995—2020 年中国农产品贸易等数据，基于协定条款异质性视角分析了自由贸易区建立对中国出口农产品质量的影响及其作用机制。研究发现，中国自由贸易区战略实施之后，总体上降低了中国向自由贸易区伙伴国出口农产品的质量，随着中国与发达国家农业领域合作的不断深入以及高水平、高标准自由贸易区建设的推进，自由贸易区战略实施逐渐有利于中国出口农产品质量的提升。从内在机制来看，降低农业企业进入出口市场的生产效率门槛和扩大对中低收入国家低质量农产品出口是中国出口农产品质量下降的重要机制。从协定条款的间接效应来看，中国自由贸易区战略实施促进了协定条款覆盖面的扩大，以农产品关税削减和非关税壁垒取消为重点的浅层条款导致了中国出口农产品质量的下降，而以投资便利化、技术合作和农业合作等为重点的深层条款可以带动中国出口农产品质量的升级。

第九章

中国自由贸易区战略实施的农产品贸易分工效应实证

随着农业跨国公司不断壮大和全球布局的加快,农业国际分工方式发生了显著的变化,以"产品内分工"为主的全球价值链(Global Value Chain,简称 GVC)[①] 分工方式开始迅速发展(Baldwin et al., 2015)。与此同时,国际贸易"区块化"现象也越发突出,各国开始加快了自由贸易区谈判,彼此建立自由贸易区。自由贸易区和全球价值链分工的同步变化显示两者应该存在一定联系,然而现有研究主要在自由贸易区和全球价值链分工领域分别予以研究并取得较大进展,对两个领域结合在一起的研究工作则十分不足。从对全球价值链分工研究文献来看,该领域的研究主要关注各国在全球价值链分工中的参与程度或地位(Timmer et al., 2016;Amador et al., 2016;Cieślik et al., 2016;Grodzicki et al., 2016;Leitner et al., 2014;Timmer et al., 2013);而对于自由贸易区研究的文献则

[①] 全球价值链的概念可以追溯到 20 世纪 70 年代末,最初的概念是"全球商品链"(Bair, 2005)。Gereffi(2001)在全球商品链概念的基础上提出了全球价值链分工概念,部分学者使用其他的概念描绘这种分工形式,如碎片化(Jones et al., 2001)、离岸外包(Arndt, 1997)、外部导向(Campa et al., 1997)、生产瓦解(Feenstra, 1998)、垂直专业化(Yi et al., 2003;Hummels et al., 2001)、外包(Grossman et al., 2002)、垂直生产网络(Hanson et al., 2005)、任务贸易(Grossman et al., 2008)、第二次大拆分(Baldwin, 2012)等。

主要集中在自由贸易区贸易静态效应的考察，比如贸易创造效应、贸易转移效应以及贸易条件变化等（Plummer et al., 2011; Baier et al., 2007; Baier et al., 2009; Cheong et al., 2007; Magee, 2008）。那么，自由贸易区对农业全球价值链分工是否产生一定的影响，中国作为农业全球价值链分工重要的一环，中国在农业全球价值链分工的地位和参与程度如何。随着中国自由贸易区战略的逐步推行，中国自由贸易区战略实施使其农业全球分工格局产生了什么样的变化，影响机制是什么。这些问题的回答对于丰富现有自由贸易区和全球价值链分工领域研究，对于中国主动参与重塑农业全球价值链分工体系，实现中国新一轮高水平的农业对外开放新格局具有较大的现实意义和实践价值。因此，本章先是参考 Wang 等（2017a）和 Wang 等（2017b）的做法对各国农业全球价值链分工参与程度和分工地位进行测算和分析；其次，利用合成控制方法研究中国自由贸易区战略实施的农产品贸易分工效应，并利用"安慰剂"检验、排序检验以及双重差分估计对实证结果进行稳健性检验；最后，依照第三章的理论分析的结果，进行影响机制的检验。

第一节　各国农业参与全球价值链分工的测度与分析

最早是 Hummels 等（2001）使用国家投入产出表数据通过构建垂直专业化指数（VS）来测量全球价值链分工参与程度。Johnson 等（2012）和 Koopman 等（2011）和其他研究者在其基础上提出了全球价值链分工地位指数和参与度指数，但他们的测算方法并没有区分全球价值链分工的不同环节。Wang 等（2017a）和 Wang 等（2017b）将原来的全球价值链分工分析框架从贸易阶段延伸到了生产阶段，同时考虑前向联系和后向联系[①]，以及区分了复杂价值链活

[①] 前向联系是指外国增加值在国内出口中所占的份额，后向联系是指国内增加值在伙伴国出口中所占的份额。

动和简单价值链活动。因此，本章采用 Wang 等（2017a）和 Wang 等（2017b）的做法对各国农业全球价值链分工参与程度和分工地位进行测算。

一 测算方法

1. GVC 生产长度与位置指数

Wang 等（2017a）在 Antràs 等（2012）和 Fally（2012）等人的基础上重新定义了生产长度（Length of Production Chain）的概念，即一个国家特定部门初始投入品到另一个国家特定部门最终产品的生产阶段平均数量，可以使用生产过程中初始产品的产值被计入最终产品产值的平均次数来衡量。GVC 生产长度主要分为两大类，前向和后向平均生产长度。前向平均生产长度是前向纯国内生产长度、前向传统贸易生产长度、前向简单 GVC 生产长度和前向复杂 GVC 生产长度的加权平均；后向平均生产长度是后向纯国内生产长度、后向传统贸易生产长度、后向简单 GVC 生产长度和后向复杂 GVC 生产长度的加权平均。生产长度指标体系结构可以用图 9 – 1 表示：

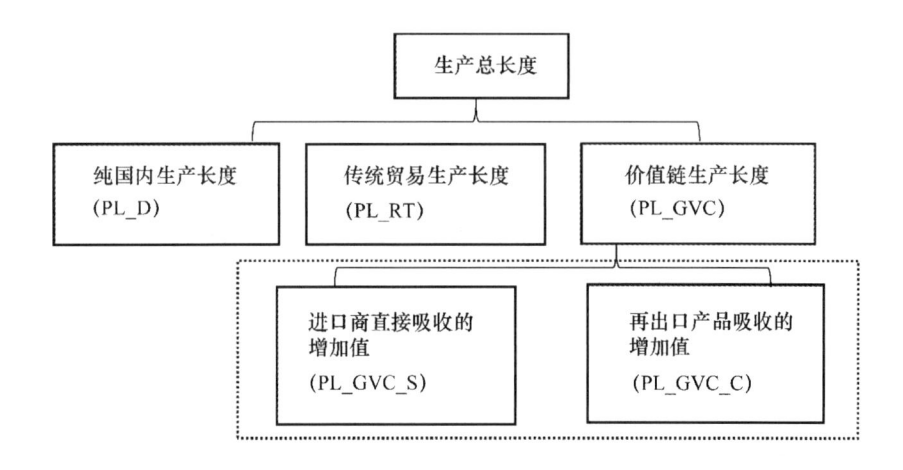

图 9 – 1 生产长度指标体系

前向平均全球价值链生产长度和后向平均全球价值链生产长度可以通过以下两个公式进行计算：

$$PLv\_GVC = PLv\_GVC\_S + PLv\_GVC\_C = \frac{Xv\_GVC\_S}{V\_GVC\_S} + \frac{Xv\_GVC\_C}{V\_GVC\_C} \quad (9-1)$$

$$PLy\_GVC = PLy\_GVC\_S + PLy\_GVC\_C = \frac{Xy\_GVC\_S}{Y\_GVC\_S} + \frac{Xy\_GVC\_C}{Y\_GVC\_C} \quad (9-2)$$

在（9-1）式和（9-2）式中，PLv_ GVC_ S 和 PLy_ GVC_ S 分别表示的是前向和后向联系简单全球价值链分工的生产长度，PLv_ GVC_ C 和 PLy_ GVC_ C 分别代表的是前向和后向联系复杂全球价值链分工的生产长度，V_ GVC_ S 和 Y_ GVC_ S 表示的是简单全球价值链分工产生的增加值，V_ GVC_ C 和 Y_ GVC_ C 表示的是复杂全球价值链分工过程中产生的增加值，Xv_ GVC 和 Xy_ GVC 表示的是这些增加值形成的总产出，其中 $Xv\_GVC = V\widehat{BB}\widehat{Y} - V\widehat{LL}\widehat{Y}$，$Xy\_GVC = VBB\widehat{Y} - VLL\widehat{Y}$。（9-1）式和（9-2）式的证明和分解过程具体见 Wang 等（2017a）的论述。

由于全球价值链分工位置指数是个相对的概念，一个国家在农业全球生产网络中是处于相对"上游"还是相对"下游"需要通过比较前向联系的生产长度和后向联系的生产长度来确定。在本书中，如果一个国家农业部门在某一特定生产阶段参与全球价值链分工，则之前发生的生产阶段越少，该国家农业部门在全球价值链分工中的地位就越"上游"，反之则越"下游"。因此，可以对比该国农业部门全球价值链分工上下游指数的相对位置，得出该国家农业全球价值链分工位置指数，公式如下：

$$GVCPs = \frac{PLv\_GVC}{PLy\_GVC} \quad (9-3)$$

其中，PLv_ GVC 和 PLy_ GVC 分别表示的是全球价值链分工上游度指数和下游度指数①。从（9-3）式可以看出，全球价值链分工位置指数越大，说明该国家农业在全球价值链分工地位就越"上游"，反之则越"下游"（张会清等，2018）。该指数相对于 Antràs 等（2012）和 Fally（2012）等人的研究有效解决了生产地位指标的不一致问题。由于基于前向和后向联系的全球价值链分工生产长度是相同的，因此该指数取值在 1 附近。

2. GVC 参与程度指数

现有大部分文献是使用 Koopman 等（2011）提出全球价值链分工参与程度指标，但其无法涵盖所有的全球价值链分工活动而且存在重复计算问题，Wang 等（2017b）基于一个符合国民账户体系标准（SNA）的生产活动分解框架，根据这些嵌入要素是否跨越国界进行生产可以较好完善上述问题，而且还可以进一步将全球价值链分工分为简单价值链分工和复杂价值链分工②。

按照 Wang 等（2017b）的做法，一方面可以对一个国家农业部门产生的国内增加值按去向进行分解（前向联系），具体分解情况如图 9-2 所示。

也可以用如下公式表示为：

$$Va' = \widehat{V}BY = \underbrace{\widehat{VL}Y^D}_{V\_D} + \underbrace{\widehat{VL}Y^F}_{V\_RT} + \underbrace{\widehat{VL}A^F LY^D}_{V\_GVC\_S} + \underbrace{\widehat{VL}A^F(BY - LY^D)}_{V\_GVC\_C}$$

（9-4）

另一方面，我们可以根据最终产品生产的增加值来源进行分解（后向联系），如图 9-3 所示。

---

① PLv_ GVC 的值越大说明某国某部门的初始投入品到其他国家生产最终产品的生产长度越长；PLy_ GVC 的值越大说明国外初始投入品到某国某部门最终产品生产长度越长。

② 简单全球价值链（Simple GVC）活动是指中间品里面的增加值只发生一次跨境贸易就被用于生产最终产品；而复杂全球价值链（Complex GVC）活动是指中间品里面的增加值至少发生过两次跨境贸易才被用于生产最终产品。

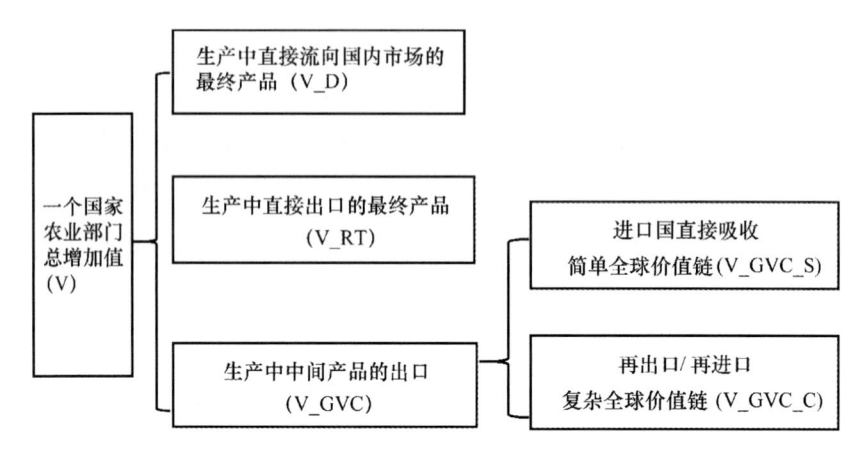

```
┌─ 一个国家农业部门总增加值(V)
│  ├─ 生产中直接流向国内市场的最终产品(V_D)
│  ├─ 生产中直接出口的最终产品(V_RT)
│  └─ 生产中中间产品的出口(V_GVC)
│       ├─ 进口国直接吸收 简单全球价值链(V_GVC_S)
│       └─ 再出口/再进口 复杂全球价值链(V_GVC_C)
```

图9-2　一个国家农业部门总增加值的分解

```
┌─ 一个国家农业部门最终产品生产的增加值来源(Y)
│  ├─ 国内消费最终产品中的国内增加值(Y_D)
│  ├─ 出口最终产品中的国内增加值(Y_RT)
│  └─ 中间产品进口中国内外增加值(Y_GVC)
│       ├─ 在生产国内消费产品中伙伴国的增加值 简单全球价值链(Y_GVC_S)
│       └─ 用于生产出口产品 复杂全球价值链(Y_GVC_C)
```

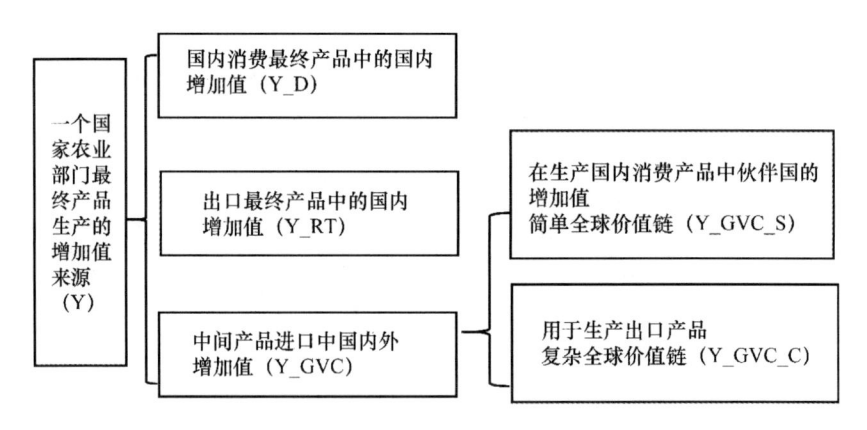

图9-3　一个国家农业部门最终产品生产的增加值分解

也可以用如下公式表示：

$$Y' = VB\hat{Y} = \underbrace{VL\hat{Y}^D}_{Y\_D} + \underbrace{VL\hat{Y}^F}_{Y\_RT} + \underbrace{VLA^FL\hat{Y}^D}_{Y\_GVC\_S} + \underbrace{VLA^F(B\hat{Y} - L\hat{Y}^D)}_{Y\_GVC\_C}$$

(9-5)

(9-4) 式和 (9-5) 式中的 V_D 和 Y_D 表示本国生产并由本国最终需求吸收的增加值，不涉及国际贸易；(9-4) 式和 (9-5) 式中的 V_RT 和 Y_RT 都是代表的国内生产活动所创造出的增加值，其中，V_RT 体现的是增加值的去向，Y_RT 体现的是增加值的来源；V_GVC_S 和 Y_GVC_S 衡量的是简单全球价值链分工，体现的是简单的跨境生产合作，V_GVC_S 表示的是一个国家特定部门中间品出口中的国内增加值，而且该部分增加值直接被进口国用来生产该国的消费品；Y_GVC_S 表示的是一个国家特定部门直接从伙伴国进口中间品的增加值，并且该部分增加值用于生产该国消费品。V_GVC_C 和 Y_GVC_C 衡量的是复杂的跨境生产合作，V_GVC_C 表示的是一个国家特定部门中间品出口中的国内增加值，这部分增加值被进口国直接用于生产出口品，Y_GVC_C 代表的是一个国家特定部门用于生产国内使用或出口的最终产品的中间进口产品的国内增加值或国外增加值。

根据（9-4）式和（9-5）式，农业参与全球价值链分工主要有四种形式，本书在此基础上构建全球价值链分工参与程度指数，从而衡量一个国家农业所使用的生产要素在多大程度上参与全球价值链分工。按照前文的分解方式，可以从前向联系和后向联系两个视角进行全球价值链分工参与程度的测量。

前向全球价值链分工参与程度指数衡量的是一个国家农业通过下游企业参与全球价值链分工所产生的国内增加值占该国家农业总增加值的份额，可以表示为：

$$GVC\_Pt\_f = \frac{V\_GVC}{Va'} = \frac{V\_GVC\_S}{Va'} + \frac{V\_GVC\_C}{Va'} \quad (9-6)$$

后向全球价值链参与程度指数衡量的是一个国家农业通过上游企业参与全球价值链分工的增加值占最终产品总产值的百分比，可以表示为：

$$GVC\_Pt\_b = \frac{Y\_GVC}{Y'} = \frac{Y\_GVC\_S}{Y'} + \frac{Y\_GVC\_C}{Y'} \quad (9-7)$$

前向全球价值链分工参与程度指数衡量农业增加值中所涉及全球价值链分工的国内增加值的比重；而后向全球价值链参与程度指数衡量的是农业涉及跨国生产活动所包含的国内和国外生产要素进行最终产品的生产活动的比重。将上述两个指数进行加总可以计算出一个国家农业整体的 GVC 参与程度指数：

$$GVC\_Pt = GVC\_Pt\_f + GVC\_Pt\_b \qquad (9-8)$$

从 (9-8) 式可以看出，全球价值链分工参与程度指数越大，说明该国家农业参与 GVC 的程度越深。

二 中国农业参与全球价值链分工水平分析

图 9-4 为中国农业全球价值链分工参与程度及分工位置情况。首先，从趋势可以看出，2000—2014 年，中国农业全球价值链分工前向联系参与度和后向联系参与度整体呈现波动上涨的趋势，近似"M"形的演变趋势，而且前向联系参与度上涨的速度要快于后向联系参与度，分别年均增长 3.52% 和 1.73%。2004—2014 年，中国自由贸易区战略实施阶段，中国农业全球价值链分工前向联系参与度增长了 12.14%，而后向联系参与度下降了 5.57%。其次，从大小来看，无论是前向联系参与度还是后向联系参与度，中国农业全球价值链分工参与程度都处于较低水平，存在较大的增长空间，中国与其他国家农产品贸易还主要以产品间贸易的形式为主。从分工位置指数来看，2000—2014 年，中国农业全球价值链分工位置指数平均为 1.121，前向联系的生产长度要略长于后向联系的生产长度，与中国总体行业参与全球价值链分工的情况不同的是中国农业处于全球价值链分工的偏"中上游"位置，这与其贸易特征密切相关，农业更多地投入制造业和服务业中间品的生产当中，因此多处于上游行业。从趋势来看，中国农业全球价值链分工位置指数呈现逐年上涨的态势，从 2000 年的 1.058 上涨到 2014 年的 1.199，年均上涨 0.90%。从自由贸易区战略实施效果来看，自由贸易区的建立对中国农业全球价值链分工地位的提升起到了一定的作用，2004—2014 年，中国农业全球价值链分工位置指数从 2004 年的 1.110 上涨到 2014 年的 1.199，年均上涨了 7.97%。

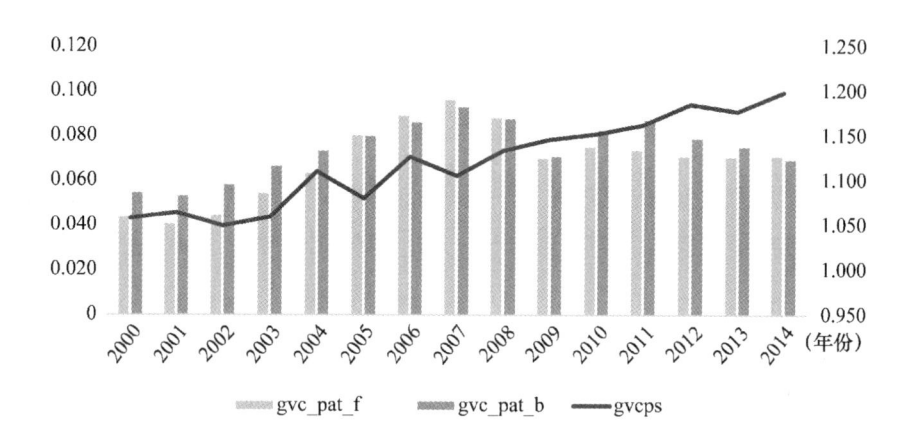

图 9-4　2000—2014 年中国农业全球价值链分工参与程度及分工位置情况

说明：农业是指农牧业、林业和渔业。

为观察中国农业全球价值链分工在不同行业上的异质性，本书将 2000—2014 年中国农牧业、林业和渔业等行业全球价值链分工参与程度与位置情况绘制在一张图中，见图 9-5。从图 9-5 中可以看出，2000—2014 年，中国农牧业全球价值链分工前向联系参与度和后向联系参与度分别平均为 0.047 和 0.065，全球价值链分工参与程度都处于较低水平，而且后向联系参与度要高于前向联系参与度。同期，中国农牧业全球价值链分工位置指数平均为 1.060，前向联系的生产长度要略长于后向联系的生产长度，中国农牧业处于全球价值链分工"中上游"位置。从变化趋势来看，2000—2014 年，中国农牧业全球价值链分工前向联系参与度和全球价值链分工位置指数总体上呈现增长趋势，分别年均增长 3.36% 和 1.58%。中国农牧业全球价值链分工后向联系参与度有所下降，年均下降 0.35%。

林业方面，2000—2014 年，中国林业全球价值链分工前向联系参与度和后向联系参与度分别平均为 0.120 和 0.101，前向联系参与度要高于后向联系参与度，与农牧业和渔业相比，林业全球价值链分工参与程度较高。同期，中国林业全球价值链分工位置指数平均为 1.238，前向联系的生产长度要长于后向联系的生产长度。从变化趋势来看，2000—2014 年，中国林业全球价值链分工前向联系参与度、后向联系参与度和全球价值链分工位置指数总体上呈现上涨态势，分别年均增长 4.38%、5.27% 和 0.42%。

渔业方面，2000—2014 年，中国渔业全球价值链分工前向联系参与度和后向联系参与度分别平均为 0.039 和 0.058，后向联系参与度要高于前向联系参与度，而且在农业三大部门中其全球价值链分工参与程度最低。同期，中国渔业全球价值链分工位置指数平均为 1.064，前向联系的生产长度要略长于后向联系的生产长度。从变化趋势来看，2000—2014 年，中国渔业全球价值链分工前向联系参与度和全球价值链分工位置指数都呈现上涨态势，分别年均增长 1.11% 和 0.80%，后向联系参与度有所下降，年均下降 1.68%。

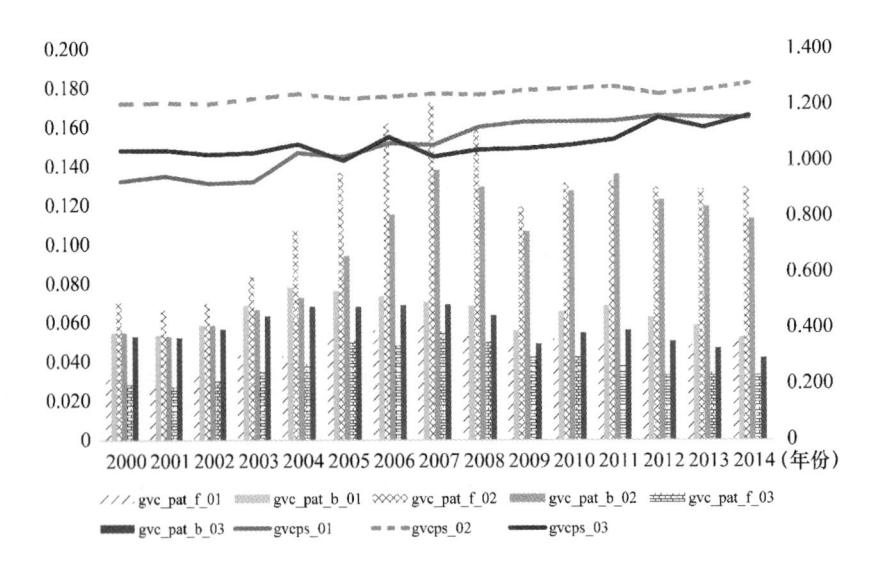

图 9-5　2000—2014 年中国农业各部门全球价值链分工参与程度与位置情况

说明：图中 gvc_ pat_ f_ 01、gvc_ pat_ b_ 01、gvcps_ 01 分别代表的是中国农牧业全球价值链分工前向联系参与度、后向联系参与度和分工位置；gvc_ pat_ f_ 02、gvc_ pat_ b_ 02、gvcps_ 02 分别代表的是中国林业全球价值链分工前向联系参与度、后向联系参与度和分工位置；gvc_ pat_ f_ 03、gvc_ pat_ b_ 03、gvcps_ 03 分别代表的是中国渔业全球价值链分工前向联系参与度、后向联系参与度和分工位置。

三　中国与其他国家农业全球价值链分工的比较

1. 中国与代表性国家全球价值链分工的比较

本书根据2014年世界银行关于各个国家人均国民总收入划分标准,选取印度、巴西和墨西哥等中上收入国家以及澳大利亚、美国和日本等高收入国家跟中国(中上收入国家)进行对比分析。

① 前向联系参与度。表9-1为2000—2014年中国与主要国家的农业全球价值链分工前向联系参与度。从平均值来看,2000—2014年,中国农业全球价值链分工前向联系参与度为0.069,高于印度(0.042)和日本(0.036),但低于巴西(0.183)、墨西哥(0.089)、澳大利亚(0.182)和美国(0.143)。从趋势来看,中国农业全球价值链分工前向联系参与度年均增长为3.52%,增长速度较快,高于印度(0.76%)、巴西(-0.05%)、澳大利亚(-0.96%)和美国(1.69%)。总体来看,中国农业全球价值链分工前向联系参与度水平较低,低于世界主要农业大国,例如巴西、墨西哥、澳大利亚和美国。

表9-1　　2000—2014年中国与主要国家的农业全球价值链分工前向联系参与度

年份	中国	印度	巴西	墨西哥	澳大利亚	美国	日本
2000	0.044	0.037	0.174	0.074	0.215	0.123	0.022
2001	0.041	0.041	0.208	0.066	0.198	0.121	0.024
2002	0.044	0.048	0.242	0.067	0.205	0.121	0.032
2003	0.054	0.041	0.212	0.082	0.163	0.119	0.029
2004	0.063	0.046	0.227	0.087	0.188	0.121	0.022
2005	0.080	0.051	0.201	0.079	0.171	0.124	0.030
2006	0.089	0.048	0.185	0.086	0.175	0.129	0.034

续表

年份	中国	印度	巴西	墨西哥	澳大利亚	美国	日本
2007	0.096	0.036	0.170	0.086	0.154	0.147	0.033
2008	0.088	0.032	0.163	0.085	0.171	0.163	0.030
2009	0.070	0.031	0.155	0.087	0.175	0.150	0.060
2010	0.075	0.036	0.149	0.090	0.168	0.163	0.038
2011	0.074	0.041	0.154	0.106	0.194	0.175	0.043
2012	0.071	0.044	0.169	0.112	0.177	0.174	0.035
2013	0.070	0.060	0.167	0.110	0.193	0.160	0.050
2014	0.071	0.041	0.173	0.124	0.188	0.156	0.052

②后向联系参与度。表9-2为2000—2014年中国与主要国家的农业全球价值链分工后向联系参与度。从平均值来看，2000—2014年，中国农业全球价值链后向联系参与度为0.074，高于印度（0.019）、巴西（0.057），但低于墨西哥（0.097）、澳大利亚（0.135）、美国（0.093）和日本（0.102）。从趋势来看，中国农业全球价值链分工后向联系参与度年均增长为1.73%，增长速度较快，高于印度（-0.39%）、巴西（1.39%）、澳大利亚（-0.06%）和美国（-0.48%）。总体来看，中国农业全球价值链分工后向联系参与度水平较低，低于世界主要农业大国，例如墨西哥、澳大利亚和美国，但略高于前向联系参与度。

表9-2 2000—2014年中国与主要国家的农业全球价值链分工后向联系参与度

年份	中国	印度	巴西	墨西哥	澳大利亚	美国	日本
2000	0.054	0.016	0.051	0.073	0.136	0.088	0.061
2001	0.053	0.017	0.057	0.070	0.127	0.085	0.065

续表

年份	中国	印度	巴西	墨西哥	澳大利亚	美国	日本
2002	0.058	0.021	0.057	0.067	0.132	0.090	0.064
2003	0.067	0.020	0.057	0.073	0.120	0.091	0.074
2004	0.073	0.022	0.061	0.081	0.130	0.098	0.085
2005	0.080	0.023	0.057	0.085	0.136	0.111	0.101
2006	0.086	0.026	0.054	0.087	0.143	0.102	0.114
2007	0.093	0.020	0.056	0.096	0.146	0.097	0.123
2008	0.087	0.023	0.063	0.104	0.152	0.107	0.137
2009	0.071	0.019	0.051	0.103	0.136	0.085	0.094
2010	0.083	0.016	0.052	0.111	0.125	0.090	0.107
2011	0.087	0.016	0.059	0.127	0.139	0.102	0.122
2012	0.079	0.017	0.061	0.125	0.130	0.085	0.118
2013	0.075	0.016	0.060	0.123	0.137	0.079	0.125
2014	0.069	0.015	0.062	0.128	0.135	0.082	0.133

③全球价值链分工位置。表9-3为2000—2014年中国与主要国家的农业全球价值链分工位置情况。从平均值来看，2000—2014年，中国农业全球价值链分工位置指数为1.120，说明中国农业处于全球价值链分工偏上游位置。从其他国家的情况来看，巴西、日本和美国农业全球价值链分工位置指数同样大于1，都处于农业全球价值链分工的偏上游位置，特别是日本，其农业全球价值链分工位置指数最大；而印度、墨西哥和澳大利亚农业全球价值链分工位置指数小于1，都位于农业全球价值链分工偏下游的位置。从变化趋势来看，中国与澳大利亚农业全球价值链分工位置总体都呈现向上游移动的趋势，而印度、墨西哥、美国和日本农业全球价值链分工位置总体都呈现向下游移动的趋势。

表9-3　　2000—2014年中国与主要国家的农业全球价值链分工位置情况

年份	中国	印度	巴西	墨西哥	澳大利亚	美国	日本
2000	1.058	0.900	0.998	1.019	0.941	1.434	1.075
2001	1.064	0.863	1.005	1.035	0.950	1.372	1.076
2002	1.049	0.870	1.002	1.028	0.927	1.456	1.068
2003	1.059	0.904	1.026	1.026	0.947	1.416	1.054
2004	1.110	0.890	1.005	1.009	0.951	1.422	1.046
2005	1.080	0.897	1.001	1.000	0.964	1.338	1.021
2006	1.127	0.954	1.010	0.978	0.957	1.352	1.026
2007	1.105	0.952	1.000	0.976	0.976	1.336	1.002
2008	1.134	0.986	0.991	0.963	0.980	1.335	0.988
2009	1.146	0.931	1.050	1.001	0.964	1.364	1.039
2010	1.152	0.909	1.041	0.993	1.012	1.354	1.034
2011	1.162	0.872	1.044	0.978	0.982	1.361	1.014
2012	1.185	0.885	1.011	0.991	1.031	1.357	1.042
2013	1.177	0.839	1.006	0.987	1.078	1.352	1.033
2014	1.199	0.854	0.994	0.973	1.068	1.321	1.028

2. 中国农业参与全球价值链分工在全球范围内的水平

为了更加直观地看出，中国农业在全球范围内全球价值链分工的水平，本书进一步以2014年的情况为例，绘制出2014年各国农业全球价值链分工前向联系参与度、后向联系参与度以及全球价值链分工位置的情况，见图9-6至图9-9。图9-6至图9-9分别表示2014年各国（或地区）农业、牧业、林业和渔业全球价值链分工参与程度情况。从图9-6—图9-9中可以看出，与其他42个国家（或地区）相比，中国农业、牧业、林业和渔业全球价值链分工参与

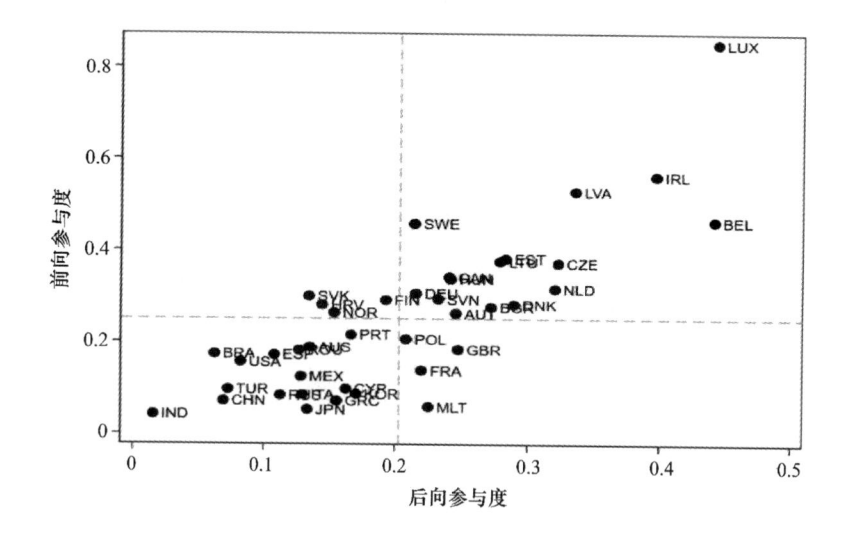

第九章　中国自由贸易区战略实施的农产品贸易分工效应实证

图 9-6　2014 年各国（或地区）农业全球价值链分工参与度

说明：虚线为 43 个国家（或地区）各项指标的平均值。图中使用的都是各国（或地区）英文简称，其中 CHN 为中国的英文简称。

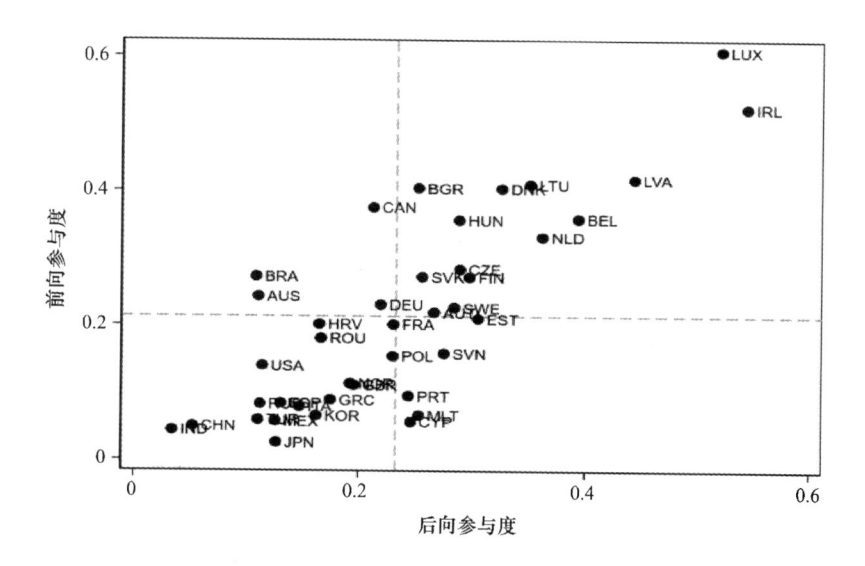

图 9-7　2014 年各国（或地区）牧业全球价值链分工参与度

说明：虚线为 43 个国家（或地区）各项指标的平均值。图中使用的都是各国（或地区）英文简称，其中 CHN 为中国的英文简称。

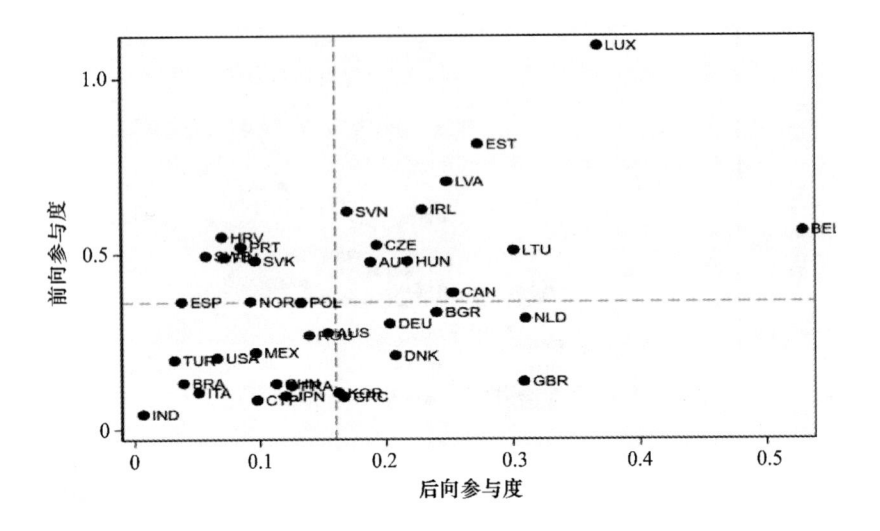

图 9-8　2014 年各国（或地区）林业全球价值链分工参与度

说明：虚线为 43 个国家（或地区）各项指标的平均值。图中使用的都是各国（或地区）英文简称，其中 CHN 为中国的英文简称。

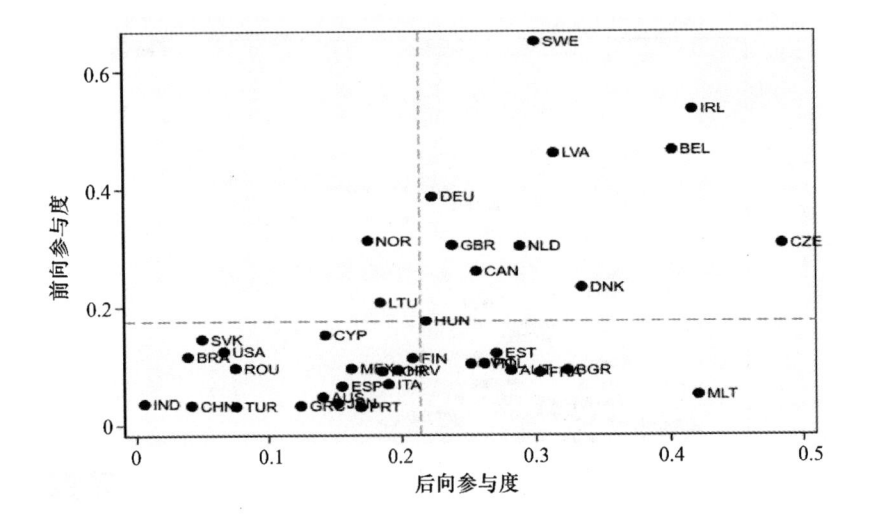

图 9-9　2014 年各国（或地区）渔业全球价值链分工参与度

说明：虚线为 43 个国家（或地区）各项指标的平均值。图中使用的都是各国（或地区）英文简称，其中 CHN 为中国的英文简称。

程度都较低，远低于其他国家（或地区）。而且无论是前向联系参与度还是后向联系参与度，中国农业、牧业、林业和渔业都低于世界平均水平。其中，中国林业前向联系参与程度明显高于后向联系参与程度，其他部门两大指标则差异不大。

图 9-10 和图 9-11 为 2014 年各国（或地区）农业全球价值链分工参与度、分工位置指数以及复杂简单价值链分工参与程度情况。首先，从全球价值链分工位置和参与程度来看，与其他国家（或地区）相比，中国农业全球价值链分工位置处于偏上游位置，但全球价值链分工参与程度较低，低于世界大部分国家（或地区），还存在较大的上涨空间。其次，将全球价值链分工参与程度分解为复杂价值链分工参与程度和简单价值链分工参与程度来看，中国农业主要以简单价值链分工形式参与全球价值链分工，复杂价值链分工参与程度较低，仅略高于印度。

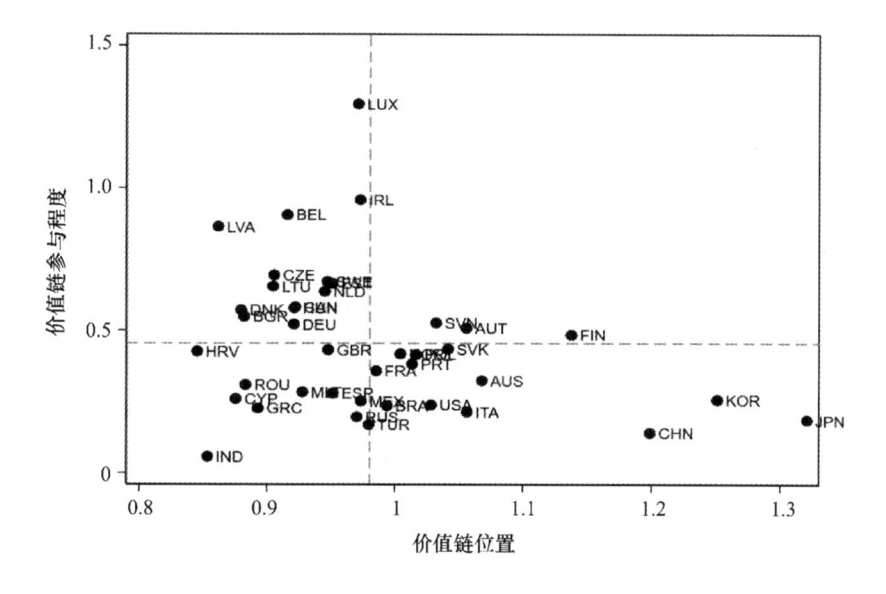

图 9-10　2014 年各国（或地区）农业全球价值链分工参与度和分工位置指数

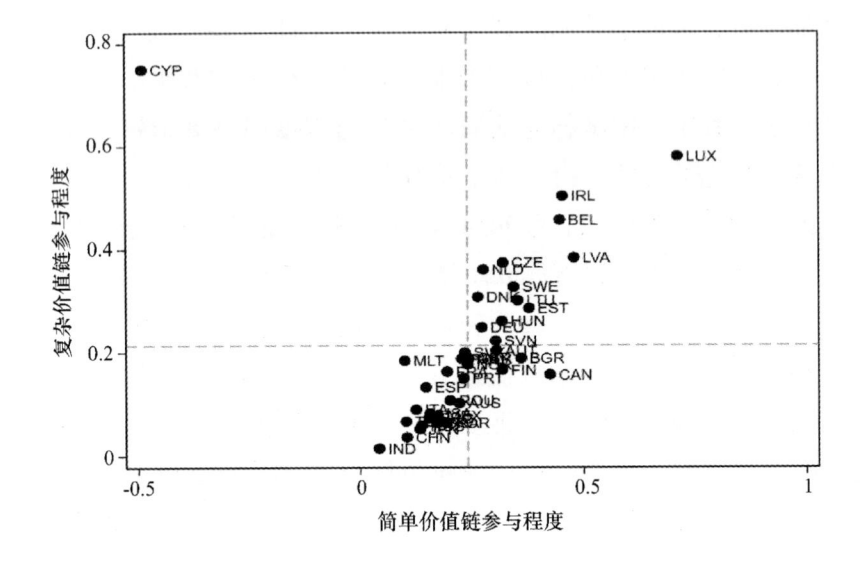

图9-11 2014年各国（或地区）农业全球价值链复杂简单价值链分工参与程度情况

第二节 计量模型与数据说明

由于全球价值链分工等指标数据量的限制，使用双重差分等方法难以找到合适的对照组。因此，本书将使用基于"反事实"框架下的合成控制方法估计中国自由贸易区战略实施的农产品贸易分工效应，主要从分工广度和深度两个角度入手。

一 计量模型

现有研究普遍认为自由贸易区与全球价值链之间存在显著的相互影响关系（程大中等，2017；Ruta，2017），因此考察自由贸易区战略实施对农业全球价值链分工的影响应先解决内生性问题。双重差分（Difference-in-Difference，DID）是解决内生性问题时最为常见的方法，但使用该方法必须严格满足"平行趋势"假设，即样本受到政策冲击影响的概率是随机的，否则估计结果将会出现较为严重的偏差。然而，中国与伙伴国签订自由贸易协定并非随机事件，现有研究表明，"自然贸易伙伴国"（Natural Trading Partner）之间更易达成自由贸易协定（Krugman，1991）。自从 Abadie 等（2003）提出合成控制法（Synthetic Control Methods，SCM）并由 Abadie 等（2003）完善之后，有效克服了 DID 方法的缺陷。合成控制法主要思想是通过对照组特征变量的加权平均来合成构造政策干预个体的政策未实施情况下的"反事实"，真实情况与"反事实"条件下中国农业全球价值链分工的差值就是本书研究的农产品贸易分工效应。

具体而言，假设 Y_{it}^I 表示的是在 T_0 时点实施了自由贸易区战略情况下国家 i 时期 t 农业全球价值链分工地位（或全球价值链分工参与程度）；Y_{it}^N 表示的是该国未实施自由贸易区战略情况下的农业全球价值链分工地位（或全球价值链分工参与程度）。假设在政策未实施之前（$t < T_0$），$Y_{it}^I = Y_{it}^N$，从而可以得到自由贸易区战略实施之后（T_0 期到 T 期）的政策效应为 $\alpha_{it} = Y_{it}^I - Y_{it}^N$。假设 Y_{it}^N 由一个因子模型所决定：

$$Y_{it}^N = \delta_t + \theta_t Z_i + \lambda_t \mu_i + \varepsilon_{it} \tag{9-9}$$

在（9-9）式，λ_t 为不可观测的时变共同因子，μ_i 表示的是不可观测的地区固定效应，$\lambda_t \mu_i$ 表示的是不可观测的交互固定效应，Z_i 表示的是不受自由贸易区战略实施影响且可观测的协变量，θ_t 为参数变量，δ_t 为不可观测的时间固定效应，ε_{it} 为随机干扰项。考虑一个权重向量 $W = (\omega_2, \cdots, \omega_{j+1})'$，其中 $\omega_i \geq 0$ 且 $\sum_{i=2}^{j+1} \omega_i = 1$。Abadie 等（2010）证明了存在一个最优的权重向量 $\widehat{W}$ 可以精确地模拟出中国未实施自由贸易区战略时的"反事实"，此时 $Y_{it}^N = \sum_{i=2}^{j+1} \widehat{\omega_i}$。计算出权重向量 $\widehat{W}$ 之后，我们可以计算出（T_0 期到 T 期）的政策效果 $\widehat{\alpha_{1t}} = Y_{it} - \sum_{i=2}^{j+1} \widehat{\omega_i} Y_{it}$，$\widehat{\alpha_{1t}}$ 可以作为 α_{i1t} 的渐近无偏估计，从而得到中国自由贸易区战略实施的农产品贸易分工效应。

二 数据说明

由于本书需要识别出中国自由贸易区战略实施的农产品贸易分工效应，所以本书采用的是对外经济贸易大学全球价值链数据库（UIBE GVC Index）中 WIODinR2016 数据进行测算，其原始数据来自 2000—2014 年 WIOD 世界各国投入产出表，主要包含了 43 个国家和地区及 56 个行业①。在 WIOD 投入产出表中涉及农业的主要是"c01""c02"和"c03"等部门代码，分别表示的是农牧业、林业和渔业。农业分工格局变化主要体现在深度和广度两大方面，在全球价值链分工视角下主要分别指的是全球价值链分工位置和全球价值链分工参与程度，测算方法见前文。为了使合成控制法对"反事实"拟合效果更好，本书参考前人研究将影响全球价值链分工的主要影响因素纳入模型当中，包括经济发展水平、要素禀赋、制度和创新②，分别使用 GDP、人均 GDP、全球治理指数和研发投资比重等指标进行衡量。其中，GDP 和人均 GDP 数据来自 Penn World Tables 9.1 数据库，全球治理指数③和研

---

① 43 个国家和地区包括澳大利亚、奥地利、比利时、保加利亚、巴西、加拿大、瑞士、中国、塞浦路斯、捷克共和国、德国、丹麦、西班牙、爱沙尼亚、芬兰、法国、英国、希腊、赫瓦茨卡、匈牙利、印度尼西亚、印度、爱尔兰、意大利、日本、大韩民国、立陶宛、卢森堡、拉脱维亚、墨西哥、马耳他、荷兰、挪威、波兰、葡萄牙、罗马尼亚、俄罗斯、斯洛伐克共和国、斯洛文尼亚、瑞典、土耳其、中国台湾、美国；56 个行业的数据按照国际标准行业分类第 4 版（ISIC 修订版）进行分类。

② 现有研究中普遍显示，随着研发投资水平的提高，将出现更复杂的全球价值链分工活动，该国会更加频繁地参与全球价值链分工，而且处于全球价值链分工中增加值较高的位置（Hernandez et al., 2017；Cieślik et al., 2016；Costinot et al., 2013；Taglioni et al., 2016）。

③ 全球治理指数（WGI）从贪腐控制（Control of Corruption）、政府效率（Government Effectiveness）、政治稳定程度（Political Stability and Absence of Violence/Terrorism）、司法有效性（Rule of Law）、监管质量（Regulatory Quality）、发言权和问责制（Voice and Accountability）6 个方面进行了制度质量状况的测度，本书使用的是 6 个子指数的平均值作为制度的代理变量。

发投资比重①数据来自世界银行数据库（Hernandez et al.，2017；Antràs et al.，2013；Cao，2015；Cieślik et al.，2016；Costinot et al.，2013；Taglioni et al.，2016）。表9-4为预测变量和结果变量的说明和描述性统计。

表9-4　　　　预测变量和结果变量的说明和描述性统计

变量	说明	观测值	均值	标准层	最小值	最大值
GVCPs	全球价值链分工位置	600	1.01	0.11	0.787	1.456
GVC_Pat	全球价值链分工参与程度	600	0.38	0.22	0.050	1.372
GVC_Pat_f	前向联系参与度	600	0.20	0.14	0.016	0.904
GVC_Pat_b	后向联系参与度	600	0.18	0.09	0.015	0.482
GDP	国内生产总值	600	12.97	1.73	9.082	16.640
rGDP	人均国内生产总值	600	10.14	0.62	7.595	11.461
Valueadded	农业增加值	600	22.73	1.87	18.267	27.532
Land	人均耕地	600	-1.52	0.96	-3.943	0.942
RD	研发投资比重	590	0.21	0.65	-1.503	1.456
WGI	全球治理指数	600	4.30	0.29	3.093	4.603

注：对缺失值进行差值法处理，国内生产总值、人均国内生产总值、农业增加值、人均耕地、全球治理指数和研发投资比重等变量取了对数。

第三节　实证结果与分析

正如前文所述，中国自由贸易区战略实施的农产品贸易分工效

---

① 本书使用一国R&D经费支出占GDP的比重衡量研发投资比重，创新水平的高低直接影响一国在全球价值链分工中所处的位置，也会对全球价值链分工参与程度产生积极影响。

应主要可以体现在两大方面，一方面是对农业全球价值链分工地位的影响，另一方面是对农业全球价值链分工参与程度的影响。基于此，本书将从这两个方面进行政策效应的评估，由于2004年中国与东盟率先实施了"早期收获计划"，因此，在实证中本书将2004年视为政策冲击时点。

一 对中国农业全球价值链分工地位的影响

在"反事实"框架下，模型估计结果的有效性要满足"平行趋势"假设，即政策实施之前对照组和处理组相关变量的变化趋势要相同（Höfler，2005）。从表9-5可以看出，中国和合成中国在自由贸易区战略实施之前的主要经济变量在数值上的拟合情况较好，因而可以使用合成控制方法来研究中国自由贸易区战略实施对其农业全球价值链分工地位的影响。

表9-5　　　　预测变量的真实值与拟合值对比

指标	中国	合成中国
GDP	15.617	12.308
人均GDP	8.451	10.063
农业增加值	25.976	21.960
人均耕地	-2.406	-1.444
研发投资比重	-0.001	0.064
全球治理指数	3.567	4.373
GVCPs（2000）	1.044	1.046
GVCPs（2001）	1.045	1.047
GVCPs（2002）	1.036	1.038
GVCPs（2003）	1.044	1.046
GVCPs（2004）	1.074	1.064

注：GDP、人均GDP、农业增加值、人均耕地、全球治理指数和研发投资比重等变量取了对数。

中国和对应的合成中国在2000—2014年的农业全球价值链分工位置变化情况如图9-12所示①。其中，垂直线所在位置表示的是政策冲击时点，在垂直线的左侧，中国与合成中国的农业全球价值链分工位置指数基本上完全重合，说明了合成控制方法很好地拟合了政策未实施情况下中国农业全球价值链分工位置的变动路径；而在垂直线的右侧，中国与合成中国的农业全球价值链分工位置变动路径呈现较大差异，而且合成控制对象的农业全球价值链分工位置始终低于真实情况。

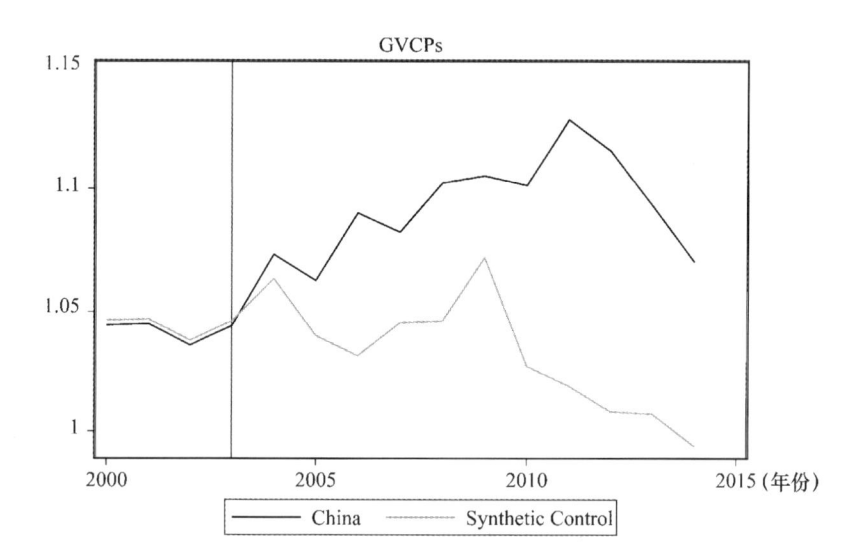

图9-12　2000—2014年中国与合成中国的农业全球价值链分工位置变化情况
说明：垂直线所在位置表示的是政策冲击时点。

本书将实际值与合成控制模拟的"反事实"相减得到中国自由贸易区战略实施对农业全球价值链分工位置的影响（见图9-13）。

---

① 合成控制对象中，40个国家按照贡献大小加权构成虚拟的中国，其中挪威的权重最大（0.206），其次分别是拉脱维亚（0.158）、奥地利（0.036）、日本（0.032）、斯洛文尼亚（0.031）、芬兰（0.024）、罗马尼亚（0.023）和爱尔兰（0.022），其他国家参考权重较小，未列出。

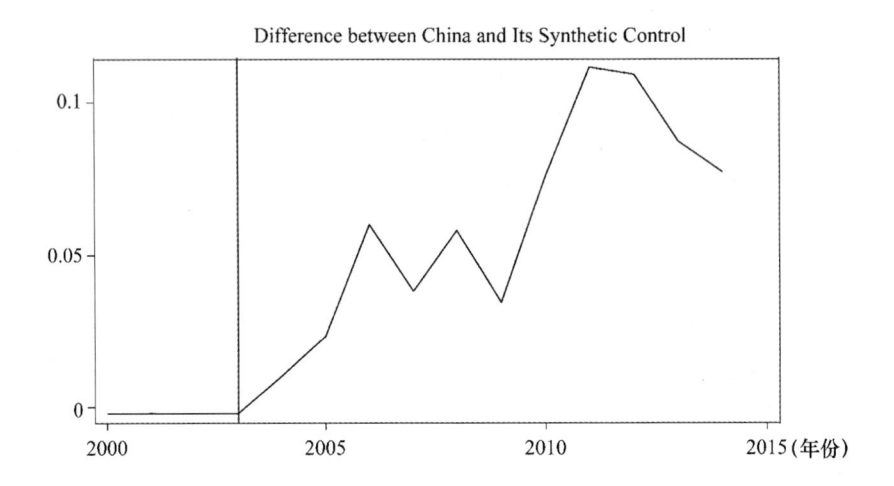

Difference between China and Its Synthetic Control

图 9-13　中国自由贸易区战略实施对其农业全球价值链分工位置的影响

从政策效应的大小来看，政策效应始终大于 0，意味着中国自由贸易区战略有效促进中国农业全球价值链分工位置向"上游"移动，有利于提高中国农业全球价值链分工地位，即由低附加值的分工环节向中高附加值的分工环节攀升。从政策效应的变化趋势来看，中国自由贸易区战略刚开始推进之时，随着自由贸易协定条款的落实，有效推动了中国农业价值链分工地位的提升，产生了较大的政策效应，但 2011 年之后，随着"零关税"的逐步实现，政策红利逐渐释放完毕，政策效应呈现递减的趋势。从现实情况来看，第一，中国自由贸易区战略实施之后，通过降低关税和贸易壁垒，中国农产品更容易进入全球市场。这为中国农产品提供了更多的机会，进一步激发了中国农业生产者和企业的创新动力，进而推动农业全球价值链中的分工位置向上游环节迈进。第二，为了在国际市场上竞争，中国农业必须提高生产效率、质量和标准。这促使中国的农业生产者采用更现代的农业技术和管理方法，从而提高农产品的附加值，农产品的升级和质量提高有助于中国农业在全球价值链中的分工位置向中高附加值的环节迈进。第三，自由贸易区战略为中国与自由贸易区伙伴国（或地区）提供了更多的合作机会，随着国家（或地区)间的技术和知识分享,提高了中国农产品的附加值,推动农产品全球价值链中的分工位置向上游环节移动。

二 对中国农业全球价值链分工参与程度的影响

图9-14为中国和对应的合成中国在2000—2014年的农业全球价值链分工参与程度变化情况[①]。同样,使用农业全球价值链分工参与程度作为预测变量时,在垂直线左侧,中国和合成中国的农业全球价值链分工参与程度的变化趋势几乎可以完全重合,说明合成控制方法拟合效果较好。在垂直线的右侧,中国与合成中国的农业全球价值链分工参与程度的差距呈现先扩大后缩小的趋势。

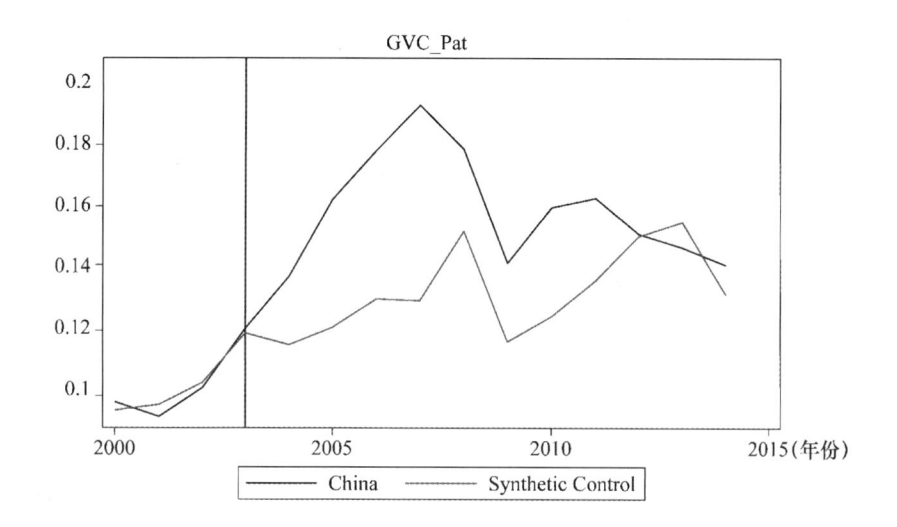

图9-14 2000—2014年中国与合成中国的农业全球价值链分工参与程度变化情况

图9-15为中国自由贸易区战略对其农业全球价值链分工参与程度的影响。中国自由贸易区战略实施之后(即政策冲击之后),在早期阶段,政策效应增长迅速且始终大于0,说明中国自由贸易区战

---

① 印度、墨西哥和马耳他的加权平均合成"反事实",权重分别为0.644、0.201和0.155。

略的实施有效促进了其农业进一步参与全球价值链分工；但到了后期阶段，特别是在 2007 年之后，政策效应增长较为缓慢。另外，从政策效应的大小来看，中国农业全球价值链分工参与程度提升幅度相对较小，还存在较大的提升空间。

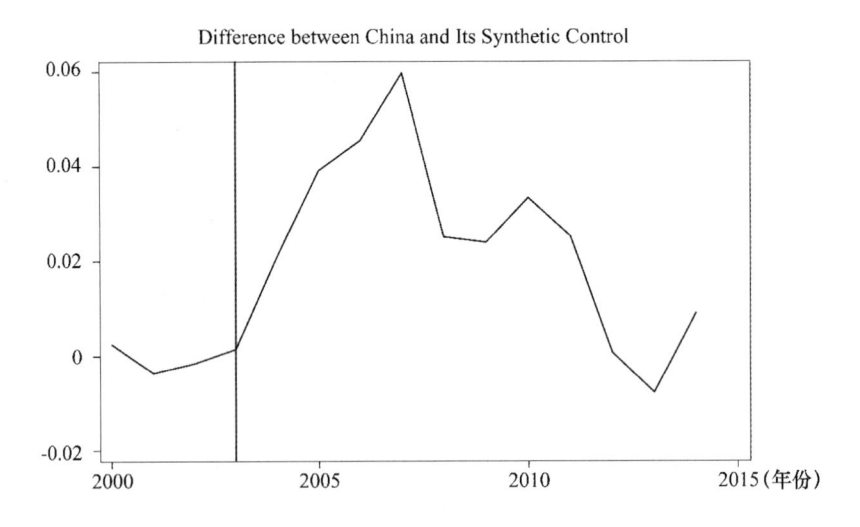

图 9-15　中国自由贸易区战略对其农业全球价值链分工参与程度的影响
说明：垂直线所在的位置表示的是政策冲击时点。

前向联系参与度和后向联系参与度是农业全球价值链分工参与程度两个重要方面，本书进一步分别从这两个方面考察中国自由贸易区战略实施对其农业全球价值链分工参与程度的影响。在图 9-16 中，左侧图是中国与合成中国的农业前向联系参与度变化情况，右侧图为中国与合成中国的农业后向联系参与度变化情况①。同样，在政策实施之前，合成控制法的拟合效果较好。在政策实施之后，中

---

① 将农业全球价值链分工前向联系参与度作为预测变量时，日本、马耳他、罗马尼亚、希腊和塞浦路斯的加权平均可以作为合成的"反事实"，权重分别为 0.684、0.108、0.071、0.027 和 0.023；将农业全球价值链分工后向联系参与度作为预测变量时，印度、日本、荷兰和俄罗斯的加权平均可以作为合成"反事实"，权重分别为 0.359、0.554、0.081 和 0.006（仅列出了权重大小前五的国家或地区）。

国农业前向联系参与度先高于"反事实",后趋于一致;中国农业后向联系参与度先趋于一致,后低于"反事实"。

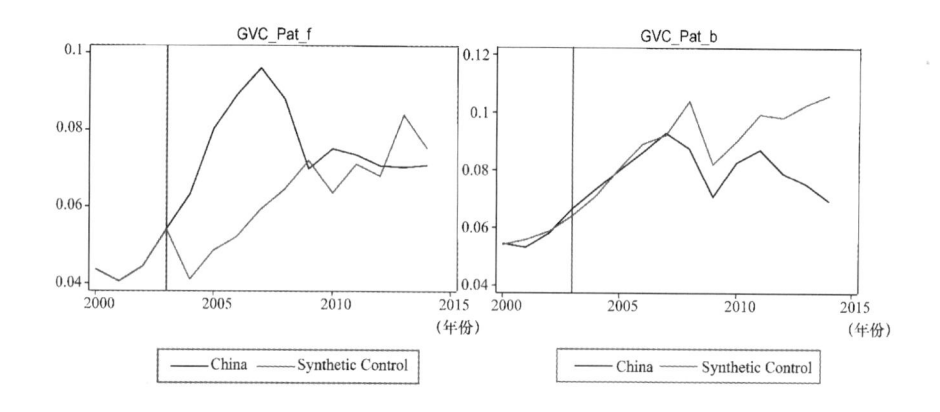

图9-16 中国与合成中国农业的前向联系参与度和后向联系参与度变化情况
说明:垂直线所在位置表示的是政策冲击时点。

在图9-17中,左侧图是中国自由贸易区战略对其农业前向联系参与度的影响,右侧图为中国自由贸易区战略对其农业后向联系参与度的影响。从政策效应来看,中国自由贸易区战略实施对其农业前向联系参与度影响的变化趋势与前文中对农业全球价值链参与度影响的变化趋势基本一致,都是先迅速增长后增长放缓。这说明,中国自由贸易区战略实施对其农业全球价值链分工参与程度的促进作用主要提升的是前向联系参与度。另外,政策实施之后,中国农业后向联系参与度有所降低。主要原因是中国自由贸易区战略实施对其农业后向联系参与度存在一定的挤出效应,即部分原来参与全球价值链分工"下游"的企业,在中国自由贸易区战略实施的影响下,参与到全球价值链分工"上游"中。

从模型估计的结果来看,中国自由贸易区战略的实施显著促进了中国农业全球价值链分工位置的提升,一定程度上提高了中国农业全球价值链分工参与程度,而且这些政策效应是在政策实施前合

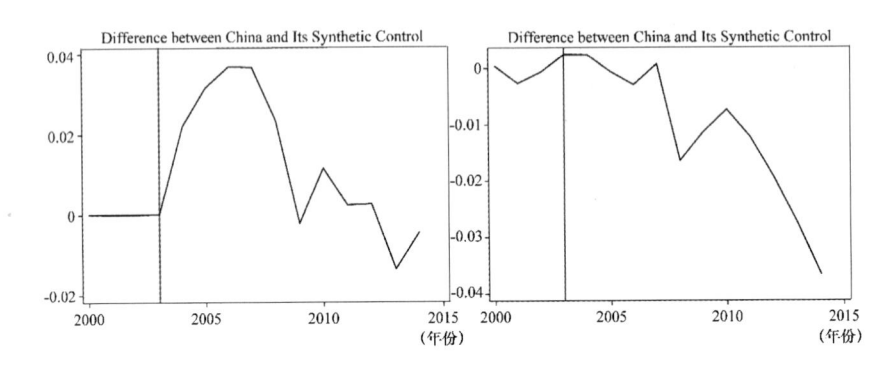

图 9-17 中国自由贸易区战略对其农业前向联系参与度和后向联系参与度的影响

说明：1. 垂直线所在位置表示的是政策冲击时点。

2. 左图是中国自由贸易区战略对其农业前向联系参与度的影响，右图是中国自由贸易区战略对其农业后向联系参与度的影响。

成中国拟合效果情况较好的情况下得到的，具有较高的可信度。中国自由贸易区战略实施的农产品贸易分工效应产生的主要原因是，一方面中国与自由贸易区伙伴国（或地区）农业领域合作和开放相对较多，特别是中国与东盟主要针对农产品的"早期收获计划"的实施；另一方面从前文理论分析来看，当国外生产与加工环节单位边际利润要高于中国生产与加工环节单位边际利润时，跨国企业在利润最大化动力驱使下会将生产与加工等低端环节不断迁移到成本更低的国家，例如东盟各国。随着中国农业生产成本的不断上涨，特别是土地成本的不断上涨，农业跨国企业在中国进行农产品生产与加工边际利润逐渐低于国外。因此，自由贸易区建立之后，农业跨国企业不断将生产与加工环节迁移到国外，从而实现中国农业全球价值链分工参与程度和分工地位的提升。综上所述，假说8得以验证。

第四节 稳健性检验

中国自由贸易区战略的实施有效地促进了其农业分工深化,那么这种影响是否是一种偶然事件,是否由其他未观测到的变量导致。为了进一步验证前文结论的稳健性,本书以中国自由贸易区对其农业全球价值链分工地位影响为例,进行"安慰剂"检验、排列检验和双重差分法(DID)重新估计。

一 "安慰剂"检验

本书参考 Abadie 等(2003)的做法,选取预测变量中与中国最相似的国家,将其设置为"虚拟"的实验组,其他国家为对照组。由于使用农业全球价值链分工位置作为预测变量时,合成中国中权重最大的国家是挪威,因此本书将挪威作为"虚拟"实验组,计算出"安慰剂"效应。同时,参考王贤彬等(2010)的做法,为避免中国作为对照组的干扰,将中国从对照组中剔除。图 9-18 为安慰

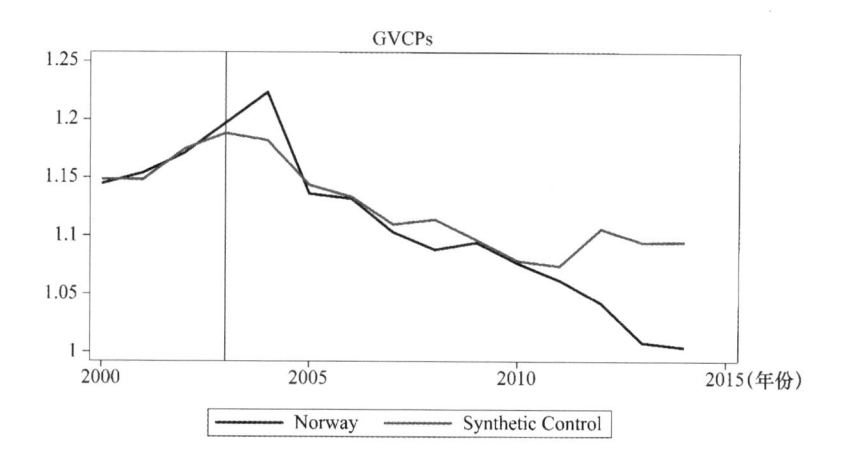

图 9-18 安慰剂检验中挪威和合成挪威农业全球价值链分工位置指标的变化路径

说明:垂直线为政策冲击时点。

剂检验中挪威和合成挪威农业全球价值链分工位置指标的变化路径。在2004年前后，挪威和合成挪威农业全球价值链分工地位变化的路径基本一致，而且并未出现类似中国的政策干预效果。由此充分说明上述研究结论的稳健性，并非偶然事件，具有极大的可信度。

二 排列检验

前文给出了中国自由贸易区战略实施对其农业全球价值链分工影响的大小，还需要进一步验证该影响在统计上是否具有显著性，本书采用排列检验进行判断（Hannan，2017；Firpo et al.，2018）。主要的做法为：把2004年作为政策冲击时点，将全部的对照组国家逐一进行"安慰剂"检验，然后将所有国家的农业全球价值链分工位置指数的实际值减去合成值，从而得到对照组中各国的"安慰剂"效应。为了更加直观地看出本书中政策效应的显著性，本书将政策效应和对照组国家的"安慰剂"效应都展示在一张图，其中，垂直线为政策冲击时点，黑线为政策效应，灰线为各国的"安慰剂"效应（见图9-19）。从图9-19中可以看出，2014年各国的"安慰剂"效应大多都低于中国自由贸易区实施的政策效应，从而我们可以得出对照组国家获得像中国一样的政策效应的概率仅为1/40（2.50%）。由此可以说明，在5%显著性水平下，中国自由贸易区战略实施有效促进了其农业全球价值链分工地位的提升。

按照前文同样的方法，本书可以得到中国自由贸易区战略实施之后每一年政策效应的大小、P值和标准差，见表9-6。在10%显著性水平下，除了2005年、2007年，其他年份的政策效应都通过了显著性检验。从历年趋势来看，随着中国自由贸易区战略的逐步推行，对其农业全球价值链分工位置的提升效果逐年增大，而且这种政策效应在统计上是显著的。

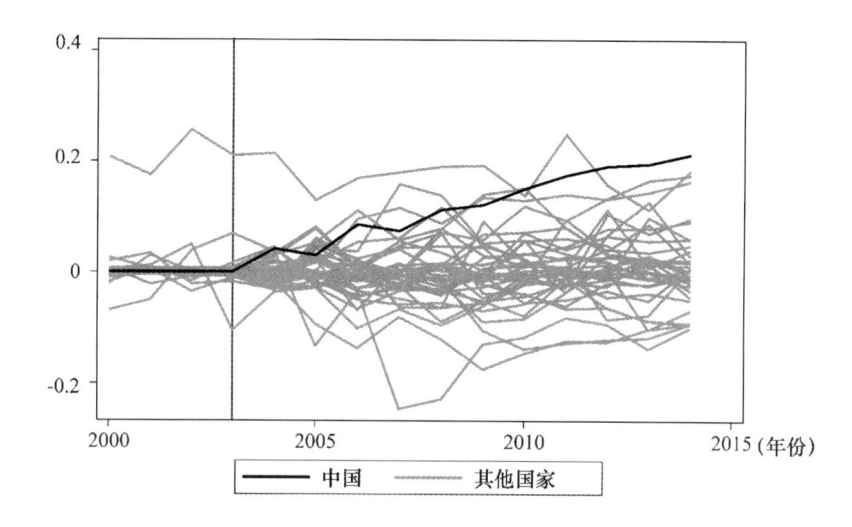

第九章　中国自由贸易区战略实施的农产品贸易分工效应实证

图 9-19　中国自由贸易区战略对其农业全球价值链分工位置影响的显著性检验
说明：垂直线为政策冲击时点。

表 9-6　2004—2014 年中国自由贸易区政策效应的显著性

变量 年份	estimates	pvals	pvals_std
2004	0.04	0.05	0.85
2005	0.03	0.20	0.80
2006	0.09	0.05	0.70
2007	0.07	0.10	0.80
2008	0.11	0.05	0.75
2009	0.12	0.05	0.70
2010	0.15	0.00	0.75
2011	0.18	0.00	0.65
2012	0.19	0.00	0.70
2013	0.20	0.00	0.60
2014	0.21	0.00	0.60

三 双重差分法估计

DID 模型是因果推断的重要方法。为了进一步验证上述结果的稳健性，本书使用各国农牧业、林业和渔业行业层面的数据进一步利用 DID 模型对上述结果进行检验，DID 模型构建如下：

$$GVCPs_{it} = \beta_0 + \beta_1 FTZ_i \times time_t + \beta_2 FTZ_{ij} + \beta_3 time_t + \lambda X + \gamma_t + \eta_j + \mu_i + \varepsilon_{it} \quad (9-10)$$

其中，$GVCPs_{it}$ 为各国农业全球价值链分工位置；FTZ_i 为虚拟变量，中国农牧业、林业和渔业等行业取 1，其他国家各行业则取 0；$time_t$ 也为虚拟变量，自由贸易区战略实施（2004 年）之前取值为 0，2004 年之后取值为 1；X 为 GDP、人均 GDP、农业增加值、人均耕地、全球治理指数和研发投资比重等控制变量；μ_i、η_j 和 γ_t 分别为国家层面固定效应、行业层面固定效应和年份层面固定效应；ε_{it} 为随机误差项。交乘项 $FTZ \times time$ 的系数 β_1 为本书关注的政策效应。

表 9-7 汇报了（9-10）式的回归结果，第（1）列为未控制固定效应等干扰变量的回归结果，第（2）列为控制了年份层面固定效应和国家层面固定效应的估计结果，第（3）列为控制了年份层面固定效应、国家层面固定效应和行业层面固定效应的估计结果。从结果可以看出，第（1）列回归（10% 显著性水平）、第（2）列回归（5% 显著性水平）和第（3）列回归（1% 显著性水平），交乘项（$FTZ \times time$）均通过了显著性检验，而且系数为正。而且，随着国家、年份和行业等层面的固定效应被纳入模型中，模型的 R^2 逐渐增大，模型估计结果也越可信。总的来说，中国自由贸易区战略的实施使其农业全球价值链分工位置指数提升了 0.087，呈现向"上游"的位置移动的趋势，进一步验证前文研究结论的稳健性。

表9-7 中国自由贸易区战略实施的农产品贸易分工效应的双重差分法估计结果

变量	GVCPs (1)	GVCPs (2)	GVCPs (3)
FTZ × time	0.072*	0.087**	0.087***
	(0.04)	(0.04)	(0.02)
FTZ	-0.057	-0.033	0.097
	(0.04)	(0.46)	(0.22)
time	-0.068***	-0.081***	-0.081***
	(0.01)	(0.03)	(0.01)
常数项	0.591***	-0.406	-0.593*
	(0.20)	(0.77)	(0.34)
控制变量	否	是	是
国家固定效应	否	是	是
年份固定效应	否	是	是
行业固定效应	否	否	是
样本量	1712	1712	1712
R-squared	0.143	0.344	0.870

注：括号内为稳健性标准误，* $p<10\%$，** $p<5\%$，*** $p<1\%$。

第五节 影响机制检验

前文验证了中国自由贸易区战略的实施显著促进其农业全球价值链分工地位和参与程度的提升，但并未检验其影响机制。为此，本书使用Baron等（1986）提出的中介效应模型进行检验，借鉴Fairchild等（2009）和陈维涛等（2019）的做法，将计量模型设定如下：

$$GVCPs_{itf} = \alpha_0 + \beta_1 FTZ_i \times time_t + \lambda_1 X + \gamma_t + \mu_i + \delta_f + \varepsilon_{itf} \tag{9-11}$$

$$GVC\_Pat_{itf} = \alpha_2 + \beta_2 FTZ_i \times time_t + \lambda_2 X + \gamma_t + \mu_i + \delta_f + \varepsilon_{itf} \tag{9-12}$$

$$Freedom_{it} = \alpha_3 + \beta_3 FTZ_i \times time_t + \lambda_3 X + \gamma_t + \mu_i + \delta_f + \varepsilon_{itf} \tag{9-13}$$

$$Facilitation_{it} = \alpha_4 + \beta_4 FTZ_i \times time_t + \lambda_4 X + \gamma_t + \mu_i + \delta_f + \varepsilon_{itf} \tag{9-14}$$

$$GVCPs_{itf} = \alpha_5 + \beta_5 FTZ_i \times time_t + \rho_1 Freedom_{it} + \rho_2 Facilitation_{it} + \lambda_5 X + \gamma_t + \mu_i + \delta_f + \varepsilon_{itf} \tag{9-15}$$

$$GVC\_Pat_{itf} = \alpha_6 + \beta_6 FTZ_i \times time_t + d_1 Freedom_{it} + d_2 Facilitation_{it} + \lambda_6 X + \gamma_t + \mu_i + \delta_f + \varepsilon_{itf} \tag{9-16}$$

公式（9-11）—（9-16）中，f 代表的是农业、牧业、林业和渔业等行业，i 表示的是各个国家，t 表示的是年份；$GVCPs_{itf}$ 和 GVC_Pat_{itf} 分别表示的是农业全球价值链分工地位和参与程度；$Freedom_{it}$ 表示的是贸易自由度，主要指的是关税壁垒和非关税壁垒的削减，数据来自《世界经济自由度年报》[①]；$Facilitation_{it}$ 表示的是投资便利化，使用营商环境指标[②]衡量，数据来自《世界经济自由度年报》[③]；β_1 和 β_2 分别表示的是中国自由贸易区战略实施对其农业全球价值链分工地位和参与程度的总效应，β_3 和 β_4 分别表示的是中

[①] 年报中的原始数据来自世界经济论坛发布的《全球竞争力报告》（Global Competitiveness Report）。

[②] 营商环境指标体系包含行政要求（Administrative Requirements）、官僚成本（Bureaucracy Costs）、开办企业（Starting a Business）、额外的付款/受贿/偏袒（Extra Payments/Bribes/Favoritism）、许可限制（Licensing Restrictions）、税收合规成本（Cost of Tax Compliance）等六大方面。计算方式为指标体系各个方面分别进行评分，然后取平均值得出整体营商环境得分。

[③] 年报中的原始数据来自世界银行发布的《营商环境报告》（Doing Business Report）。

国自由贸易区战略实施对其贸易自由化和投资便利化的影响效应，β_5 和 β_6 分别表示的是控制中介变量影响之后，中国自由贸易区战略实施对其农业全球价值链分工地位和参与程度的直接效应；ρ_1 和 ρ_2 分别表示的是控制直接效应后，贸易自由化和投资便利化对中国农业全球价值链分工地位的影响效应；d_1 和 d_2 分别表示的是控制直接效应后，贸易自由化和投资便利化对中国农业全球价值链分工参与程度的影响效应。

表9-8汇报了中国自由贸易区战略实施对其农业全球价值链分工地位和参与程度影响机制的回归结果。首先，第（1）列和第（2）列可以看出，在5%的显著性水平下，中国自由贸易区战略的实施对其农业全球价值链分工地位和参与程度的提升有显著的促进作用。其次，第（3）列和第（4）列为中国自由贸易区战略的实施对各个中介变量的影响，在1%的显著性水平下，中国自由贸易区战略的实施显著提升了其贸易自由化和投资便利化。最后，第（5）列可以看出影响路径，在1%显著性水平下，中国自由贸易区战略对其农业全球价值链分工地位的直接效应、通过贸易自由化和投资便利化的中介效应都通过了显著性检验。其中，中国自由贸易区战略的实施通过贸易自由化水平的提高对其农业全球价值链分工地位的提升产生一定抑制作用，而投资便利化的提高产生较大的促进作用。另外，在1%显著性水平下，中国自由贸易区战略对其农业全球价值链分工参与程度提升的直接效应未通过显著检验，而中介效应通过显著性检验。总的来说，中国自由贸易区战略实施之后，贸易自由化和投资便利化的提高都有利于中国农业全球价值链分工参与程度的提升。

由于需要考察中国自由贸易区战略实施对其农业全球价值链分工地位和参与程度影响是否通过贸易自由化和投资便利化渠道以及判断贸易自由化和投资便利化的中介效应哪个渠道影响最大，本书将（9-13）式和（9-14）式分别代入（9-15）式和（9-16）式，从而得到中介效应的计算公式分别为 $Effect\_GVCPs_{Freedom} = \beta_3 \rho_1$、$Effect\_GVCPs_{Facilitation} = \beta_4 \rho_2$、$Effect\_GVCPat_{Freedom} = \beta_3 d_1$ 和

$Effect\_GVCPat_{Facilitation} = \beta_4 d_2$。在对农业全球价值链分工地位影响中，贸易自由化和投资便利化的中介效应分别为 -0.0066 和 0.0085，投资便利化带来的促进作用大于贸易自由化的抑制作用。在对农业全球价值链分工参与程度的影响中，贸易自由化和投资便利化的中介效应分别为 0.0159 和 0.0313，投资便利化带来的促进作用要大于贸易自由化的促进作用。

表9-8　中国自由贸易区战略实施对其农业全球价值链分工地位和参与程度影响机制的回归结果

变量	GVCPs (1)	GVC_Pat (2)	Freedom (3)	Facilitation (4)	GVCPs (5)	GVC_Pat (6)
FTZ × time	0.093***	0.023**	0.127***	0.206***	0.081***	-0.009
	(0.014)	(0.011)	(0.042)	(0.033)	(0.014)	(0.015)
Freedom					-0.052***	0.077***
					(0.017)	(0.021)
Facilitation					0.067***	0.152***
					(0.022)	(0.028)
常数项	-0.319	3.225***	1.758***	2.143***	-0.457**	2.815***
	(0.222)	(0.289)	(0.045)	(0.028)	(0.228)	(0.304)
控制变量	是	是	是	是	是	是
国家固定效应	是	是	是	是	是	是
年份固定效应	是	是	是	是	是	是
行业固定效应	是	是	是	是	是	是
样本量	2256	2256	2288	2288	2234	2234
R-squared	0.885	0.909	0.813	0.899	0.889	0.911

注：括号内为稳健性标准误，* p < 10%，** p < 5%，*** p < 1%。

从上述分析结果可以看出，中国自由贸易区战略实施之后，提升了贸易自由化和投资便利化水平，进而带来了中国农业全球价值链分工地位和参与程度的提高，而且投资便利化的作用要大于贸易自由化的作用，假说9得以验证。从现实情况来看，贸易自由化的提高为中国农产品的国际化提供了更多机会。自由贸易区战略降低了关税和贸易壁垒，使中国农产品更容易出口到全球市场。这意味着中国的农产品能够更多地参与全球供应链，包括生产、加工、包装、运输等多个环节。这不仅有助于提高农产品的市场份额，还为中国农业提供了更多机会来提高产品质量和附加值。投资便利化的作用在中国农业全球价值链分工中更为显著。自由贸易区战略鼓励国内外企业增加对中国农业领域的投资，包括技术、设备、管理等方面的投资。这些投资可以用于提升农业生产效率、改进生产流程、引入现代农业技术等。国际企业参与带来了更多的先进技术和管理经验，有助于提高中国农产品的质量、标准和品牌形象。因此，投资便利化推动了中国农业向全球价值链中更高附加值的环节迈进，提升了中国农产品的整体竞争力。

第六节　本章小结

本章实证考察中国自由贸易区战略实施的农产品贸易分工效应，并对第三章提出的理论推断进行验证。为此，本书先是基于2000—2014年世界各国投入产出数据，采用Wang等（2017a）和Wang等（2017b）的做法对中国农业全球价值链分工参与程度和分工地位进行测算和分析，并与世界其他国家进行比较；然后采用合成控制等方法研究中国自由贸易区战略实施对其农业全球价值链分工的影响；最后运用中介效应模型对影响机制进行检验。

研究发现，2000—2014年，中国农业全球价值链分工参与程度呈现上涨趋势，前向联系参与度上涨的速度要快于后向联系参与度，而且中国农业主要以简单价值链分工参与全球价值链分工，复杂价值链分工参与程度较低。与世界主要农业大国和世界平均水平相比，中国农业全球价值链分工参与程度较低，低于世界主要农业大国，例如墨西哥、澳大利亚和美国。另外，中国农业全球价值链分工位置处于偏上游位置，且其农业全球价值链分工位置呈现向"上游"移动的趋势。

从自由贸易区战略实施效果来看，中国自由贸易区战略的实施能够促进其农业全球价值链分工位置的提升，由低附加值环节向中高附加值环节攀升。另外，自由贸易区战略实施有效促进了中国农业进一步参与全球价值链分工，而且主要提升的是前向联系参与度。上述结论在"安慰剂"检验、排列检验以及双重差分法估计下仍然稳健。从影响机制来看，中国自由贸易区战略的实施显著提升了其贸易自由化和投资便利化进而带来了其农业全球价值链分工地位和参与程度的提高。另外，投资便利化对中国农业全球价值链分工地位的促进作用远大于贸易自由化的抑制作用，贸易自由化和投资便利化的提高都有效促进中国农业全球价值链分工参与程度的提升，并且投资便利化的中介作用大于贸易自由化的中介作用。

第十章

研究结论与政策建议

自由贸易区贸易效应研究一直以来都是国际贸易领域中的热点话题。本书先是结合异质性企业、全球价值链分工和自由贸易区等理论分析了自由贸易区建立的农产品贸易效应生成机制；然后对中国自由贸易区战略的实施历程和农产品贸易现状进行概括和梳理；最后是实证研究了中国自由贸易区战略实施对其农产品贸易的影响，主要是检验了农产品贸易静态效应、农产品贸易效应异质性、出口农产品质量效应和农产品贸易分工效应的存在。本章将对前文的研究结论进行概括和总结，并在此基础上提出相应的政策建议。

第一节 研究结论

一 中国自由贸易区网络已基本形成，与此同时农产品贸易格局呈现明显变化

加快实施自由贸易区战略是中国新一轮对外开放的重要内容，自 2004 年中国与东盟率先在农业领域实施"早期收获计划"以来，中国已与 28 个国家（或地区）签订了 21 个自由贸易协定，逐步形成了立足周边，辐射"一带一路"，面向全球的自由贸易区网络。从具体实施情况来看，中国与自由贸易区伙伴国大多采取逐步开放策

略，而且达成协议，不仅仅是关税减免，还涉及投资政策、竞争政策等 WTO 框架下未曾涉及的内容。与此同时，近些年来，中国农产品贸易规模不断增长，特别是中国与自由贸易区伙伴国的农产品贸易增长较快。从农产品贸易结构来看，中国进口主要是初级农产品，出口主要是加工农产品。中国自由贸易区战略实施之后，中国与大部分伙伴国加工农产品贸易增长更快，而且加工农产品贸易占比在不断上升。

二 中国自由贸易区战略实施对成员国农产品贸易和福利产生显著影响

自由贸易区作为贸易自由化的重要手段，自由贸易区建立通过取消和削减贸易壁垒促进成员国间贸易的增长，这已经是学术界的基本共识，但自由贸易区农产品贸易静态效应程度以及影响渠道等问题，已有研究也未达成一致的研究结论，而且也未能有效解决内生性问题。为此，本书先是构建理论模型推导了自由贸易区农产品贸易静态效应生成机理，厘清了自由贸易区农产品贸易促进效应、贸易创造效应、贸易转移效应和福利变化的内在关系；其次使用 1995—2020 年中国与各国农产品贸易数据，利用 PSM—渐进 DID，并结合安慰剂检验、三重差分估计等方法，对中国自由贸易区战略实施的农产品贸易促进效应进行了估计；最后通过分解农产品贸易促进效应进一步分析了中国自由贸易区战略的实施对成员国福利的影响。

从数理模型推导结果可以看出，自由贸易区建立之后，成员国间农产品贸易成本不断降低，从而带来了成员国间农产品贸易的增长。从农产品贸易静态效应角度来看，自由贸易区建立主要通过贸易创造效应和贸易转移效应路径来影响成员国间农产品贸易。由于贸易创造效应要大于贸易转移效应，自由贸易区建立会带来成员国福利的改进。实证结果也验证了上述理论推断，中国自由贸易区战略实施之后产生了较为显著的农产品贸易促进效应，而且与出口相比,中国自由贸易区战略的实施更加有利于扩大中国对伙伴国农产品的进口。对于中国来说,贸易创造效应和贸易转移效应同时作用于中国自由贸易区战略实施对其农产品贸易的影响,其中,贸易创造效应的影响更大;对伙伴国而言,中国自由贸易区战略实施之后,农产品贸易促进效应的产生也主要来自贸易创造效应。因此,中国与伙伴国自由贸易区的建设有力促进了中国及自由贸易区伙伴国福利的改进。

三 中国—东盟自由贸易区的实施给中国与东盟带来显著的农产品贸易创造效应

本书使用1995—2020年中国与世界部分国家(或地区)农产品贸易数据,包括东盟成员国以及其他133个控制组国家,运用合成控制方法对中国—东盟自由贸易区的农产品贸易效应进行了综合分析。研究表明:CAFTA的实施给中国与东盟带来显著的农产品贸易创造效应,而非贸易转移效应。随着中国与东盟双边关税的逐步削减,中国与东盟农产品贸易的进口效应和出口效应都呈现逐步扩张的态势。其间,CAFTA对东盟不同国家与中国的农产品贸易效应产生了异质性的影响,互补性越强、开放程度越大,则双边农产品贸易创造效应更大。因此,实施更高水平的自由贸易区战略,有利于进一步拓宽中国农产品的进出口渠道,提高社会的经济福利。

四 贸易效应在协定条款、时间窗口、产品类别和网络位置上存在异质性

现有研究大多考察的是平均贸易效应,对自由贸易区贸易效应异质性关注不足。由于中国采取的是"逐步开放""一国一策"和"构建网络"的自由贸易区实施策略,因此本书结合贸易自由化、比较优势、辐条与轮轴自由贸易区等理论,主要从协定条款、时间窗口、产品类别和网络位置等方面来解释异质性生成机理。例如,从

网络形成的角度来看，由于轮轴国和辐条国贸易优惠条款不对称，受到贸易逆转效应和贸易稀释效应的影响，轮轴国能获得更大的贸易收益和福利的改进。

实证层面，本书利用渐进 DID、合成控制等方法，使用多国、多产品、多期数据分别检验和探讨了自由贸易区农产品贸易效应在协定条款、时间窗口、产品类别和网络位置上的异质性。具体来说，协定条款方面，随着自由贸易区协议条款广度和强度的提升，自由贸易区建立对中国与伙伴国农产品贸易的增长作用更大；时间窗口方面，随着自由贸易区建设的逐步推进，中国与伙伴国农产品贸易增长更为迅速；产品类别方面，自由贸易区战略实施之后更加有利于成员国各自比较优势的发挥，中国主要是扩大了对于伙伴国初级农产品和半加工农产品的进口，增加了对伙伴国园艺农产品和加工农产品的出口；网络位置方面，中国作为轮轴国，其农产品贸易促进效应要大于伙伴国农产品贸易促进效应。

五 中国自由贸易区战略实施总体上降低了中国向自贸区伙伴国出口农产品的质量

本书以中国自由贸易区战略实施作为准自然实验，使用 PSM—渐进 DID 等方法，利用 1995—2020 年中国农产品贸易等数据，并基于协定条款异质性视角分析了自由贸易区建立对中国出口农产品质量的影响及其作用机制。研究发现，中国自由贸易区战略实施之后，总体上降低了中国向自贸区伙伴国出口农产品的质量，随着中国与发达国家农业领域合作的不断深入以及高水平、高标准自由贸易区建设的推进，自由贸易区战略实施逐渐有利于中国出口农产品质量的提升。从内在机制来看，降低农业企业进入出口市场的生产效率门槛和扩大对中低收入国家的低质量农产品出口是中国出口农产品质量下降的重要机制。从协定条款的间接效应来看，中国自由贸易区战略实施促进了协定条款覆盖面的扩大，以农产品关税削减和非关税壁垒取消为重点的浅层条款导致了中国出口农产品质量的下降，而以投资便利化、技术合作和农业合作等为重点的深层条款可以带动中国出口农产品质量的升级。

六　中国自由贸易区战略实施提升了其农业全球价值链分工地位和参与程度

现有文献大都单独对自由贸易区和全球价值链分工进行分别探讨，但较少文献涉及自由贸易区与全球价值链分工的关系，而且现有研究尚未就自由贸易区战略实施对农业全球价值链分工影响的内在机制进行讨论。为此，本书将分工深化引入自由贸易区贸易效应的分析框架中，通过扩展异质性企业理论阐述了自由贸易区建立对农业全球价值链分工的影响及其内在机制。理论推导结果表明，自由贸易区建立之后，农产品贸易成本的降低和投资便利化水平的提升使原先不愿参与农业全球价值链分工的企业转而参与农业全球价值链分工，跨国协调成本较低的生产和加工环节会不断迁移到劳动力成本更低的国家，从而有效实现母国农业全球价值链分工地位的提升。由于在全球价值链分工情形下农产品贸易对贸易成本变化的弹性更强，分工深化也使成员国农产品贸易规模以更快的速度增长。

实证层面，本书在使用2000—2014年世界各国投入产出数据测度了各国农业全球价值链分工地位和参与程度的基础上，运用合成控制方法对中国自由贸易区战略实施的农产品贸易分工效应和生成机制进行检验。研究发现，中国农业全球价值链分工参与程度尽管逐年增长但参与程度较低；中国农业全球价值链分工位置逐步向"上游"移动。中国自由贸易区战略实施之后显著提升了其农业全球价值链分工地位和参与程度，而且贸易自由化和投资便利化是主要影响路径，投资便利化的作用要大于贸易自由化。

第二节 政策建议

自党的十七大中国正式提出实施自由贸易区战略之后，其成为中国重要的对外贸易政策之一。党的十八大、十八届三中全会以及党的二十大报告更是指出要以周边为基础加快实施自由贸易区战略，逐步形成辐射"一带一路"、面向全球的高标准自由贸易区网络。结合加快构建开放型经济新体制的要求和目前自由贸易区战略实施情况以及其对农产品贸易的影响，本书得出以下几点政策建议。

一 加快构筑中国主导的自由贸易区网络

国务院《关于加快实施自由贸易区战略的若干意见》指出，"加快实施自由贸易区战略是中国适应经济全球化新趋势的客观要求"[1]。本书的实证结果也表明当前中国已建立的自由贸易区有效促进了中国与自由贸易区伙伴国农产品贸易的增长，特别是中国对自由贸易区伙伴国农产品的进口，其中贸易创造效应发挥了主要作用，改善了中国和伙伴国的福利。这意味着中国不仅仅能从自由贸易区建立中构建自主可控的农产品供应链，保障中国粮食安全，还能为伙伴国带来较大的贸易收益和福利改进，是一个互利共赢的局面。另外，在辐条与轮轴型自由贸易区网络情形下，随着自由贸易区伙伴国不断增加，受贸易逆转效应和贸易稀释效应的影响，主导国能获得更大的贸易收益和福利改进。从国际形势来看，贸易保护主义对经济全球化发展产生了较大的负面影响，对全球贸易自由化的发展起到了一定限制作用，也成为少数发达国家抑制中国经济增长的手段。因此，落实自由贸易区战略，加快构筑中国主导的自由贸易区网络，不但能够为中国在国际贸易规则重构中赢得主动，还能获

---

[1] http://www.xinhuanet.com//politics/2015-12/17/c_128540523.htm.

得较大的贸易收益和福利改进，更能有效应对少数发达国家对中国对外贸易采取的不公平政策以及其对中国农业带来的负面影响。

然而，中国与自由贸易区伙伴国农产品贸易规模水平还较低。以2020年的数据为例，中国与自由贸易区伙伴国的农产品贸易额、进口额和出口额分别占中国农产品贸易额、进口额和出口额的19.38%、18.14%和22.59%。这意味着中国在扩宽自由贸易区"朋友圈"，通过自由贸易区战略实现与自由贸易伙伴国农产品贸易的进一步增长还存在巨大空间。因此，中国应该由新一代经贸规则制定的参与者向主导者转变，代表发展中国家发出自己的"声音"，发挥大国的主导作用，结合"一带一路"倡议，构筑中国主导的全球自由贸易区网络。具体而言，首先需要搁置与存在政治争议、领土纠纷等问题的国家（或地区）的争议，以坦诚的态度为自由贸易区谈判营造良好政治环境；其次是发挥已有自由贸易区的示范效应，加强对中国自由贸易区建设有利于自由贸易伙伴国贸易收益加大和福利改进的有效宣传，增强各国与中国进行自由贸易区谈判的意愿；最后，要把自由贸易区战略和"一带一路"倡议相结合，把共建"一带一路"合作国家列为自由贸易区谈判长期发展的重点，这将有利于加速扩大和巩固以中国为轮轴、伙伴国为辐条的自由贸易区网络。

二 合理选择伙伴国、开放协议以及开放方式

中国能否从自由贸易区战略中获取较大收益很大程度上取决于其自由贸易区实施策略的选择。本书的实证结果显示，已建立的自由贸易区在农产品贸易效应上存在协定条款、时间窗口、产品类别和网络位置等方面的异质性。因此，中国在自由贸易区战略推动过程中，不仅要增加自由贸易区谈判的数量，更为重要的是提升自由贸易区谈判的质量，循序渐进地推进自由贸易区战略的实施，从而获得更好的贸易收益和福利改进。

在伙伴国的选择上，优先与地理位置毗邻、比较优势互补的

"自然贸易伙伴国"展开谈判。实证结果表明,与"自然贸易伙伴国"建立自由贸易区更能产生贸易创造效应,因此,中国在选择自由贸易区伙伴国时,应立足周边,将主要农产品贸易国纳入中国自由贸易区网络,从而有效降低贸易转移效应对国家福利的负面影响。例如,印度近年来农业生产能力和国际竞争力不断提高,像棉花、动物产品、油和油料等都具有较强的比较优势,与印度建立自由贸易区可以减少自由贸易区建成后可能出现的贸易转移效应,而且将有效促进中国农产品进口来源的多元化和分散化,更能保障中国的粮食安全。另外,与发展中国家签订自由贸易区协议的同时,还应与发达国家加强自由贸易区的谈判进程,从而充分吸收发达国家农业先进技术,实现中国农业全球价值链分工地位的攀升。

在开放协议的选择上,不能仅仅关注关税减免,更应该重视动植物卫生检疫、竞争政策、投资政策等WTO框架下未涵盖领域的合作。实证结果也表明,WTO框架下未涵盖的内容更能促进成员国间农产品贸易的增长。因此,中国应该与时俱进优化与自由贸易区伙伴国的谈判内容,增加"WTO-X"条款议题的广度,并提高"WTO+"和"WTO-X"条款议题的深度。

在开放方式的选择上,由于农业涉及国家的粮食安全,建议采取灵活策略,遵循"先易后难、循序渐进"的原则,"分产品、分领域、分步推进",对于粮食作物保留较高关税或进行例外安排,先从关税减免等"WTO+"条款开始谈判再逐步落实"WTO-X"条款,并采取灵活的降税模式,给予国内农业产业调整一定的缓冲期。

三 加快推进自由贸易区提升战略

在"逆全球化"思潮不断加深以及单边主义日益盛行的背景下,中国应该加快推进自由贸易区提升战略,推动农业更深层次的开放。在协定条款上,加快与贸易伙伴国进行深层条款的谈判。由于深层条款覆盖面扩大是实现中国出口农产品质量提升的重要渠道,因此中国应该加强与贸易伙伴国深层条款的谈判。在自由贸易区伙伴国选择上，中国应加强与发达国家在农业领域开展的合作，加快发达国家先进农业技术在中国的扩散进程，以及充分利用发达国家较高水平的消费能力带动中国高质量农产品的出口，从而推动中国农产品出口的高质量发展和可持续发展。

四 推动中国农产品贸易从"贸易导向"转变为"价值链导向"

农业全球价值链分工的快速发展，改变了国家间的农产品贸易、投资和生产联系，也改变了农产品贸易过程中利益分配，农产品贸易额的增长已经不能代表国家在农产品贸易的利得。因此，中国不仅应该推动自由贸易区建立，还应该充分利用自由贸易区战略促进中国农业全球价值链分工参与程度和分工地位的提升，推动中国农产品贸易从"贸易导向"到"价值链导向"的转变。

一是在自由贸易区伙伴国的选择上，加强与中国农业全球价值链分工相匹配，特别是与中国在农业全球价值链分工环节上形成互补的国家进行自由贸易区谈判，从而进一步提升中国农业全球价值链分工参与程度，在规模经济的作用下获得更高的贸易收益；二是要加大对区域内贸易自由化、特别是投资便利化条款的谈判，鼓励农业跨国企业在自由贸易区内投资，特别是农业全球价值链分工增加值较大的环节，从而实现中国农业全球价值链分工地位的提升和贸易利益的增长；三是应该利用自由贸易区战略实施的契机，促进国内农业领域全面深化改革，在巩固既有比较优势的同时培育新的比较优势，进一步提升中国在农业全球价值链中的分工地位，从而有效避开农业国际分工的"低端陷阱"和"价值洼地"，并成为区域农业价值链分工的主导者。

五 加大对农业跨国企业的培育

农业跨国企业是全球农业价值链分工的主导者和有效治理者。联合国贸发会议数据显示，跨国企业主导的全球价值链占全球贸易的 80%①。与此同时，农业全球价值链分工对农业跨国企业提出了新的要求，也带来了新的发展思路。目前，农业全球价值链分工由发达国家农业跨国企业主导，它们掌握着农业生产环节中增加值最高的研发与农资、品牌与营销等环节。发展中国家主要是承担生产和加工环节，是处于农业国际分工的"低端陷阱"和"价值洼地"。发达国家在获得大多数贸易收益的同时，广大发展中国家却承担了土地过度利用、环境污染等全球化带来的负面效应。

因此，面对发达国家农业跨国企业的垄断格局，中国应发挥国有农业企业的主导作用，增强企业国际化经营能力，着力培育一批具有国际竞争力的中国农业跨国企业，并鼓励农业跨国企业"走出去"，以更加积极地深入国际分工，提升中国农业跨国企业在农业全球价值链分工中的主导能力。在参与农业研发与农资、品牌与营销等环节的同时，将低附加值的生产和加工等环节转移到东盟等地区，从而实现中国农业全球价值链分工地位的提升。另外，中国农业跨国企业的全球价值链分工层面的布局也将有利于中国依靠自由贸易区战略打造基于内需自主可控的农产品国际供应链。

---

① 资料来源：http://www.twwtn.com/detail_ 84232. htm。

参考文献

一 中文文献

曹吉云、佟家栋：《两经济体建立自由贸易区的影响因素研究》，《经济管理》2011年第11期。

陈汉林、涂艳：《中国—东盟自由贸易区下中国的静态贸易效应——基于引力模型的实证分析》，《国际贸易问题》2007年第5期。

陈珏颖、齐心、武舜臣等：《建立中印俄自贸区对区域宏观经济及农产品贸易的影响评估》，《农业经济问题》2023年第7期。

陈淑梅、林晓凤：《全球价值链视角下中国FTA的贸易效应再检验》，《东南大学学报》（哲学社会科学版）2018年第3期。

陈维涛、韩峰、张国峰：《互联网电子商务、企业研发与全要素生产率》，《南开经济研究》2019年第5期。

陈雯：《中国—东盟自由贸易区的贸易效应研究——基于引力模型"单国模式"的实证分析》，《国际贸易问题》2009年第1期。

陈媛媛、李坤望、王海宁：《自由贸易区下进、出口贸易效应的影响因素——基于引力模型的跨国数据分析》，《世界经济研究》2010年第6期。

程大中、姜彬、魏如青：《全球价值链分工与自贸区发展：内在机制及对中国的启示》，《学术月刊》2017年第5期。

程伟晶、冯帆：《中国—东盟自由贸易区的贸易效应——基于三阶段引力模型的实证分析》，《国际经贸探索》2014年第2期。

邓慧慧、桑百川：《FTA网络化发展中的"轮轴—辐条"模式：福利效应与中国的参与战略》，《财贸经济》2012 年第 7 期。

邓凯：《重叠式自由贸易区的扩张机制、经济效应与战略选择研究》，硕士学位论文，西南财经大学，2014 年。

董洪梅、张曙霄、刘冠辰：《自由贸易区对中国进出口贸易的影响——基于引力模型的实证分析》，《东北师大学报》（哲学社会科学版）2020 年第 2 期。

董银果、黄俊闻：《中国出口农产品质量测度——基于嵌套 Logit 模型》，《中国农村经济》2016 年第 11 期。

樊海潮、黄文静、吴彩云：《贸易自由化与企业内的产品质量调整》，《中国工业经济》2022 年第 1 期。

冯阳：《中国与东盟农产品贸易竞争性与互补性研究》，《农业现代化研究》2013 年第 5 期。

高静、李珊珊、向国成：《关税、中间品进口与企业出口质量提升——基于质量阶梯理论的微观检验》，《国际商务（对外经济贸易大学学报）》2019 年第 6 期。

高越、李荣林：《劳动力成本上升、价值链位置与产出质量提高》，《当代财经》2016 年第 9 期。

耿献辉、张晓恒、周应恒：《中国农产品出口二元边际结构及其影响因素》，《中国农村经济》2014 年第 5 期。

郭泳君：《中日双边关税减让的贸易效应研究》，硕士学位论文，吉林大学，2022 年。

韩剑、王灿：《自由贸易协定与全球价值链嵌入：对 FTA 深度作用的考察》，《国际贸易问题》2019 年第 2 期。

洪静、陈飞翔、吕冰：《CAFTA 框架下中国参与全球价值链的演变趋势——基于出口国内附加值的分析》，《国际贸易问题》2017 年第 6 期。

黄新飞、欧阳利思、王绪硕：《基于"多国模式"的中国—东盟自由贸易区贸易效应研究》，《学术研究》2014 年第 4 期。

匡增杰：《中日韩自贸区的贸易效应研究》，博士学位论文，上海社会科学院，2014 年。

李笃华、林幸君、许圣民等：《台湾与东协洽签自由贸易协定之经济影响评估——可计算一般均衡分析的应用》，《国家发展研究》2014 年第 2 期。

李坤望、蒋为、宋立刚：《中国出口产品品质变动之谜：基于市场进入的微观解释》，《中国社会科学》2014 年第 3 期。

李荣林、于明言：《亚洲区域贸易协定的贸易效应——基于 PSM 方法的研究》，《国际经贸探索》2014 年第 12 期。

李艳秀：《区域贸易协定规则特点、深度与价值链贸易关系研究》，《经济学家》2018 年第 7 期。

刘林青、周潞：《比较优势、FDI 与中国农产品产业国际竞争力——基于全球价值链背景下的思考》，《国际贸易问题》2011 年第 12 期。

刘乃郗、韩一军、王萍萍：《FDI 是否提高了中国农业企业全要素生产率？——来自 99801 家农业企业面板数据的证据》，《中国农村经济》2018 年第 4 期。

刘啟仁、铁瑛：《企业雇佣结构、中间投入与出口产品质量变动之谜》，《管理世界》2020 年第 3 期。

刘雪梅、董银果：《数量、质量抑或性价比：中国农产品出口增长动力来源与转换研究》，《国际贸易问题》2019 年第 11 期。

刘妍、赵帮宏：《农产品出口质量对农业产业升级的影响》，《农业技术经济》2019 年第 8 期。

刘玉琰：《中国—东盟自由贸易区对中国制造业全球价值链升级的影响研究》，硕士学位论文，商务部国际贸易经济合作研究院，2021 年。

卢盛峰、董如玉、叶初升：《"一带一路"倡议促进了中国高质量出口吗——来自微观企业的证据》，《中国工业经济》2021 年第 3 期。

马淑琴、李敏、邱询旻：《双边自由贸易协定深度异质性及区内全球价值链效应——基于 GVC 修正引力模型实证研究》，《经济理论与经济管理》2020 年第 5 期。

潘玮柏：《中国—东盟自由贸易区对老中贸易的影响研究》，硕士学位论文，湖南大学，2021 年。

彭冬冬、林珏：《"一带一路"沿线自由贸易协定深度提升是否促进了区域价值链合作？》，《财经研究》2021 年第 2 期。

钱进：《中国签订多重自由贸易协定有利于提升双边贸易额吗？——基于 2SLS 的实证分析》，《经济体制改革》2017 年第 6 期。

仇焕广、杨军、黄季焜：《建立中国—东盟自由贸易区对我国农产品贸易和区域农业发展的影响》，《管理世界》2007 年第 9 期。

任胜钢、郑晶晶、刘东华等：《排污权交易机制是否提高了企业全要素生产率——来自中国上市公司的证据》，《中国工业经济》2019 年第 5 期。

施炳展、邵文波：《中国企业出口产品质量测算及其决定因素——培育出口竞争新优势的微观视角》，《管理世界》2014 年第 9 期。

史智宇：《中国东盟自由贸易区贸易效应的实证研究》，博士学位论文，复旦大学，2004 年。

苏理梅、彭冬冬、兰宜生：《贸易自由化是如何影响我国出口产品质量的？——基于贸易政策不确定性下降的视角》，《财经研究》2016 年第 4 期。

谭丹：《中国和东盟双视角下 CAFTA 的农产品贸易效应研究》，《统计与决策》2018 年第 16 期。

铁瑛、黄建忠、徐美娜：《第三方效应、区域贸易协定深化与中国策略：基于协定条款异质性的量化研究》，《经济研究》2021 年第 1 期。

王刚：《中间品贸易视角下中国—东盟自由贸易区贸易效应研究》，硕士学位论文，上海社会科学院，2017 年。

王桂军、卢潇潇：《"一带一路"倡议与中国企业升级》，《中国工业经济》2019 年第 3 期。

王欢：《生产性服务贸易自由化对企业出口产品质量的影响研究》，

《上海对外经贸大学学报》2023 年第 1 期。

王纪元、肖海峰：《中国出口农产品质量及国际比较——基于嵌套 Logit 模型》，《农业技术经济》2018 年第 3 期。

王明涛、谢建国：《自由贸易协定与中国出口产品质量——以中国制造业出口产品为例》，《国际贸易问题》2019 年第 4 期。

王伟：《FTA 一体化深度与全球价值链分工地位》，硕士学位论文，天津财经大学，2017 年。

王贤彬、聂海峰：《行政区划调整与经济增长》，《管理世界》2010 年第 1 期。

夏显力、陈哲、张慧利等：《农业高质量发展：数字赋能与实现路径》，《中国农村经济》2019 年第 12 期。

项义军、胡家才：《中国与东盟自由贸易区贸易潜力影响因素研究》，《对外经贸》2022 年第 8 期。

谢思娜：《TPP 对中国农业的影响预测及对策研究》，硕士学位论文，中国农业科学院，2014 年。

徐芬：《中国农产品进口的三元分解与自贸区贸易效应研究》，硕士学位论文，中国农业大学，2018 年。

许培源、罗琴秀：《"一带一路"自由贸易区网络构建及其经济效应模拟》，《国际经贸探索》2020 年第 12 期。

杨军、董婉璐：《中国农产品贸易变化新特征及其政策启示》，《经济与管理》2019 年第 5 期。

杨重玉、高岚：《中国—东盟自由贸易区的中国农产品出口贸易效应》，《北京工商大学学报》（社会科学版）2018 年第 4 期。

余静文、彭红枫、李濛西：《对外直接投资与出口产品质量升级：来自中国的经验证据》，《世界经济》2021 年第 1 期。

原瑞玲、田志宏：《中国—东盟自贸区农产品贸易效应的实证研究》，《国际经贸探索》2014 年第 4 期。

原瑞玲：《自由贸易区农产品贸易效应及其测度研究》，博士学位论文，中国农业大学，2014 年。

岳文、韩剑：《我国高标准自由贸易区建设：动因、现状及路径》，《经济学家》2021 年第 7 期。

张彬、汪占熬：《中国—东盟自由贸易区贸易结构效应的实证分析——基于 1995—2008 年 HS92 商品分类面板数据》，《世界经济研究》2011 年第 1 期。

张国军：《"一带一路"视阈下的中国自贸区建设研究》，《中国经贸导刊》2016 年第 29 期。

张洪玉：《价值链分工体系下的 FTA》，硕士学位论文，华东师范大学，2016 年。

张会清、翟孝强：《中国参与全球价值链的特征与启示——基于生产分解模型的研究》，《数量经济技术经济研究》2018 年第 1 期。

张杰、郑文平、翟福昕：《中国出口产品质量得到提升了么？》，《经济研究》2014 年第 10 期。

张应武、郑凡之：《中国内容异质性 FTA 的贸易效应研究》，《国际经贸探索》2019 年第 3 期。

郑建、周曙东：《"一带一路"沿线贸易协定的贸易促进效应——基于 PSM 模型的实证分析》，《经济经纬》2019 年第 6 期。

郑建成、胡江林：《中日韩自贸区经济效应与推进路径实证分析》，《东北亚经济研究》2021 年第 6 期。

周曙东、崔奇峰：《中国—东盟自由贸易区的建立对中国进出口贸易的影响——基于 GTAP 模型的模拟分析》，《国际贸易问题》2010 年第 3 期。

周曙东、胡冰川、吴强等：《中国—东盟自由贸易区的建立对区域农产品贸易的动态影响分析》，《管理世界》2006 年第 10 期。

二 外文文献

Abadie, A., Diamond, A., Hainmueller, J., "Comparative Politics and the Synthetic Control Method", *American Journal of Political Science*, 2015, 59 (2): 495 – 510.

Abadie, A. , Diamond, A. , Hainmueller, J. , "Synthetic Control Methods for Comparative Case Studies: Estimating the Effect of California's Tobacco Control Program", *Journal of the American Statistical Association*, 2010, 105 (490): 493-505.

Abadie, A. , Gardeazabal, J. , "The Economic Costs of Conflict: A Case Study of the Basque Country", *American Economic Review*, 2003, 93 (1): 113-132.

Agénor, P. R. , Canuto, O. , "Middle-Income Growth Traps", *Research in Economics*, 2015, 69 (4): 641-660.

Alhassan, A. , Payaslioğlu, C. , *Trade Diversion and Creation Effect of Free Trade Agreements in ASEAN: Do Institutions Matter?*, Journal of the Knowledge Economy, 2023: 1-19.

Almond, D. , Li, H. , Zhang, S. , "Land Reform and Sex Selection in China", *Journal of Political Economy*, 2019, 127 (2): 560-585.

Amador, J. , Cabral, S. , "Global Value Chains: A Survey of Drivers and Measures", *Journal of Economic Surveys*, 2016, 30 (2): 278-301.

Anderson, J. E. , Van Wincoop, E. , "Trade Costs", *Journal of Economic Literature*, 2004, 42 (3): 691-751.

Anderson, J. E. , Yotov, Y. V. , "Terms of Trade and Global Efficiency Effects of Free Trade Agreements, 1990-2002", *Journal of International Economics*, 2016, 99: 279-298.

Andreosso-O'Callaghan, B. , "Economic Structural Complementarity: How Viable Is the Korea-EU FTA?", *Journal of Economic Studies*, 2009, 36 (2): 147-167.

Antoniades, A. , "Heterogeneous Firms, Quality, and Trade", *Journal of International Economics*, 2015, 95 (2): 263-273.

Antràs, P. , Chor, D. , Fally, T. , et al. , "Measuring the Upstreamness of Production and Trade Flows", *American Economic Review*, 2012, 102 (3): 412-416.

Antràs, P. , Chor, D. , "Organizing the Global Value Chain", *Econometrica*, 2013, 81 (6): 2127 – 2204.

Antràs, P. , Helpman, E. , "Contractual Frictions and Global Sourcing", CEPR Discussion Paper, No. 6033, 2007.

Antràs, P. , Helpman, E. , "Global Sourcing", *Journal of Political Economy*, 2004, 112 (3): 552 – 580.

Antràs, P. , Staiger, R. W. , "Offshoring and the Role of Trade Agreements", *American Economic Review*, 2012, 102 (7): 3140 – 3183.

Antràs, P. , *Global Production: Firms, Contracts, and Trade Structure*, Princeton University Press, 2015.

Arkolakis, C. , "Market Penetration Costs and the New Consumers Margin in International Trade", *Journal of Political Economy*, 2010, 118 (6): 1151 – 1199.

Armington, P. S. A. , "Theory of Demand for Products Distinguished by Place of Production", *Staff Papers*, 1969, 16 (1): 159 – 178.

Arndt, S. W. , "Globalization and the Open Economy", *The North American Journal of Economics and Finance*, 1997, 8 (1): 71 – 79.

Arora, R. , Singh, S. , Mathur, S. K. , "Assessment of the Proposed India – China Free Trade Agreement: A General Equilibrium Approach", *Journal of Centrum Cathedra*, 2015, 8 (2): 81 – 108.

Arudchelvan, M. , Wignaraja, G. , *SME Internationalization through Global Value Chains and Free Trade Agreements: Evidence from Malaysia*, Springer, 2016: 207 – 227.

Ashenfelter, O. , *Estimating the Effect of Training Programs on Earnings*, The Review of Economics and Statistics, 1978: 47 – 57.

Bae, C. , Jang, Y. J. , "the Impact of Free Trade Agreements on Foreign Direct Investment: The Case of Korea", *Journal of East Asian Economic Integration*, 2013, 17 (4): 417 – 445.

Baier, S. L. , Bergstrand, J. H. , Clance, M. W. , "Heterogeneous

Effects of Economic Integration Agreements", *Journal of Development Economics*, 2018, 135: 587 – 608.

Baier, S. L. , Bergstrand, J. H. , Feng, M. , "Economic Integration Agreements and the Margins of International Trade", *Journal of International Economics*, 2014, 93 (2): 339 – 350.

Baier, S. L. , Bergstrand, J. H. , "Do Free Trade Agreements Actually Increase Members' International Trade?", *Journal of International Economics*, 2007, 71 (1): 72 – 95.

Baier, S. L. , Bergstrand, J. H. , "Economic Determinants of Free Trade Agreements", *Journal of International Economics*, 2004, 64 (1): 29 – 63.

Baier, S. L. , Bergstrand, J. H. , "Estimating the Effects of Free Trade Agreements on International Trade Flows Using Matching Econometrics", *Journal of International Economics*, 2009, 77 (1): 63 – 76.

Baier, S. , Bergstrand, J. H. , *Approximating General Equilibrium Impacts of Trade Liberalizations Using the Gravity Equation*, The Gravity Model in International Trade, 2010: 88 – 134.

Bair, J. , " Global Capitalism and Commodity Chains: Looking Back, Going Forward ", *Competition & Change*, 2005, 9 (2): 153 – 180.

Balassa, B. , "Towards A Theory of Economic Integration", *International Review for Social Sciences*, 2007, 14 (1): 5.

Balassa, B. , "Trade Liberalisation and "Revealed" Comparative Advantage", *The Manchester School*, 1965, 33 (2): 99 – 123.

Baldwin, R. E. , "Multilateralising 21st Century Regionalism", OECD, 2014, http: //www. oecd. org/trade/understanding – the – global – trading – system/making – trade – work – for – all/.

Baldwin, R. , Harrigan, J. , Zeros, "Quality, and Space: Trade Theory and Trade Evidence", *American Economic Journal: Microeconomics*, 2011, 3 (2): 60 – 88.

Baldwin, R., Lopez Gonzalez, J., "Supply - Chain Trade: A Portrait of Global Patterns and Several Testable Hypotheses", *The World Economy*, 2015, 38 (11): 1682 – 1721.

Baldwin, R., Low, P., *Multilateralizing Regionalism: Challenges for the Global Trading System*, Cambridge University Press, 2009.

Baldwin, R., A Domino Theory of Regionalism, NBER Working Paper, No. w4465, 1993.

Baldwin, R., "Trade and Industrialisation after Globalisation's 2nd Unbundling: How Building and Joining A Supply Chain Are Different and Why It Matters", *CEPR Discussion Papers*, 2012, 44 (3): 687 – 92.

Baron, R. M., Kenny, D. A., "The Moderator – Mediator Variable Distinction in Social Psychological Research: Conceptual, Strategic, and Statistical Considerations", *Journal of Personality and Social Psychology*, 1986, 51 (6): 1173.

Bertrand, M., Duflo, E., Mullainathan, S. "How Much Should We Trust Differences – in – Differences Estimates?", *The Quarterly Journal of Economics*, 2004, 119 (1): 249 – 275.

Beshkar, M., Bond, E. W., "Cap and Escape in Trade Agreements", *American Economic Journal: Microeconomics*, 2017, 9 (4): 171 – 202.

Blundell, R., Dias, M. C., "Alternative Approaches to Evaluation in Empirical Microeconomics", *Journal of Human Resources*, 2009, 44 (3): 565 – 640.

Bonciu, F., Moldoveanu, M., "The Proliferation of Free Trade Agreements in the Post – Doha Round Period: The Position of the European Union", *Procedia Economics and Finance*, 2014, 8: 100 – 105.

Bond, E. W., Syropoulos, C., "The Size of Trading Blocs Market Power and World Welfare Effects", *Journal of International Economics*, 1996, 40 (3 – 4): 411 – 437.

Bouttell, J., Craig, P., Lewsey, J., et al., "Synthetic Control Methodology As A Tool for Evaluating Population – Level Health Interventions", *Epidemiol Community Health*, 2018, 72 (8): 673 – 678.

Boyer, I., Schuschny, A. R., *Quantitative assessment of A Free Trade Agreement between MERCOSUR and the European Union*, ECLAC, 2010.

Brander, J., Krugman, P., "A 'Reciprocal Dumping' Model of International Trade", *Journal of International Economics*, 1983, 15 (3 – 4): 313 – 321.

Brown, D. K., Kiyota, K., Stern, R. M., "Computational Analysis of the Menu of US-Japan Trade Policies", *World Economy*, 2006, 29 (6): 805 – 855.

Bruhn, D., *Global Value Chains and Deep Preferential Trade Agreements: Promoting Trade at the Cost of Domestic Policy Autonomy?*, Social Science Electronic Publishing, 2014.

Buehler, D. L., "Expansion of A Free Trade Area: A Numerical Simulation of Trade Displacement", *Journal of Business & Economic Policy*, 2015, 2 (1): 1 – 15.

Burger, M., Van Oort, F., Linders, G., "On the Specification of the Gravity Model of Trade: Zeros, Excess Zeros and Zero – Inflated Estimation", *Spatial Economic Analysis*, 2009, 4 (2): 167 – 190.

Cai, X., Lu, Y., Wu, M., et al., "Does Environmental Regulation Drive away Inbound Foreign Direct Investment? Evidence from A Quasi – Natural Experiment in China", *Journal of Development Economics*, 2016, 123: 73 – 85.

Calvo-Pardo, H., Freund, C., Ornelas, E., *The ASEAN Free Trade Agreement: Impact on Trade Flows and External Trade Barriers*, The World Bank, 2009.

Campa, J., Goldberg, L. S., The Evolving External Orientation of Manufacturing Industries: Evidence from Four Countries, NBER Working Papers 5919, 1997.

Cao, J., "The Consideration of Hub-and-Spoke status in FTA Formation", *Bulletin of Economic Research*, 2015, 67 (4): 382 - 392.

Carrere, C., "Revisiting the Effects of Regional Trade Agreements on Trade Flows with Proper Specification of the Gravity Model", *European Economic Review*, 2006, 50 (2): 223 - 247.

Chaney, T., "Distorted Gravity: Heterogeneous Firms, Market Structure, and the Geography of International Trade", *American Economic Review*, 2008, 98 (4): 1707 - 1721.

Chen, Z., Voia, M., "Short - Term and Long - Term Margins of International Trade: Evidence from the Canada - Chile Free Trade Agreement", *Frontiers of Economics in China*, 2018, 13 (1): 93 - 115.

Cheong, J., Wong, K. Y., *Economic Integration, Trade Diversion, and Welfare Change*, University of Washington, 2007.

Cieślik, E., Biegańska, J., środa - Murawska, S., "The Intensification of Foreign Trade in Post - Socialist Countries and Their Role in Global Value Chains", *Acta Oeconomica*, 2016, 66 (3): 465 - 487.

Ciuriak, D., Lysenko, D., Xiao, J., "Province - Level Impacts of Canada's Trade Agreements: Ontario and the Canada - Korea FTA", *International Trade Journal*, 2015, 29 (5): 397 - 426.

Clausing, K. A., "Trade Creation and Trade Diversion in the Canada-United States Free Trade Agreement", *Canadian Journal of Economics*, 2001, 34 (3): 677 - 696.

Coe, D. T., Helpman, E., "International R&D Spillovers", *European Economic Review*, 1995, 39 (5): 859 - 887.

Cole, M. T., Guillin, A., "The Determinants of Trade Agreements in Services vs. Goods", *International Economics*, 2015, 144: 66 - 82.

Corden, W. M., "Economies of Scale and Customs Union Theory", *Journal of Political Economy*, 1972, 80 (3): 465 - 475.

Correia, S., Guimarães, P., Zylkin, T. Z., "Fast Poisson Estimation with High – Dimensional Fixed Effects", *The Stata Journal*, 2020, 20 (1): 95 – 115.

Costinot, A., Vogel, J., Wang, S., "An Elementary Theory of Global Supply Chains", *Review of Economic Studies*, 2013, 80 (1): 109 – 144.

Crinò, R., Ogliari, L., "Financial Frictions, Product Quality, and International Trade", 2015, CEPR Discussion Paper No. DP10555, https://ssrn.com/abstract=2599527.

Cypriano, L. A., Teixeira, E. C., "Impacts of FTAA and MERCOEURO on Agribusiness in the MERCOSUL Countries", *Revista de Economia e Sociologia Rural*, 2003, 41 (2): 323 – 343.

Darmanto, E. B., Handoyo, R. D., Wibowo, W., "The impact of Asean – China Free Trade Area (ACFTA) Agreement on Indonesia's Major Plantation Export Commodities", *Business: Theory and Practice*, 2021, 22 (1): 91 – 97.

Das, S. P., "Trade, Skill Acquisition and Distribution", *Journal of Development Economics*, 2006, 81 (1): 118 – 141.

Deardorff, A. V., Stern, R. M., *Multilateral Trade Negotiations and Preferential Trading Arrangements*, World Scientific Publishing Co, 2009: 153 – 210.

Decreux, Y., Milner, C., Péridy, N., "Some New Insights into the Effects of the EU – South Korea Free Trade Area: the Role of Non – Tariff Barriers", *Journal of Economic Integration*, 2010: 783 – 817.

Dee, P., Gali, J., *The Trade and Investment Effects of Preferential Trading Arrangements*, University of Chicago Press, 2005: 133 – 176.

Degain, C., *Trade Patterns and Global Value Chains in East Asia: from Trade in Goods to Trade in Tasks*, World Trade Organization, 2011.

Depetris Chauvin, N., Ramos, M. P., Porto, G., "Trade, Growth, and Welfare Impacts of the CFTA in Africa", *Proceedings of CSAE Conference: Economic Development in Africa*, Oxford. 2016.

Eaton, J., Kortum, S., "Technology, Geography, and Trade", *Econometrica*, 2002, 70 (5): 1741 – 1779.

Eichengreen, B., Irwin, D. A., *The Role of History in Bilateral Trade Flows*, University of Chicago Press, 1998: 33 – 62.

Eicher, T. S., Henn, C., Papageorgiou, C., "Trade Creation and Diversion Revisited: Accounting for Model Uncertainty and Natural Trading Partner Effects", *Journal of Applied Econometrics*, 2012, 27 (2): 296 – 321.

Endoh, M., "Trade creation and Trade Diversion in the EEC, the LAFTA and the CMEA: 1960 – 1994", *Applied Economics*, 1999, 31 (2): 207 – 216.

Estrada, G., Park, D., Park, I., et al., "ASEAN's Free Trade Agreements with the People'S Republic of China, Japan, and the Republic of Korea: A Qualitative and Quantitative Analysis", *Working Papers on Regional Economic Integration*, 2015, 72 (1): 328 – 30.

Fairchild, A. J., Mackinnon, D. P., "A General Model for Testing Mediation and Moderation Effects", *Prevention Science*, 2009, 10 (2): 87 – 99.

Fally, T., *Production Staging: Measurement and Facts*, University of Colorado Boulder, 2012: 155 – 168.

Fan, H., Li, Y. A., Yeaple, S. R., "Trade Liberalization, Quality, and Export Prices", *Review of Economics and Statistics*, 2015, 97 (5): 1033 – 1051.

Feenstra, R. C., "Integration of Trade and Disintegration of Production in the Global Economy", *Journal of Economic Perspectives*, 1998, 12 (4): 31 – 50.

Firpo, S., Possebom, V., "Synthetic Control Method: Inference, Sensitivity Analysis and Confidence Sets", *Journal of Causal Inference*, 2018, 6 (2): 1 – 26.

Fisman, R., Wei, S. J., "Tax Rates and Tax Evasion: Evidence from

"Missing Imports" in China", *Journal of political Economy*, 2004, 112 (2): 471 – 496.

Fojtíková, L., "China's Trade Competitiveness in the Area of Agricultural Products after the implementation of the World Trade Organization Commitments", *Agric. Econ. -Czech*, 2018, 64: 379 – 388.

Foster, N., Poeschl, J., Stehrer, R., "The Impact of Preferential Trade Agreements on the Margins of International Trade", *Economic Systems*, 2011, 35 (1): 84 – 97.

Frankel, J. A., Stein, E., Wei, S., *Regional Trading Blocs in the World Economic System*, Peterson Institute, 1997.

Frankel, J., Stein, E., Wei, S., "Trading Blocs and the Americas: the natural, The Unnatural, and the Super – Natural", *Journal of Development Economics*, 1995, 47 (1): 61 – 96.

Freund, C., Ornelas, E., "Regional Trade Agreements", *Annual Review of Economics*, 2010, 2: 139 – 166.

Furusawa, T., Konishi, H., "Free Trade Networks", *Journal of International Economics*, 2007, 72 (2): 310 – 335.

Gereffi, G., "Shifting Governance Structures in Global Commodity Chains, with Special Reference to the Internet", *American Behavioral Scientist*, 2001, 44 (10): 1616 – 1637.

Ghazalian, P. L., "The Effects of NAFTA/CUSFTA on Agricultural Trade Flows: An Empirical Investigation", *Canadian Journal of Agricultural Economics*, 2017, 65 (2): 219 – 248.

Ghosh, S., Yamarik, S., "Are Regional Trading Arrangements Trade Creating?: An Application of Extreme Bounds Analysis", *Journal of International Economics*, 2004, 63 (2): 369 – 395.

Gonzalez, J. L., "The Impact of Free Trade Agreements on Vertical Specialisation", NCCR Working Paper No. 2012, http://www.wti.org/fileadmin/user _ upload/nccrtrade.ch/wp2/publications/The% 20Impa ct%20of%20Free%20Trade%20Agreements%20on%20Vertical%20Specialisation%20FIRST%20DRAFT. pdf.

Goto, J., Hamada, K., "Regional Economic Integration and Article XXIV of the GATT", *Review of International Economics*, 1999, 7 (4): 555–570.

Goyal, S., Joshi, S., "Bilateralism and Free Trade", *International Economic Review*, 2006, 47 (3): 749–778.

Grinols, E. L., "An Extension of the Kemp–Wan Theorem on the Formation of Customs Unions", *Journal of International Economics*, 1981, 11 (2): 259–266.

Grodzicki, M. J., Geodecki, T., "New Dimensions of Core–Periphery Relations in An Economically Integrated Europe: The Role of Global Value Chains", *Eastern European Economics*, 2016, 54 (5): 377–404.

Grossman, G. M., Helpman, E., "Integration Versus Outsourcing in Industry Equilibrium", *The Quarterly Journal of Economics*, 2002, 117 (1): 85–120.

Grossman, G. M., Helpman, E., "Outsourcing in A Global Economy", *The Review of Economic Studies*, 2005, 72 (1): 135–159.

Grossman, G. M., Helpman, E., "Trade Wars and Trade Talks", *Journal of Political Economy*, 1995, 103 (4): 675–708.

Grossman, G. M., Rossi–Hansberg, E., "Trading Tasks: A Simple Theory of Offshoring", *American Economic Review*, 2008, 98 (5): 1978–1997.

Hakobyan, S., Mclaren, J., "Looking for Local Labor Market Effects of NAFTA", *Review of Economics and Statistics*, 2016, 98 (4): 728–741.

Hallak, J. C., "A Product–Quality View of the Linder Hypothesis", *The Review of Economics and Statistics*, 2010, 92 (3): 453–466.

Hannan, S. A., *The Impact of Trade Agreements in Latin America Using the Synthetic Control Method*, International Monetary Fund, 2017.

Hansen, C. B., Generalized Least Squares Inference in Panel and Multilevel Models with Serial Correlation and Fixed Effects, *Journal of Econ-*

ometrics, 2007, 140 (2): 670 – 694.

Hanson, G. H., Mataloni, Jr. R. J., Slaughter, M. J., "Vertical Production Networks in Multinational Firms", *Review of Economics and Statistics*, 2005, 87 (4): 664 – 678.

Haveman, J., Hummels, D., "Trade Creation and Trade Diversion: New Empirical Results", *Journal of Transnational Management Development*, 1998, 3 (2): 47 – 72.

Hayakawa, K., Matsuura, T., Takii, S., "Does Trade Liberalization Boost Quality Upgrading? Evidence from Indonesian Plant – Product – Level Data", *The Developing Economies*, 2017, 55 (3): 171 – 188.

Helpman, E., Melitz, M. J., Yeaple, S. R., "Export Versus FDI with Heterogeneous Firms", *American Economic Review*, 2004, 94 (1): 300 – 316.

Herath, H., "Impacts of ASEAN Free Trade Agreement (AFTA) on Agrifood Trade Creation and Trade Diversion", *IJAR – BAE*, 2014, 3 (1): 32 – 42.

Hernandez, V., Pedersen, T., "Global Value Chain Configuration: A Review and Research Agenda", *BRQ Business Research Quarterly*, 2017, 20 (2): 137 – 150.

Hertel, T. W., Walmsley, T., Itakura. K., "Dynamic Effects of the 'New Age' Free Trade Agreement between Japan and Singapore", *Journal of Economic Integration*, 2001, 16 (4): 446 – 484.

Heyman, F., Sjöholm, F., Tingvall, P. G., "Is There Really A Foreign Ownership Wage Premium? Evidence from Matched Employer – Employee Data", *Journal of International Economics*, 2007, 73 (2): 355 – 376.

Höfler, M., "Causal Inference Based on Counterfactuals", *BMC Medical Research Methodology*, 2005, 5 (1): 28.

Horn, H., Mavroidis, P. C., Sapir, A., "Beyond the WTO? An anatomy of EU and US Preferential Trade Agreements", *The World Economy*, 2010, 33 (11): 1565 – 1588.

Hosny, A. S. , "Algeria's Trade with GAFTA Countries: A Synthetic Control Approach", *Transition Studies Review*, 2012, 19: 35 – 42.

Hummels, D. , Ishii, J. , Yi, K. , "The Nature and Growth of Vertical Specialization in World Trade", *Journal of International Economics*, 2001, 54 (1): 75 – 96.

Irarrazabal, A. , Moxnes, A. , Ulltveit – Moe, K. H. , "Heterogeneous Firms or Heterogeneous Workers? Implications for Exporter Premiums and the Gains from Trade", *Review of Economics and Statistics*, 2013, 95 (3): 839 – 849.

Jackson, M. O. , Wolinsky, A. , "A Strategic Model of Social and Economic Networks", *Journal of Economic Theory*, 1996, 71 (1): 44 – 74.

Jacobson, L. S. , Lalonde, R. J. , Sullivan, D. G. , "Earnings Losses of Displaced Workers", *The American Economic Review*, 1993, 83 (4): 685 – 709.

Jagdambe, S. , Kannan, E. , "Effects of ASEAN – India Free Trade Agreement on Agricultural Trade: The Gravity Model Approach", *World Development Perspectives*, 2020, 19: 1 – 8.

Jámbor, A. , Gál, P. , Török Á. , "Determinants of Regional Trade Agreements: Global Evidence Based on Gravity Models", *Journal of International Studies*, 2020, 13 (1): 44 – 57.

Jayasinghe, S. , Sarker, R. , "Effects of Regional Trade Agreements on Trade in Agrifood Products: Evidence from Gravity Modeling Using Disaggregated Data", *Review of Agricultural Economics*, 2008, 30 (1): 61 – 81.

Jayathilaka, R. , Keembiyahetti, N. , "Adverse Selection Effect for South Asian Countries in FTA Formation: An Empirical Study on the Determinants of FTA among the Bilateral Trading Partners", *South Asia Economic Journal*, 2009, 10 (1): 1 – 30.

Ji, S. , Yoo, J. , "A Study on the Changes of Agricultural Import Structure According to Implementation of FTAs in South Korea", *Journal of*

Korea Trade, 2018, 22 (1): 2 – 16.

Jin, H. J., Koo, W. W., Sul, B., "The Effects of the Free Trade Agreement among China, Japan and South Korea", *Journal of Economic Development*, 2006, 31 (2): 55 – 72.

Johnson, R. C., Noguera, G., "Accounting for Intermediates: Production Sharing and Trade in Value Added", *Journal of International Economics*, 2012, 86 (2): 224 – 236.

Jones, R. W., Kierzkowski, H., *Horizontal Aspects of Vertical Fragmentation*, Springer, 2001: 33 – 51.

Juust, M., Vahter, P., Varblane, U., "Trade Effects of the EU – South Korea Free Trade Agreement in the Automotive Industry", *Journal of East – West Business*, 2020 (4): 1 – 29.

Kemp, M. C., Wan, H., "An Elementary Proposition Concerning the Formation of Customs Unions", *Journal of International Economics*, 1976, 6 (1): 95 – 97.

Khandelwal, A. K., Schott, P. K., Wei, S. J., "Trade Liberalization and Embedded Institutional Reform: Evidence from Chinese Exporters", *American Economic Review*, 2013, 103 (6): 2169 – 2195.

Khorana, S., Narayanan, B. G., "Modelling Effects of Tariff Liberalization on India's Key Export Sectors: Analysis of the EU – India Free Trade Agreement", *The Journal of Applied Economic Research*, 2017, 11 (1): 1 – 22.

Kohl, T., Brakman, S., Garretsen, H., "Do Trade Agreements Stimulate International Trade Differently? Evidence from 296 Trade Agreements", *The World Economy*, 2016, 39 (1): 97 – 131.

Koo, W. W., Kennedy, P. L., Skripnitchenko, A., "Regional Preferential Trade Agreements: Trade Creation and Diversion Effects", *Review of Agricultural Economics*, 2006, 28 (3): 408 – 415.

Koopman, R., Powers, W., Wang, Z., et al., Give Credit Where Credit is Due: Tracing Value Added In Global Production Chains, HKIMR Working Paper, No. 31, 2011.

Kowalski, P., Gonzalez, J. L., Ragoussis, A., et al., "Participation of Developing Countries in Global Value Chains", OECD Trade Policy Papers No. 179, 2015.

Kreinin, M. E., Plummer, M. G., *Theory, and Economic Modeling of Preferential Trading Arrangements*, Oxford University Press, 2012: 123.

Krishna, P., Mitra, D., "Trade Liberalization, Market Discipline and Productivity Growth: New Evidence from India", *Journal of Development Economics*, 1998, 56 (2): 447 – 462.

Krueger, A. O., "Trade Creation and Trade Diversion under NAFTA", *NBER Working Papers*, 1999.

Krugman, P. R., *Rethinking International Trade*, MIT Press, 1994.

Krugman, P., *Regionalism versus multilateralism: analytical notes*, New dimensions in regional integration, 1993, 58.

Krugman, P., *Ris Bilateralism Bad?*, MIT Press, 1991.

Krugman, P., "The Move Toward Free Trade Zones", *Economic Review*, 1991, 76 (6): 5.

Lake, J., "Dynamic Formation of Preferential Trade Agreements: the Role of Flexibility", *Canadian Journal of Economics*, 2019, 52 (1): 132 – 177.

Lawrence, R. Z., *Preferential Trading Arrangement: The Traditional and the New*, Egyptian Center for Economic Studies, 1996.

Lawrence, R. Z., *Regionalism, Multilateralism, and Deeper Integration*, Brookings Institution Press, 2000.

Lee, G., Lim, S. S., "FTA Effects on Agricultural Trade with Matching Approaches", *The Open – Access, Open – Assessment E – Journal*, 2015, 9 (2015 – 43): 1 – 26.

Lee, H., General Equilibrium Evaluation of Japan – Singapore Free Trade Agreement, MPRA Paper, No. 82605, 2001.

Lee, J., Shin, K., "Does Regionalism Lead to More Global Trade Integration in East Asia?", *The North American Journal of Economics and Finance*, 2006, 17 (3): 283 – 301.

Lee, S., Mian, M. R., Sneller, C. H., et al., "Joint Linkage QTL Analyses for Partial Resistance to Phytophthora Sojae in Soybean Using Six Nested Inbred Populations with Heterogeneous Conditions", *Theoretical and Applied Genetics*, 2014, 127 (2): 429 – 444.

Lee, W. S., "Comparative Case Studies of the Effects of Inflation Targeting in Emerging Economies", *Oxford Economic Papers*, 2011, 63 (2): 375 – 397.

Leitner, S. M., Stehrer, R., "Trade Integration, Production Fragmentation and Performance in Europe – Blessing or Curse? A Comparative Analysis of the New Member States and the EU – 15", *GRINCOH Working Paper Series Paper* No. 2.05, 2014.

Levy, P. I., "A Political – Economic Analysis of Free – Trade Agreements", *The American Economic Review*, 1997, 87 (4): 506 – 519.

Li, C., Wang, J., Whalley, J., Numerical General Equilibrium Analysis of China's impacts from Possible Mega Trade Deals, NBER Working Paper, No. 20425, 2014.

Li, S., Liu, Y., Purevjav, A., et al., "Does Subway Expansion Improve Air Quality?", *Journal of Environmental Economics and Management*, 2019, 96: 213 – 235.

Limão, N., *Preferential Trade Agreements*, Elsevier, 2016: 279 – 367.

Lipsey, R. G., Lancaster, K., "The General Theory of Second Best", *The Review of Economic Studies*, 1956, 24 (1): 11 – 32.

Lipsey, R. G., *The Theory of Customs Unions: A General Equilibrium Analysis*, Weidenfeld and Nicolson, 1970.

López González, J., *Vertical Specialisation and New Regionalism*, University of Sussex, 2012.

Luckstead, J., "Impacts of Bilateral Trade Agreements between the United States and Latin American Countries on Agri – Food Trade", *Journal of Agricultural and Resource Economics*, 2022, 47 (3): 673 –696.

Magee, C. S., "Endogenous Preferential Trade Agreements: An Empirical Analysis", *Contributions in Economic Analysis & Policy*, 2003, 2 (1): 1 –19.

Magee, C. S., "New Measures of Trade Creation and Trade Diversion", *Journal of International Economics*, 2008, 75 (2): 349 –362.

Mahmood, F., Jongwanich, J., "Export – Enhancing Effects of Free Trade Agreements in South Asia: Evidence from Pakistan", *Journal of South Asian Development*, 2018, 13 (1): 24 –53.

Mansfield, E. D., Pevehouse, J. C., "Trade Blocs, Trade Flows, and International Conflict", *International Organization*, 2000, 54 (4): 775 –808.

Manu, C., "The Impact of Trade Agreement on Agricultural Trade Flow in West Africa", *International Journal of Economics and Finance*, 2021, 13 (1): 1 –89.

Márquez – Ramos, L., Martínez – Zarzoso, I., "The Effect of Technological Innovation on International Trade: A Nonlinear Approach", *The Open – Access, Open – Assessment E – Journal*, 2010, 4 (2010 –11): 1 – 37.

Mattoo, A., Mulabdic, A., Ruta, M., *Trade Creation and Trade Diversion in Deep Agreements*, The World Bank, 2017.

Mayer, T., Melitz, M. J., Ottaviano, G. I., "Market Size, Competition, and the Product Mix of Exporters", *American Economic Review*, 2014, 104 (2): 495 –536.

Mcdonald, S., Walmsley, T., "Preferential Trade Agreements and the Optimal Liberalization of Agricultural Trade", *6th Conference on Global Economic Analysis*, 2003.

Meade, J. E., *The Theory of Customs Unions*, North – Holland Publishing Company, 1955.

Melitz, M. J., "The Impact of Trade on Intra - Industry Reallocations and Aggregate Industry Productivity", *Econometrica*, 2003, 71 (6): 1695 – 1725.

Mhonyera, G., Meyer, D. F., "The Impact of AfCFTA on Welfare and Trade: Nigeria and South Africa in Light of Core Export Competences", *Sustainability*, 2023, 15 (6): 5090.

Mold, A., Mukwaya, R., "Modelling the Economic Impact of the Tripartite Free Trade Area: Its Implications for the Economic Geography of Southern, Eastern and Northern Africa", *Journal of African Trade*, 2016, 3 (1 – 2): 57 – 84.

Mrázová, M., *Kemp – Wan Customs Union Formation under Imperfect Competition: Revising the WTO Article XXIV*, London School of Economics, 2010.

Mujahid, I., "Food Trade Impacts of Trade Agreements in the Developing World", *World Economy*, 2016, 39 (11): 1812 – 1833.

Mundell, R. A., "Tariff Preferences and the Terms of Trade", *Manchester School of Economic and Social Studies*, 1964, 32 (1): 1 – 13.

Nannicini, T., Billmeier, A., "Economies in Transition: How Important Is Trade Openness for Growth?", *Oxford Bulletin of Economics and Statistics*, 2011, 73 (3): 287 – 314.

Navaretti, G. B., Tarr, D. G., "International Knowledge Flows and Economic Performance: A Review of the Evidence", *The World Bank Economic Review*, 2000, 14 (1): 1 – 15.

Noguera, G., *Trade Costs and Gravity for Gross and Value Added Trade*, Columbia University, 2012.

Nugraheni, R. D., Widodo, T., The Impact of ASEAN'S FTAs with China, Japan, Korea and Australia – New Zealand: an analysis in GTAP framework, MPRA Paper, No. 86693, 2018.

OECD, *Interconnected Economies: Benefiting from Global Value Chains*, OECD Publishing, 2013.

Okabe, M., Urata, S., "The Impact of AFTA on Intra – AFTA Trade", *Journal of Asian Economics*, 2014, 35: 12 – 31.

Park, D., Park, I., Estrada, G. E. B., "Prospects for ASEAN – China Free Trade Area: A Qualitative and Quantitative Analysis", *China & World Economy*, 2009, 17 (4): 104 – 120.

Park, D., Park, I., Estrada, G. E. B., "The Prospects of ASEAN – Korea Free Trade Area (AKFTA) a Qualitative and Quantitative Analysis", *ASEAN Economic Bulletin*, 2012, 29 (1): 29 – 45.

Parra, M. D., Martínez – Zarzoso, I., Suárez – Burguet, C., "The Impact of FTAs on MENA Trade in Agricultural and Industrial Products", *Applied Economics*, 2016, 48 (25): 2341 – 2353.

Pfaermayr, M., "Trade Creation and Trade Diversion of Regional Trade Agreements Revisited: A Constrained Panel Pseudo – Maximum Likelihood Approach", *Review of World Economics*, 2020, 156 (4): 985 – 1024.

Plummer, M. G., Cheong, D., Hamanaka, S., *Methodology for Impact Assessment of Free Trade Agreements*, Asian Development Bank, 2011.

Pol, A., Helpman, E., "Global Sourcing", *Journal of Political Economy*, 2004, 112 (3): 552 – 580.

Qiu, H., Yang, J., Huang, J., et al., "Impact of China - ASEAN Free Trade Area on China's International Agricultural Trade and Its Regional Development", *China & World Economy*, 2007, 15 (5): 77 – 90.

Quansah, K. A., Ahn, W. C., "The Effect of the Korea – Australia free trade agreement (KAFTA) on the Korea – Australia Trade Structure", *The Asian Journal of Shipping and Logistics*, 2017, 33 (4): 229 – 235.

Regmi, A., Gehlhar, M. J., Wainio, J., et al., "Market Access for High – Value Foods: Agricultural Economic Report Number 840", 2005, https://ageconsearch.umn.edu/record/33999/.

Ricardo, D. , *Principles of Political Economy and Taxation*, G. Bell and sons, 1891.

Richard, B. , Pertti, H. , Jaako, K. , *A Domino Theory of Regionalism*, Cambridge University Press, 1995.

Richardson, M. , "Tariff Revenue Competition in a Free Trade Area", *European Economic Review*, 1995, 39 (7): 1429 –1437.

Romalis, J. , "NAFTA's and CUSFTA's Impact on International Trade", *The Review of Economics and Statistics*, 2007, 89 (3): 416 –435.

Rosenbaum, P. R. , Rubin, D. B. , "Constructing a Control Group Using Multivariate Matched Sampling Methods That Incorporate the Propensity Score", *The American Statistician*, 1985, 39 (1): 33 –38.

Rosenbaum, P. R. , Rubin, D. B. , "The Central Role of the Propensity Score in Observational Studies for Causal Effects", *Biometrika*, 1983, 70 (1): 41 –55.

Rubin, D. B. , "Causal Inference Using Potential Outcomes: Design, Modeling, Decisions", *Journal of the American Statistical Association*, 2005, 100 (469): 322 –331.

Ruta, M. , *Preferential Trade Agreements and Global Value Chains: Theory, Evidence, and Open Questions*, The World Bank, 2017.

Rutherford, T. F. , Rutström, E. E. , Tarr, D. , "Morocco's Free Trade Agreement With the EU: A Quantitative Assessment", *Economic Modelling*, 1997, 14 (2): 237 –269.

Saggi, K. , Yildiz, H. M. , "Bilateralism, Multilateralism, and the Quest for Global Free Trade", *Journal of International Economics*, 2010, 81 (1): 26 –37.

Saito, M. , Ruta, M. , Turunen, J. , *Trade Interconnectedness: The World with Global Value Chains*, IMF Policy Paper, 2013.

Samavong, C. , "Measuring trade creation and Trade Diversion Effects of the ASEAN Free Trade Area: A Gravity Model Approach", *Southeast*

Asian Journal of Economics, 2019, 7 (1): 71 –91.

Sawyer, W. C., Sprinkle, R. L., *Applied International Economics*, Routledge, 2015.

Schaak, H., *The Impact of Free Trade Agreements on International Agricultural Trade: A Gravity Application on the Dairy Product Trade and the ASEAN – China – FTA*, German Association of Agricultural Economists, 2015, 51.

Schiff, M., Winters, L. A., "Dynamics and Politics in Regional Integration Arrangements: An Introduction", *The World Bank Economic Review*, 1998, 12 (2): 177 –195.

Schott, P. K., "Across – Product Versus Within – Product Specialization in International Trade", *The Quarterly Journal of Economics*, 2004, 119 (2): 647 –678.

Sharma, S. C., Chua, S. Y., "ASEAN: Economic Integration and Intra – regional Trade", *Applied Economics Letters*, 2000, 7 (3): 165 –169.

Silva, J. S., Tenreyro, S., "The log of Gravity", *The Review of Economics and Statistics*, 2006, 88 (4): 641 –658.

Siriwardana, M., Yang, J., "Effects of Proposed Free Trade Agreement between India and Bangladesh", *South Asia Economic Journal*, 2007, 8 (1): 21 –38.

Soloaga, I., Wintersb, L. A., "Regionalism in the Nineties: What Effect on Trade?", *The North American Journal of Economics and Finance*, 2001, 12 (1): 1 –29.

Stern, R. M., *Globalization and International Trade Policies*, World Scientific, 2009.

Suranovic, S., *International Trade: Theory and Policy*, Saylor Foundation, 2010.

Taglioni, D., Winkler, D., *Making Global Value Chains Work for Development*, The World Bank, 2016.

Taguchi, H. , Rubasinghe, D. C. I. , "Trade Impacts of South Asian Free Trade Agreements in Sri Lanka", *South Asia Economic Journal*, 2019, 20 (1): 1 – 18.

Taguchi, H. , "Trade Creation and Diversion Effects of ASEAN – Plus – One Free Trade Agreements", *Economics Bulletin*, 2015, 35 (3): 1856 – 1866.

Timmer, M. P. , Los, B. , Stehrer, R. , et al. , "Fragmentation, Incomes and Jobs: An Analysis of European Competitiveness", *Economic Policy*, 2013, 28 (76): 613 – 661.

Timmer, M. , Los, B. , Stehrer, R. , et al. , *An Anatomy of the Global Trade Slowdown Based on the WIOD 2016 Release*, Groningen Growth and Development Centre, University of Groningen, 2016.

Tyazhelnikov, V. , *Production clustering and Offshoring*, Mimeo UC Davis, 2016.

Urata, S. , Okabe, M. , *The Impacts of Free Trade Agreements on Trade Flows: An Application of the Gravity Model Approach*, Free Trade Agreements in the Asia Pacific, 2010.

Utkulu, U. , Seymen, D. , "Trade, Competitiveness and Revealed Comparative Advantage: Evidence for Turkey towards the EU", *the European Trade Study Group 6th Annual Conference*, 2004.

Uzair, L. , Nawaz, A. , "Modelling Welfare Effects Under Pakistan – China Free Trade Agreement", *Journal of Chinese Economic and Foreign Trade Studies*, 2018, 11 (3): 202 – 218.

Vanek, J. , *General Equilibrium of International Discrimination: The Case of Customs Unions*, Harvard University Press, 1965.

Venables, A. , *Regional Integration Agreements: A Force for Convergence or Divergence?*, The World Bank, 1999.

Verhoogen, E. A. , "Trade, Quality Upgrading, and Wage Inequality in the Mexican Manufacturing Sector", *The Quarterly Journal of Econom-*

ics, 2008, 123 (2): 489 – 530.

Vicard, V., "Determinants of Successful Regional Trade Agreements", *Economics Letters*, 2011, 111 (3): 188 – 190.

Viner, J., *The Customs Union Issue: Trading Blocs: Alternative Approaches to Analyzing Preferential Trade Agreements*, Oxford University Press, 1950.

Walter, T., Trade and Welfare Effects of a Potential Free Trade Agreement between Japan and the United States, Hohenheim Discussion Papers, 2018.

Wang, Z., Wei, S., Yu, X., et al., Characterizing global Value Chains: Production Length and Upstreamness, NBER Working Paper, No. 23261, 2017.

Wang, Z., Wei, S., Yu, X., et al., Measures of Participation in Global Value Chains and Global Business Cycles, NBER Working Papers, No. 23222, 2017.

Winters, L. A., Chang, W., "Regional Integration and Import Prices: An Empirical Investigation", *Journal of International Economics*, 2000, 51 (2): 363 – 377.

Wonnacott, P., Lutz, M., *Is there a Case for Free Trade Areas?*, Institute for International Economics, 1989.

Wonnacott, R. J., "Trade and Investment in a Hub - and - Spoke System Versus a Free Trade Area", *World Economy*, 1996, 19 (3): 237 – 252.

Yang, S., Martinez – Zarzoso, I., "A Panel Data Analysis of Trade Creation and Trade Diversion Effects: The Case of ASEAN – China Free Trade Area", *China Economic Review*, 2014, 29: 138 – 151.

Yi, K., "Can Vertical Specialization Explain the Growth of World Trade?", *Journal of Political Economy*, 2003, 111 (1): 52 – 102.

索 引

B

比较优势 4,9,21,23,31,33,40,45,61—63,88,103—105,143,159,170,185,193,197—200,218—221,229,236,237,245,295,296,299—301

C

产品多样化效应 37

产品类别异质性 63,203,216

成本降低效应 37

出口农产品质量 4,10,15,17,18,22,53,55,56,72—75,91,231—235,237—240,242,243,246,248,250—254,296,297,300

出口农产品质量效应 5,7,13,15,16,22,55,56,91,230,293

初级农产品 4,21,63,107,108,113—116,118—120,135,144,209,216,217,219,220,229,294,296

F

"反事实" 10,11,18,176—178,181—183,185,189,191,200,203,204,221—223,226,272—274,276,277,279—281

非关税壁垒 15,19,23,24,38,40,49,53,54,57,63,70,74,77,78,81,85,210,247,254,288,296

辐条国 32,63,64,66—71,90,91,221,226,228,229,296

辐条与轮轴自由贸易区 9,17,22,32,62,64,68—70,221,228,295

福利变化 9,31,32,36,57,64,66—68,166—168,170,294

G

固定效应模型 147,203

关税壁垒 15,19,23,24,38,40,49,53,54,57,63,70,74,77,78,81,85,102,210,247,254,288,296

规模经济 36,37,61,88,301

国际分工 4,10,13,38,50,54,56,90,255,301,302

H

合成控制法 10,11,18,54,176—178,181—183,186,187,189,204,221,223,226,273,274,280

J

技术扩散 37

加工农产品 4,21,107,108,113—121,144,209,216—220,229,294,296

价值链导向 301

价值链分工 4,11—13,15,17,18,22,23,36,38,49—52,54,56,75—77,79,81—83,85,87,90,91,255,256,258,259,261—265,267—275,278,280,281,291—293,297,301,302

渐进 DID 模型 148,150,157,232,240

K

跨国协调成本 18,22,52,76,77,79,81—83,88,89,91,297

L

轮轴国 32,63—66,68,70,71,90,91,221,226,296

M

贸易成本 10,13,18,22—24,29,37,49,50,52,56,59,63,72,76—81,83—85,87—91,148,159,170,210,235,237,245,297

贸易创造效应 8,9,14,17,21,22,25,29,30,33,36,39—48,52,55,57,59—62,64,65,67—69,73,90,91,146,147,151,166,167,169—172,191,200,202,256,294,295,298,300

贸易促进效应 14,17,21,38,52,57,59,60,65,67,68,146,166,170,189

贸易分工效应 6,8,9,16,18,22,52,54,55,90

贸易互补性 42,147,197,198,200

贸易静态效应 6,8,9,13,14,17,18,21,25,36,39,41,48,52,54,55,57,64,75,76,90,146,148,170,172,256

贸易逆差 3,4,106,107,115,116,120,126,144,185

贸易逆转效应 69,71,91,296,298

贸易稀释效应 69—71,91,296,298

贸易效应异质性 8,9,17,22,53—55,62,71,90,202,203,228,295

贸易转移效应 8,9,14,17,21,22,25,29—31,33—36,39—48,52,55,57,59,60,62,64,65,67—69,

73,90,91,146,148,151,166,167,170—172,191,200,256,294,295,300

贸易自由化 2,9,16—19,22,29,32,35,45,47,50,51,53,56,60,62—64,76,83,89—91,94,96,123,124,145,159,164,205,206,289—292,294,295,297,298,301

N

农产品贸易 1,3—10,12—18,40,45—47,52—57,59—61,63,65,71,73—75,78,81,82,89—92,101,102,105—107,109—121,125—129,131,132,140—146,148,150—154,158,159,162,164—178,180,181,183—192,195—204,208—211,213,214,216—223,225—230,232,235,237,247,248,250,254—256,262,272,273,275,282,287,291,293—301

农业跨国企业 23,74,77,88,282,301,302

农业全球价值链 85,88,265,266,268,272,278,281,290,301

农业全球价值链分工 4,11,16,23,76—78,81,83,85—89,91,256,258,262,263,265—269,271—273,276—292,297,300—302

Q

企业异质性假设 77
企业异质性模型 10,18,76
浅层条款 15,18,53,62,72—75,91,212,231—233,235,237,250—252,254,296
倾向得分匹配方法 147,149,203
区域分工深化 52
全球价值链参与程度 261
全球价值链分工地位 49,83,256,259

S

三国模型 9,29,30,51,57,60,68
深层条款 15,18,53,62,72—75,91,212,231—233,235,237,250—254,297,300,301
生产环节成本差异 76,77
时间窗口异质性 62,213

T

投资便利化 18,19,22,24,53,73—75,77,79,83,85,88,89,91,123,235,240,252—254,288—292,297,301
投资创造效应 37
投资转移效应 37

W

网络构建 46

网络位置异质性 9,18,63,203

"微笑曲线"假设 76

X

协定条款异质性 10,18,53,56,62,74,204—213,254,296

新贸易理论 36,51,61,63,72

新新贸易理论 36,51,63,72

需求残差法 15,231,233

Y

一国一策 55,61,90,295

以邻为壑效应 34,61

因果推断 9,10,18,54,149,150,156,203,231,285

Z

早期收获计划 2,95—97,109,115,121,122,128,143,151,173—175,179,180,182,184—186,190,191,200,230,248,276,282,293

政策效应 13,159,161,203,216,218,219,221,273,276,278—281,284—286

中国—东盟自由贸易区 2,14,43,45,46,48—50,92,95—97,114,121,123—125,139—142,144,146,172—175,177,180,181,183—192,194,196—198,200,201,295

中国自由贸易区战略 1,5—9,12,14—16,45,46,50,52—54,61,63,71—73,75,89,90,92—95,98,102,143,145—148,158,159,164,165,167—171,202—204,213,214,216—220,223,225,227—231,240,247,250,254—256,262,272,273,275—282,284—297

中介效应 15,18,231—233,250—252,287,289—291

逐步开放 46,55,61,90,143,223,229,293,295

自然贸易伙伴 41,54

自然贸易伙伴国 147,152,203,273,300

自由贸易区 1,2,5—10,12—15,17—19,21,22,24—28,30—76,78,81,83,85,88—105,109—114,116—118,120,121,123—126,128,129,134,140,141,143—155,158,159,162,164,166—174,176—178,180,182,184—186,189—191,198,200,202—208,210,214,216,219—223,225—234,236—240,245—252,254—256,262,272,273,276,278,282—286,291—302

自由贸易区的"自选择效应" 147

自由贸易区网络 2,6,8,9,23,30—32,40,42,44,46,63,64,69,70,93,94,124,140,143,221,230,293,298—300

自由贸易协定　1,2,6,14,17,18,
　26,30,32,34,38,40—45,48—50,
　53,62—64,69,70,88,91—94,
　96—99,111,124,147,148,150,
151,155,156,202,204—209,223,
226,228,230,235,252,273,278,
293

后　　记

　　本书的写作历程始于2018年的博士研究阶段，历时近四年完成。回首这段写作历程，既充满挑战，也收获颇丰。研究伊始，我面临着三个主要困难：首先是理论框架的构建，如何将自由贸易区战略与农产品贸易效应有机结合；其次是数据获取的困难，尤其是农业全球价值链分工的细化数据；最后是研究方法的选择困难。在理论构建方面，通过大量文献梳理和反复推敲，最终确立了"贸易成本—国际分工—贸易效应"的分析框架。数据收集主要依靠整理大量的数据库资料。在研究方法上，综合运用PSM—渐进DID、DDD以及合成控制等方法，以期获得更全面的研究结论。

　　本书围绕中国自由贸易区战略实施对农产品贸易的影响展开研究，主要创新点体现在以下三个方面：其一，系统评估了自由贸易区战略对农产品贸易的综合效应；其二，构建了创新的评估框架；其三，提出了具有可操作性的政策建议。然而，研究仍存在一些局限：首先，受数据可得性限制，部分微观层面的分析有待深化；其次，对某些政策效应的长期影响评估还需要时间检验。这些问题都值得在未来研究中继续探索。

　　本书的完成凝聚了众多师长、同仁的心血。特别要感谢我的博士导师谭砚文教授，他不仅在选题、框架设计等方面给予了悉心指导，而且在治学态度和研究方法上给予了我深刻启发。感谢华南农业大学经济管理学院以及扬州大学商学院的诸位教授，在求学和工作期间，我有幸得到了诸多专家学者的指导。他们严谨的治学态度、深邃的学术洞见，以及对"三农"问题的深切关怀，都深深地影响了我。感谢在美国路易斯安那州立大学访学期间 P. Lynn Kennedy 教授的指导，他的教诲使我对国际农产品贸易有了更深入的认识，对中国农业在全球贸易体系中的定位有了新的思考。如何将复杂的理论模型和实证结果以清晰易懂的方式呈现给读者，是我在写作过程中一直思考的问题。在此，要感谢出版社的编辑团队在成书过程中的专业支持，他们反复修改和润色稿件，力求语言表达准确、逻辑清晰、通俗易懂。感谢国家社会科学基金后期资助暨优秀博士论文出版项目以及扬州大学出版基金的资助。特别感谢我的家人，是他们的理解和支持让我能够专注于研究工作。

  本书致力于为理解中国自由贸易区战略对农产品贸易的影响提供一个系统的分析框架。希望这项研究能为政策制定者提供参考，为学界同仁开启新的研究视角，也为关心中国农产品贸易的读者提供有益启示。展望未来，中国自由贸易区建设与农产品贸易发展仍面临诸多挑战与机遇。期待更多学者投入这一领域的研究，共同推动中国农业高质量发展。也欢迎读者就本书存在的不足提出宝贵意见，以促进相关研究的深化和完善。最后，衷心期望本书能为促进中国自由贸易区建设和农产品贸易发展贡献绵薄之力。

曾华盛
2024 年 10 月于扬州